Narratives

Leonid Andreyev

Рассказы

Леонид Н. Андреев

Narratives

Copyright © 2018 by Indo-European Publishing
All rights reserved.

ISNB: 978-1-60444-859-7

Рассказы

© Индоевропейских Издание , 2018

ISNB: 978-1-60444-859-7

Ангелочек.

I

Временами Сашке хотелось перестать делать то, что называется жизнью: не умываться по утрам холодной водой, в которой плавают тоненькие пластинки льда, не ходить в гимназию, не слушать там, как все его ругают, и не испытывать боли в пояснице и во всем теле, когда мать ставит его на целый вечер на колени. Но так как ему было тринадцать лет и он не знал всех способов, какими люди перестают жить, когда захотят этого, то он продолжал ходить в гимназию и стоять на коленках, и ему казалось, что жизнь никогда не кончится. Пройдет год, и еще год, и еще год, а он будет ходить в гимназию и стоять дома на коленках. И так как Сашка обладал непокорной и смелой душой, то он не мог спокойно отнестись ко злу и мстил жизни. Для этой цели он бил товарищей, грубил начальству, рвал учебники и целый день лгал то учителям, то матери, не лгал он только одному отцу. Когда в драке ему расшибали нос, он нарочно расковыривал его еще больше и орал без слез, но так громко, что все испытывали неприятное ощущение, морщились и затыкали уши. Прооров сколько нужно, он сразу умолкал, показывал язык и рисовал в черновой тетрадке карикатуру на себя, как орет, на надзирателя, заткнувшего уши, и на дрожащего от страха победителя. Вся тетрадка заполнена была карикатурами, и чаще всех повторялась такая: толстая и низенькая женщина била скалкой тонкого, как спичка, мальчика. Внизу крупными и неровными буквами чернела подпись: «Проси прощенья, щенок», — и ответ: «Не попрошу, хоть тресни». Перед Рождеством Сашку выгнали из гимназии, и, когда мать стала бить его, он укусил ее за палец. Это дало ему свободу, и он бросил умываться по утрам, бегал целый день с ребятами, и бил их, и боялся одного голода, так как мать перестала совсем кормить его, и только отец прятал для него хлеб и картошку. При этих условиях Сашка находил существование возможным.

В пятницу, накануне Рождества, Сашка играл с ребятами, пока они не разошлись по домам и не проскрипела ржавым, морозным скрипом калитка за последним из них. Уже темнело, и с поля, куда выходил одним концом глухой переулок, надвигалась серая снежная мгла; в низеньком черном строении, стоявшем поперек улицы, на выезде, зажегся красноватый, немигающий огонек. Мороз усилился, и, когда Сашка проходил в светлом круге, который образовался от зажженного фонаря, он видел медленно реявшие в воздухе маленькие сухие снежинки. Приходилось идти домой.

— Где полуночничаешь, щенок? — крикнула на него мать, замахнулась кулаком, но не ударила. Рукава у нее были засучены, обнажая белые, толстые руки, и на безбровом, плоском лице выступали капли пота. Когда Сашка проходил мимо нее, он почувствовал знакомый запах водки. Мать почесала в голове толстым указательным пальцем с коротким и грязным ногтем и, так как браниться было некогда, только плюнула и крикнула:

— Статистики, одно слово!

Сашка презрительно шморгнул носом и прошел за перегородку, где слышалось тяжелое дыханье отца, Ивана Саввича. Ему всегда было холодно, и он старался согреться, сидя на раскаленной лежанке и подкладывая под себя руки ладонями книзу.

— Сашка! А тебя Свечниковы на елку звали. Горничная приходила, — прошептал он.

— Врешь? — спросил с недоверием Сашка.

— Ей-Богу. Эта ведьма нарочно ничего не говорит, а уж и куртку приготовила.

— Врешь? — все больше удивлялся Сашка.

Богачи Свечниковы, определившие его в гимназию, не велели после его исключения показываться к ним. Отец еще раз побожился, и Сашка задумался.

— Ну-ка подвинься, расселся! — сказал он отцу, прыгая на коротенькую лежанку, и добавил:— А к этим чертям я не пойду. Жирны больно станут, если еще я к ним пойду. «Испорченный мальчик», — протянул Сашка в нос. — Сами хороши, антипы толсторожие.

— Ах, Сашка, Сашка! — поежился от холода отец. — Не сносить тебе головы.

— А ты-то сносил? — грубо возразил Сашка. — Молчал бы уж: бабы боится. Эх, тюря!

Отец сидел молча и ежился. Слабый свет проникал через широкую щель вверху, где перегородка на четверть не доходила до потолка, и светлым пятном ложился на его высокий лоб, под которым чернели глубокие глазные впадины. Когда-то Иван Саввич сильно пил водку, и тогда жена боялась и ненавидела его. Но, когда он начал харкать кровью и не мог больше пить, стала пить она, постепенно привыкая к водке. И тогда она выместила все, что ей пришлось выстрадать от высокого узкогрудого человека, который говорил непонятные слова, выгонялся за строптивость и пьянство со службы и наводил к себе таких же длинноволосых безобразников и гордецов, как и он сам. В противоположность мужу она здоровела по мере того, как пила, и кулаки ее все тяжелели. Теперь она говорила, что хотела, теперь она водила к себе мужчин и женщин, каких хотела, и громко пела с ними веселые песни. А он лежал за перегородкой, молчаливый, съежившийся от постоянного озноба, и думал о несправедливости и ужасе человеческой жизни. И всем, с кем ни приходилось говорить жене Ивана Саввича, она жаловалась, что нет у нее на свете таких врагов, как муж и сын: оба гордецы и статистики.

Через час мать говорила Сашке:

— А я тебе говорю, что ты пойдешь! — И при каждом слове Феоктиста Петровна ударяла кулаком по столу, на котором вымытые стаканы прыгали и звякали друг о друга.

— А я тебе говорю, что не пойду, — хладнокровно отвечал Сашка, и углы губ его подергивались от желания оскалить зубы. В гимназии за эту привычку его звали волчонком.

— Изобью я тебя, ох, как изобью! — кричала мать.

— Что же, избей!

Феоктиста Петровна знала, что бить сына, который стал кусаться, она уже не может, а если выгнать на улицу, то он отправится шататься и скорей замерзнет, чем пойдет к Свечниковым; поэтому она прибегла к авторитету мужа.

— А еще отец называется: не может мать от оскорблений оберечь.

— Правда, Сашка, ступай, что ломаешься? — отозвался тот с лежанки. — Они, может быть, опять тебя устроят. Они люди добрые.

Сашка оскорбительно усмехнулся. Отец давно, до Сашкина еще рождения, был учителем у Свечниковых и с тех пор думал, что они самые хорошие люди. Тогда он еще служил в земской статистике и ничего не пил. Разошелся он с ними после того, как женился на забеременевшей от него дочери квартирной хозяйки, стал пить и опустился до такой степени, что его, пьяного, поднимали на улице и отвозили в участок. Но Свечниковы продолжали помогать ему деньгами, и Феоктиста Петровна, хотя ненавидела их, как книги и все, что связывалось с прошлым ее мужа, дорожила знакомством и хвалилась им.

— Может быть, и мне что-нибудь с елки принесешь, — продолжал отец.

Он хитрил, — Сашка понимал это и презирал отца за слабость и ложь, но ему действительно захотелось что-нибудь принести больному и жалкому человеку. Он давно уже сидит без хорошего табаку.

— Ну, ладно! — буркнул он. — Давай, что ли, куртку. Пуговицы пришила? А то ведь я тебя знаю!

II

Детей еще не пускали в залу, где находилась елка, и они сидели в детской и болтали. Сашка с презрительным высокомерием прислушивался к их наивным речам и ощупывал в кармане брюк уже переломавшиеся папиросы, которые удалось ему стащить из кабинета хозяина. Тут подошел к нему самый маленький Свечников, Коля, и остановился неподвижно и с видом изумления, составив ноги носками внутрь и положив палец на угол пухлых губ. Месяцев шесть тому назад он бросил, по настоянию родственников, скверную привычку класть палец в рот, но совершенно отказаться от этого жеста еще не мог. У него были белые волосы, подрезанные на лбу и завитками спадавшие на плечи, и голубые удивленные глаза, и по всему своему виду он принадлежал к мальчикам, которых особенно преследовал Сашка.

— Ты неблагодалный мальчик? — спросил он Сашку. — Мне мисс сказала. А я холосой.

— Уж на что же лучше! — ответил тот, осматривая коротенькие бархатные штанишки и большой откладной воротничок.

— Хочешь лузье? На! — протянул мальчик ружье с привязанной к нему пробкой.

Волчонок взвел пружину и, прицелившись в нос ничего не подозревавшего Коли, дернул собачку. Пробка ударилась по носу и отскочила, болтаясь на нитке. Голубые глаза Коли раскрылись еще шире, и в них показались слезы. Передвинув палец от губ к покрасневшему носику, Коля часто заморгал длинными ресницами и зашептал:

— Злой... Злой мальчик.

В детскую вошла молодая, красивая женщина с гладко зачесанными волосами, скрывавшими часть ушей. Это была сестра хозяйки, та самая, с которой занимался когда-то Сашкин отец.

— Вот этот, — сказала она, показывая на Сашку сопровождавшему ее лысому господину. — Поклонись же, Саша, нехорошо быть таким невежливым.

Но Сашка не поклонился ни ей, ни лысому господину. Красивая дама не подозревала, что он знает многое. Знает, что жалкий отец его любил ее, а она вышла за другого, и, хотя это случилось после того как он женился сам, Сашка не мог простить измены.

— Дурная кровь, — вздохнула Софья Дмитриевна. — Вот не можете ли, Платон Михайлович, устроить его? Муж говорит, что ремесленное ему больше подходит, чем гимназия. Саша, хочешь в ремесленное?

— Не хочу, — коротко ответил Сашка, слышавший слово «муж».

— Что же, братец, в пастухи хочешь? — спросил господин.

— Нет, не в пастухи, — обиделся Сашка.

— Так куда же?

Сашка не знал, куда он хочет.

— Мне все равно, — ответил он, подумав, — хоть и в пастухи.

Лысый господин с недоумением рассматривал странного мальчика. Когда с заплатанных сапог он перевел глаза на лицо Сашки, последний высунул язык и опять спрятал его так быстро, что Софья Дмитриевна ничего не заметила, а пожилой господин пришел в непонятное ей раздражительное состояние.

— Я хочу и в ремесленное, — скромно сказал Сашка.

Красивая дама обрадовалась и подумала, вздохнув, о той силе, какую имеет над людьми старая любовь.

— Но едва ли вакансия найдется, — сухо заметил пожилой господин, избегая смотреть на Сашку и приглаживая поднявшиеся на затылке волосики. — Впрочем, мы еще посмотрим.

Дети волновались и шумели, нетерпеливо ожидая елки. Опыт с ружьем, проделанный мальчиком, внушавшим к себе уважение ростом и репутацией испорченного, нашел себе подражателей, и несколько кругленьких носиков уже покраснело. Девочки смеялись, прижимая обе руки к груди и перегибаясь, когда их рыцари, с презрением к страху и боли, но морщась от ожидания, получали удары пробкой. Но вот открылись двери, и чей-то голос сказал:

— Дети, идите! Тише, тише!

Заранее вытаращив глазенки и затаив дыхание, дети чинно, по паре, входили в ярко освещенную залу и тихо обходили сверкающую елку. Она бросала сильный свет, без теней, на их лица с округлившимися глазами и губками. Минуту царила тишина глубокого очарования, сразу сменившаяся хором восторженных восклицаний. Одна из девочек не в силах была овладеть охватившим ее восторгом и упорно и молча прыгала на одном месте; маленькая косичка со вплетенной голубой ленточкой хлопала по ее плечам. Сашка был угрюм и печален, — что-то нехорошее творилось в его маленьком изъязвленном сердце. Елка ослепляла его своей красотой и крикливым, наглым блеском бесчисленных свечей, но она была чуждой ему, враждебной, как и столпившиеся вокруг нее чистенькие, красивые дети, и ему хотелось толкнуть ее так, чтобы она повалилась на эти светлые головки. Казалось, что чьи-то железные руки взяли его сердце и выжимают из него последнюю каплю крови. Забившись за рояль, Сашка сел там в углу, бессознательно доламывал в кармане последние папиросы и думал, что у него есть отец, мать, свой дом, а выходит так, как будто ничего этого нет и ему некуда идти. Он пытался представить себе перочинный ножичек, который он недавно выменял и очень сильно любил, но ножичек стал очень плохой, с тоненьким сточенным лезвием и только с половиной желтой костяшки. Завтра он сломает ножичек, и тогда у него уже ничего не останется.

Но вдруг узенькие глаза Сашки блеснули изумлением, и лицо мгновенно приняло обычное выражение дерзости и самоуверенности. На обращенной к нему стороне елки, которая была освещена слабее других и составляла ее изнанку, он увидел то, чего не хватало в картине его жизни и без чего кругом было так пусто, точно окружающие люди неживые. То был восковой ангелочек, небрежно повешенный в гуще темных ветвей и словно реявший по воздуху. Его прозрачные стрекозиные крылышки трепетали от падавшего на них света, и весь он казался живым и готовым улететь. Розовые ручки с изящно сделанными пальцами протягивались кверху, и за ними тянулась головка с такими же волосами, как у Коли. Но было в ней другое, чего лишено было лицо Коли и все другие лица и вещи. Лицо ангелочка не блистало радостью, не туманилось печалью, но лежала на нем печать иного чувства, не передаваемого словами, не определяемого мыслью и доступного для понимания лишь такому же чувству. Сашка не сознавал, какая тайная сила влекла его к ангелочку, но чувствовал, что он всегда знал его и всегда любил, любил больше, чем перочинный ножичек, больше, чем отца, и больше, чем все остальное. Полный недоумения, тревоги, непонятного восторга, Сашка сложил руки у груди и шептал:

— Милый… милый ангелочек!

И чем внимательнее он смотрел, тем значительнее, важнее становилось выражение ангелочка. Он был бесконечно далек и непохож на все, что его здесь окружало. Другие игрушки как будто гордились тем, что они висят, нарядные, красивые, на этой сверкающей елке, а он был грустен и боялся яркого назойливого света, и нарочно скрылся в темной зелени, чтобы никто не видел его. Было бы безумной жестокостью прикоснуться к его нежным крылышкам.

— Милый… милый! — шептал Сашка.

Голова Сашкина горела. Он заложил руки за спину и в полной готовности к смертельному бою за ангелочка прохаживался осторожными и крадущимися шагами; он не смотрел на ангелочка, чтобы не привлечь на него внимания других, но чувствовал, что он еще здесь, не улетел. В дверях показалась хозяйка — важная высокая дама с светлым ореолом седых, высоко зачесанных волос. Дети окружили ее с выражением своего восторга, а маленькая девочка, та, что прыгала, утомленно повисла у нее на руке и тяжело моргала сонными глазками. Подошел и Сашка. Горло его перехватывало.

— Тетя, а тетя, — сказал он, стараясь говорить ласково, но выходило еще более грубо, чем всегда. — Те… Тетечка.

Она не слыхала, и Сашка нетерпеливо дернул ее за платье.

— Чего тебе? Зачем ты дергаешь меня за платье? — удивилась седая дама. — Это невежливо.

— Те… тетечка. Дай мне одну штуку с елки, — ангелочка.

— Нельзя, — равнодушно ответила хозяйка. — Елку будем на Новый год разбирать. И ты уже не маленький и можешь звать меня по имени, Марьей Дмитриевной.

Сашка чувствовал, что он падает в пропасть, и ухватился за последнее средство.

— Я раскаиваюсь. Я буду учиться, — отрывисто говорил он.

Но эта формула, оказывавшая благотворное влияние на учителей, на седую даму не произвела впечатления.

— И хорошо сделаешь, мой друг, — ответила она так же равнодушно.

Сашка грубо сказал:

— Дай ангелочка.

— Да нельзя же! — говорила хозяйка. — Как ты этого не понимаешь?

Но Сашка не понимал, и, когда дама повернулась к выходу, Сашка последовал за ней, бессмысленно глядя на ее черное, шелестящее платье. В его горячечно работавшем мозгу мелькнуло воспоминание, как один гимназист его класса просил учителя поставить тройку, а когда получил отказ, стал перед учителем на колени, сложил руки ладонь к ладони, как на молитве, и заплакал. Тогда учитель рассердился, но тройку все-таки поставил. Своевременно Сашка увековечил эпизод в карикатуре, но теперь иного средства не оставалось. Сашка дернул тетку за платье и, когда она обернулась, упал со стуком на колени и сложил руки вышеупомянутым способом. Но заплакать не мог.

— Да ты с ума сошел! — воскликнула седая дама и оглянулась: по счастью, в кабинете никого не было. — Что с тобой?

Стоя на коленях, со сложенными руками, Сашка с ненавистью посмотрел на нее и грубо потребовал:

— Дай ангелочка!

Глаза Сашкины, впившиеся в седую даму и ловившие на ее губах первое слово, которое они произнесут, были очень нехороши, и хозяйка поспешила ответить:

— Ну, дам, дам. Ах, какой ты глупый! Конечно, я дам тебе, что ты просишь, но почему ты не хочешь подождать до Нового года? Да вставай же! И никогда, — поучительно добавила седая дама, — не становись на колени: это унижает человека. На колени можно становиться только перед Богом.

«Толкуй там», — думал Сашка, стараясь опередить тетку и наступая ей на платье.

Когда она сняла игрушку, Сашка впился в нее глазами, болезненно сморщил нос и растопырил пальцы. Ему казалось, что высокая дама сломает ангелочка.

— Красивая вещь, — сказала дама, которой стало жаль изящной и, по-видимому, дорогой игрушки. — Кто это повесил ее сюда? Ну, послушай, зачем эта игрушка тебе? Ведь ты такой большой, что будешь ты с нею делать?.. Вон там книги есть, с рисунками. А это я обещала Коле отдать, он так просил, — солгала она.

Терзания Сашки становились невыносимыми. Он судорожно стиснул зубы и, показалось, даже скрипнул ими. Седая дама больше всего боялась сцен и потому медленно протянула к Сашке ангелочка.

— Ну, на уж, на, — с неудовольствием сказала она. — Какой настойчивый!

Обе руки Сашки, которыми он взял ангелочка, казались цепкими и напряженными, как две стальные пружины, но такими мягкими и осторожными, что ангелочек мог вообразить себя летящим по воздуху.

— А-ах! — вырвался продолжительный, замирающий вздох из груди Сашки, и на глазах его сверкнули две маленькие слезинки и остановились там, непривычные к свету. Медленно приближая ангелочка к своей груди, он не сводил сияющих глаз с хозяйки и улыбался тихой и кроткой улыбкой, замирая в чувстве неземной радости. Казалось, что когда нежные крылышки ангелочка прикоснутся к впалой груди Сашки, то случится что-то такое радостное, такое светлое, какого никогда еще не происходило на печальной, грешной и страдающей земле.

— А-ах! — пронесся тот же замирающий стон, когда крылышки ангелочка коснулись Сашки. И перед сиянием его лица словно потухла сама нелепо разукрашенная, нагло горящая елка, — и радостно улыбнулась седая, важная дама, и дрогнул сухим лицом лысый господин, и замерли в живом молчании дети, которых коснулось веяние человеческого счастья. И в этот короткий момент все заметили загадочное сходство между неуклюжим, выросшим из своего платья гимназистом и одухотворенным рукой неведомого художника личиком ангелочка.

Но в следующую минуту картина резко изменилась. Съежившись, как готовящаяся к прыжку пантера, Сашка мрачным взглядом обводил окружающих, ища того, кто осмелится отнять у него ангелочка.

— Я домой пойду, — глухо сказал Сашка, намечая путь в толпе. — К отцу.

III

Мать спала, обессилев от целого дня работы и выпитой водки. В маленькой комнатке, за перегородкой, горела на столе кухонная лампочка, и слабый желтоватый свет ее с трудом проникал через закопченное стекло, бросая странные тени на лицо Сашки и его отца.

— Хорош? — спрашивал шепотом Сашка.

Он держал ангелочка в отдалении и не позволял отцу дотрогиваться.

— Да, в нем есть что-то особенное, — шептал отец, задумчиво всматриваясь в игрушку.

Его лицо выражало то же сосредоточенное внимание и радость, как и лицо Сашки.

— Ты погляди, — продолжал отец, — он сейчас полетит.

— Видел уже, — торжествующе ответил Сашка. — Думаешь, слепой? А ты на крылышки глянь. Цыц, не трогай!

Отец отдернул руку и темными глазами изучал подробности ангелочка, пока Саша наставительно шептал:

— Экая, братец, у тебя привычка скверная за все руками хвататься. Ведь сломать можешь!

На стене вырезывались уродливые и неподвижные тени двух склонившихся голов: одной большой и лохматой, другой маленькой и круглой. В большой голове происходила странная, мучительная, но в то же время радостная работа. Глаза, не мигая, смотрели на ангелочка, и под этим пристальным взглядом он становился больше и светлее, и крылышки его начинали трепетать бесшумным трепетаньем, а все окружающее — бревенчатая, покрытая копотью стена, грязный стол, Сашка, — все это сливалось в одну ровную серую массу, без теней, без света. И чудилось погибшему человеку, что он услышал жалеющий голос из того чудного мира, где он жил когда-то и откуда был навеки изгнан. Там не знают о грязи и унылой брани, о тоскливой, слепо-жестокой борьбе эгоизмов; там не знают о муках человека, поднимаемого со смехом на улице, избиваемого грубыми руками сторожей. Там чисто, радостно и светло, и все это чистое нашло приют в душе ее, той, которую он любил больше жизни и потерял, сохранив ненужную жизнь. К запаху воска, шедшему от игрушки, примешивался неуловимый аромат, и чудилось погибшему человеку, как прикасались к ангелочку ее дорогие пальцы, которые он хотел бы целовать по одному и так долго, пока смерть не сомкнет его уста навсегда. Оттого и была так красива эта игрушечка, оттого и было в ней что-то особенное, влекущее к себе, не передаваемое словами. Ангелочек спустился с неба, на котором была его душа, и внес луч света в сырую, пропитанную чадом комнату и в черную душу человека, у которого было отнято все: и любовь, и счастье, и жизнь.

И рядом с глазами отжившего человека сверкали глаза начинающего жить и ласкали ангелочка. И для них исчезло настоящее и будущее: и вечно печальный и жалкий отец, и грубая, невыносимая мать, и черный мрак обид, жестокостей, унижений и злобствующей тоски. Бесформенны, туманны были мечты Сашки, но тем глубже волновали они его смятенную душу. Все добро, сияющее над миром, все глубокое горе и надежду

9

тоскующей о Боге души впитал в себя ангелочек, и оттого он горел таким мягким божественным светом, оттого трепетали бесшумным трепетаньем его прозрачные стрекозиные крылышки.

Отец и сын не видели друг друга; по-разному тосковали, плакали и радовались их больные сердца, но было что-то в их чувстве, что сливало воедино сердца и уничтожало бездонную пропасть, которая отделяет человека от человека и делает его таким одиноким, несчастным и слабым. Отец несознаваемым движением положил руку на шею сына, и голова последнего так же невольно прижалась к чахоточной груди.

— Это она дала тебе? — прошептал отец, не отводя глаз от ангелочка.

В другое время Сашка ответил бы грубым отрицанием, но теперь в душе его сам собой прозвучал ответ, и уста спокойно произнесли заведомую ложь.

— А то кто же? Конечно, она.

Отец молчал; замолк и Сашка. Что-то захрипело в соседней комнате, затрещало, на миг стихло, и часы бойко и торопливо отчеканили: час, два, три.

— Сашка, ты видишь когда-нибудь сны? — задумчиво спросил отец.

— Нет, — сознался Сашка. — А, нет, раз видел: с крыши упал. За голубями лазили, я и сорвался.

— А я постоянно вижу. Чудные бывают сны. Видишь все, что было, любишь и страдаешь, как наяву…

Он снова замолк, и Сашка почувствовал, как задрожала рука, лежавшая на его шее. Все сильнее дрожала и дергалась она, и чуткое безмолвие ночи внезапно нарушилось всхлипывающим, жалким звуком сдерживаемого плача. Сашка сурово задвигал бровями и осторожно, чтобы не потревожить тяжелую, дрожащую руку, сковырнул с глаза слезинку. Так странно было видеть, как плачет большой и старый человек.

— Ах, Саша, Саша! — всхлипывал отец. — Зачем все это?

— Ну, что еще? — сурово прошептал Сашка. — Совсем, ну совсем как маленький.

— Не буду… не буду, — с жалкой улыбкой извинился отец. — Что уж… зачем?

Заворочалась на своей постели Феоктиста Петровна. Она вздохнула и забормотала громко и странно-настойчиво: «Дерюжку держи… держи, держи, держи». Нужно было ложиться спать, но до этого устроить на ночь ангелочка. На земле оставлять его было невозможно; он был повешен на ниточке, прикрепленной к отдушине печки, и отчетливо рисовался на белом фоне кафелей. Так его могли видеть оба — и Сашка и отец. Поспешно набросав в угол всякого тряпья, на котором он спал, отец так же быстро разделся и лег на спину, чтобы поскорее начать смотреть на ангелочка.

— Что же ты не раздеваешься? — спросил отец, зябко кутаясь в прорванное одеяло и поправляя наброшенное на ноги пальто.

— Не к чему. Скоро встану.

Сашка хотел добавить, что ему совсем не хочется спать, но не успел, так как заснул с такой быстротой, точно пошел ко дну глубокой и быстрой реки. Скоро заснул и отец. Кроткий покой и безмятежность легли на истомленное лицо человека, который отжил, и смелое личико человека, который еще только начинал жить.

А ангелочек, повешенный у горячей печки, начал таять. Лампа, оставленная гореть по настоянию Сашки, наполняла комнату запахом керосина и сквозь закопченное стекло бросала печальный свет на картину медленного разрушения. Ангелочек как будто шевелился. По розовым ножкам его скатывались густые капли и падали на лежанку. К запаху керосина присоединился тяжелый запах топленого воска. Вот ангелочек встрепенулся, словно для полета, и упал с мягким стуком на горячие плиты. Любопытный прусак пробежал, обжигаясь, вокруг бесформенного слитка, взобрался на стрекозиное крылышко и, дернув усиками, побежал дальше.

В завешенное окно пробивался синеватый свет начинающегося дня, и на дворе уже застучал железным черпаком зазябший водовоз.

Алёша-дурачок

Впервые увидел я Алешу при таких обстоятельствах. Был холодный ноябрьский день. Сильный северный ветер быстро гнал по небу низкие тучи, гудел в голых вершинах обнаженных деревьев, срывая оттуда последние желтые скрюченные листья, своим печальным видом напоминавшие дачников, которые никак не могут расстаться с летом и только под влиянием крайней необходимости покидают насиженное место. Тот же суровый и настойчивый ветер подгонял и меня, настолько увеличив мою нормальную способность к передвижению, что путь от гимназии до дому, проходимый мною обыкновенно минут в тридцать, на этот раз сократился по меньшей мере минут на пять. Полагаю, впрочем, что один ветер едва ли достиг бы таких блестящих результатов, если бы не оказали ему содействие мои родители, наградившие меня тем, что в данную минуту свободно можно было назвать парусом, но что при рождении было наименовано гимназическим теплым пальто, сшитым «на рост». По толкованию изобретателей этой адской машины выходило так,

11

что когда года через четыре мне станет пятнадцать лет, то эта вещь будет как раз мне впору. Нельзя сказать, чтобы это было большим утешением, особенно если принять во внимание необыкновенную тяжесть этой вещи и длину ее пол, которые мне приходилось каждый раз с усилием разбрасывать ногами. Если добавить к этому величайшую, с широчайшими полями, ватную гимназическую фуражку, имевшую очевидную и злобную тенденцию навек сокрыть от меня свет божий и похоронить мою бедную голову в своих теплых и мягких недрах, чему единственно препятствовали мои уши, да обширнейший ранец, вплотную набитый толстейшими книжками—и все в переплетах,—то, без всякого риска солгать, меня можно было уподобить путешественнику в Альпийских горах, придавленному обвалом и кроме того поставленному в грустную необходимость весь этот обвал тащить на себе. При этих условиях требовать от меня жизнерадостного настроения было бы нелепостью.

Дом наш находился на окраине города О. по Пушкарной улице. Энергично борясь с судьбою, я успел приблизиться к нему и уже взялся за ручку калитки, чтобы через двор пройти к себе, когда из-под козырька фуражки заметил чьи-то грязные ноги, попиравшие чистые каменные ступени парадного крыльца. Сдвинув, насколько было то возможно, фуражку на затылок, я критическим взглядом окинул обладателя грязных ног. При первом поверхностном обзоре я успел заметить, что он одет более чем по-летнему. Коротенький и узкий нанковый пиджак туго обтягивал тело, выше кисти оставляя открытыми большие грязные руки, синевато-багровые от холода. Тот же оттенок носили и другие части тела незнакомца, выглядывавшие из прорванных нанковых брюк, далеко не достигавших нижних конечностей, обутых в опорки, Единственное, что в костюме незнакомца пробудило во мне некоторое чувство зависти, была маленькая-премаленькая засаленная фуражка, еле прикрывавшая стриженую голову.

— Послушай, чего тебе надо? — спросил я с деловитой суровостью барчонка, выполняющего ответственные функции хозяина и домовладельца.

Незнакомец молчал и смотрел на меня. Я тоже молчал и смотрел на него. Поразило меня при этом что-то особенное в выражении его глаз и рта. Лицо у него было совсем моложавое, болезненно-полное и на щеках еле Покрытое негустым желтоватым пушком. Носик маленький, красный от холода. Небольшие серые тусклые глаза смотрели на меня в упор, не мигая. В них совсем не было мысли, но откуда-то из глубины поднималась тихая молчаливая мольба, полная несказанной тоски и муки; жалкая, просящая улыбка как бы застыла на его лице.

— Послушай же! Чего тебе надо? — вторично спросил я, но уже со значительно меньшей суровостью. Но незнакомец и на этот раз не удостоил меня ответа. Слегка сгорбившийся, беспомощно, как плети, опустивший руки по бокам, он смотрел на меня тем же взглядом, и лишь губы его стали шевелиться, как будто то, что нужно было ему сказать, находилось на самом кончике языка, но никак не могло соскочить оттуда.

— Ну?—подсобил я ему.

— Копеечку…— послышался тихий, точно откуда-то издали долетевший ответ.

— А ты звонил?

— Не-ет.

— Какой же ты глупый! Кто ж тебе даст, если ты не звонил.

Незнакомец молчал.

— А как тебя зовут?

— А-леша… Дурачок.

Эта необычная рекомендация не показалась мне странной, ибо я давно уже решил, что у незнакомца не все дома, и мне было жаль его. Особенно смущало меня проглядывавшее сквозь прорехи голое, синеватое тело.

— Тебе холодно?

— Хо-лодно.

С быстротой нерассуждающего детства я составил чудный план помощи Алеше, имевший целью не только спасти его от холода, но обеспечить его будущность по меньшей мере на несколько десятков лет. Схватив Алешу за рукав, я энергично потащил его окольным путем в сад, более чем когда-либо негодуя на излишнюю предусмотрительность родителей, воплотившуюся в этом проклятом пальто «на рост». В саду я усадил Алешу на скамейку, с возможной поспешностью отправился домой и, не раздеваясь, потребовал от матери «как можно больше денег». Та изумилась, но ввиду того, что я имел честь состоять первенцем и баловнем дома, а также и потому, что у ней не было мелочи, дала мне рубль, строго приказав принести мне сдачи. Как же, дожидайся!

— На, Алеша. Тут много денег. Смотри, не потеряй.

Для верности я сам зажал в его руку драгоценную бумажку. Но все-таки меня грызло сомнение, хотелось самому проводить до его дома, но, боясь отца, я удовлетворился тем, что долго из калитки наблюдал за уходящим дурачком. И походка-то у него была странная. Поднимет одну ногу и, качнувшись всем телом вперед, тихо-тихо поставит ее наземь носком внутрь. Потом другую. Меня так и тянуло побежать и толкнуть его сзади. От нетерпения я даже начал топать.

Говорят, что павлины горды, но это могут говорить лишь те, кто не видал меня в этот достопамятный день. Но радость от сознания сделанного добра была, пожалуй, еще выше гордости и страдала лишь

13

одним недостатком: не была разделена. Впрочем, этот недостаток легко было исправить: у меня был поверенный. В этой почетной должности состоял наш дворник Василий, молодой, веселый и плутоватый парень, бывший, как я впоследствии убедился, далеко не бескорыстным другом, так как всякий прилив дружеской откровенности с моей стороны окупался обыкновенно десятком папирос из отцовского ящика. На этот раз, однако, я был обманут. Мой трогательный рассказ о бедном Алеше и рубле вызвал в Василье неистощимое и обидное для моего самолюбия веселье. Даже тезка Василия — мерин Васька (приютом нашей дружбы служила конюшня)—оглянулся и фыркнул, до того выразительно и громко грохотал Василий! Выждав окончания этой неприличной веселости, я в вежливых выражениях попросил разъяснить мне причину смеха. Боже, какое разочарование! Оказалось, что Алеша живет у известной всей Пушкарной Акулины, которая посылает его собирать копеечки, и если копеечек набирается достаточно, совершается на них пьянство и дебош. И следовательно, мой рубль...

— Поди-ка, сейчас посмотри! Вот, небось, задувают... И вас похваливают!..

Представление о весьма вероятных, но мало лестных похвалах, которыми должна была осыпать меня Акулина, погрузило Василия в целый океан смеха, вынырнув из которого он выразил прямое намерение идти к кухарке, у которой он тоже состоял поверенным, и посвятить ее в мою тайну. Однако я воспротивился этому и путем красноречия, а главным образом обещания поставлять папиросы в таком количестве, что осуществление этого обещания грозило отцу неминуемым банкротством, убедил Василия предпринять вместе со мной небольшую рекогносцировку во владения Акулины.

Жилище Акулины носило название «кадетского корпуса». Что хотели сказать этим пушкари, давшие это прозвище, для меня положительная тайна. Быть может, покосившаяся набок крыша, весьма отдаленно напоминавшая надетую набекрень фуражку, что, как известно, составляет отличие военного звания, дало повод к этому названию,— но кто разберется в тайниках народного духа? Под этой крышей, несколько схожей со швейцарским шале, благодаря обилию набросанных камней и кирпичей, долженствовавших удерживать на месте дрянную настилку, находились четыре стены. Четыре — это очень важная подробность, так как половину лета изба имела всего три стены. Дело в том, что господин Треплов, супруг Акулины, по профессии более алкоголик, чем штукатур, вознамерился основательно ремонтировать свой замок, с каковой целью поочередно вынимал каждую стенку и вставлял хворостиновую. Но так как различные сложные обязанности, связанные с его профессиями, не позволяли ему отдавать много времени этому занятию, то домишко по целым неделям стоял без одной какой-нибудь стены. Особенно интересный вид представлял собой «кадетский корпус», когда была вынута стенка на улицу, и прохожие имели полную возможность наблюдать за течением семейной жизни гг. Трепловых, причем, несомненно, наибольшее количество избранной публики привлекал тот драматический момент, когда Акулина била и укладывала спать своего мужа. В то время я был глубоко убежден, что нет на свете более носатой, более высокой, более сильной, более страшной и громогласной женщины, чем Акулина. Когда по каким-либо обстоятельствам мне нужно было представить себе ведьму, я совершенно удовлетворялся представлением Акулины, останавливаясь перед одним лишь вопросом: каково же должно быть помело, на котором она летает? Поэтому, подходя к корпусу, я сильно трусил и крепко держал Василия за руку. Отложив и снова заложив дверь, ибо она относилась к категории тех дверей, которые Митрофанушка называл «прилагательными», и петель не имела, — куда-то опустившись, поднявшись и снова опустившись, мы очутились внутри лачуги. Свет слабо проникал в запыленные и заклеенные бумагой оконца, и мне в первую минуту показалось, что в избе масса народу. Присмотревшись, я убедился однако, что там было всего трое. Спиной к нам сидела Акулина, а на лавке вокруг стола восседали опухшая девица и молодой человек неопределенных занятий и звания. Возле молодого человека лежала гармоника, но, думается мне, единственно для контенансу, так как между верхней и нижней половиной этого инструмента произошел видимый и едва ли поправимый разрыв. На грязном столе стояла бутылка водки, валялся раскрошенный хлеб и виднелись остатки селедки, обычно именуемой пушкарями «кобылой». Алеши не было видно.

— А, Мелит Николаевич! — дружелюбно приветствовала меня Акулина, получавшая от моей матери кое-какое тряпье. — Садитесь, гостьми будете. От маменьки будете?

— Нет. я так… от себя… Василий, — шепнул я ментору: — спроси, где Алеша.

— Вам Лешку нужно? — услыхала Акулина. — А на что это он вам?

— Барчук дал ему целковый, — сурово вмешался Василий: — и хочет спросить, куда он его потребил.

— Вот он, Леша. Спрашивайте сами, — грубо отрезала Акулина.

Молодой человек неопределенного звания усмехнулся и подмигнул мне на вино.

В темном углу за печкой на каком-то обрубке сидел Алеша. Обрубок был низок, и колена Алеши подходили к его подбородку. Длинные руки бессильно лежали на коленях. Я наклонился к Алеше и снова встретил молящий, полный тоски взгляд и увидел ту же жалкую, просящую улыбку.

— Алеша, где же деньги? Деньги, которые я тебе дал? Ну, бумажку...

Алеша пошевелил губами и бесстрастно произнес:

— Она взяла.

— Акулина?

— Да-а.

— А это что у тебя? — заметил я, что одна щека Алеши багрово-красная и под глазами царапина.

— Побила.

Бросив руку Василия, я стал против Акулины и, за-дыхаясь от охватившего меня гнева, спросил!

— Это он... правду говорит?

— Ну и взяла.

— Как же вы смели?!

— А так и смела. Что же, я его даром буду кормить? Тоже, небось, жрет, как прорва.

— И вы били его?

Молодой человек, с видимо возраставшим интересом наблюдавший за этой сценой, не выдержал и, размахивая руками, смеясь и захлебываясь в словах, начал с непонятным восторгом представлять, как била Алешу Акулина.

— У тебя, грит, что это в кулаке зажато? А Лешка стоит, как пень, и кулака не разжимает. Акулина-то как хватит...

Но я перебил его и, обращаясь к Акулине, прокричал высоким, у меня самого в ушах отдавшимся голосом:

— Вы, Акулина, подлая женщина! Вы... мерзкая женщина! Я папе скажу, он к губернатору поедет!.. Он...— Но дальше слов у меня не хватило.

— Тише, Мелит Николаевич, не петушись, не побоялись...

Я топнул ногой, хотел кричать что-то, но Василий схватил меня за руку и быстро потащил к дверям.

Последнее, что донеслось до меня из хаты, был возглас молодого человека:

— На чаек бы с вас!—Но потом:—Эх, барин, чай пьет, а пузо холодное!..

— Но ведь она била его, Василий, била! — кричал я, жмуря изо всех сил глаза и обеими руками дергая Василия за поддевку.— Ведь била!

— Ну, нечего, нечего, не плачь. Ему дело привычное...

— Да как привычное! Ведь она сильная, ты не знаешь. Ему больно было...

Василий отвел меня в наш приют дружбы и долго успокаивал,

рассказывая разные небылицы про ум мерина Васьки, обещаясь наказать Акулину, и прося не забыть принести папирос. Понемногу я пришел в себя и решился отправиться в дом, но уходя, спросил:

— А что это значит: барин чай пьет, а пузо холодное?

— Да так,— дурак говорит, плюньте.

Но я не удовлетворился этим и долго размышлял, ощупывая живот: «это и правда, чай я пью горячий, а живот у меня холодный?»

Но эти не лишенные глубокомыслия размышления были нарушены жесточайшим нагоняем, которым наградил меня отец, узнавший всю эту историю с рублем.

Дня через два я снова увидел Алешу стоявшим у нашего крыльца в той же позе тоскливой безропотности и глубокой, животной покорности судьбе. Длинные большие руки бессильно висели вдоль хилого, понурившегося тела, та же жалкая, просящая улыбка застыла на его губах. Смущенный, потому что мне строго-настрого приказано было бросить эту «затею» с Алешей, я быстро сбегал на кухню, принес большой кусок хлеба и, торопливо сунув в руку Алеши, ласково попросил его уходить.

— Ступай, Алеша, голубчик, ступай. Папа не велел ничего тебе давать.

Вероятно, слово «ступай» было знакомо Алеше лучше всяких других, потому что он тотчас же сошел с крыльца и снова тихой, странной походкой отправился домой. И опять я долго смотрел ему вслед, но на этот раз мне уже не хотелось торопить его, и смутное сознание царящей в мире несправедливости закрадывалось в душу.

С того дня я влюбился в Алешу. Нельзя дать другого названия тому чувству страстной нежности, какая охватывала меня при представлении его лица, улыбки. В классе на уроках, дома на постели я все думал о нем, и мое детское сердце, еще не уставшее любить и страдать, сжималось от горячей жалости. Приходилось мне еще несколько раз видеть Алешу, стоящим и безмолвно. терпеливо дожидающим у чьих-нибудь дверей. Скованный строгим приказом, я только издали провожал Алешу любовным взглядом. С Василием я о нем уже не говорил, так как вместо прежних шуток Василий резко заметил мне, что таких Алеш много и про всех не наплачешься.

Недели через две — три начались морозы, и река стала. С толпой ребятишек, составлявших мою обычную свиту, я отправился на лед кататься. День был воскресный, погожий, и на берегу толкалось порядочно пьяного, гулящего люда. Кое-где поскрипывала гармоника, невдалеке начиналась драка,— уже вторая по счету. Но мы, ребята, ничего этого не слышали и не видели, до самозабвения увлеченные своим занятием. Лед, чистый и гладкий, как зеркало, был еще совсем тонок, так что брошенный на него камень прыгал со звонким, постепенно стихающим гулом. Местами лед даже гнулся под ногами, и когда кто-нибудь из нас, задрав ноги кверху, с размаху стукался затылком, на льду образовывалась звезда, в значительной степени утешавшая автора ее в понесенной неприятности. Иной малорослый любитель сильных ощущений, а может быть, пытливый ум, желавший исследовать явления в их сущности, пробивал лед каблуком и глубокомысленно смотрел, как из образовавшегося отверстия била ключом вода и потихоньку подтекала ему под ноги. Благодаря предусмотрительности родителей, сшивших мне пальто «на рост», я был автором наибольшего количества звезд, рассеянных по льду, и тем более было лестно для моего самолюбия, что после каждого акта творчества я надолго впадал в изнеможение, пытаясь выпутаться из пальто. Находясь в одном из этих состояний, я увидел на берегу Алешу и бросился со всех ног к нему, в радостном возбуждении забыв о приказе. Но пока, падая и подымаясь, я добирался до него, произошло нечто неожиданное. Алеша стоял на берегу у самого льда, как раз над тем местом, которое именовалось у нас омутом, когда один из ребят, зачем-то выскочивший на берег и вздумавший подшутить, разогнался и изо всех сил бушкнул Алешу в спину. Наклонясь и вытянув руки вперед, Алеша вылетел на лед, проехал сажени две на раскоряченных ногах и упал навзничь. Были ли в этом месте ключи, или лед был тоньше, чем в других местах, или он просто не мог сдержать тяжести взрослого человека, только Алеша провалился. Дальнейшее свершилось с такой быстротой, что я не успел еще закрыть широко разинутого рта, когда молодой человек, тот, что был у Акулины, поспешно сбросил с себя самого поддевку и пиджак и, со словами: «берегись, душа, ожгу!»—бросился в воду. Через несколько минут окруженный народом Алеша уже стоял на берегу—все тот же, с теми же бессильно опущенными руками и жалкой улыбкой. Только струившаяся с него вода да дрожание всего тела показывали, что он только сейчас принял, холодную ванну и, быть может, избежал смерти, так как провалился он на глубоком месте. Молодого человека его товарищи увели в кабак, причем, уходя, он не преминул попросить у меня на чаек, а Алеша стоял, окруженный соболезнующей и дающей различные советы толпой,—откуда-то уже поспели появиться и бабы,— дрожал и синел все больше и больше. Взволнованный, решительный, я протеснился сквозь толпу, взял Алешу за руку, заявил голосом, не терпящим возражений:

— Пойдем, Алеша, к нам, там тебе и чистое платье дадут и обсушиться.

Крики в толпе: «Ай да барчук, молодец!» — ничуть не увеличили моей решимости. Твердо, поскольку позволяли то полы пальто, шагал я, ведя Алешу, а за нами следовала толпа, составляя в общем весьма торжественное и внушительное шествие. Некоторые бабы пытались проникнуть к нам и во двор, но, встретив сильную оппозицию со стороны Василия, в порядке отступили.

Кухарка Дарья, молодая, красивая баба-солдатка, встретила нас, целым скандалом, но, тронутая моими усиленными просьбами, к которым присоединил свой авторитетный голос и Василий, смягчилась, только сочла необходимым доложить о казусе моей матери. Та разрешила на несколько часов приютить Алешу и дала даже кое-каких харбаров ему переодеться. Боже, до чего ликовал я! Я решительно терялся, не зная, чем бы выразить свою любовь бедному Алеше, бесстрастно сидевшему на лавке. Я то гладил ему руки, неподвижно лежавшие на коленях, то просил Дарью дать ему еще поесть, хотел даже почитать ему сказку вслух, но, сообразив, что едва ли он что-нибудь поймет, остановился на другой, более практической мысли. Отозвав Василия в сторону, я таинственно спросил:

— Василий, а если дать ему папиросу, он будет курить?

— Ну вот еще! Куда ему с тупым носом да рябину клевать — рябина ягода не-жная!..

При последних словах Василий почему-то подмигнул Дарье, а та засмеялась и назвала его «лешим».

Я продолжал вертеться около Алеши и только что хотел предложить ему еще что-то, когда в кухню вошел отец, только что вернувшийся домой. Василий, собиравшийся зачем-то обнять Дарью, отскочил от нее и вытянулся. Дарья бросилась к печке, а я обмер. Только Алеша остался неподвижен и бесстрастен.

— Что это еще?! Убрать его,— сурово произнес отец.

— Папочка!..

— Я говорил, чтобы этого не было. Василий, отведи его.

Василий шагнул к неподвижному Алеше, но я остановил его, бросился к отцу, схватил за руку и заговорил, захлебываясь в слезах, целуя эту суровую, но родную руку:

— Папочка, родной, милый… позволь ему остаться… он бедный, он дурачок… Его Акулина бьет. Папочка, дорогой мой, не гони его—а то я умру. Папочка, не гони. Папочка, не гони!

Мои слезы уже начали переходить в истерику. Расчувствовавшаяся Дарья, утирая фартуком глаза, осмелилась присоединиться к моей просьбе.

— Ничего, барин, пускай останется, он нам не помешает…

Отец, не отвечая, хмуро смотрел на Алешу. Как бы под влиянием этого мрачного взгляда Алеша устремил на отца свои полные молчаливой мольбы глаза, и губы его зашевелились:

— Я дурачок… Алеша…

— Папочка!..

— Пускай останется. Но это в последний раз! — сказал отец, тихо-тихо погладив меня по поднятому к нему лицу, и вышел.

На другой день Алеша исчез, и с тех пор я его не видал и не знаю, где он. Может, замерз под забором, а может быть, и сейчас стоит где-нибудь у парадных дверей и ждет…

Бездна

Уже кончался день, а они двое все шли, все говорили и не замечали ни времени, ни дороги. Впереди, на пологом холме, темнела небольшая роща, и сквозь ветви деревьев красным раскаленным углем пылало солнце, зажигало воздух и весь его превращало в огненную золотистую пыль. Так близко и так ярко было солнце, что все кругом словно исчезало, а оно только одно оставалось, окрашивало дорогу и ровняло ее. Глазам идущих стало больно, они повернули назад, и сразу перед ними все потухло, стало спокойным и ясным, маленьким и отчетливым. Где-то далеко, за версту или больше, красный закат выхватил высокий ствол сосны, и он горел среди зелени, как свеча в темной комнате; багровым налетом покрылась впереди дорога, на которой теперь каждый камень отбрасывал длинную черную тень, да золотисто-красным ореолом светились волоса девушки, пронизанные солнечными лучами. Один тонкий вьющийся волос отделился от других и вился и колебался в воздухе, как золотая паутинка.

И то, что впереди стало темно, не прервало и не изменило их разговора. Такой же ясный, задушевный и тихий, он лился спокойным потоком и был все об одном: о силе, красоте и бессмертии любви. Оба они были очень молоды: девушке было всего семнадцать лет, Немовецкому на четыре года больше, и оба они были в ученической форме: она в скромном коричневом платье гимназистки, он в красивой форме студента-технолога. И как и речь, все у них было молодое, красивое и чистое: стройные, гибкие фигуры, словно пронизанные воздухом и родные ему, легкая упругая поступь и свежие голоса, даже в простых словах звучавшие задумчивой нежностью, так, как звенит ручей в тихую весеннюю ночь, когда не весь еще снег сошел с темных полей.

Они шли, сворачивали там, где сворачивала незнакомая дорога, и две длинные, постепенно утончающиеся тени, смешные от маленьких головок, то раздельно двигались впереди, то сбоку сливались в одну узкую и длинную, как тень тополя, полосу. Но они не видели теней и говорили, и, говоря, он не сводил глаз с ее красивого лица, на котором розовый закат точно оставил часть своих нежных красок, а она смотрела вниз, на тропинку, отталкивала зонтиком маленькие камешки и следила, как из-под темного платья равномерно выдвигался то один, то другой острый кончик маленькой ботинки.

Дорогу пересекла канава с пыльными, обвалившимися от ходьбы краями, и они на миг остановились. Зиночка подняла голову, обвела вокруг затуманенным взглядом и спросила:

— Вы знаете, где мы? Я здесь ни разу не была.

Он внимательно оглядел местность.

— Да, знаю. Там, за этим бугром, город. Давайте руку, я вам помогу.

Он протянул руку, нерабочую руку, тонкую и белую, как у женщины. Зиночке было весело, ей хотелось перепрыгнуть канаву самой, побежать, крикнуть: «Догоняйте!»- но она сдержалась, слегка, с важной благодарностью наклонила голову и немного боязливо протянула руку, сохранившую еще нежную припухлость детской руки. А ему хотелось до боли сжать эту трепетную ручку, но он также сдержался, с полупоклоном, почтительно принял ее и скромно отвернулся, когда у всходившей девушки слегка приоткрылась нога.

И снова они шли и говорили, но головы их были полны ощущением на минуту сблизившихся рук. Она еще чувствовала сухой жар его ладони и крепких пальцев; ей было приятно и немного совестно, а он ощущал покорную мягкость ее крохотной ручки и видел черный силуэт ноги и маленькую туфлю, наивно и нежно обнимавшую ее. И было что-то острое, беспокойное в этом немеркнущем представлении узкой полоски белых юбок и стройной ноги, и несознаваемым усилием воли он потушил его. И тогда ему стало весело, и сердцу его было так широко и свободно в груди, что захотелось петь, тянуться руками к небу и крикнуть: «Бегите, я буду вас догонять»,- эту древнюю формулу первобытной любви среди лесов и гремящих водопадов.

И от всех этих желаний к горлу подступали слезы.

Длинные, смешные тени исчезали, и дорожная пыль стала серой и холодной, но они не заметили этого и говорили. Оба они прочли много хороших книг, и светлые образы людей, любивших, страдавших и погибавших за чистую любовь, носились перед их глазами. В памяти воскресали отрывки неведомо когда прочитанных стихов, в одежду звучной гармонии и сладкой грусти облекавших любовь.

— Вы не помните, откуда это?- спрашивал Немовецкий, припоминая:-«…и со мною снова та, кого люблю,- от которой скрыл я, не сказав ни слова, всю тоску, всю нежность, всю любовь мою…»

— Нет,- ответила Зиночка и задумчиво повторила:

«Всю тоску, всю нежность, всю любовь мою…»

— Всю любовь мою,- невольным эхом откликнулся Немовецкий.

И снова они вспоминали. Вспоминали чистых, как белые лилии, девушек, надевавших черную монашескую одежду, одиноко тоскующих в парке, засыпанном осенней листвой, счастливых в своем несчастье; они вспоминали и мужчин, гордых, энергичных, но страдающих и просящих о любви и чутком женском сострадании. Печальны были вызванные образы, но в их печали светлее и чище являлась любовь. Огромным, как мир, ясным, как солнце, и дивно-красивым вырастала она перед их глазами, и не было ничего могущественнее ее и краше.

— Вы могли бы умереть за того, кого любите?- спросила Зиночка, смотря на свою полудетскую руку.

— Да, мог бы,- решительно ответил Немовецкий, открыто и искренно глядя на нее.- А вы?

— Да, и я,- она задумалась.- Ведь это такое счастье: умереть за любимого человека. Мне очень хотелось бы.

Их глаза встретились, ясные, спокойные, и что-то хорошее послали друг другу, и губы улыбнулись. Зиночка остановилась.

— Постойте,- сказала она.- У вас на тужурке нитка.

И доверчиво она подняла руку к его плечу и осторожно, двумя пальцами сняла нитку.

— Вот!- сказала она и, став серьезной, спросила:- Отчего вы такой бледный и худой? Вы много занимаетесь, да? Не утомляйте себя, не надо.

— У вас глаза голубые, а в них светлые точечки, как искорки,- ответил он, рассматривая ее глаза.

— А у вас черные. Нет, карие, теплые. И в них…

Зиночка не договорила, что в них, и отвернулась. Лицо ее медленно краснело, глаза стали смущенные и робкие, а губы невольно улыбались. И, не ожидая улыбающегося и чем-то довольного Немовецкого, она тронулась вперед, но скоро остановилась.

— Смотрите, солнце зашло!- с грустным изумлением воскликнула она.

— Да, зашло,- с внезапной, острой грустью отозвался он.

Свет погас, тени умерли, и все кругом стало бледным, немым и безжизненным. Оттуда, где раньше сверкало раскаленное солнце, бесшумно ползли вверх темные груды облаков и шаг за шагом пожирали светло-голубое пространство. Тучи клубились, сталкивались, медленно и тяжко меняли очертания разбуженных чудовищ и неохотно подвигались вперед, точно их самих, против их воли, гнала какая-то неумолимая, страшная сила. Оторвавшись от других, одиноко металось светлое волокнистое облачко, слабое и испуганное.

Щеки Зиночки побледнели, губы стали красными, почти кровавыми, зрачок неприметно расширился, затемнив глаза, и она тихо прошептала:

— Мне страшно. Тут так тихо. Мы заблудились?

Немовецкий сдвинул густые брови и пытливо оглядел местность.

Без солнца, под свежим дыханием близкой ночи, она казалась неприветливой и холодной; во все стороны раскидывалось серое поле с низенькой, словно притоптанной травой, глинистыми оврагами, буграми и ямами. Ям было много, глубоких, отвесных и маленьких, поросших ползучей травой; в них уже бесшумно залегала на ночь молчаливая тьма; и то, что здесь были люди, что-то делали, а теперь их нет, делало местность еще более пустынной и печальной. Там и здесь, как сгустки лилового холодного тумана, вставали рощи и перелески и точно выжидали, что скажут им заброшенные ямы.

Немовецкий подавил поднимавшееся в нем тяжелое и смутное чувство тревоги и сказал:

— Нет, мы не заблудились. Я знаю дорогу. Сперва полем, а потом через тот лесок. Вы боитесь?

Она храбро улыбнулась и ответила:

— Нет. Теперь нет. Но нужно скорее домой — пить чай.

Быстро и решительно они двинулись вперед, но скоро замедлили шаги. Они не глядели по сторонам, но чувствовали угрюмую враждебность изрытого поля, окружавшего их тысячью тусклых неподвижных глаз, и это чувство сближало их и бросало к воспоминаниям детства. И воспоминания были светлые, озаренные солнцем, зеленой листвой, любовью и смехом. Как будто это была не жизнь, а широкая, мягкая песня, и звуками в ней были они сами, две маленькие нотки: одна звонкая и чистая, как звенящий хрусталь, другая немного глуше, но ярче — как колокольчик.

Показались люди — две женщины, сидевшие на краю глубокой глиняной ямы; одна сидела, заложив ногу за ногу, и пристально смотрела вниз; головной платок приподнялся, открывая космы путаных волос; спина горбилась и встягивала вверх грязную кофту с крупными, как яблоки, цветами и распустившимися завязками. На проходящих она не взглянула. Другая женщина полулежала возле, закинув голову. Лицо у нее было грубое, широкое, с мужскими чертами, и под глазами на выдавшихся скулах горели по два красных кирпичных пятна, похожих на свежие ссадины. Она была еще грязнее, чем первая, и смотрела на идущих прямо и просто. Когда они прошли, она запела густым, мужским голосом:

Для тебя одного, мой любезный,

Я, как цвет ароматный, цвела…

— Варька, слышишь?- обратилась она к молчаливой подруге и, не получив ответа, громко и грубо захохотала.

Немовецкий знал таких женщин, грязных даже тогда, когда на них было богатое и красивое платье, привык к ним, и теперь они скользнули по его взгляду и, не оставив следа, исчезли. Но Зиночка, почти коснувшаяся их своим коричневым скромным платьем, почувствовала что-то враждебное, жалкое и злое, на миг вошедшее в ее душу. Но через несколько минут впечатление изгладилось, как тень облака, быстро бегущая по золотистому лугу, и когда мимо них, обгоняя, прошли двое: мужчина в картузе и пиджаке, но босиком, и такая же грязная женщина, она увидела их, но не почувствовала. Не отдавая себе отчета, она долго еще следила за женщиной, и ее немного удивило, почему у нее такое тонкое платье, как-то липко, точно мокрое, обхватывающее ноги, и подол с широкой полосой жирной грязи, въевшейся в материю. Что-то тревожное, больное и страшно безнадежное было в трепыхании этого тонкого и грязного подола.

И снова они шли и говорили, а за ними двигалась, нехотя, темная туча и бросала прозрачную, осторожно прилегающую тень. На распертых боках тучи тускло просвечивали желтые, медные пятна и светлыми, бесшумно клубящимися дорогами скрывались за ее тяжелой массой. И тьма сгущалась так незаметно и вкрадчиво, что трудно было в нее поверить, и казалось, что все еще это день, но день тяжело больной и тихо умирающий. Теперь они говорили о тех страшных чувствах и мыслях, которые посещают человека ночью, когда он не спит, и ни звуки, ни речи не мешают ему, и то, как тьма широкое и многоглазое, что есть жизнь, плотно прижимается к самому его лицу.

— Вы представляете себе бесконечность?- спросила Зиночка, прикладывая ко лбу пухлую ручку и крепко зажмуривая глаза.

— Нет. Бесконечность… Нет,- ответил Немовецкий, также закрывая глаза.

— А я иногда вижу ее. Первый раз я увидела, когда была еще маленькая. Это как будто телеги. Стоит одна телега, другая, третья, и так далеко, без конца, все телеги, телеги… Страшно,- она вздрогнула.

— Но почему телеги?- улыбнулся Немовецкий, хотя ему было неприятно.

— Не знаю. Телеги. Одна, другая… без конца.

Тьма вкрадчиво густела, и туча уже прошла над их головами и спереди точно заглядывала в их побледневшие, опущенные лица. И все чаще вырастали темные фигуры оборванных грязных женщин, словно их выбрасывали на поверхность глубокие, неизвестно зачем выкопанные ямы, и тревожно трепыхались их мокрые подолы. То в одиночку, то по две, по три появлялись они, и голоса их звучали громко и странно-одиноко в замершем воздухе.

— Кто эти женщины? Откуда их столько?- спрашивала Зиночка боязливо и тихо. Немовецкий знал, кто эти женщины, и ему было страшно, что они попали в такую дурную и опасную местность, но спокойно ответил:

— Не знаю. Так. Не нужно о них говорить. Вот сейчас пройдем этот лесок, а там будет застава и город. Жаль, что мы так поздно вышли.

Ей стало смешно, что он говорит: поздно, когда они вышли в четыре часа, и она взглянула на него и улыбнулась. Но брови его не расходились, и она предложила, успокаивая и утешая:

— Пойдемте скорее. Мне хочется чаю. Да и лес уже близко.

— Пойдемте.

Когда они вошли в лес и деревья молчаливо сошлись вершинами над их головами, стало очень темно, но уютно и спокойно.

— Давайте руку,- предложил Немовецкий.

Она нерешительно подала руку, и легкое прикосновение точно разогнало тьму. Руки их были неподвижны и не прижимались, и Зиночка даже немного отодвигалась от спутника, но все их сознание сосредоточилось на ощущении этого маленького местечка в теле, где соприкасались руки. И опять хотелось говорить о красоте и таинственной силе любви, но говорить так, чтобы не нарушать молчания, говорить не словами, а взглядами. И они думали, что нужно взглянуть, и хотели, но не решались.

— А вот опять люди!- весело сказала Зиночка.

На поляне, где было светлее, сидели около опорожненной бутылки три человека и молча, выжидательно смотрели на подходящих. Один, бритый, как актер, засмеялся и свистнул так, как будто это значило:

— Ого!

Сердце у Немовецкого упало и замерло в страшной тревоге, но, будто подталкиваемый сзади, он шел прямо на сидящих, около которых проходила тропинка. Те ждали, и три пары глаз темнели неподвижно и страшно. И смутно желая расположить к себе этих мрачных, оборванных людей, в молчании которых чувствовалась угроза, указать на свою беспомощность и разбудить в них сочувствие, он спросил:

— Где пройти к заставе? Здесь?

Но они не ответили. Бритый свистнул что-то неопределенное и насмешливое, а другие двое молчали и смотрели с тяжелой, зловещей пристальностью. Они были пьяны, злы, и им хотелось любви и разрушения. Краснощекий, оплывший, приподнялся на локти, потом нерешительно, как медведь, оперся на лапы и встал, тяжело вздохнув. Товарищи мельком взглянули на него и опять с той же пристальностью уставились на Зиночку.

— Мне страшно,- одними губами сказала она.

Не слыша слов, Немовецкий понял ее по тяжести опершейся руки. И, стараясь сохранить вид спокойствия, но чувствуя роковую неотвратимость

25

того, что сейчас случится, он зашагал ровно и твердо. И три пары глаз приблизились, сверкнули и остались за спиной. «Нужно бежать,- подумал Немовецкий и сам ответил:- Нет, нельзя бежать».

— Совсем дохляк парень, даже обидно,- сказал третий из сидевших, лысый, с редкой рыжей бородой.- А девочка хорошенькая, дай Бог всякому.

Все трое как-то неохотно засмеялись.

— Барин, погоди на два слова!- густо, басом сказал высокий и поглядел на товарищей.

Те приподнялись.

Немовецкий шел не оглядываясь.

— Нужно погодить, когда просят,- сказал рыжий.- А то ведь и по шее можно.

— Тебе говорят!- гаркнул высокий и в два прыжка нагнал идущих.

Массивная рука опустилась на плечо Немовецкого и покачнула его, и, обернувшись, он возле самого лица встретил круглые, выпуклые и страшные глаза. Они были так близко, точно он смотрел на них сквозь увеличительное стекло и ясно различал красные жилки на белке и желтоватый гной на ресницах. И, выпустив немую руку Зиночки, он полез в карман и забормотал:

— Денег!.. Нате денег. Я с удовольствием.

Выпуклые глаза все более круглились и светлели. И когда Немовецкий отвел от них свои глаза, высокий немного отступил назад и без размаху, снизу, ударил Немовецкого в подбородок. Голова Немовецкого откачнулась, зубы лязгнули, фуражка опустилась на лоб и свалилась, и, взмахнув руками, он упал навзничь. Молча, без крика, повернулась Зиночка и бросилась бежать, сразу приняв всю быстроту, на какую была способна. Бритый крикнул долго и странно:

— А-а-а!..

И с криком погнался за ней.

Немовецкий, шатаясь, вскочил, но не успел еще выпрямиться, как снова был сбит с ног ударом в затылок. Тех было двое, а он один, слабый и не привыкший к борьбе, но он долго боролся, царапался ногтями, как дерущаяся женщина, всхлипывал от бессознательного отчаяния и кусался. Когда он совсем ослабел, его подняли и понесли; он упирался, но в голове шумело, он переставал понимать, что с ним делается, и бессильно обвисал в несущих руках. Последнее, что он увидел,- это кусок рыжей бороды, почти попадавшей ему в рот, а за ней темноту леса и светлую кофточку бегущей девушки. Она бежала молча и быстро, так, как бегала на днях, когда играли в горелки — а за ней мелкими шажками, настигая, несся бритый. А потом Немовецкий ощутил вокруг себя пустоту, с замиранием

26

сердца понесся куда-то вниз, грохнул всем телом, ударившись о землю,- и потерял сознание.

Высокий и рыжий, бросившие Немовецкого в ров, постояли немного, прислушиваясь к тому, что происходило на дне рва. Но лица их и глаза были обращены в сторону, где осталась Зиночка. Оттуда послышался высокий, придушенный женский крик и тотчас замер. И высокий сердито воскликнул:

— Мерзавец!- и прямиком, ломая сучья, как медведь, побежал.

— И я! И я!- тоненьким голоском кричал рыжий, пускаясь за ним вслед. Он был слабосилен и запыхался; в борьбе ему ушибли коленку, и ему было обидно, что мысль о девушке пришла ему первому, а достанется она ему последнему. Он приостановился, потер рукой коленку, высморкался, приставив палец к носу, и снова побежал, жалобно крича:

— И я! И я!

Темная туча уже расползлась по всему небу, и наступила темная, тихая ночь. В темноте скоро исчезла коротенькая фигура рыжего, но долго еще слышался неровный топот его ног, шорох раздвигаемых деревьев и дребезжащий, жалобный крик:

— И я! Братцы, и я!

В рот Немовецкому набралась земля и скрипела на зубах. И первое, самое сильное, что он почувствовал, придя в сознание, был густой и спокойный запах земли. Голова была тупая, словно налитая тусклым свинцом, так что трудно было ворочать; все тело ныло, и сильно болело плечо, но ничего не было ни переломано, ни разбито. Немовецкий сел и долго смотрел вверх, ничего не думая и не вспоминая. Прямо над ним свешивался куст с черными широкими листьями, и сквозь них проглядывало очистившееся небо. Туча прошла, не бросив ни одной капли дождя и сделав воздух сухим и легким, и высоко, на середину неба, поднялся разрезанный месяц с прозрачным, тающим краем. Он доживал последние ночи и светил холодно, печально и одиноко. Небольшие клочки облаков быстро пронеслись в вышине, где продолжал, очевидно, дуть сильный ветер, но не закрывали месяца, а осторожно обходили его. В одиночестве месяца, в осторожности высоких, светлых облаков, в дуновении неощутимого внизу ветра чувствовалась таинственная глубина парящей над землею ночи.

Немовецкий вспомнил все, что произошло, и не поверил. Все случившееся было страшно и непохоже на правду, которая не может быть такой ужасной, и сам он, сидящий среди ночи и смотрящий откуда-то снизу на перевернутый месяц и бегущие облака, был также странен и непохож на настоящего. И он подумал, что это обыкновенный страшный сон, очень страшный и дурной. И эти женщины, которых они так много встречали, были также сном.

— Не может быть,- сказал он утвердительно и слабо качнул тяжелой головой.- Не может быть.

Он протянул руку и стал искать фуражку, чтобы идти, но фуражки не было. И то, что ее не было, сразу сделало все ясным; и он понял, что происшедшее не сон, а ужасная правда. В следующую минуту, замирая от ужаса, он уже карабкался вверх, обрывался вместе с осыпавшейся землей и снова карабкался и хватался за гибкие ветви куста.

Вылезши, он побежал прямо, не рассуждая и не выбирая направления, и долго бежал и кружился между деревьями. Так же внезапно, не рассуждая, он побежал в другую сторону, и опять ветви царапали его лицо, и опять все стало похоже на сон. И Немовецкому казалось, что когда-то с ним уже было нечто подобное: тьма, невидимые ветви, царапающие лицо, и он бежит, закрыв глаза, и думает, что все это сон. Немовецкий остановился, потом сел в неудобной и непривычной позе человека, сидящего прямо на земле, без возвышения. И опять он подумал о фуражке и сказал:

— Это я. Нужно убить себя. Нужно убить себя, если даже это сон.

Он вскочил и снова побежал, но опомнился и пошел медленно, смутно рисуя себе то место, где на них напали. В лесу было совсем темно, но иногда прорывался бледный месячный луч и обманывал, освещая белые стволы, и лес казался полным неподвижных и почему-то молчащих людей. И это уже было когда-то, и это походило на сон.

— Зинаида Николаевна!- звал Немовецкий и громко выговаривал первое слово, но тихо второе, как будто теряя вместе со звуком надежду, что кто-нибудь отзовется.

И никто не отзывался.

Потом он попал на тропинку, узнал ее и дошел до поляны. И тут опять и уже совсем он понял, что все это правда, и в ужасе заметался, крича:

— Зинаида Николаевна! Это я! Я!

Никто не откликался, и, повернувшись лицом туда, где должен был находиться город, Немовецкий раздельно выкрикнул:

— По-мо-ги-те!..

И снова заметался, что-то шепча, обшаривая кусты, когда перед самыми его ногами всплыло белое мутное пятно, похожее на застывшее пятно слабого света. Это лежала Зиночка.

— Господи! Что же это?- с сухими глазами, но голосом рыдающего человека сказал Немовецкий и, став на колени, прикоснулся к лежащей.

Рука его попала на обнаженное тело, гладкое, упругое, холодное, но не мертвое, и с содроганием Немовецкий отдернул ее.

— Милая моя, голубочка моя, это я,- шептал он, ища в темноте ее лицо.

И снова, в другом направлении он протянул руку и опять наткнулся на голое тело, и так, куда он ни протягивал ее, он всюду встречал это голое женское тело, гладкое, упругое, как будто теплевшее под прикасающейся рукой. Иногда он отдергивал руку быстро, но иногда задерживал, и как сам он, без фуражки, оборванный, казался себе ненастоящим, так и с этим обнаженным телом он не мог связать представления о Зиночке. И то, что произошло здесь, что делали люди с этим безгласным женским телом, представилось ему во всей омерзительной ясности — и какой-то странной, говорливой силой отозвалось во всех его членах. Потянувшись так, что хрустнули суставы, он тупо уставился на белое пятно и нахмурил брови, как думающий человек. Ужас перед случившимся застывал в нем, свертывался в комок и лежал в душе, как что-то постороннее и бессильное.

— Господи, что же это?- повторил он, но звук был неправдивый, как будто нарочно.

Он нащупал сердце: оно билось слабо, но ровно, и когда он нагнулся к самому лицу, он ощутил слабое дыхание, словно Зиночка не была в глубоком обмороке, а просто спала. И он тихо позвал ее:

— Зиночка, это я.

И тут же почувствовал, что будет почему-то хорошо, если она еще долго не проснется. Затаив дыхание и быстро оглянувшись кругом, он осторожно погладил ее по щеке и поцеловал сперва в закрытые глаза, потом в губы, мягко раздавшиеся под крепким поцелуем. Его испугало, что она может проснуться, и он откачнулся и замер. Но тело было немо и неподвижно, и в его беспомощности и доступности было что-то жалкое и раздражающее, неотразимо влекущее к себе. С глубокой нежностью и воровской, пугливой осторожностью Немовецкий старался набросать на нее обрывки ее платья, и двойное ощущение материи и голого тела было остро, как нож, и непостижимо, как безумие. Он был защитником и тем, кто нападает, и он искал помощи у окружающего леса и тьмы, но лес и тьма не давали ее. Здесь было пиршество зверей, и, внезапно отброшенный по ту сторону человеческой, понятной и простой жизни, он обонял жгучее сладострастие, разлитое в воздухе, и расширял ноздри.

— Это я! Я!- бессмысленно повторял он, не понимая окружающего и весь полный воспоминанием о том, как он увидел когда-то белую полоску юбки, черный силуэт ноги и нежно обнимавшую ее туфлю. И, прислушиваясь к дыханию Зиночки, не сводя глаз с того места, где было ее лицо, он подвинул руку. Прислушался и подвинул еще.

— Что же это?- громко и отчаянно вскрикнул он и вскочил, ужасаясь самого себя.

На одну секунду в его глазах блеснуло лицо Зиночки и исчезло. Он старался понять, что это тело — Зиночка, с которой он шел сегодня и которая говорила о бесконечности, и не мог; он старался почувствовать ужас происшедшего, но ужас был слишком велик, если думать, что все это правда, и не появлялся.

— Зинаида Николаевна!- крикнул он, умоляя.- Зачем же это? Зинаида Николаевна?

Но безгласным оставалось измученное тело, и с бессвязными речами Немовецкий опустился на колени. Он умолял, грозил, говорил, что убьет себя, и тормошил лежащую, прижимая ее к себе и почти впиваясь ногтями. Потеплевшее тело мягко поддавалось его усилиям, послушно следуя за его движениями, и все это было так страшно, непонятно и дико, что Немовецкий снова вскочил и отрывисто крикнул:

— Помогите!- И звук был лживый, как будто нарочно.

И снова он набросился на несопротивлявшееся тело, целуя, плача, чувствуя перед собой какую-то бездну, темную, страшную, притягивающую. Немовецкого не было. Немовецкий оставался где-то позади, а тот, что был теперь, с страстной жестокостью мял горячее податливое тело и говорил, улыбаясь хитрой усмешкой безумного:

— Отзовись! Или ты не хочешь? Я люблю тебя, люблю тебя.

С той же хитрой усмешкой он приблизил расширившиеся глаза к самому лицу Зиночки и шептал:

— Я люблю тебя. Ты не хочешь говорить, но ты улыбаешься, я это вижу. Я люблю тебя, люблю, люблю.

Он крепче прижал к себе мягкое, безвольное тело, своей безжизненной податливостью будившее дикую страсть, ломал руки и беззвучно шептал, сохранив от человека одну способность лгать:

— Я люблю тебя. Мы никому не скажем, и никто не узнает. И я женюсь на тебе, завтра, когда хочешь. Я люблю тебя. Я поцелую тебя, и ты мне ответишь — хорошо? Зиночка…

И с силой он прижался к ее губам, чувствуя, как зубы вдавливаются в тело, и в боли и крепости поцелуя теряя последние проблески мысли. Ему показалось, что губы девушки дрогнули. На один миг сверкающий огненный ужас озарил его мысли, открыв перед ним черную бездну.

И черная бездна поглотила его.

Бен-Товит

В тот страшный день, когда совершилась мировая несправедливость и на Голгофе среди разбойников был распят Иисус Христос — в тот день с самого раннего утра у иерусалимского торговца Бен-Товита нестерпимо разболелись зубы. Началось это еще накануне, с вечера: слегка стало ломить правую челюсть, а один зуб, крайний перед зубом мудрости, как будто немного приподнялся и, когда к нему прикасался язык, давал легкое ощущение боли. После еды боль, однако, совершенно утихла, и Бен-Товит совсем забыл о ней и успокоился, — он в этот день выгодно выменял своего старого осла на молодого и сильного, был очень весел и не придал значения зловещим признакам.

И спал он очень хорошо и крепко, но перед самым рассветом что-то начало тревожить его, как будто кто-то звал его по какому-то очень важному делу, и, когда Бен-Товит сердито проснулся — у него болели зубы, болели открыто и злобно, всею полнотою острой сверлящей боли. И уже нельзя было понять, болел ли это вчерашний зуб, или к нему присоединились и другие: весь рот и голова полны были ужасным ощущением боли, как будто Бен-Товита заставили жевать тысячу раскаленных докрасна острых гвоздей. Он взял в рот воды из глиняного кувшина, — на минуту ярость боли исчезла, зубы задергались и волнообразно заколыхались, и это ощущение было даже приятно по сравнению с предыдущим. Бен-Товит снова улегся, вспомнил про нового ослика и подумал, как бы был он счастлив, если бы не эти зубы, и хотел уснуть. Но вода была теплая, — и через пять минут боль вернулась еще более свирепая, чем прежде, и Бен-Товит сидел на постели и раскачивался, как маятник. Все лицо его сморщилось и собралось к большому носу, а на носу, побледневшем от страданий, застыла капелька холодного пота. Так, покачиваясь и стеная от боли, он встретил первые лучи того солнца, которому суждено было видеть Голгофу с тремя крестами и померкнуть от ужаса и горя.

Бен-Товит был добрый и хороший человек, не любивший несправедливости, но, когда проснулась его жена, он, еле разжимая рот, наговорил ей много неприятного и жаловался, что его оставили одного, как шакала, выть и корчиться от мучений. Жена терпеливо приняла незаслуженные упреки, так как знала, что не от злого сердца говорятся они, и принесла много хороших лекарств: крысиного очищенного помета, который нужно прикладывать к щеке, острой настойки на скорпионе и подлинный осколок камня от разбитой Моисеем скрижали Завета. От крысиного помета стало несколько лучше, но ненадолго, так же от настойки и камешка, но всякий раз после кратковременного улучшения боль возвращалась с новой силой. И в краткие минуты отдыха Бен-Товит утешал себя мыслью об ослике и мечтал о нем, а когда становилось хуже — стонал, сердился на жену и грозил, что разобьет себе голову о камень, если не утихнет боль. И все время ходил из угла в угол по плоской крыше своего дома, стыдясь близко подходить к наружному краю, так как вся голова его была обвязана платком, как у женщины. Несколько раз к нему прибегали дети и что-то рассказывали торопливыми голосами о Иисусе Назорее. Бен-Товит останавливался, минуту слушал их, сморщив лицо, но потом сердито топал ногой и прогонял: он был добрый человек и любил детей, но теперь он сердился, что они пристают к нему со всякими пустяками.

Было также неприятно и то, что на улице и на соседних крышах собралось много народу, который ничего не делал и любопытно смотрел на Бен-Товита, обвязанного платком, как женщина. И он уже собирался сойти вниз, когда жена сказала ему:

— Посмотри, вон ведут разбойников. Быть может, это развлечет тебя.

— Оставь меня, пожалуйста. Разве ты не видишь, как я страдаю? — сердито ответил Бен-Товит.

Но в словах жены звучало смутное обещание, что зубы могут пройти, и нехотя он подошел к парапету. Склонив голову набок, закрыв один глаз и подпирая щеку рукою, он сделал брезгливо-плачущее лицо и посмотрел вниз.

По узенькой улице, поднимавшейся в гору, беспорядочно двигалась огромная толпа, окутанная пылью и несмолкающим криком. По середине ее, сгибаясь под тяжестью крестов, двигались преступники, и над ними вились, как черные змеи, бичи римских солдат. Один, — тот, что с длинными светлыми волосами, в разорванном и окровавленном хитоне, — споткнулся на брошенный под ноги камень и упал. Крики сделались громче, и толпа, подобно разноцветной морской воде, сомкнулась над упавшим. Бен-Товит внезапно вздрогнул от боли, — в зуб точно вонзил кто-то раскаленную иглу и повернул ее, — застонал: «У-у-у», — и отошел от парапета, брезгливо-равнодушный и злой.

— Как они кричат! — завистливо сказал он, представляя широко открытые рты с крепкими неболеющими зубами, и как бы закричал он сам, если бы был здоров.

И от этого представления боль освирепела, и он часто замотал обвязанной головой и замычал: «М-у-у...»

— Рассказывают, что Он исцелял слепых, — сказала жена, не отходившая от парапета, и бросила камешек в то место, где медленно двигался поднятый бичами Иисус.

— Ну конечно! Пусть бы Он исцелил вот мою зубную боль, — иронически ответил Бен-Товит и раздражительно, с горечью добавил:— Как они пылят! Совсем как стадо! Их всех нужно бы разогнать палкой! Отведи меня вниз, Сара!

Жена оказалась права: зрелище несколько развлекло Бен-Товита, а быть может, помог в конце концов крысиный помет, и ему удалось уснуть. А когда он проснулся, боль почти исчезла, и только на правой челюсти вздулся небольшой флюс, настолько небольшой, что его едва можно было заметить. Жена говорила, что совсем незаметно, но Бен-Товит лукаво улыбался: он знал, какая добрая у него жена и как она любит сказать приятное. Пришел сосед кожевник Самуил, и Бен-Товит водил его посмотреть на своего ослика и с гордостью выслушивал горячие похвалы себе и животному.

Потом, по просьбе любопытной Сары, они втроем пошли на Голгофу посмотреть на распятых. Дорогою Бен-Товит рассказывал Самуилу с самого начала, как вчера он почувствовал ломоту в правой челюсти и как потом ночью проснулся от страшной боли. Для наглядности он делал страдальческое лицо, закрывал глаза, мотал головой и стонал, а седобородый Самуил сочувственно качал головою и говорил:

— Ай-ай-ай! Как больно!

Бен-Товиту понравилось одобрение, и он повторил рассказ и потом вернулся к тому отдаленному времени, когда у него испортился еще только первый зуб, внизу с левой стороны. Так в оживленной беседе они пришли на Голгофу. Солнце, осужденное светить миру в этот страшный день, закатилось уже за отдаленные холмы, и на западе горела, как кровавый след, багрово-красная полоса. На фоне ее неразборчиво темнели кресты, и у подножия среднего креста смутно белели какие-то коленопреклоненные фигуры.

Народ давно разошелся; становилось холодно, и, мельком взглянув на распятых, Бен-Товит взял Самуила под руку и осторожно повернул его к дому. Он чувствовал себя особенно красноречивым, и ему хотелось досказать о зубной боли. Так шли они, и Бен-Товит под сочувственные кивки и возгласы Самуила делал страдальческое лицо, мотал головой и искусно стонал, — а из глубоких ущелий, с далеких обожженных равнин поднималась черная ночь. Как будто хотела она сокрыть от взоров неба великое злодеяние земли.

Большой шлем[1]

Они играли в винт три раза в неделю: по вторникам, четвергам и субботам; воскресенье было очень удобно для игры, но его пришлось оставить на долю всяким случайностям: приходу посторонних, театру, и

---

[1] Большой шлем — такое положение в карточной игре, при котором противник не может взять старшей картой или козырем ни одной карты партнера.

поэтому оно считалось самым скучным днем в неделе. Впрочем, летом, на даче, они играли и в воскресенье. Размещались они так: толстый и горячий Масленников играл с Яковом Ивановичем, а Евпраксия Васильевна со своим мрачным братом, Прокопием Васильевичем. Такое распределение установилось давно, лет шесть тому назад, и настояла на нем Евпраксия Васильевна. Дело в том, что для нее и ее брата не представляло никакого интереса играть отдельно, друг против друга, так как в этом случае выигрыш одного был проигрыш для другой, и в окончательном результате они не выигрывали и не проигрывали. И хотя в денежном отношении игра была ничтожная и Евпраксия Васильевна и ее брат в деньгах не нуждались, но она не могла понять удовольствия игры для игры и радовалась, когда выигрывала. Выигранные деньги она откладывала отдельно, в копилку, и они казались ей гораздо важнее и дороже, чем те крупные кредитки, которые приходилось ей платить за дорогую квартиру и выдавать на хозяйство. Для игры собирались у Прокопия Васильевича, так как во всей обширной квартире жили только они вдвоем с сестрой, — существовал еще большой белый кот, но он всегда спал на кресле, — и в комнатах царила необходимая для занятий тишина. Брат Евпраксии Васильевны был вдов: он потерял жену на второй год после свадьбы и целых два месяца после того провел в лечебнице для душевнобольных; сама она была незамужняя, хотя когда-то имела роман со студентом. Никто не знал, да и она, кажется, позабыла, почему ей не пришлось выйти замуж за своего студента, но каждый год, когда появлялось обычное воззвание о помощи нуждающимся студентам, она посылала в комитет аккуратно сложенную сторублевую бумажку «от неизвестной». По возрасту она была самой молодой из игроков: ей было сорок три года.

Вначале, когда создалось распределение на пары, им особенно был недоволен старший из игроков, Масленников. Он возмущался, что ему постоянно придется иметь дело с Яковом Ивановичем, то есть, другими словами, бросить мечту о большом бескозырном шлеме. И вообще они с партнером совершенно не подходили друг к другу. Яков Иванович был маленький, сухонький старичок, зиму и лето ходивший в наваченном сюртуке и брюках, молчаливый и строгий. Являлся он всегда ровно в восемь часов, ни минутой раньше или позже, и сейчас же брал мелок сухими пальцами, на одном из которых свободно ходил большой брильянтовый перстень. Но самым ужасным для Масленникова в его партнере было то, что он никогда не играл больше четырех, даже тогда, когда на руках у него имелась большая и верная игра. Однажды случилось, что, как начал Яков Иванович ходить с двойки, так и отходил до самого туза, взяв все тринадцать взяток. Масленников с гневом бросил свои карты на стол, а седенький старичок спокойно собрал их и записал за игру, сколько следует при четырех.

— Но почему же вы не играли большого шлема? — вскрикнул Николай Дмитриевич (так звали Масленникова).

— Я никогда не играю больше четырех, — сухо ответил старичок и наставительно заметил: — Никогда нельзя знать, что может случиться.

Так и не мог убедить его Николай Дмитриевич. Сам он всегда рисковал и, так как карта ему не шла, постоянно проигрывал, но не отчаивался и думал, что ему удастся отыграться в следующий раз. Постепенно они свыклись со своим положением и не мешали друг другу: Николай Дмитриевич рисковал, а старик спокойно записывал проигрыш и назначал игру в четырех.

Так играли они лето и зиму, весну и осень. Дряхлый мир покорно нес тяжелое ярмо бесконечного существования и то краснел от крови, то обливался слезами, оглашая свой путь в пространстве стонами больных, голодных и обиженных. Слабые отголоски этой тревожной и чуждой жизни приносил с собой Николай Дмитриевич. Он иногда запаздывал и входил в то время, когда все уже сидели за разложенным столом и карты розовым веером выделялись на его зеленой поверхности.

Николай Дмитриевич, краснощекий, пахнущий свежим воздухом, поспешно занимал свое место против Якова Ивановича, извинялся и говорил:

— Как много гуляющих на бульваре. Так и идут, так и идут…

Евпраксия Васильевна считала себя обязанной, как хозяйка, не замечать странностей своих гостей. Поэтому она отвечала одна, в то время как старичок молча и строго приготовлял мелок, а брат ее распоряжался насчет чаю.

— Да, вероятно, — погода хорошая. Но не начать ли нам?

И они начинали. Высокая комната, уничтожавшая звук своей мягкой мебелью и портьерами, становилась совсем глухой. Горничная неслышно двигалась по пушистому ковру, разнося стаканы с крепким чаем, и только шуршали ее накрахмаленные юбки, скрипел мелок и вздыхал Николай Дмитриевич, поставивший большой ремиз [2]. Для него наливался жиденький чай и ставился особый столик, так как он любил пить с блюдца и непременно с тянучками.

Зимой Николай Дмитриевич сообщал, что днем морозу было десять градусов, а теперь уже дошло до двадцати, а летом говорил:

— Сейчас целая компания в лес пошла. С корзинками. Евпраксия Васильевна вежливо смотрела на небо — летом они играли на террасе —

---

[2] Ремиз — недобор заказанного (установленного) числа взяток, обычно наказываемый штрафом.

и, хотя небо было чистое и верхушки сосен золотели, замечала:

— Не было бы дождя.

А старичок Яков Иванович строго раскладывал карты и, вынимая червонную двойку, думал, что Николай Дмитриевич легкомысленный и неисправимый человек. Одно время Масленников сильно обеспокоил своих партнеров. Каждый раз, приходя, он начинал говорить одну или две фразы о Дрейфусе[3]. Делая печальную физиономию, он сообщал:

— А плохи дела нашего Дрейфуса.

Или, наоборот, смеялся и радостно говорил, что несправедливый приговор, вероятно, будет отменен. Потом он стал приносить газеты и прочитывал из них некоторые места все о том же Дрейфусе.

— Читали уже, — сухо говорил Яков Иванович, но партнер не слушал его и прочитывал, что казалось ему интересным и важным. Однажды он таким образом довел остальных до спора и чуть ли не до ссоры, так как Евпраксия Васильевна не хотела признавать законного порядка судопроизводства и требовала, чтобы Дрейфуса освободили немедленно, а Яков Иванович и ее брат настаивали на том, что сперва необходимо соблюсти некоторые формальности и потом уже освободить. Первым опомнился Яков Иванович и сказал, указывая на стол:

— Но не пора ли?

И они сели играть, и потом, сколько ни говорил Николай Дмитриевич о Дрейфусе, ему отвечали молчанием.

Так играли они лето и зиму, весну и осень. Иногда случались события, но больше смешного характера. На брата Евпраксии Васильевны временами как будто что-то находило, он не помнил, что говорили о своих картах партнеры, и при верных пяти оставался без одной. Тогда Николай Дмитриевич громко смеялся и преувеличивал значение проигрыша, а старичок улыбался и говорил:

— Играли бы четыре — и были бы при своих.

Особенное волнение проявлялось у всех игроков, когда назначала большую игру Евпраксия Васильевна. Она краснела, терялась, не зная, какую класть ей карту, и с мольбою смотрела на молчаливого брата, а другие двое партнеров с рыцарским сочувствием к ее женственности и беспомощности ободряли ее снисходительными улыбками и терпеливо ожидали. В общем, однако, к игре относились серьезно и вдумчиво. Карты давно уже потеряли в их глазах значение бездушной материи, и каждая масть, а в масти каждая карта в отдельности, была строго индивидуальна и жила своей обособленной жизнью. Масти были любимые и нелюбимые,

---

[3] Альфред Дрейфус — французский офицер, еврей по происхождению, герой знаменитого процесса (дело Дрейфуса), имевшего огромное политическое значение.

счастливые и несчастливые. Карты комбинировались бесконечно разнообразно, и разнообразие это не поддавалось ни анализу, ни правилам, но было в то же время закономерно. И в закономерности этой заключалась жизнь карт, особая от жизни игравших в них людей. Люди хотели и добивались от них своего, а карты делали свое, как будто они имели свою волю, свои вкусы, симпатии и капризы. Черви особенно часто приходили к Якову Ивановичу, а у Евпраксии Васильевны руки постоянно полны бывали пик, хотя она их очень не любила. Случалось, что карты капризничали, и Яков Иванович не знал, куда деваться от пик, а Евпраксия Васильевна радовалась червям, назначала большие игры и ремизилась. И тогда карты как будто смеялись. К Николаю Дмитриевичу ходили одинаково все масти, и ни одна не оставалась надолго, и все карты имели такой вид, как постояльцы в гостинице, которые приезжают и уезжают, равнодушные к тому месту, где им пришлось провести несколько дней. Иногда несколько вечеров подряд к нему ходили одни двойки и тройки и имели при этом дерзкий и насмешливый вид. Николай Дмитриевич был уверен, что он оттого не может сыграть большого шлема, что карты знают о его желании и нарочно не идут к нему, чтобы позлить. И он притворялся, что ему совершенно безразлично, какая игра у него будет, и старался подольше не раскрывать прикупа. Очень редко удавалось ему таким образом обмануть карты; обыкновенно они догадывались, и, когда он раскрывал прикуп, оттуда смеялись три шестерки и хмуро улыбался пиковый король, которого они затащили для компании.

Меньше всех проникала в таинственную суть карт Евпраксия Васильевна; старичок Яков Иванович давно выработал строго философский взгляд и не удивлялся и не огорчался, имея верное оружие против судьбы в своих четырех. Один Николай Дмитриевич никак не мог примириться с прихотливым правом карт, их насмешливостью и непостоянством. Ложась спать, он думал о том, как он сыграет большой шлем в бескозырях, и это представлялось таким простым и возможным: вот приходит один туз, за ним король, потом опять туз. Но когда, полный надежды, он садился играть, проклятые шестерки опять скалили свои широкие белые зубы. В этом чувствовалось что-то роковое и злобное. И постепенно большой шлем в бескозырях стал самым сильным желанием и даже мечтой Николая Дмитриевича.

Произошли и другие события вне карточной игры. У Евпраксии Васильевны умер от старости большой белый кот и, с разрешения домовладельца, был похоронен в саду под липой. Затем Николай Дмитриевич исчез однажды на целых две недели, и его партнеры не знали, что думать и что делать, так как винт втроем ломал все установившиеся привычки и казался скучным. Сами карты точно сознавали это и сочетались в непривычных формах. Когда Николай Дмитриевич явился, розовые щеки, которые так резко отделялись от седых пушистых волос, посерели, и весь он стал меньше и ниже ростом. Он сообщил, что его старший сын за что-то арестован и отправлен в Петербург. Все удивились, так как не знали, что у Масленникова есть сын; может быть, он когда-нибудь и говорил, но все позабыли об этом. Вскоре после этого он еще один раз не явился, и, как нарочно, в субботу, когда игра продолжалась дольше обыкновенного, и все опять с удивлением узнали, что он давно страдает грудной жабой и что в субботу у него был сильный припадок болезни. Но потом все опять установилось, и игра стала даже серьезнее и интереснее, так как Николай Дмитриевич меньше развлекался посторонними разговорами. Только шуршали крахмальные юбки горничной да неслышно скользили из рук игроков атласные карты и жили своей таинственной и молчаливой жизнью, особой от жизни игравших в них людей. К Николаю Дмитриевичу они были по-прежнему равнодушны и иногда зло-насмешливы, и в этом чувствовалось что-то роковое, фатальное.

Но в четверг, 26 ноября, в картах произошла странная перемена. Как только началась игра, к Николаю Дмитриевичу пришла большая коронка, и он сыграл, и даже не пять, как назначил, а маленький шлем, так как у Якова Ивановича оказался лишний туз, которого он не хотел показать. Потом опять на некоторое время появились шестерки, но скоро исчезли, и стали приходить полные масти, и приходили они с соблюдением строгой очереди, точно всем им хотелось посмотреть, как будет радоваться Николай Дмитриевич. Он назначал игру за игрой, и все удивлялись, даже спокойный Яков Иванович. Волнение Николая Дмитриевича, у которого пухлые пальцы с ямочками на сгибах потели и роняли карты, передалось и другим игрокам.

— Ну и везет вам сегодня, — мрачно сказал брат Евпраксии Васильевны, сильнее всего боявшийся слишком большого счастья, за которым идет такое же большое горе. Евпраксии Васильевне было приятно, что наконец-то к Николаю Дмитриевичу пришли хорошие карты, и она на слова брата три раза сплюнула в сторону, чтобы предупредить несчастье.

— Тьфу, тьфу, тьфу! Ничего особенного нет. Идут карты и идут, и дай Бог, чтобы побольше шли.

Карты на минуту словно задумались в нерешимости, мелькнуло несколько двоек со смущенным видом — и снова с усиленной быстротой стали являться тузы, короли и дамы. Николай Дмитриевич не поспевал собирать карты и назначать игру и два раза уже засдался, так что пришлось пересдать. И все игры удавались, хотя Яков Иванович упорно умалчивал о своих тузах: удивление его сменилось недоверием ко внезапной перемене счастья, и он еще раз повторил неизменное решение — не играть больше четырех. Николай Дмитриевич сердился на него, краснел и задыхался. Он уже не обдумывал своих ходов и смело назначал высокую игру, уверенный, что в прикупе он найдет, что нужно.

Когда после сдачи карт мрачным Прокопием Васильевичем Масленников раскрыл свои карты, сердце его заколотилось и сразу упало, а в глазах стало так темно, что он покачнулся — у него было на руках двенадцать взяток: трефы и черви от туза до десятки и бубновый туз с королем. Если он купит пикового туза, у него будет большой бескозырный шлем.

— Два без козыря, — начал он, с трудом справляясь с голосом.

— Три пики, — ответила Евпраксия Васильевна, которая была также сильно взволнована: у нее находились почти все пики, начиная от короля.

— Четыре черви, — сухо отозвался Яков Иванович. Николай Дмитриевич сразу повысил игру на малый шлем, но разгоряченная Евпраксия Васильевна не хотела уступать и, хотя видела, что не сыграет, назначила большой в пиках. Николай Дмитриевич задумался на секунду и с некоторой торжественностью, за которой скрывался страх, медленно произнес:

— Большой шлем в бескозырях!

Николай Дмитриевич играет большой шлем в бескозырях! Все были поражены, и брат хозяйки даже крякнул:

— Ого!

Николай Дмитриевич протянул руку за прикупом, но покачнулся и повалил свечку. Евпраксия Васильевна подхватила ее, а Николай Дмитриевич секунду сидел неподвижно и прямо, положив карты на стол, а потом взмахнул руками и медленно стал валиться на левую сторону. Падая, он свалил столик, на котором стояло блюдечко с налитым чаем, и придавил своим телом его хрустнувшую ножку.

Когда приехал доктор, он нашел, что Николай Дмитриевич умер от паралича сердца, и в утешение живым сказал несколько слов о безболезненности такой смерти. Покойника положили на турецкий диван в той же комнате, где играли, и он, покрытый простыней, казался громадным и страшным. Одна нога, обращенная носком внутрь, осталась непокрытой и казалась чужой, взятой от другого человека; на подошве сапога, черной и совершенно новой на выемке, прилипла бумажка от тянучки. Карточный стол еще не был убран, и на нем валялись беспорядочно разбросанные, рубашкой вниз, карты партнеров и в порядке лежали карты Николая Дмитриевича, тоненькой колодкой, как он их положил.

Яков Иванович мелкими и неуверенными шагами ходил по комнате, стараясь не глядеть на покойника и не сходить с ковра на натертый паркет, где высокие каблуки его издавали дробный и резкий стук. Пройдя несколько раз мимо стола, он остановился и осторожно взял карты Николая Дмитриевича, рассмотрел их и, сложив такой же кучкой, тихо положил на место. Потом он посмотрел прикуп: там был пиковый туз, тот самый, которого не хватало Николаю Дмитриевичу для большого шлема. Пройдясь еще несколько раз, Яков Иванович вышел в соседнюю комнату, плотнее застегнул наваченный сюртук и заплакал, потому что ему было жаль покойного. Закрыв глаза, он старался представить себе лицо Николая Дмитриевича, каким оно было при его жизни, когда он выигрывал и смеялся. Особенно жаль было вспомнить легкомыслие Николая Дмитриевича и то, как ему хотелось выиграть большой бескозырный шлем. Проходил в памяти весь сегодняшний вечер, начиная с пяти бубен, которые сыграл покойный, и кончая этим беспрерывным наплывом хороших карт, в котором чувствовалось что-то страшное. И вот Николай Дмитриевич умер — умер, когда мог наконец сыграть большой шлем.

Но одно соображение, ужасное в своей простоте, потрясло худенькое тело Якова Ивановича и заставило его вскочить с кресла. Оглядываясь по сторонам, как будто мысль не сама пришла к нему, а кто-то шепнул ее на ухо, Яков Иванович громко сказал:

— Но ведь никогда он не узнает, что в прикупе был туз и что на руках у него был верный большой шлем. Никогда!

И Якову Ивановичу показалось, что он до сих пор не понимал, что такое смерть. Но теперь он понял, и то, что он ясно увидел, было до такой степени бессмысленно, ужасно и непоправимо. Никогда не узнает! Если Яков Иванович станет кричать об этом над самым его ухом, будет плакать и показывать карты, Николай Дмитриевич не услышит и никогда не узнает, потому что нет на свете никакого Николая Дмитриевича. Еще одно бы только движение, одна секунда чего-то, что есть жизнь, — и Николай Дмитриевич увидел бы туза и узнал, что у него есть большой шлем, а теперь все кончилось и он не знает и никогда не узнает.

— Ни-ко-гда, — медленно, по слогам, произнес Яков Иванович, чтобы убедиться, что такое слово существует и имеет смысл.

Такое слово существовало и имело смысл, но он был до того чудовищен и горек, что Яков Иванович снова упал в кресло и беспомощно заплакал от жалости к тому, кто никогда не узнает, и от жалости к себе, ко всем, так как то же страшно и бессмысленно жестокое будет и с ним и со всеми. Он плакал — и играл за Николая Дмитриевича его картами, и брал взятки одна за другой, пока не собралось их тринадцать, и думал, как много пришлось бы записать, и что никогда Николай Дмитриевич этого не узнает. Это был первый и последний раз, когда Яков Иванович отступил от своих четырех и сыграл во имя дружбы большой бескозырный шлем.

40

— Вы здесь, Яков Иванович? — сказала вошедшая Евпраксия Васильевна, опустилась на рядом стоящий стул и заплакала. — Как ужасно, как ужасно!

Оба они не смотрели друг на друга и молча плакали, чувствуя, что в соседней комнате, на диване, лежит мертвец, холодный, тяжелый и немой.

— Вы послали сказать? — спросил Яков Иванович, громко и истово сморкаясь.

— Да, брат поехал с Аннушкой. Но как они разыщут его квартиру — ведь мы адреса не знаем.

— А разве он не на той же квартире, что в прошлом году? — рассеянно спросил Яков Иванович.

— Нет, переменил. Аннушка говорит, что он нанимал извозчика куда-то на Новинский бульвар.

— Найдут через полицию, — успокоил старичок. — У него ведь, кажется, есть жена?

Евпраксия Васильевна задумчиво смотрела на Якова Ивановича и не отвечала. Ему показалось, что в ее глазах видна та же мысль, что пришла и ему в голову. Он еще раз высморкался, спрятал платок в карман наваченного сюртука и сказал, вопросительно поднимая брови над покрасневшими глазами:

— А где же мы возьмем теперь четвертого?

Но Евпраксия Васильевна не слыхала его, занятая соображениями хозяйственного характера. Помолчав, она спросила:

— А вы, Яков Иванович, все на той же квартире?

В подвале

I

Он сильно пил, потерял работу и знакомых и поселился в подвале вместе с ворами и проститутками, проживая последние вещи.

У него было больное, бескровное тело, изношенное в работе, изъеденное страданиями и водкой, и смерть уже сторожила его, как хищная серая птица, слепая при солнечном свете и зоркая в черные ночи. Днем она пряталась в темных углах, а ночью бесшумно усаживалась у его изголовья и сидела долго, до самого рассвета, и была спокойна, терпелива и настойчива. Когда при первых проблесках дня он высовывал из-под одеяла бледную голову с глазами травимого зверя, в комнатке было уже пусто, — но он не верил этой обманчивой пустоте, которой верят другие. Он подозрительно оглядывал углы, с хитрой внезапностью бросал взгляд за спину и потом, опершись на локти, внимательно и долго смотрел перед собой в тающую тьму уходящей ночи. И тогда он видел то, чего никогда не видят другие: колыхание серого огромного тела, бесформенного и страшного. Оно было прозрачно, охватывало все, и предметы в нем были как за стеклянной стеной. Но теперь он не боялся его, и, оставляя холодный след, оно уходило — до следующей ночи.

На короткое время он забывался, и сны приходили к нему страшные и необыкновенные. Он видел белую комнату, с белым полом и стенами, освещенную белым ярким светом, и черную змею, которая выползала из-под двери с легким шуршанием, похожим на смех. Прижав к полу острую, плоскую голову и извиваясь, она быстро выскальзывала, куда-то пропадала, и опять в отверстии под дверью показывался ее приплюснутый черный нос, и черной лентой вытягивалось тело, — и опять и опять. Раз он увидел во сне что-то веселое и засмеялся, но звук получился странный, похожий на подавленное рыдание, и было страшно его слушать: где-то в безвестной глубине смеется, не то плачет душа, в то время когда тело неподвижно, как у мертвого.

Постепенно в его сознание начинали входить звуки рождающегося дня: глухой говор прохожих, отдаленный скрип двери, громыхание дворницкой метлы, сметающей снег с подоконника, — весь неопределенный гул просыпающегося большого города. И тогда наступало для него самое ужасное: беспощадно светлое сознание, что пришел новый день и скоро ему нужно вставать, чтобы бороться за жизнь без надежды на победу.

Нужно жить.

Он поворачивался спиной к свету, набрасывал на голову одеяло, чтобы ни малейший луч не мог проникнуть в его глаза, сжимался в маленький комок, подтягивая ноги к самому подбородку, и так лежал неподвижно, боясь пошевелиться и протянуть ноги. Целой горой лежала на нем одежда, которою он укрывался от подвальной стужи, но он не чувствовал ее тяжести, и тело его было холодно. И при каждом звуке, говорившем о жизни, он казался себе огромным и открытым, сжимался еще больше и беззвучно стонал — не голосом и не мыслью, так как теперь он боялся собственного голоса и собственных мыслей. Он молился кому-то, чтобы день не приходил и ему всегда можно было лежать под грудой тряпья, не шевелясь и не мысля, и напрягал всю волю, чтобы удержать идущий день и уверить себя, что ночь еще продолжается, И больше всего в мире ему хотелось, чтобы кто-нибудь сзади приложил револьвер к затылку, к тому месту, где чувствуется углубление, и выстрелил.

А день развертывался — широкий, неудержимый, властно зовущий к жизни, и весь мир начинал двигаться, говорить, работать и думать. В подвале первой просыпалась хозяйка, старуха Матрена, имевшая двадцатипятилетнего любовника, и начинала топать по кухне, стучать ведрами и возиться над чем-то у самых дверей Хижнякова. Он чувствовал ее приближение и замирал, решаясь не отзываться, если она его позовет. Но она молчала и куда-то уходила, а потом часа через два просыпались двое других жильцов: гулящая девушка Дуняша и любовник старухи, Абрам Петрович. Так почтительно, несмотря на молодость, звали его все, потому что он был смелый и искусный вор и еще что-то, о чем только подозревали, но не решались говорить. Их пробуждения больше всего страшился Хижняков, так как оба они имели на него право, могли войти, сесть на кровать, трогать его руками и вызывать его на мысли и разговоры. С Дуняшей он как-то сошелся, пьяный, и обещал на ней жениться, и хотя она смеялась и хлопала его по плечу, но искренно считала его влюбленным в себя и покровительствовала, а сама была глупая, грязная, дурно пахнущая и часто ночевала в участке. А с Абрамом Петровичем он только третьего дня вместе пьянствовал, целовался и давал клятвы в вечной дружбе.

Когда раздался свежий и громкий голос Абрама Петровича и его быстрые шаги мимо двери, Хижняков застыл от страха и ожидания, простонал, не сдержавшись, вслух и еще более испугался. В одной яркой картине перед ним пронеслось его пьянство, как они сидели в каком-то темном трактире, освещенном одной лампой, среди темных, шепчущихся почему-то людей, и тоже шептались. Абрам Петрович, бледный и возбужденный, жаловался на трудную жизнь вора, зачем-то обнажал руку и давал щупать неправильно сросшиеся кости, а Хижняков целовал его и говорил:

— Я люблю воров. Они смелые, — и предлагал ему выпить на брудершафт, хотя они давно говорили на ты.

— А я люблю тебя, что ты образованный и понимаешь нашего брата, — отвечал Абрам Петрович. — Гляди-ка, рука-то: она вот!

И опять перед его глазами протягивалась белая рука, казавшаяся жалкой от своей белизны, и в внезапном понимании чего-то, чего он теперь не помнил и не понимал, он целовал эту руку, а Абрам Петрович горделиво кричал:

— Верно, брат! Помрем, а не сдадимся!

А потом что-то грязное, кружащееся, вой, свист и прыгающие огни. И тогда это было весело, а теперь, когда в углах пряталась смерть и отовсюду надвигался день с необходимостью жить, и действовать, и за что-то бороться, о чем-то просить, — было мучительно и непередаваемо ужасно.

— Барин, спишь? — насмешливо спросил за дверью Абрам Петрович и, не получив ответа, добавил: — Ну спи, черт с тобой.

К Абраму Петровичу приходит много знакомых, и в течение целого дня визжит дверь и раздаются басистые голоса. И Хижнякову при каждом стуке кажется, что это пришли к нему и за ним, и он прячется все глубже и долго прислушивается, пока поймет, кому принадлежит голос. Он ждет, ждет мучительно, с содроганием всего тела, хотя нет во всем мире никого, кто пришел бы к нему и за ним.

У него была жена когда-то, давно, и умерла. Еще дальше в прошлом у него были братья и сестры, а еще дальше — нечто смутное и красивое, что он называл матерью. И все они умерли, а может быть, кто-нибудь и жив, но так затерян в бесконечном мире, как будто бы умер. И он скоро умрет, — он это знает. Когда он встанет сегодня с своего ложа, у него будут подламываться и трястись ноги, а руки будут делать неверные, странные движения, — и это смерть. Но, пока она придет, нужно жить, и это такая грозная задача для человека, у которого нет денег, здоровья и воли, что Хижнякова охватывает отчаяние. Он сбрасывает с себя одеяло, заламывает руки и бросает в пространство такие долгие стоны, как будто сквозь тысячи страдающих грудей прошли они и оттого стали такими полными, до краев налитыми нестерпимой мукой.

— Отопри, черт! — кричит за дверью Дуняша и колотит в дверь кулаком. — А то ведь дверь сломаю!

Трясясь и качаясь, Хижняков подошел к двери, открыл ее и быстро, почти падая, снова улегся в постель. Дуняша, уже завитая и напудренная, села рядом с ним, притиснув его к стене, положила ногу на ногу и важно сказала:

— А я тебе новость принесла. Катя вчера Богу душу отдала.

— Какая Катя? — спросил Хижняков. И язык у него ворочался тяжело и неверно, как чужой.

— Ну вот, забыл, — засмеялась Дуняша. — Такая Катя, которая у нас жила. Как же ты забыл, когда она всего неделю ушла.

— Умерла?

— Ну да, умерла, как все помирают.

Дуняша послюнявила короткий палец и отерла пудру с редких ресниц.

— От чего?

— От того, от чего все помирают. Кто же ее знает, от чего. Мне вчера в кофейной сказали. Умерла, говорят, Катя.

— А ты ее любила?

— Конечно, любила. О чем спрашивает!

Глупые глаза Дуняши смотрели на Хижнякова с тупым равнодушием, и толстая нога покачивалась. Она не знала, о чем ей больше говорить, и старалась смотреть на лежащего так, чтобы показать ему свою любовь, и для этого слегка прищурила один глаз и опустила углы толстых губ.

День начался.

II

В этот день, в субботу, мороз был такой сильный, что гимназисты не ходили учиться и конские бега были перенесены на другой день, так как представлялась опасность простудить лошадей. Когда Наталья Владимировна вышла из родильного приюта, она в первую минуту была рада, что уже вечер, что на набережной никого нет и никто не встретит ее, девушку, с шестидневным ребенком на руках. Ей казалось, что, как только переступит она порог, ее встретит гамом и свистом целая толпа, в которой будет и отец ее, слюнявый, параличный и как будто совсем безглазый, и знакомые студенты, офицера и барышни. И все они будут показывать на нее пальцами и кричать: вот девушка, которая окончила шесть классов гимназии, имела знакомых студентов, умных и благородных, краснела от неловко сказанного слова и которая шесть дней тому назад родила ребенка в родильном приюте, рядом с другими падшими женщинами.

Но набережная была пустынна. По ней свободно носился ледяной ветер, подымал серую тучу снега, истолченного морозом в едкую пыль, и окутывал ею все живое и мертвое, что встречалось ему на пути. С легким свистом он обвивался вокруг металлических столбиков решетки, и они блестели, как отполированные, и казались такими холодными и одинокими, что на них больно было смотреть. И такой же холодной, оторванной от людей и жизни почувствовала себя девушка. На ней была коротенькая кофточка, та самая, в которой она обыкновенно каталась на коньках и которую второпях надела, уходя из дома и уже начиная страдать предродовыми болями. И когда ветер охватил ее, обвил вокруг ног тонкое платье и застудил голову, ей стало жутко, что она замерзнет, и страх толпы исчез, и мир развернулся безграничной ледяной пустыней, в которой нет ни людей, ни света, ни тепла. Две горячие слезинки навернулись на глазах и захолодали. Наклонив голову, она отерла их бесформенным свертком, которым были заняты ее руки, и пошла быстрее. Теперь она не любила ни себя, ни ребенка, и жизнь обоих казалась ей ненужной, но ее настойчиво толкали вперед слова, которые были как будто не в мозгу у нее, а шли впереди и звали:

«Немчиновская улица, второй дом от угла. Немчиновская улица, второй дом от угла».

Эти слова она твердила шесть дней, лежа в постели и кормя ребенка. Они значили, что нужно идти на Немчиновскую улицу, где живет ее молочная сестра, проститутка, потому что только у нее одной, и больше ни у кого, может найти она приют для себя и ребенка. Год тому назад, когда все еще было хорошо и она постоянно смеялась и пела, она была у захворавшей Кати и помогла ей деньгами, и теперь это оставался единственный человек, которого ей не было стыдно.

«Немчиновская улица, второй дом от угла. Немчиновская улица, второй дом от угла».

Она шла, и ветер злобно вился вокруг нее и, когда она взошла на мост, хищно бросился к ней на грудь и железными когтями впился в холодное лицо. Побежденный, он с шумом падал с моста, кружился по снежной глади реки и снова взмывал вверх, закрывая дорогу трепещущими холодными крыльями. Наталья Владимировна остановилась и бессильно облокотилась на перила. Глубоко снизу на нее взглянул черный матовый глаз — клочок незамерзшей воды, — и был его взгляд загадочен и страшен. А впереди звучали и настойчиво звали слова:

«Немчиновская улица, второй дом от угла. Немчиновская улица, второй дом от угла».

Хижняков, уже одетый, снова лежал в постели и до самых глаз кутался теплым пальто, последней оставшейся у него вещью. В комнатке было холодно, и в углах намерз лед, но он дышал в барашковый воротник, и от этого ему было тепло и уютно. Весь день он обманывал себя, что завтра пойдет искать работы и о чем-то просить людей, а пока он счастливо не думал и только вздрагивал при повышенном звуке голоса за стеной или стуке зябко захлопнутой двери. Так долго и спокойно лежал он, когда во входную дверь послышался неровный стук, робкий, торопливый и острый, как будто стучали задней стороной руки. Комната его была ближайшей к двери, и, повернув голову, насторожившись, он ясно различал, что возле нее происходило. Подошла Матрена, дверь открылась и закрылась за кем-то вошедшим, и наступило выжидательное молчание.

— Вам кого? — хрипло прозвучал недружелюбный вопрос Матрены. И незнакомый голос, тихий и ломающийся, растерянно ответил:

— Мне Катю Нечаеву. Катя Нечаева здесь живет?

— Жила. А вам она на что?

— Мне очень нужно. Ее нет дома? — В голосе прозвучал страх.

— Умерла Катя. Умерла, я говорю. В больнице.

Опять долгое молчание, такое долгое, что Хижняков почувствовал боль в шее, которой он не смел повернуть, пока люди молчали. И потом незнакомый голос произнес тихо, без выражения:

— Прощайте.

Но, видимо, она не уходила, потому что через минуту Матрена спросила:

— Что это у вас? Кате, что ли, принесли?

Что-то упало на пол, стукнув коленами, и незнакомый голос произнес быстро, надрываясь от сдерживаемых рыданий:

— Возьмите! Возьмите, Бога ради. Возьмите! А я… я уже пойду.

— Да что это?

Потом опять долгое молчание и тихий плач, прерывистый и безнадежный. Была в нем смертельная усталость и черное, беспросветное отчаяние. Словно чья-то утомленная рука бессильно водила по туго натянутой струне, и струна эта была последней на дорогом инструменте, и когда она разорвется — навсегда угаснет нежный и печальный звук.

— Да ведь вы его чуть не задушили! — грубо и сердито вскрикнула Матрена. — Тоже ведь рожать берутся. Разве так можно. Кто же так ребят завертывает! Пойдемте за мной. Ну, ну, хорошо, пойдем, я говорю. Разве так можно.

Около двери наступила тишина. Хижняков послушал еще немного и лег, обрадованный, что пришли не к нему и не за ним, и не стараясь разгадать, что было в случившемся для него непонятного. Он уже начинал чувствовать приближение ночи, и ему хотелось, чтобы кто-нибудь посильнее пустил лампу. Покой проходил, и, стискивая зубы, он старался удержать мысль; в прошлом была грязь, падение и ужас — и тот же ужас был в будущем. Он уж постепенно начинал сжиматься, подпрятывать ноги и руки, когда вошла Дуняша, уже одетая для выхода в красную блузу и слегка пьяная. Она размашисто села на кровать и всплеснула короткими руками:

— Ах ты, господи! — и она повела головой и засмеялась. — Ребеночка принесли. Такой маленький, а орет, как пристав. Ей-Богу, как пристав!

Она блаженно выругалась и кокетливо щелкнула Хижнякова по носу.

— Пойдем смотреть. Ей-Богу, а то что же? Посмотрим, да все тут. Матрена его купать хочет, самовар поставила. Абрам Петрович сапогом раздувает — потеха! А ребеночек кричит: уау, уау…

Дуняша сделала лицо таким, как, по ее предположению, у ребенка, и еще раз пропищала:

— Уау! Уау! Чисто пристав. Ей-Богу! Пойдем. Не хочешь — ну и черт с тобой! Издыхай тут, яблоко мороженое.

И, приплясывая, она вышла. А через полчаса, качаясь на слабых ногах и придерживаясь пальцами за косяки, Хижняков нерешительно приоткрыл дверь в кухню.

— Затворяй, настудишь! — крикнул Абрам Петрович.

Хижняков быстро захлопнул за собой дверь и виновато оглянулся, но никто не обращал на него внимания, и он успокоился. В кухне было жарко от печки, самовара и людей, и пар густыми клубами подымался и ползал по холодным стенам. Матрена, сердитая и строгая, купала в корыте ребенка и корявой рукой плескала на него воду, приговаривая:

— Агунюшки! Агунюшки! Чистенькие будем, беленькие будем.

Оттого ли, что в кухне было светло и весело, или вода была теплая и ласкала, но ребенок молчал и морщил красное личико, точно собираясь чихнуть. Дуняша через плечо Матрены заглядывала в корыто и, улучив минуту, быстро, тремя пальцами плеснула на ребенка.

— Уйди! — грозно крикнула старуха. — Куда лезешь? Без тебя знают, что делать, свои дети были.

— Не мешай. Это точно, — подтвердил Абрам Петрович. — Ребенок дело тонкое, это кто как умеет обращаться.

Он сидел на столе и с снисходительным удовольствием смотрел на маленькое розовое тельце. Ребенок пошевелил пальчиками, и Дуняша в диком восторге замотала головой и захохотала.

— Чисто пристав, ей-Богу!

— А ты пристава в корыте видела? — спросил Абрам Петрович.

Все засмеялись, и Хижняков улыбнулся, но тотчас испуганно сорвал с лица улыбку и оглянулся на мать. Она устало сидела на лавке, откинув голову назад, и черные глаза ее, сделавшиеся огромными от болезни и страданий, светились спокойным блеском, а на бледных губах блуждала горделивая улыбка матери. И, увидев это, Хижняков засмеялся одиноким, запоздалым смехом:

— Хи-хи-хи!

И так же гордо оглянулся по сторонам. Матрена вынула ребенка из корыта и обернула простыней. Он залился звонким плачем, но скоро смолк, и Матрена, отворачивая простыню, конфузливо улыбнулась и сказала:

— Тельце-то какое, чисто бархат.

— Дай попробовать, — попросила Дуняша.

— Еще что?

Дуняша внезапно затряслась всем телом и, топая ногами, задыхаясь от жадности, безумная от охватившего ее желания, закричала высоким голосом, которого у нее не слыхал никто:

— Дай!.. Дай!.. Дай!..

— Дайте же ей! — испуганно попросила Наталья Владимировна. Так

48

же внезапно успокоившись и перейдя на улыбку, Дуняша осторожно двумя пальцами прикоснулась к плечику ребенка, а за ней, снисходительно щурясь, потянулся к этому алевшему плечику и Абрам Петрович.

— Это точно. Ребенок дело тонкое, — сказал он, оправдываясь.

После всех попробовал Хижняков. Пальцы его на миг ощутили прикосновение чего-то живого, пушистого, как бархат, и такого нежного и слабого, что пальцы сделались как будто чужими и тоже нежными. И так, вытянув шеи, бессознательно озаряясь улыбкой странного счастья, стояли они, вор, проститутка и одинокий, погибший человек, и эта маленькая жизнь, слабая, как огонек в степи, смутно звала их куда-то и что-то обещала, красивое, светлое и бессмертное. И гордо глядела на них счастливая мать, а вверху, от низкого потолка, тяжелой каменной громадой подымался дом, и в высоких комнатах его бродили богатые, скучающие люди.

Пришла ночь. Пришла она черная, злая, как все ночи, и тьмой раскинулась по далеким снежным полям, и в страхе застыли одинокие ветви деревьев, те, что первые приветствуют восходящее солнце. Слабым огнем светильников боролись с ней люди, но, сильная и злая, она опоясывала одинокие огни безысходным кругом и мраком наполняла человеческие сердца. И во многих сердцах потушила она слабые тлеющие искры.

Хижняков не спал. Сложившись в крохотный комок, он прятался от холода и ночи под мягкой грудой тряпья и плакал — без усилия, без боли и содроганий, как плачут те, у кого сердце чисто и безгрешно, как у детей. Он жалел себя, сжавшегося в комок, и ему чудилось, что он жалеет всех людей и всю человеческую жизнь, и в этом чувстве была таинственная и глубокая радость. Он видел ребенка, который родился, и ему казалось, что это родился он сам для новой жизни, и жить будет долго, и жизнь его будет прекрасна. Он любил и жалел эту новую жизнь, и это было так радостно, что он засмеялся, встряхнул груду тряпья и спросил:

— О чем я плачу?

И не нашел, и ответил:

— Так.

И такой глубокий смысл был в этом коротком слове, что новой волной горячих слез всколыхнулась разбитая грудь человека, жизнь которого была так печальна и одинока.

А у изголовья уже усаживалась бесшумно хищная смерть и ждала — спокойно, терпеливо, настойчиво.

В Сабурове

Село Сабурово стоит на высоком нагорном берегу Десны, господствуя над бесконечной гладью лугов, лишь на далеком горизонте оттеняемых узкой полоской синеватого леса.

Лет 12 тому назад пришел в Сабурово мужик Пармен Еремеев Костылин. Никто на селе не знал, откуда он явился, да и не интересовался этим вопросом. Пармен был не из тех людей, с которыми приятно повести душевный разговор о жизни, сидя где-нибудь у залитом сивухой и засиженной мухами кабацкой стойки или валяясь на сене. Причиной тому была частью отвратительная внешность Пармена, частью его замкнутый, необщительный характер. Мужик он был рослый, здоровый, и, глядя на него сзади, всякий чувствовал расположение к этой крепко сколоченной фигуре, с слегка неуверенными движениями и нерешительной походкой. Но другое являлось чувство, когда человек вглядывался в его лицо. Страшная болезнь, известная в народе под именем волчанки, изъела это лицо, как заправский жестокий зверь. Она уничтожила нос, оставив на его месте дыру, скрываемую Парменом под чистой белой тряпочкой; припухшие красноватые веки были совсем почти лишены ресниц и тяжело повисли над серыми глазами, придавая лицу выражение странной сонливости; щеки и подбородок были изборождены шрамами и рубцами, красными и блестящими, как будто произведшие их раны только что зажили. Ни бороды, ни усов не росло на этом убогом лице; на их месте сиротливо торчали тонкие, бесцветные волосики: так после лесного пожара, уничтожившего молодой березняк и осинник, на бугроватой земле одиноко возвышаются обуглившиеся деревца. Много есть на свете безносых людей, которые и поют, и пляшут, и компанию водят, настолько примирившись с отсутствием носа, что и другим начинает казаться: да этому лицу носа совсем и не нужно. Не таков был Пармен. Точно чувствуя себя виноватым в своем безобразии, этот дюжий мужик боялся людей и хоронился от них, а когда обстоятельства принуждали его к беседе, то говорил угрюмо и кратко. И хотя он мухи от роду не обидел, его не то чтобы побаивались, а считали способным на всякие поступки, на которые не решится другой, по пословице: «Бог шельму метит».

Появился Пармен впервые в качестве работника у Федота Гнедых, мужика хворого и слабосильного. Работал Пармен много и не покладая рук, но как-то беззвучно и невидно, точно его и нет. Через три года Федот умер. Пелагея, жена его, поголосила, сколько полагается, над покойником, выветрила избу от мертвого духа и продолжала жить, как и раньше, т. е. разрываясь на три части, по количеству детей. Старшему, Гришке, было всего 11 лет, а Санька, весьма требовательная и воинственная девица, еще не была отнята от груди. Подождав немного, Пармен попросил вдову отпустить его.

— Платить тебе нечем, какой я тебе работник, — заявил он коротко и резко.

Пелагея знала, что за золотые руки у Пармена, и в эту минуту он показался ей чуть ли не красавцем.

— Что я одна-то с ребятами поделаю, — заплакала она. — Не оставь ты меня, Еремеич, с малыми сиротами, будь им заместо отца... А я тебя по гроб твоей жизни не оставлю.

Пармен остался. Если раньше он работал за двоих, то теперь стал работать за десятерых, все так же тихо и безмолвно: одному ему был известен способ, посредством которого он ухитрялся делать невидимою свою рослую фигуру. Даже с Пелагеей, с которой он спал на месте покойного Федота, он был неразговорчив, и только Санька умела вызывать его на разговор и даже на шутку. Эта юная особа, только что усвоившая первые начала пешего хождения и лишь в важных случаях, когда требовалась особенная быстрота, передвигавшаяся на четвереньках, была совершенно чужда чувству красоты. Отсутствие носа у дяди Пармена не только ее не шокировало, как взрослых, но, впадая в крайность, она находила нос излишним придатком. Не говоря уже о том, что он являлся обыкновенно первой жертвой при ее многочисленных падениях, — у матери ее, Пелагеи, существовала очень дурная привычка: завернув подол платья, хватать им Саньку за нос и немилосердно дергать. Хорошо еще, что нос был маленький, а с большим Саньке совсем бы и не управиться. Сидя у Пармена на коленях, Санька гладила пальцами блестящие края раны и, придерживая другой рукой для вящей ясности свою замазанную сопатку, наводила справки о том, какого приблизительно размера был дядин нос, и куда он девался.

— Собака откусила, — шутил Пармен.

— Жучка? — спрашивала Санька, таращя глаза.

— Она самая.

Всесторонне обсудив это сообщение, Санька находила в нем несомненные признаки клеветы: Жучка не такая собака, чтобы откусить нос. Барбос-тот мог, но Жучка никогда. И Санька с ужасом смотрела на соседнего лохматого Барбоса; воображая, как хрустит у него на зубах дядин нос, и с визгом ковыляла к матери, когда Барбоска, пес в действительности вежливый и обходительный, выражал намерение лизнуть ее в лицо.

Постепенно Пармен привык к своему положению и значительно изменился нравом. Смеяться стал; раз, проезжая лесом, хотел запеть, но, видно, и горло было у него испорчено: звук получился такой, как будто ворона закаркала, а не мужик запел. Начал Пармен пользоваться и привилегией счастливых людей: вызывать к себе хорошее отношение. Его меньше чурались, и если продолжали звать «Безносым», то не ради насмешки или от злобы, а просто в отметку действительного факта. Была бы довольна и Пелагея, если бы ее взгляд давно не заметил на этом чистом небе облачка, грозившего превратиться в тучу. Дело было в Гришке. Смуглый, как цыганенок, красивый мальчуган чувствовал непобедимое нерасположение к Пармену. Говорливый со всеми, с Парменом он держался дичком и проницательным взглядом не по годам развитого ребенка провожал Пармена, когда тот укладывался на печи спать бок-о-бок с Пелагеей. В этом взгляде была и ревность и пренебрежение к «Безносому», занимающему место отце. Но еще больше, чем к матери, ревновал его Гришка к хозяйству, к дому, безотчетно возмущаясь тем, что какой-то чужак, пришелец, распоряжается, как своим, всем этим добром, идущим от деда, а то и прадеда.

— Воистину господь послал нам Пармена Еремеича, — издалека заводила разговор Пелагея, искоса поглядывая на Гришку.

Обыкновенно тот молча уходил, но когда и он и брат Митька подросли настолько, что сами могли управиться с хозяйством, он начал, возражать матери.

— Прожили бы и одни, — бурчал он. — Эка невидаль. Думает, — безносый, так всякое ему и уважение. Держи карман шире.

— Чистый ты, Гришка, змееныш, — говорила Пелагея.

Пармен, в противоположность былой мнительности, ставший доверчивым даже до легкомысленности, ничего этого не замечал. Раз Григорий, уже семнадцатилетний здоровый малый, пришел домой особенно злой.

-Послушала бы, что люди-то говорят, — сказал он матери. — «У тебя, говорят, заместо отца Безносый». Ребята засмеяли, проходу не дают. Пожил, пора и честь знать.

Чуть ли не каждый день Григорий стал возвращаться к разговору на тему «пора и честь знать». Пелагея возражала, но с каждым разом все слабее. Ей самой начинало казаться странным хозяйничанье Пармена. «И чего он тут в самделе? — думала она, глядя на чужую, отвратительную физиономию Пармена, который, ничего не подозревая, с топориком охаживал кругом плетня. — Ишь колотит, кабудь и вправду мужик». Митька, парень болезненный и ко всему равнодушный, делал вид, что не замечает озлобления брата.

Было это осенним вечером, в воскресенье. Пармен, благодушествуя, сидел в избе за чаепитием. Тряпочку, которой обвязывался его нос, дома из экономии он снимал, и теперь лицо его, покрытое красными рубцами, лоснилось от пота и было неприятнее обыкновенного. Потягивая из блюдечка жиденький чай, отдающий запахом распаренного веника, Пармен думал о Саньке, где-то гулявшей с девчонками, удивлялся этому невероятному мужику, Пармену, который пьет сейчас такой вкусный чай И так незаслуженно счастлив, размышлял о том, с чего он начнет завтрашний рабочий день... Вошел Григорий, хмельной и решительный. «Эк подгулял парнюга, — усмехнулся Пармен. — Пущай: это он силу в себе чувствует». Не снимая шапки, Григорий остановился перед Парменом. На губах его блуждала пьяная усмешка.

— Проклаждаетесь? Чай, значит, распиваете. Так. А на какие-такие капиталы?

Пармен, продолжая улыбаться, хотел что-то сказать, но Григорий прервал его:

— А ежели скажем так: вот бог, а вот и порог. По-жалте, как ваше здоровье?

В глазах Пармена мелькнул испуг, хотя губы все еще продолжали кривиться в улыбку. Григорий, пошатываясь, подошел к Пармену вплотную, вырвал блюдце и выплеснул чай.

— Довольно-таки покуражились. Достаточно. Прямо так скажем: пора и честь знать. А нам безносых не надоть. Пож-жалте! Пофорсили — и будет. А вот, ежели угодно... раз! — Григорий сорвал с крюка армяк Пармена и бросил его на пол. — Два! — За шапкой последовал пояс, потом сапоги, которые Григорий с трудом достал из-под лавки. — Три! Четыре! — Пармен, раскрыв рот, смотрел на парня. Пальцы, в которых он держал блюдце, так и остались растопыренными и дрожали. Вдруг он смутился, из бледноты ударился в краску и засуетился, собирая разбросанные вещи.

— Ты что же это, пьяница, делаешь? — заголосила Пелагея, которой стало жаль Пармена. .

— А вы, маинька, не суйтесь. Ваше дело бабье, а ежели желаете, то вот... Семь! — Григорий выказал намерение сбросить еще что-то, но пошатнулся и плюхнулся на лавку.

— Что ж это, ничего, — бормотал Пармен: — это правильно. Волчанка съела. Я уйду.

— Да плюнь ты на него непутевого, — причитала Пелагея. — Ишь, буркалы-то налил. Головушка моя горькая, доля ты моя бесталанная!..

— Восемь! -считал Григорий, опуская голову на грудь и засыпая. - Двенадцать!..

Через несколько дней Пармен ушел. Григорий во все эти дни избегал всякого с ним разговора; Пелагея тоже не удерживала и только твердила: «Голова моя горькая»; Митька делал вид, что ничего не замечает. Только Санька заревела белугой, узнав, что дядя Безносый уходит.

— А с кем я у поле поеду! -вопияла она, энергично вцепившись в Парменов полушубок.

В эту ночь, первую, проведенную без Пармена, она долго хныкала, вспоминая свою горькую участь. Побитая матерью, она наконец заснула, но часто вскрикивала спросонья и стонала.

Пармену удалось пристроиться сторожем в Шаблыкинском лесу, начинавшемся почти у самого села. Долгую эиму Пармен слушал по ночам волчий протяжный вой, пока не подошла весна, принесшая с собой жизнь для всей природы. Пробудилась жизнь и в окаменелом Пармене. Проваливаясь по колена в мягкий снег, под которым стояла чистая, прозрачная вода, Пармен пошел в гости к Пелагее, но был встречен недружелюбно. Так и ушел он смущенный и потерянный. Но с тех, пор по ночам часто бредил он вокруг темной хаты.

Страстная неделя кончалась. Вечером в субботу Пармен отправился в церковь, захватив с собой кулич, спеченный ему одной бабой с села. От сторожки до Сабурова было версты две, сперва лесом, потом полем, покрытым оврагами и водомоинами. Когда Пармен вышел из дому, темень была такая, что хоть глаз выколи. Звезд и тех не видать было, хотя небо было безоблачно. Воздух стоял теплый, слегка сыроватый от испарений, поднимавшихся с оттаявшей, но не просохшей еще земли. Отовсюду окрест доносился тихий и ровный звук журчащей по межам воды. Разом на Пармена пахнуло свежестью и легким холодком: то потянуло ветром из глубокого оврага, еще наполовину полного снегом. На дне его, между отвесных стен, чуть слышно бурлила вешняя вода. Из беспросветно-черной дали доносился неясный гул и треск, то усиливаясь, то затихая, - это сталкивались, налезали друг на друга и ломались льдины на широко разлившейся Десне. Гул становился все яснее и громче, по мере того, как Пармен приближался к высокому нагорному берегу, по которому пролегала проезжая дорога. Вот уже ухо различает отдельные звуки: слышно, как бегут одна за другой веселые, бойкие струйки и вертятся, образуя водовороты; слышится, как разогнавшаяся большая льдина врезывается с треском в землю, выплескивая с собой волну. Берег круто заворачивает и открывает вид на церковь. Верх ее теряется в темном небе, но внизу ярко горят освещенные окна и дрожащими, колеблющимися пятнами отражаются на темной, движущейся поверхности многоводной реки, на много верст затопившей луговую сторону.

Церковь была полна. Тоненькие восковые свечи горели тусклым, желтоватым огоньком в душном, спертом воздухе, полном запаха овчины. Сквозь неопределенный шуршащий звук, издаваемый толпой, прорывался страстный молитвенный шепот. Пармен стал в притворе, куда чуть слышно доходил протяжный голос священника. Звучало радостное пение:

«Христос воскрес из мертвых»...

Сгрудившаяся в притворе, толпа всколыхнулась и сжалась еще более, давая дорогу причту. Прошел в светлых ризах священник; за ним, толкаясь и торопясь, беспорядочно двигались хоругвеносцы и молящиеся. Выбравшись из церкви, они быстро, почти бегом троекратно обошли ее. Радостно возбужденное, но нестройное пение то затихало, когда они скрывались за церковью, то снова вырывалось на простор. Надтреснутый колокол звонил с отчаянным весельем, и его медные, дрожащие звуки неслись, трепеща, в темную даль, через широкую, разлившуюся реку. Внезапно звон затих, и густое, дрожащее гуденье, замирая, позволяло слышать, как шумит река. Утомленное ухо ловило звук далекого благовеста.

— Это в Измалкове звонят, — сказал один из, мужиков, прислушиваясь. — Ишь как по воде-то доносит. По всей-то теперь земле звон идет...

И устремленным в темную даль глазам мужика представились бесконечные поля, широкие разлившиеся реки, и опять поля, и одинокие светящиеся церкви... И над всем этим, сотрясая теплый воздух, стоит радостный звон.

— Эх, — вздохнул мужик полной грудью. — Простору-то, простору-то и-и...

Пармен пошел домой еще до окончания церковной службы. В сторожке было холодно и пусто. Пармен разложил на столе кулич, яйца и хотел разговляться, но кусок не шел в горло. Поколебавшись, он снова оделся и пошел в село.

В Сабурове улицы были пустынны и темны, но во всех окнах светился огонь, придавая селу вид необычного скрытого оживления. Хлопнула калитка. Пармен не успел перейти на другую сторону и был остановлен толстым мужиком. Это был Митрофан, поповский работник. Растопырив руки и покачиваясь, он запел:

А-ах, Прости-прощай, ты кра-са-внца,
Красота ль твоя мне не нра-а-витца."

Пармен молчал, а подгулявший Митрофан перешел в серьезный тон:

— Христос воскресе, Пармен Еремеевич.

— Воистину воскресе, Митрофан Панкратьич.

Мужики сняли шапки и троекратно поцеловались.

Митрофан надвинул шапку на затылок, вытер рукавом толстые губы и дружески заметил:

— Вишь ты, и рот-то у тебя какой липкий! А я, брат, того-выпил. Поп поднес. На, говорит, Митрофан, выпей от трудов праведных. Я и выпил. Отчего не выпить? Пойду к Титу и у Тита выпью, а поутру у Макарки выпью...

Митрофан наморщил брови, вычисляя, где еще и сколько ему придется выпить за эту неделю. Видимо, результат был утешительный: чело его разгладилось, и шапка как-то сама собой съехала на затылок. Простившись, Митрофан тронулся дальше.

Жучка заметалась и залаяла, когда Пармен подошел к хате Гнедых, но, увидав своего, завертелась волчком и в знак покорности и извинения легла на спину. Пармен погладил ее и осторожно вошел в калитку; он не хотел, чтобы с улицы заметили его.

Сквозь вымытые к празднику стекла оконца отчетливо видна была часть избы. Прямо против Пармена сидела за столом Санька и с надувшимися, как барабан, щеками, с трудом что-то пережевывала. Глаза ее слипались, но зубы неутомимо работали. Рядом сидела Пелагея. Ее худощавый и острый профиль с слегка втянутыми губами был полон праздничной торжественности. Других Пармену видно не было. Вероятно, было сказано что-нибудь очень веселое, потому что Пелагея засмеялась, а Санька подавилась, и мать несколько раз стукнула ее по горбу. Пармен пристально смотрел в одну точку, не замечая, как была покончена еда и Пелагея начала убирать стол. Привел его в себя звук открывающейся двери. Захваченный врасплох Пармен отскочил в угол сарая и притаился, стараясь не дышать. На крыльцо вышел Григорий, посмотрел на посветлевшее небо, по которому зажглись запоздавшие звезды, почесался и продолжительно зевнул, оттолкнув от себя Жучку, заявившую о своем желании приласкаться. Оскорбленная собака направилась к Пармену я начала тереться около него.

— Цыц! Назад! — крикнул Григорий, но Жучка не шла. — АЛЬ там кто есть? Мить, ты?

Пармен молчал, прижимаясь к стене. Григорий подошел и увидел сгорбившуюся фигуру.

— Кто это? Чего тебе тут надо? Тебе говорят!

Пармен обернулся. Григорий узнал его и, насупившись, хотел поворотить от него в избу, но вдруг у него в голове мелькнула мысль о поджоге, тотчас же перешедшая в уверенность.

— Ты чего же здесь прячешься ночью? а?

Пармен молчал.

— А, так ты вот как! -схватил его Григорий за ворот и закричал:-Митька! Митька! Не, брат, не уйдешь.

Но Пармен и не думал уходить. Оцепенев, он бессмысленно смотрел на побледневшее от злости лицо Григория, потом на Митьку, который по

56

настойчивому требованию брата стал шарить в его карманах, вытащив оттуда какую-то веревочку и коробок фосфорных спичек.

— А, поджигатель! — заорал Григорий. — Вот он твой благодетель-то, гляди! — крикнул он матери, с испугом смотревшей на эту сцену, и, рванув, стукнул Пармена головой о стену.

Санька, глаза которой хотели, казалось, выскочить из своих впадин, легонько охнула.

— Да что ты! — заговорил наконец Пармен. — Нешто я могу. Опамятовайся, бог с тобой.

— Еще поговори, гунявый!

— Так, значит, пришел, вот тебе крест. Не чужие ведь. Заместо отца был. Грех тебе, Гриша.

Гнев Григория. начал было отходить, но последние слова снова разбудили его. Тряся Пармена за ворот, он грозил сейчас же отправить его в волостное правление и требовал, чтобы ему подали шапку и одежду.

Митрий лениво вступился:

— Пусти его, Григорий! Пущай идет.

— Головушка моя горькая! — запричитала Пелагея, скрываясь в избу и таща за собой Саньку, но та снова выскочила: у нее были свои мысли по поводу происходящего.

— Ну, так и быть, в последний раз, — отпустил Григорий ворот Парменова полушубка. — Только попомни мое слово: ежели еще раз увижу, безо всякого разговора колом огрею! Ну, чего стал! Иди, коли говорят!

Пармен поднял упавшую шапку и хотел что-то сказать, но трясущиеся губы не повиновались. Раза два открывался его рот, обнаруживая черные сгнившие зубы, но только одно слово вылетело оттуда:

— Про…щайте.

Сгорбившийся, как будто на его вороте все еще лежала тяжелая рука Григория, шагал Пармен по улицам. Огоньки всюду погасли, и, на селе царила тишина, — только один какой-то неудовлетворенный пес меланхолически завывал, восходя до самых высоких, чистых нот и спускаясь оттуда до легкого повизгивания. До солнца было еще далеко, но ночной мрак начал уже рассеиваться и сменился сероватым полусветом. Внезапно сзади Пармена послышался частый, дробный топот босых ног. Детский задыхающийся голос кричал, вытягивая, последние слова:

— Дядя Без-но-сай! Дядя Безно-сай!..

Пармен обернулся. С развевающейся вокруг ног юбчонкой бежала к нему Санька; кричать она была уже не в силах и только раскрывала рот.

Рядом с Санькой бежала вприпрыжку, куцая Жучка. Подлетев к Пармену, Санька с разгону протянула к нему руку и из последнего запаса воздуха отрывисто шепнула:

— На.

— Что ты, Сашута? — наклонился к ней удивленный Пармен, не видя, что Жучка, перевернувшись на спину, также старается привлечь на себя его внимание! -Санька широко раскрыла рот и набрала воздуха для целой речи, но с первым же словом выпустила его:

— Тебе.

— Куда ты бежишь-то, стрекоза? — недоумевал все более Пармен.

— Дядя Безносый, пирог, — разрешилась наконец Санька, из благоразумной предосторожности не останавливаясь на знаках препинания.

Ее ручонка с трудом охватывала большой кусок пирога, порядком уже замусоленный. Присутствуя при объяснении Григория с Парменом, Санька без труда сообразила, что дядя Безносый приходил не поджигать, а разговляться, потому что живет он один и есть ему нечего. Раньше ему есть мамка давала, а теперь кто даст?

— Ешь, — протягивала Санька пирог. Как все особы ее возраста, она любила видеть немедленное осуществление своих планов. — Чего же ты не ешь?

Пармен, сжимая руками худенькие плечи, смотрел не отрываясь на ее пухлые щеки и вздернутый носик, не изменивший своим привычкам и где-то запачканный.

«Вот чудак-то: есть не хочет, — думала с недоверием Жучка, косясь на пирог и легонько подрягивая задней ногой: -а я бы съела».

— Ну, ешь, — просила Санька.

Вместо ожидаемого ответа Пармен подхватил ее на руки и прижал лохматую головенку к своей рубцеватой, шершавой щеке. Саньке было тепло и хорошо, пока что-то мокрое не поползло по ее шее. Отдернув голову, она увидела, что дядя Безносый, этот страшно высокий и сильный дядя Безносый — плачет.

— Чего ты? Не плачь, — прошептала Санька. — Не плачь, — сурово продолжала она, не получая ответа. — А то и я зареву.

Пармен знал, что значит, когда Санька ревет, — значило это разбудить всю деревню, — и прошептал, целуя большие влажные глаза:

— Ничего, Сашута, ничего, девочка. Так это я, пройдет. Не забыла, вспомнила. — И снова слезы быстро закапали из глаз Пармена. — Обидели меня, Сашута. Да что ты, голубка?

Закрыв один глаз рукой, в которой находился пирог, Санька выразительно скривила рот и загудела:

— У-у… Гришка… Злю-ка-а!

— Ну, что ты, Сашута, — упрашивал ее Пармен.

— Разбо-й-ник, — продолжала непримиримая девица. Со двора Гнедых послышался зов: «Саньк-а-а-а!»

— Не пойду-у, — гудела Санька, несколько понизив тон.

Услышав голос Пелагеи, Пармен поспешно спустил Саньку наземь и, суетливо крестя ее, шептал:

— Иди с богом, девочка моя милая, иди, а то матка осерчает.

— Пуща-ай, не бою-у-сь.

— Иди, милая, иди.

Нагнув голову, как бычок, готовый бодаться, Санька нерешительно тронулась с места, но, спохватившись, что миссия ее еще не окончена, вернулась, отдала пирог — и легче пуха полетела к дому. Бросив прощальный взгляд на пирог, неохотно заковыляла за ней Жучка. В следующую минуту во двора Гнедых послышался сердитый крик Пелагеи.

Было почти светло, когда Пармен вышел на берег и сел на бугре, покрытом желтой прошлогодней травой, среди которой там и здесь проглядывали зеленые иглы новой. Внизу плескалась река. Воды за ночь. прибыло. И вся река как будто приблизилась. С верховьев шел густой белый лед. Он двигался плавно, неслышно, как по маслу. Точно не он шел, а вся река.

Небо из серого стало белым, потом поголубело, а Пармен все сидел. И тосковал глубоко.

В тумане

В тот день с самого рассвета на улицах стоял странный, неподвижный туман. Он был легок и прозрачен, он не закрывал предметов, но всё, что проходило сквозь него, окрашивалось в тревожный темно-желтый цвет, и свежий румянец женских щек, яркие пятна их нарядов проглядывали сквозь него, как сквозь черный вуаль: и темно и четко. К югу, где за пологом туч пряталось ноябрьское низкое солнце, небо было светло, светлее земли, а к северу оно спускалось широкой, ровно темнеющей завесой и у самой земли становилось изжелта-черным и непрозрачным, как ночью. На тяжелом фоне его темные здания казались светло-серыми, а две белые колонны у входа в какой-то сад, опустошенный осенью, были как две желтые свечи над покойником. И клумбы в этом саду были взрыты и истоптаны грубыми ногами, и на сломанных стеблях тихо умирали в тумане запоздалые болезненно-яркие цветы.

И сколько ни было людей на улицах, всё торопились, и всё были сумрачны и молчаливы. Печален и страшно тревожен был этот призрачный день, задыхавшийся в желтом тумане.

В столовой уже пробило двенадцать часов, потом коротко отбило половину первого, а в комнате Павла Рыбакова было темно, как в сумерках, и на всем лежал отраженный, исчерна-желтый отсвет. От него желтели, как старая слоновая кость, тетради и бумаги, разбросанные по столу, и нерешенная алгебраическая задача на одной из них со своими ясными цифрами и загадочными буквами смотрела так старо, так заброшенно и ненужно, как будто много скучных лет пронеслось над нею; желтело от него и лицо Павла, лежавшего на кровати. Крепкие, молодые руки его были закинуты за голову и обнажились почти до локтя; раскрытая книжка, корешком вверх, лежала на груди, и темные глаза упорно глядели в лепной раскрашенный потолок. В пестроте и грязных тонах его окраски было что-то скучное, надоедливое и безвкусное, напоминавшее о десятках людей, которые жили в этой квартире до Рыбаковых, спали, говорили, думали, делали что-то свое — и на всё наложили свою чуждую печать. И эти люди напоминали Павлу о сотнях других людей, об учителях и товарищах, о шумных и людных улицах, по которым ходят женщины, и о том — самом для него тяжелом и страшном, — о чем хочется забыть и не думать.

— Скучно… Ску-у-чно! — протяжно говорит Павел, закрывает глаза и вытягивается так, что носки сапог касаются железных прутьев кровати. Углы густых бровей его скосились, и всё лицо передернула гримаса боли и отвращения, странно исказив и обезобразив его черты; когда морщины разгладились, видно стало, что лицо его молодо и красиво. И особенно красивы были смелые очертания пухлых губ, и то, что над ними по-юношески не было усов, делало их чистыми и милыми, как у молоденькой девушки.

Но лежать с закрытыми глазами и видеть в темноте закрытых век всё то ужасное, о чем хочется забыть навсегда, было еще мучительнее, и глаза Павла с силою открылись. От их растерянного блеска в лице его появилось что-то старческое и тревожное.

— Бедный я малый! Бедный я малый! — вслух пожалел он себя и повернул глаза к окну, жадно ища света. Но его нет, и желтый сумрак настойчиво ползет в окна, разливается по комнате и так ясно ощутим, как будто его можно осязать пальцами. И снова перед глазами развернулся в высоте потолок.

Карниз потолка был лепной и изображал русское село: углом вперед стояла хата, каких никогда не бывает в действительности; рядом застыл мужик с приподнятой ногою, и палка в руках была выше его, а он сам был выше хаты; дальше кривилась малорослая церковь, а возле нее выпирала вперед огромная телега с такой маленькой лошадью, как будто это была не лошадь, а гончая собака. И морда у нее была острая, как у собаки. Потом опять в том же порядке: хата, большой мужик, церковь и огромная телега, и так кругом комнаты. И всё это было желтое на грязно-розовом фоне, уродливое и скучное, и напоминало не деревню, а чью-то печальную и лишенную смысла жизнь. Противен был мастер, который лепил деревню и не дал ей ни одного дерева.

— Хоть бы завтракать скорее! — прошептал Павел, хотя ему совсем не хотелось есть, и нетерпеливо повернулся на бок. При движении книга свалилась на пол и листы ее подвернулись, но Павел не протянул руки, чтобы поднять ее. На корешке золотом по черному было напечатано: «Бокль. История цивилизации», и это напоминало о чем-то старом, о множестве людей, которые испокон веков хотят устроить свою жизнь и не могут; о жизни, в которой всё непонятно и совершается с жестокой необходимостью, и о том печальном и давящем, как совершенное преступление, о чем не хотел думать Павел. И так захотелось света, широкого и ясного, что даже заломило в глазах. Павел вскочил, обошел валявшуюся книжку и начал дергать драпри у окна, стараясь раздвинуть их как можно шире.

— А, черт! — ругался он и отбрасывал материю, но, тяжелая, она тупо падала назад прямыми и равнодушными складками. Внезапно устав и потеряв всю энергию, Павел лениво отодвинул ее и сел на холодный подоконник.

Туман стоял, и небо за серыми крышами было желто-черное, и тень от него падала на дома и мостовую. Неделю тому назад выпал первый непрочный снег, растаял, и с тех пор на мостовой лежала липкая и серая грязь. Местами мокрые камни отражали черное небо и блестели косым и темным блеском и по ним, вздрагивая и колыхаясь, катились экипажи. Грохота наверху не было слышно, — он замирал в тумане, бессильный подняться над землею, и это бесшумное движение под черным небом, среди темных, промокших домов, казалось бесцельным и скучным. Но среди идущих и едущих были женщины, и их присутствие давало картине сокровенный и тревожный смысл. Они шли по какому-то своему делу и были, казалось, такие обыкновенные и незаметные; но Павел видел их странную и страшную обособленность: они были чужды всей остальной толпе и не растворялись в ней, но были как огоньки среди тьмы. И всё было для них: улицы, дома и люди, и всё стремилось к ним, жаждало их - и не понимало. Слово «женщина» было огненными буквами выжжено в мозгу Павла; он первым видел его на каждой развернутой странице; люди говорили тихо, но, когда встречалось слово «женщина», они как будто выкрикивали его, — и это было для Павла самое непонятное, самое фантастическое и страшное слово. Острым и подозрительным взглядом он прослеживал каждую из женщин и смотрел так, будто она вот сейчас подойдет к дому и взорвет его со всеми людьми или сделает что-нибудь еще более ужасное. Но когда он случайно наткнулся взором на хорошенькое женское личико, он весь подтянулся, сделал красивое и привлекательное лицо и приказал глазами, чтобы она обернулась, взглянула на него. Но она не обернулась, и опять в груди стало пусто, темно и страшно, как в вымершем доме, сквозь который прошла угрюмая чума, убила всё живое и досками заколотила окна.

— Ску-у-чно! — протяжно сказал Павел и отвернулся от улицы.

В столовой, рядом, давно уже ходили, разговаривали и стучали посудой. Потом всё затихло, и послышался хозяйский голос Сергея Андреича, отца Павла, горловой, снисходительный басок. При первых его округлых и приятных звуках будто пахнуло хорошими сигарами, умной книгой и чистым бельем. Но теперь в нем было что-то надтреснутое и покоробленное, словно и в гортань Сергея Андреича проник грязно-желтый, скучный туман.

— А юноша наш еще изволят почивать?

Ответа матери Павел не слыхал.

— И к обедне в училище, конечно, ходить не изволили?

Ответа опять не было слышно.

— Ну, конечно, — продолжал отец с насмешкою, — обычай устарелый и…

Окончания фразы Павел не слыхал, так как Сергей Андреич повернулся; но было сказано, вероятно, что-нибудь смешное, и Лиля звонко захохотала. Когда отец Павла имел против него какое-нибудь тайное неудовольствие, он бранил его за то, что в праздники он поздно встает и не ходит к обедне, хотя сам к религии был совершенно равнодушен и не был в церкви около двадцати лет, — с тех пор как женился. И с самого лета, когда они жили на даче, он имел что-то против Павла, и тот думал, что он догадывается. Но теперь угрюмо решил:

— Пусть его!

Взяв со стола тетрадку, он сделал вид, что читает. Но глаза его враждебно и сторожко были направлены к столовой, как у человека, который привык скрываться и постоянно ждет нападения.

— Позовите Павла! — сказал Сергей Андреич.

— Павел! Павлуша! — позвала мать.

Павел быстро встал и, вероятно, сделал себе очень больно: он перегнулся, лицо его исказилось гримасой страдания, и руки судорожно прижались к животу. Медленно он выпрямился, стиснул зубы, от чего углы рта притянулись к подбородку, и дрожащими руками оправил куртку. Потом лицо его побледнело и потеряло всякое выражение, как у слепого, и он вышел в столовую, шагая решительно, но сохраняя в походке следы испытанной жестокой боли.

— Что делал? — коротко спросил Сергей Андреич: у них не принято было здороваться по утрам.

— Читал, — так же коротко ответил Павел.

— Что?

— Бокля.

— То-то, Бокля, — сказал Сергей Андреич, с угрозою, через пенсне, глядя на сына.

— А что? — решительно и вызывающе ответил Павел и посмотрел отцу прямо в глаза.

Тот помолчал и многозначительно бросил:

— Ничего.

Тут вмешалась Лилечка, которой стало жаль брата:

— Павля, ты вечером будешь дома?

Павел молчал.

— Кто не отвечает, когда его спрашивают, тот обыкновенно называется невежей. Как ваше мнение на этот счет, Павел Сергеевич? — спросил отец.

— Охота тебе, Сергей Андреич! — вмешалась мать. — Ешь, а то котлеты простынут. Какая ужасная погода, хоть огни зажигай! И не знаю, как я поеду.

— Буду… — ответил Павел Лилечке, а Сергей Андреич поправил пенсне и сказал:

— Меланхолии этой я не выношу, мировой скорби… Порядочный мальчик должен быть бодр и весел.

— Нельзя, чтобы всегда было весело, — ответила Лилечка, которой всегда было весело.

— Я не требую, чтобы люди насильно веселились. Ты отчего не ешь? Тебя спрашиваю, Павел!

— Не хочу.

— Отчего не хочешь?

— Аппетита нет.

— А вчера где вечером был? Шатался?

— Дома был.

— То-то, дома!

— А где же мне быть? — дерзко спросил Павел.

Сергей Андреич ответил с ядовитою вежливостью:

— Откуда же мне знать всё места, — он подчеркнул слово «места», — которые изволит посещать Павел Сергеевич? Павел Сергеевич взрослый; у Павла Сергеевича скоро усы вырастут; Павел Сергеевич, может, и водку пьет, — почем я знаю?

Завтрак продолжался молча, и всё, на что падал свет из окна, казалось желтым и странно угрюмым. Сергей Андреич внимательно и испытующе глядел в лицо Павла и думал: «И под глазами круги... Но неужели это правда, и он близок с женщинами — такой мальчишка?»

Этот странный и мучительный вопрос, продумать который до конца у Сергея Андреича не хватает силы, явился недавно, летом, и он живо помнит, как это произошло, и никогда не забудет. За маленьким сарайчиком, где была густая трава и белая березка бросала прохладную синюю тень, он случайно увидел надорванный и скомканный листок бумаги. Было в этом листке что-то особенное и тревожное: так рвут и комкают бумаги, которые возбуждают ненависть и гнев, и Сергей Андреич поднял ее, расправил и посмотрел. Это был рисунок. Сперва он не понял, улыбнулся и подумал: «Это Павлов рисунок! Славно он рисует!» Потом повернул бумагу боком и ясно различил безобразно-циничную и грязную картинку.

— Что за гадость! — сказал он сердито и бросил бумажку.

Минут через десять он вернулся за нею, понес ее к себе в кабинет и долго рассматривал, стараясь решить едкую и мучительную загадку: рисовал ли это Павел, или кто-нибудь другой? Он не мог допустить, чтобы такую грязную, пошлую вещь мог нарисовать Павел и, рисуя, знать всё то развратное и мерзкое, что в ней было. В смелости линий видна была опытная и развращенная рука, без колебаний подходившая к самому сокровенному, о чем неиспорченным людям стыдно думать; в старательности, с какой рисунок исправлялся резинкой и подцвечивался красным карандашом, была наивность глубокого и бессознательного падения. Сергей Андреич смотрел и не верил, чтобы его Павел, его умный и развитой мальчик, все мысли которого он знает, мог своею-рукою, загорелою рукою крепкого и чистого юноши, рисовать такую гадость и знать и понимать все то, что он рисует. И так как очень было страшно думать, что это сделал Павел, то решил, что это кто-нибудь другой; но бумажку спрятал. И когда увидел Павла, соскочившего с велосипеда, веселого, живого, еще полного чистых запахов полей, по которым он носился, - он еще раз решил, что это не Павел сделал, и обрадовался.

Но радость скоро прошла, и уже через полчаса Сергей Андреич смотрел на Павла и думал: кто этот чужой и незнакомый юноша, странно высокий, странно похожий на мужчину? Он говорит грубым и мужественным голосом, много и жадно ест, спокойно и независимо наливает в стакан вино и покровительственно шутит с Лилей. Он называется Павлом, и лицо у него Павла, и смех у него Павла, и когда он обгрыз сейчас верхнюю корку хлеба, то обгрыз ее, как Павел, — но Павла в нем нет.

— А сколько тебе лет, Павел? — спросил Сергей Андреич. Павел засмеялся.

— Старик уже я, папаша! Скоро восемнадцать.

— Ну, делегат еще до восемнадцати, -поправила мать. — Еще только шестого декабря будет восемнадцать.

— А усов нет! — сказала Лиля.

И всё стали шутить, что у Павла нет усов, и он притворялся, что плачет; а после обеда налепил на губу ваты и говорил старческим голосом:

— А где моя старуха?

И ходил как расслабленный. И тут еще Лиля заметила, что Павел что-то особенно весел; после чего Павел нахмурился, снял усы и ушел в свою комнату. И с тех пор Сергей Андреич искал прежнего милого, хорошо знакомого мальчика, натыкался на что-то новое и загадочное и мучительно недоумевал.

И еще новое узнал он тогда в Павле: то, что сын его постоянно переживает какие-то настроения: один день бывает весел и шаловлив, а то по целым часам хмурится, становится раздражителен и несносен, и хоть и сдерживается, но видно, что страдает от каких-то неведомых причин. И было очень тяжело и неприятно видеть, что близкий человек печален, и не знать причин, и от этого близкий человек становился далеким и чужим. Уже по одному тому, как входил Павел, как он без аппетита пил чай, крошил пальцами хлеб, а сам смотрел в сторону, на соседний лес, отец чувствовал его дурное настроение и возмущался. И ему хотелось, чтобы Павел заметил это и понял, какую неприятность делает он отцу своим дурным настроением; но Павел не замечал и, кончив чай, уходил.

— Куда ты? — спрашивал Сергей Андреич.

— В лес.

— Опять в лес! — сердито замечал отец.

Павел слегка удивлялся:

— А что? Ведь я каждый день в лес хожу.

Отец молча отвертывался, а Павел уходил, и по его широкой, спокойно колышущейся спине видно было, что он даже не задумался о том, почему сердится отец, и совсем забыл о его существовании.

И уже давно Сергей Андреич хотел решительно и откровенно поговорить с Павлом, но слишком мучителен был предстоящий разговор, и он откладывал его со дня на день. А с переездом в город Павел стал особенно мрачен и нервен, и Сергей Андреич боялся за себя, что не

65

сумеет говорить достаточно спокойно и внушительно. Но в этот день, за долгим и скучным завтраком, решил, что сегодня же поговорит. «Быть может, он просто влюблен, как влюблены бывают всё эти мальчишки и девчонки, — успокаивал он себя. — Вон и Лилька влюблена в какого-то Авдеева; а я и не помню, какой он. Кажется, гимназист».

— Лиля! Авдеев сегодня будет? — спросил Сергей Андреич с усиленным, подчеркнутым равнодушием.

Лиля испуганно взмахнула длинными ресницами, выронила из рук грушу и прошептала:

— Ах!.. — Потом полезла под стол за грушей, и когда вернулась оттуда, то была вся красная, и даже голос ее был как будто красный. — Тинов будет, Поспелов будет… и Авдеев тоже будет.

В комнате Павла стало немного светлее, и лепная деревня на потолке выступила резче и глядела с тупым и наивным самодовольством. Павел сердито отвернулся и взял книжку, но скоро положил ее к себе на грудь и стал думать о том, что сказала Лилечка: гимназистки придут. Это значит, что придет и Катя Реймер — всегда серьезная, всегда задумчивая, всегда искренняя Катя Реймер. Эта мысль была как огонь, на который упало его сердце, и со стоном он быстро повернулся и уткнулся лицом в подушку. Потом, так же быстро приняв прежнее положение, он сдернул с глаз две едкие слезинки и уставился в потолок, но уже не видел ни большого мужика с большой палкой, ни огромной телеги. Он вспомнил дачу и темную июльскую ночь.

Темная была эта ночь, и звезды дрожали в синей бездне неба, и снизу гасила их, подымаясь из-за горизонта, черная туча. И в лесу, где он лежал за кустами, было так темно, что он не видел своей руки, и порой ему чудилось, что и самого его нет, а есть только молчаливая и глухая тьма. Далеко во всё стороны расстилался мир, и был он бесконечный и темный, и всем одиноким и скорбным сердцем чувствовал Павел его неизмеримую и чуждую громаду. Он лежал и ждал, когда по тропинке пройдет Катя Реймер с Лилечкой и другими веселыми и беззаботными людьми, которые живут в том, чуждом для него мире и чужды для него. Он не пошел с ними, так как любил Катю Реймер чистой, красивой и печальной любовью, и она не знала об этой любви и никогда не могла разделить ее. И ему хотелось быть одному и возле Кати, чтобы глубже почувствовать ее далекую прелесть и всю глубину своего горя и одиночества. И он лежал в кустах, на земле, чужой всем людям и посторонний для жизни, которая со всею своею красотою, песнями и радостью проходила мимо него, — проходила в эту июльскую темную ночь.

Он долго лежал, и тьма стала гуще и чернее, когда далеко впереди послышались голоса, смех, хрустение сучков под ногами, и ясно стало, что идет много молодого и веселого народа. И всё это надвигалось толпою веселых звуков и стало совсем близко.

— Ох, батюшки! — говорила Катя Реймер густым и звучным контральто. — Да тут голову расшибешь. Тинов, светите!

Из тьмы пропищал странный и смешной голос полишинеля:

— Спички потерял, Катерина Эдуардовна!

Среди смеха прозвучал другой голос, молодой и сдержанный бас:

— Позвольте, Катерина Эдуардовна, я посвечу!

Катя Реймер ответила, и голос ее был серьезный и изменившийся:

— Пожалуйста, Николай Петрович!

Спичка сверкнула и секунду горела ярким, белым светом, выделяя из мрака только державшую ее руку, как будто последняя висела в воздухе. Потом стало еще темнее, и всё со смехом и шутками двинулись вперед.

— Давайте вашу руку, Катерина Эдуардовна! — прозвучал тот же молодой, сдержанный бас.

Минута тишины, пока Катя Реймер давала свою руку, и затем твердые мужские шаги и рядом с ними скромный шелест платья. И тот же голос тихо и нежно спросил:

— Отчего вы так грустны, Катерина Эдуардовна?

Ответа Павел не слыхал. Идущие повернулись к нему спиною; голоса сразу стали глуше, вспыхнули еще раз, как умирающее пламя костра, и потухли. И когда казалось, что ничего уже нет, кроме глухого мрака и молчания, с неожиданной звонкостью прозвучал женский смех, такой ясный, невинный и странно-лукавый, как будто засмеялся не человек, а молодая темная береза или кто-то, прячущийся в ее ветвях. И точно разбегающийся шепот шмыгнул по лесу, и всё выжидающе смолкло, когда мужской голос, как золото, мягкий, блестящий и звонкий, запел высоко и страстно:

— Ты мне сказала: да — я люблю тебя!..

Так ослепительно-ярок, так полон живой силы был этот голос, что зашевелился, казалось, лес, и что-то сверкающее, как светляки в пляске, мелькнуло в глазах Павла. И снова те же слова, и звенели они слитно, как стон, как крик, как глубокий неразделимый вздох.

— Ты мне сказала: да — я люблю тебя!..

И еще и еще, с безумной настойчивостью, повторял певец всё ту же короткую и долгую фразу, точно вонзал ее во тьму. Казалось, он не мог остановиться; и с каждым повторением жгучий призыв становился сильнее и неудержимее; уже беспощадность звучала в нем — бледнело чье-то лицо, и счастье так похоже становилось на смертельную тоску

Минута черного молчания — далекий, тихо сверкающий, загадочный, как зарница, женский смех, — и стихло всё, и тяжелая тьма словно придавила идущих. Стало мертвенно-тихо и пусто, как в пустом пространстве, на тысячу верст над землей. Жизнь прошла мимо со всеми ее песнями, любовью и красотой — прошла в эту июльскую темную ночь.

Павел поднялся из-за кустов и тихо прошептал:

— Отчего вы так грустны, Катерина Эдуардовна? — и тихие слезы навернулись на его глазах.

— Отчего вы так грустны, Катерина Эдуардовна? — повторял он и без цели шел вперед, во тьму крепчавшей ночи. Раз он совсем близко коснулся дерева и остановился в недоумении. Потом обвил шершавый ствол рукою, прижался к нему лицом, как к другу, и замер в тихом отчаянии, которому не дано слез и бешеного крика. Потом тихо отшатнулся от дерева, которое его приютило, и пошел дальше.

— Отчего вы так грустны, Катерина Эдуардовна? — повторял он, как жалобную песню, как тихую молитву отчаяния, и вся душа его билась и плакала в этих звуках. Грозный сумрак охватывал ее, и, полная великой любви, она молилась о чем-то светлом, чего не знала сама, и оттого так горяча была ее молитва.

Уже не было в лесу покоя и тишины: дыхание бури колыхнуло воздух, и сдержанно зароко́тали вершины, и сухим смешком побежал по листьям ветер. Когда Павел вышел на опушку, ветер чуть не сорвал с него шапку и властно ударил его в лицо холодом, свежестью и запахом ржи. Было величественно и грозно. Сзади черной и глухо стонущей массой вздымался лес, а впереди тяжелая и черная, как мрак, принявший формы, надвигалась грозовая туча. И под нею расстилалось поле ржи, и было оно совсем белое, и оттого, что оно было такое белое среди тьмы, когда ниоткуда не падало света, рождался непонятный и мистический страх. А когда вспыхивала молния и облака вырисовывались тонкой встревоженной грудою теней, на поле от края до края ложился широкий золотисто-красный огонь, и колосья бежали, склонив головы, как испуганное стадо, — бежали в эту июльскую грозную ночь.

Павел поднялся на высокий вал, распростер руки и точно звал к себе на грудь и ветер, и черную тучу, и всё небо, такое прекрасное в своем огненном гневе. И ветер кружился по его лицу, точно ощупывая его, и со свистом врывался в гущу податливых листьев; а туча вспыхивала и грохотала, и, низко склонившись, бежали колосья.

— Ну, иди! Иди! — кричал Павел, а ветер подхватил его слова и свирепо втискивал их обратно в его горло, и среди грохота неба не слышно было этих мятежных и молитвенных слов, с которыми маленький человек обращался к великому неизвестному.

Это было летом, в июльскую темную ночь. Павел глядел в потолок, улыбался умиленною и гордою улыбкой, и на глазах его выступили слезы.

— Какой я стал плакса! — прошептал он, качая головой, и наивно, по-детски вытер пальцами глаза.

С надеждою обернулся он к окнам, но оттуда угрюмо и скучно смотрел грязный городской туман, и всё было от него желтое: потолок, стены и измятая подушка. И вспугнутые им чистые образы прошлого заколыхались, посерели и провалились куда-то в черную яму, толкаясь и стеная.

— Отчего вы так грустны? — говорил Павел, как заклинание, как мольбу о пощаде; но бессильна она была перед новыми, еще смутными, но уже знакомыми и страшными образами. Как гнилой туман над ржавым болотом, поднимались они из этой черной ямы, и разбуженная память властно вызывала всё новые и новые картины.

— Не хочу! Не хочу! — шептал Павел и метался и корчился от боли.

Опять дачу увидел он, но только был день — странный, нехороший и жуткий. Было знойно, и солнце светило, и пахло откуда-то тревожною гарью; а он прятался в прибрежных кустах и, дрожа от страха, смотрел в бинокль, как купаются женщины. И ярко-розовые пятна их тел увидел он, и голубое небо, казавшееся красным, и себя, бледного, с трясущимися руками и испачканными в земле коленями. Потом каменный город увидел он и снова женщин, равнодушных, усталых, с наглыми и холодными глазами. В глубину прошлого уходила вереница их раскрашенных и бледных лиц, и мелькали среди них усатые мужские физиономии, бутылки пива и недопитые стаканы, и в каком-то чаду кружились, танцуя, освещенные тени, и назойливо бренчал рояль, выбрасывая тоскливые, назойливые звуки польки.

— Не хочу! — тихо, уже сдаваясь, шептал Павел.

А воспоминания врезались в его душу, как острый нож в живое мясо. И всё были женщины, их тела, лишенные души, отвратительные, как липкая грязь задних дворов, и странно-обаятельные в своей нескрываемой грязи и доступности. И всюду они были. Они были в циничных, едких, как купорос, разговорах и бессмысленных анекдотах, которые он слышал от других и сам рассказывал так мастерски; они были в рисунках, которые он рисовал и показывал со смехом товарищам; они были в одиноких мыслях и сновидениях, тяжелых, как кошмар, и притягательных, как он.

И, как живая, как то, что никогда не может быть забыто, встала перед ним ночь — угарная, чадная ночь. В эту ночь, два года тому назад, он отдал свое чистое тело и свои первые чистые поцелуи развратной и бесстыдной женщине. Ее звали Луиза; она была одета в гусарский костюм и постоянно жаловалась, что у нее лопаются рейтузы. Павел почти не помнит, как он был с нею, и помнит хорошо только свой дом, куда он вернулся поздно, незадолго до рассвета. Дом был темен и тих; в столовой стоял приготовленный для него ужин, и толстая котлета была покрыта слоем белого застывшего жира. От пива его мучила тошнота, и когда он лег, лепной потолок, скудно озаренный свечой, заколыхался, завертелся и поплыл. Он несколько раз выходил, пошатываясь, стараясь не шуметь и цепляясь за стулья, и пол под непривычными босыми ногами был страшно холодный и скользкий, и от этого необычайного холода становилось особенно ясно, что давно уже ночь и всё тихо спят, а он один ходит и мучится болью, чуждою всему этому чистому и хорошему дому.

Павел с ненавистью оглядел свою комнату и противный лепной потолок и, покорный перед нахлынувшими воспоминаниями, отдался их страшной власти.

Он вспомнил Петрова, красивого и самоуверенного юношу, который совершенно спокойно и без страсти говорил о продажных женщинах и учил товарищей:

— Я никогда не позволю себе целовать продажную женщину. Целовать можно только тех, кого любишь и уважаешь, но не эту дрянь.

— А если она тебя целует? — спрашивал Павел.

— Пусть!.. Я отвертываюсь.

Павел горько и печально улыбался. Он не умел поступать так, как Петров, и целовал этих женщин. Его губы касались их холодного тела, и было однажды, — и это страшно вспомнить, — он, со странным вызовом самому себе, целовал вялую руку, пахнувшую духами и пивом. Он целовал, точно казнил себя; он целовал, точно губы его могли произвести чудо и превратить продажную женщину в чистую, прекрасную, достойную великой любви, жаждою которой сгорало его сердце. А она сказала:

— Какой вы лизун!

И от нее он заболел. Заболел постыдною и грязною болезнью, о которой люди говорят тайком, глумливым шепотом, прячась за закрытыми дверьми, болезнью, о которой нельзя подумать без ужаса и отвращения к себе.

Павел вскочил с постели и подошел к столу. Там он передвигал бумаги, тетради, раскрывал их, опять закрывал, и руки его дрожали. А глаза его боком, напряженно, вглядывались в то место стола, где заперты были и сверху тщательно заложены бумагами принадлежности для лечения.

«Если б у меня был револьвер, я сейчас же застрелился бы. Вот в это место...» — подумал он и приложил палец к левому боку, где билось сердце.

И, сосредоточенно глядя перед собою, думая о том, у кого из товарищей можно достать оружие, он дошел до измятой постели и лег. Потом он задумался о том, сумеет ли он попасть в сердце, и, раскрыв куртку и рубашку, стал с интересом разглядывать молодую, еще не окрепшую грудь.

— Павел, отвори! — услыхал он за дверью голос Лилечки.

Испуганно вздрогнув, как он пугался теперь всякого неожиданного звука и крика, Павел быстро оправился и нехотя открыл задвижку.

— Чего тебе? — хмуро спросил он.

— Так, поцеловать тебя. Зачем ты постоянно запираешься? Боишься, что украдут?

Павел лег на постель, и Лилечка, сделав безуспешную попытку присесть около него, сказала:

— Подвинься! Какой злой: не хочет сестренке места дать.

Павел молча подвинулся.

— А мне сегодня скучно, — сказала Лилечка, — так, что-то нехорошо. Должно быть, от погоды: я люблю солнце, а это такая гадость. Кусаться от злости хочется.

И, осторожно гладя его по стриженой и колючей голове, она заглянула ему нежно в глаза и спросила:

— Павля! Отчего ты стал такой грустный?

Павел отвел глаза и бросил сумрачный ответ:

— Я никогда веселым и не был.

— Нет, Павля, ведь я же знаю. Это ты с тех пор, как мы с дачи переехали. От всех прячешься, никогда не посмеешься. Танцевать перестал.

— Глупое занятие…

— А прежде танцевал! Ты хорошо мазурку танцуешь, лучше всех; но и остальное тоже хорошо. Павля, скажи, отчего это, а? Скажи, голубчик, милый, славный, хороший!

И она поцеловала его в щеку, около покрасневшего уха.

— Не трогай меня!.. Отойди!.. — и, поведя плечами, тихо добавил: — Я грязный…

Лилечка засмеялась и, щекоча за ухом, сказала:

— Ты чистенький, Павля! Помнишь, как мы с тобою вместе в ванне купались? Ты был беленький, как поросеночек, такой чистенький-чисте-е-нький!

— Отойди, Лилечка! Пожалуйста! Ради Бога!

— Не отойду, пока ты не станешь веселый. У тебя около уха маленькие бачки. Я сейчас только увидела. Дай, я поцелую их!

— Отойди, Лиля! Не трогай меня! Говорю я тебе, — глухо говорил Павел, пряча лицо, — я гря… грязный… Грязный! — тяжело выдохнул он мучительное слово и весь, с головы до ног, содрогнулся от мгновенно пронесшегося и сдержанного рыдания.

71

— Что с тобою, Павля, родной? — испугалась Лилечка. — Хочешь, я папу позову?

Павел глухо, но спокойно ответил:

— Нет, не надо. Ничего со мною. Голова немного болит.

Лилечка недоверчиво и нежно гладила стриженый и крутой затылок и задумчиво смотрела на него. Потом сказала безразличным тоном:

— А вчера о тебе Катя Реймер спрашивала.

После некоторого молчания Павел, не обертываясь, спросил:

— Что спрашивала?

— Да так, вообще: как ты живешь, что делаешь, почему никогда не придешь к ним. Ведь они тебя звали?

— Очень ей нужно…

— Нет, Павля, не говори! Ты ее не знаешь. Она очень умная и развитая и интересуется тобою. Ты думаешь, она только танцы любит, а она много читает и кружок для чтения хочет устроить. Она постоянно говорит мне: «Какой умный твой брат».

— Она кокетка… и дрянь.

Лилечка вспыхнула, гневно оттолкнула Павла и встала.

— Сам ты дурной, если так говоришь.

— Дурной? Да. Что же из этого? — вызывающе сказал Павел, злыми и блестящими глазами глядя на сестру.

— То, что не смеешь так говорить! Не смеешь! — крикнула Лилечка, вся красная, с такими же злыми и блестящими глазами.

— Нет, ведь я дурной! — настаивал Павел.

— Грубый, несносный, всем отравляешь жизнь… Эгоист!

— А она дрянь, твоя Кать… Катя. И всё вы дрянь, шушера!

У Лилечки сверкнули слезы. Взявшись за ручку двери, она подавила дрожь в голосе и сказала:

— Мне жалко было тебя, и оттого я пришла. А ты не стоишь этого. И никогда больше я к тебе не приду. Слышишь, Павел?

Крутой затылок оставался неподвижен. Лиля гневно кивнула ему головою и вышла.

Выражая на лице полное презрение, точно в дверь вышло что-то нечистое, Павел тщательно закрыл задвижку и прошелся по комнате. Ему было легче, что он обругал и Катю и Лилечку и сказал, какие они всё: дрянь и шушера. И, осторожно прохаживаясь, он стал размышлять о том, какие всё женщины дурные, эгоистичные и ограниченные существа. Вот Лиля. Она не могла понять, что он несчастен, и оттого так говорит, и обругала его, как торговка. Она влюблена в Авдеева, а третьего дня был у них Петров, и она поругалась с горничной, потом с матерью за то, что не могли найти ее красной ленточки. И Катя Реймер такая же: она задумчивая, серьезная, она интересуется им, Павлом, и говорит, что он

72

умный; а придет к ним тот же Петров, и она наденет для него голубенькую ленточку, будет причесываться перед зеркалом и делать красивое лицо. И всё это для Петрова; а Петров — самоуверенный пошляк и тупица, и это известно всей гимназии.

Она чистенькая и только догадывается, но не позволяет себе думать о том, что существуют развратные женщины и болезни — страшные, позорные болезни, от которых человек становится несчастным и отвратительным самому себе и стреляется из револьвера, такой молодой и хороший! А сама она летом на кругу носила платье декольте, и когда ходит под ручку, то близко-близко прижимается. Быть может, она уже целовалась с кем-нибудь...

Павел сжал кулаки и сквозь зубы прошептал:

— Какая гадость!

Наверное, целовалась... Павел не осмеливается даже взглянуть на нее, а она целовалась, и, вернее всего, с Петровым, — он самоуверенный и наглый. А потом когда-нибудь она отдаст ему и свое тело, и с ним будут делать то же, что делают с продажными женщинами. Какая мерзость! Какая подлая жизнь, в которой нет ничего светлого, к чему мог бы обратиться взгляд, отуманенный печалью и тоскою! Почем знать, быть может, и теперь, уже теперь, у Кати есть... любовник.

— Не может быть! — крикнул Павел, а кто-то внутри его спокойно и злорадно продолжал, и слова его были ужасны:

«Да, есть, какой-нибудь кучер или лакей. Известны случаи, когда у таких чистых девушек были любовники лакеи, и никто не знал этого, и всё считали их чистыми; а они ночью бегали на свидание, босыми ногами, по страшно холодному полу. Потом выходили замуж и обманывали. Это бывает, — он читал. У Реймеров есть лакей, черный и красивый малый...»

Павел резко поворачивается и начинает ходить в другую сторону.

Или Петров... Она вышла к нему на свидание, а Петров — он наглый и смелый — сказал ей: «Тут холодно, — поедемте куда-нибудь в тепло!..» И она поехала.

Дальше Павел думать не может. Он стоит у окна и словно давится желтым отвратительным туманом, который угрюмо и властно ползет в комнату, как бесформенная желтобрюхая гадина. Павла душат злоба и отчаяние, и всё же ему легче, что он не один дурной, а всё дурные, весь мир. И не такой страшной и постыдной кажется его болезнь. «Это ничего, — думает он, — Петров был два раза болен, Самойлов даже три раза, Шмидт, Померанцев уже вылечились, и я вылечусь».

— Буду такой, как и они, и всё будет хорошо, — решил он.

Павел попробовал задвижку, подошел к столу и взялся за ручку ящика; но тут ему представились всё эти глубоко запрятанные инструменты, склянки с мутною жидкостью и желтыми противными ярлыками, и то, как он покупал их в аптеке, сгорая от стыда, а провизор отвертывался от него, точно и ему было стыдно; и как он был у доктора, человека с благородным и необыкновенно чистым лицом, так что странно даже было, что такой чистый человек принужден постоянно иметь дело с нечистыми и отвратительными болезнями. И протянутая рука Павла упала, и он подумал:

— Пусть!.. Я не стану лечиться. Лучше я умру…

Он лег, и перед глазами его стояли склянки с желтыми ярлыками, и от них понятно стало, что всё дурное, что он думал о Кате Реймер, — скверная и гадкая ложь, такая отвратительная и грязная, как и болезнь его. И стыдно и страшно ему было, что он мог так думать о той, которую он любил и перед которой недостоин стоять на коленях; мог думать и радоваться своим грязным мыслям, и находить их правдивыми, и в их грязи черпать странную и ужасную гордость. И ему страшно стало самого себя.

«Неужели это я, и эти руки — мои?» — думал он и разглядывал свою руку, еще сохранившую летний загар и у кисти испачканную чернилами.

И всё стало непонятно и ужасно, как во сне. Он как будто первый раз увидел и комнату свою, и лепной потолок, и свои сапоги, упершиеся в прутья постели. Они были франтовские, с узкими и длинными носками, и Павел пошевелил большим пальцем, чтобы убедиться, что в них заключена его нога, а не чужая. И тут убедился, что это он, Павел Рыбаков, и понял, что он погибший человек, для которого нет надежды. Это он думал так грязно о Кате Реймер; это у него постыдная болезнь; это он умрет скоро-скоро, и над ним будут плакать.

— Прости меня, Катя! — прошептал он бледными пересохшими губами.

И он почувствовал грязь, которая обволакивает его и проникает насквозь. Он начал чувствовать ее с тех пор, как заболел. Каждую пятницу Павел бывает в бане, два раза в неделю меняет белье, и всё на нем новое, дорогое и незаношенное; но кажется, будто весь он с головою лежит в каких-то зловонных помоях, и когда идет, то от него остается в воздухе зловонный след. Каждое маленькое пятнышко, оказавшееся на куртке, он рассматривает с испугом и странным интересом, и очень часто у него начинают чесаться то плечи, то голова, а белье будто прилипает к телу. И иногда это бывает за обедом, на людях, и тогда он сознает себя таким ужасающе одиноким, как прокаженный на своем гноище.

Так же грязны и мысли его, и кажется, что, если бы вскрыть его череп и достать оттуда мозг, он был бы грязный, как тряпка, как те мозги животных, что валяются на бойнях, в грязи и навозе. И всё женщины, усталые, раскрашенные, с холодными и наглыми глазами! Они преследуют его на улице, и он боится выходить на улицу, особенно вечером, когда город кишит этими женщинами, как разложившееся мясо червями; они входят в его голову, как в свою грязную комнату, и он не может отогнать их. Когда он спит и бессилен управлять своими чувствами и желаниями, они огненными призраками вырастают из глубины его существа; когда он бодрствует, какая-то страшная сила берет его в свои железные руки и, ослепленного, изменившегося, непохожего на самого себя, бросает в грязные объятия грязных женщин.

«Это оттого, что я развратник, — с спокойным отчаянием подумал Павел. - Да недолго им быть, — скоро застрелюсь. Повидаю сегодня Катю Реймер и застрелюсь. Или нет: я только из своей комнаты послушаю ее голос, а когда меня будут звать — не выйду».

Тяжело волоча ноги, как больной, Павел подошел к окну. Что-то темное, жуткое и безнадежное, как осеннее небо, глядело оттуда, и казалось, что не будет ему конца, и всегда было оно, и нет нигде на свете ни радости, ни чистого и светлого покоя.

— Хоть бы света! — говорит Павел с тоскою и, как последнюю надежду, вспоминает дневник. Он также далеко спрятан и не раскрывался с тех пор, как Павел заболел: когда мысли грязны и человек не любит себя, своей радости и своего горя — ему не о чем писать в дневнике. Осторожно и нежно, как больное дитя, Павел берет дневник и ложится с ним на кровать. Тетрадь красиво переплетена, и обрез бумаги золотой; сама белая, чистая, и на всех исписанных страницах нет ни одного грязного пятна; Павел осторожно и почтительно перелистывает ее, и от блестящих, туго гнущихся страниц пахнет весною, лесом, солнечным светом и любовью.

Тут рассуждения о жизни, такие серьезные и решительные, с таким множеством умных иностранных слов, что Павлу кажется, будто не он писал их, а кто-то пожилой и страшно умный; тут первый трепет скептической мысли, первые чистые сомнения и вопросы, обращенные к Богу: где ты, о Господи? Тут сладкая грусть неудовлетворенной и неразделенной любви и решение быть гордым, благородным и любить Катю Реймер всю долгую жизнь, до самой могилы. Тут грозный и страшный вопрос о цели и смысле бытия и чистосердечный ответ, от которого веет весною и солнечным блеском: нужно жить, чтобы любить людей, которые так несчастны. И ни слова о тех женщинах. Только изредка, как отражения черной тучи на зеленой и смеющейся земле, — короткие, подчеркнутые и односложные заметки: тяжело. Павел знает их тайный и печальный смысл, обегает их глазами и быстро перевертывает страницу, которая опозорена ими.

И всё время Павлу казалось, что это писал не он, а другой какой-то человек, хороший и умный; он умер теперь, этот человек, и оттого так многозначительно всё им написанное, и оттого так жаль читать его.

И тихая жалость к умершему человеку наполнила его сердце; и первый раз за много дней Павел почувствовал себя дома, на своей постели, одного, а не на улице, среди тысяч враждебных и чуждых жизней.

Уже темнело, и погас странный, желтоватый отблеск; окутанная туманом, неслышно вырастала долгая осенняя ночь, и, точно испуганные, сближались дома и люди. Бледным, равнодушным светом загорелись уличные фонари, и был их свет холоден и печален; кое-где в домах вспыхнули окна теплым огнем, и каждый такой дом, где светилось хоть одно окно, точно озарялся приветливой и ласковой улыбкой и становился, большой, черный и ласковый, как старый друг.

Всё так же катились, колыхаясь, экипажи и торопливо двигались прохожие, но теперь как будто у каждого из них была цель: скорее прийти туда, где тепло, и ласковый свет, и ласковые люди. Павел закрыл глаза, и ему живо представилось то, что он видел перед отъездом с дачи, когда один, вечером, он ходил гулять: молчаливые осенние сумерки, вместе с пушистым дождем падающие с неба, и длинное, прямое шоссе. Своими концами оно утопало в ровной мгле и говорило о чем-то бесконечном, как жизнь; и по шоссе, навстречу Павлу, быстро двигались два жестянщика, запряженные в маленькую повозку. Повозка слабо погромыхивала; жестянщики напирали грудью и быстро шли, в такт помахивая головами; а далеко перед ними, почти на горизонте, светлой и яркой точкой блистал огонек. Одну минуту они были возле Павла; и, когда он обернулся, чтобы поглядеть им вслед, шоссе было безлюдно и темно, как будто никогда не проходили здесь люди, запряженные в тележку.

Павел видел шоссе и сумерки, и это было всё, что наполняло его мысли. Это была минута затишья, когда мятежная, взволнованная душа, истощенная попытками выбиться из железного круга противоречий, легко и неслышно выскользнула из него и поднялась высоко. Это был покой, и тишина, и отрешение от жизни, что-то такое хорошее и грустное, чего нельзя передать человеческою речью. Больше получаса сидел Павел в кресле, почти не двигаясь; в комнате стало темно, и светлые пятна от фонарей и еще от чего-то заиграли на потолке; а он всё сидел, и лицо его в темноте казалось бледным и непохожим на обычное.

— Павел, отвори! — послышался голос отца.

Павел вскочил, и от быстрого движения та же острая и резкая боль захватила ему дыхание. Перегнувшись, прижав похолодевшие руки к запавшему животу, он стиснул зубы и мысленно ответил: «Сейчас», — так как заговорить не мог.

— Павлуша, ты спишь?

Павел открыл. Сергей Андреич вошел, немного смущенно, немного нерешительно, но в то же время властно, как входят отцы, которые сознают свое право — когда угодно войти в комнату сына, но вместе с тем желают быть джентльменами и строго чтут неприкосновенность чужого жилища.

— Что, брат, спал? — мягко спросил Сергей Андреич и неловко в темноте похлопал Павла по плечу.

— Нет, так… дремал, — неохотно, но так же мягко ответил Павел, еще полный тихим покоем и неясными грезами. Он понял, что отец пришел к нему мириться, и подумал:

«К чему всё это?»

— Зажги, пожалуйста, лампу! — попросил отец. — Только и спасения от тумана, когда огни зажгут. Весь день сегодня нервничаю.

«Извиняется…» — подумал Павел, снимая стекло и зажигая спичку.

Сергей Андреич сел в кресло у стола, поправил абажур, и, заметив тетрадку с надписью: «Дневник», деликатно отложил ее в сторону и даже прикрыл бумагой. Павел молча наблюдал за движениями отца и ждал.

— Дай-ка спичечку! — попросил Сергей Андреич, доставая папиросу. Спички у него были в кармане, но ему хотелось доставить сыну удовольствие услужить ему.

Он закурил, взглянул на черный переплет Бокля и начал:

— Я радикально не согласен с Толстым и другими опростителями, которые бесплодно воюют с цивилизацией и требуют, чтобы мы вновь ходили на четвереньках. Но нельзя не согласиться, что оборотная сторона цивилизации внушает весьма, — он поднял руку и опустил ее, — весьма серьезные опасения. Так, если мы посмотрим на то, что делается теперь хотя бы в той же прекрасной Франции…

Сергей Андреич был умный и хороший человек и думал всё то, что думали умные и хорошие люди его страны и его времени, учившиеся в одних и тех же школах и читавшие одни и те же хорошие книги, газеты и журналы. Он был инспектором страхового общества «Феникс» и часто уезжал из столицы по его делам; а когда бывал дома, то ему едва хватало времени повидаться с многочисленными знакомыми, побывать в театре, на выставках и ознакомиться с книжными новостями. При всем том он улучал время побыть с детьми, особенно с Павлом, развитию которого, как развитию мальчика, придавал особенное значение. Кроме того, с Лилей он не знал, о чем говорить, и за это больше ласкал ее. Павла он не ласкал, как мальчика, но зато говорил с ним, как с взрослым, как с хорошим знакомым, с тою только разницей, что никогда не посвящал разговора житейским пустякам, а старался направить его на серьезные темы. Поэтому он считал себя хорошим отцом, и когда начинал разговаривать с Павлом, то чувствовал себя как профессор на кафедре. И ему и Павлу это очень нравилось. Даже об успехах Павла в училище он не решался расспрашивать подробно, так как боялся, что это нарушит гармонию их отношений и придаст им низменный характер крика, брани и упреков. Своих редких вспышек он долго стыдился и оправдывал их темпераментом. Он знал всё мысли Павла, его взгляды, его слагающиеся убеждения и думал, что знает всего Павла. И он был очень удивлен и огорчен, когда вдруг оказалось, что Павел — не в этих убеждениях и взглядах, а где-то вне их, в каких-то загадочных настроениях, в каких-то омерзительных рисунках, о происхождении которых необходимо требовать отчета. Рано или поздно — но необходимо.

И теперь он говорил очень умно и хорошо о том, что культура улучшает частичные формы жизни, но в целом оставляет какой-то диссонанс, какое-то пустое и темное место, которое всё чувствуют, но не умеют назвать, — но была в его речи неуверенность и неровность, как у профессора, который не уверен во внимании своей аудитории и чувствует ее тревожное и далекое от лекции настроение. И нечто другое было в его речи: что-то подкрадывающееся, скользящее и беспокойно пытающее. Он чаще обыкновенного обращался к Павлу:

— Как ты думаешь, Павел? Согласен ли ты, Павел?

И необыкновенно радовался, когда Павел выражал согласие. Он точно нащупывал что-то своими белыми и пухлыми пальцами, которые двигались в такт его речи и угрожающе тянулись к Павлу; к чему-то осторожно и хитро подкрадывался, и те слова, которые он говорил, были словно широкая маскарадная одежда, за которой чувствуется очертание других, еще неведомых и страшных слов. Павел понимал это и со смутным страхом глядел на спокойно блестевшее пенсне, на обручальное кольцо на толстом пальце, на покачивающуюся ногу в блестящем сапоге. Страх нарастал, и Павел уже чувствовал, уже знал, о чем заговорит сейчас отец, и сердце билось у него тихо, но звонко, как будто грудь была пустая. Широкая одежда колыхалась и спадала, и жестокие слова судорожно рвались из-под нее. Вот отец кончил говорить об алкоголиках и закурил папиросу слегка дрожащею рукою.

«Сейчас!» — подумал Павел и весь сжался, как сжимается в своей клетке черный ворон с подбитым крылом, к которому протянулась сквозь дверцу чья-то огромная растопыренная рука.

Сергей Андреич тяжело передохнул и начал:

— Но есть, Павел, нечто более страшное, чем алкоголизм…

«Сейчас!» — подумал Павел.

— …более ужасное, нежели смертоубийственные войны, более опустошительное, нежели чума и холера…

«Сейчас! Сейчас!» — думал Павел, сжимаясь и чувствуя всё свое тело, как оно чувствуется в ледяной воде.

— ...это разврат! Тебе, Павел, приходилось читать специальные книги по этому интересному вопросу?

«Застрелюсь!..» — быстро подумал Павел, а вслух спокойно и с приличным интересом сказал:

— Специальных нет, но вообще-то да, кое-что встречалось. Меня, папа, очень интересует этот вопрос.

— Да?.. — Пенсне Сергея Андреича блеснуло. — Да, это страшный вопрос, и я убежден, Павел, что участь всего культурного человечества зависит от того или иного решения его. Действительно... Вырождение целых поколений, даже целых стран; психические расстройства со всеми ужасами безумия и маразма... Так вот... И наконец бесчисленные болезни, разрушающие тело и даже душу. Ты, Павел, даже представить себе не можешь, что это за скверная штука такая болезнь. Один мой товарищ по университету — он пошел потом в военно-юридическую академию, некто Скворцов, Александр Петрович, — заболел, будучи на втором курсе, и даже несерьезно заболел, но так испугался, что вылил на себя бутылку керосину и зажег. Насилу спасли.

— Он теперь жив, папа?

— Конечно, жив, но страшно обезображен. Так вот... Профессор Берг в своем капитальном труде приводит поразительные статистические данные...

Они сидели и разговаривали спокойно, как два хороших знакомых, попавших на очень интересную тему. Павел выражал на лице изумление и ужас, вставлял вопросы и изредка восклицал: «Черт знает, что такое! Да неужели твоя статистика не врет?» И внутри его было так мертвенно-спокойно, как будто не живое сердце билось в его груди, как будто не кровь переливалась в его венах, а весь он был выкован из одного куска холодного и безучастного железа. То, что он думал сам о грозном значении своей болезни и своего падения, грозно подтверждалось книгами, в которые он верил, умными иностранными словами и цифрами, непоколебимыми и твердыми, как смерть. Кто-то большой, умный и всезнающий говорит со стороны об его гибели, и в спокойном бесстрастии его слов было что-то фатальное, не оставлявшее надежд жалкому человеку.

Был весел и Сергей Андреич: смеялся, закруглял слова и жесты, самодовольно помахивал рукою — и со смятением чувствовал, что в правде его слов таится страшная и неуловимая ложь. С подавляемою злобою он поглядывал на развалившегося Павла, и ему страшно хотелось, чтобы это был не хороший знакомый, с которым так легко говорится, а сын; чтобы были слезы, был крик, были упреки, но не эта спокойная и фальшивая беседа. Сын опять ускользал от него, и не к чему было придраться, чтобы накричать на него, затопать ногами, даже, быть может, ударить его, но найти что-то нужное, без чего нельзя жить. «Это полезно, то, что я говорю: я предостерегаю его», — успокаивал себя Сергей Андреич; но рука его с жадным нетерпением тянулась к боковому карману, где в бумажнике, рядом с пятидесятирублевой бумажкой, лежал смятый и расправленный рисунок. «Сейчас спрошу, и всё кончится», — думал он.

Но тут вошла мать Павла, полная, красивая женщина, с напудренным лицом и глазами, как у Лилечки: серыми и наивными. Она только что приехала, и щеки и нос ее от холода краснели.

— Ужасная погода! — сказала она. — Опять туман, ничего не видно. Ефим чуть не сбил кого-то на углу.

— Так ты говоришь, семьдесят процентов? — спрашивал Павел отца.

— Да, семьдесят два процента. Ну, как у Соколовых? — спросил Сергей Андреич жену.

— Ничего, как всегда. Скучают. Анечка слегка больна. Завтра вечером хотят к нам. Анатолий Иванович приехал, тебе кланяется.

Она довольно оглядела их веселые лица, дружественные позы и потрепала сына по щеке; а он, как всегда, поймал на лету ее руку и поцеловал. Он любил мать, когда видел ее; а когда ее не было, то совершенно забывал об ее существовании. И так относились к ней всё, родные и знакомые, и если бы она умерла, то всё поплакали бы о ней и тотчас бы забыли — всю забыли, начиная с красивого лица, кончая именем. И писем она никогда не получала.

— Болтали? — весело оглядывала она отца и сына. — Ну я очень рада. А то как неприятно, когда отец с сыном дуются. Точно «отцы и дети». И обедню ему простил?

— Это от тумана… — улыбнулись Сергей Андреич и Павел.

— Да, ужасная погода! Точно всё облака свалились на землю. Я говорю Ефиму: «Пожалуйста, тише!» Он говорит: «Хорошо, барыня», — и гонит. Где же Лилечка? Лилечка! Зовите ее обедать! Господа отцы и дети, в столовую!

Сергей Андреич попросил:

— Одну минуту. Мы сейчас.

— Да ведь уже семь…

— Да, да. Подавайте! Мы сейчас.

Юлия Петровна вышла, и Сергей Андреич сделал шаг к сыну. Так же невольно Павел шагнул вперед и угрюмо спросил:

— Что?

Теперь они стояли друг против друга, открыто и прямо, и всё, что говорилось раньше, куда-то ушло, чтобы больше не вернуться: профессор Берг, статистика, семьдесят два процента.

— Павел!.. Павлуша! Мне Лилечка сказала, что ты чем-то расстроен. И вообще я замечаю, что ты в последнее время изменился. Нет ли у тебя неприятностей в училище?

— Нет. Ничего со мною.

Сергею Андреичу хотелось сказать: «Сын мой!» — но показалось неловко и искусственно, и он сказал:

— Мой друг!..

Павел молчал и, заложив руки в карманы, глядел в сторону. Сергей Андреич покраснел, дрожащею рукою поправил пенсне и вынул бумажник. Брезгливо, двумя пальцами он вытащил смятый и расправленный рисунок и молча протянул его к Павлу.

— Что это? — спросил Павел.

— Посмотри!

Через плечо, не вынимая рук из карманов, Павел взглянул. Бумажка плясала в пухлой и белой руке Сергея Андреича, но Павел узнал ее и весь мгновенно загорелся страшным ощущением стыда. В ушах его что-то загрохотало, как тысячи камней, падающих с горы; глаза его точно опалил огонь, и он не мог ни отвести взгляда от лица Сергея Андреича, ни закрыть глаза.

— Это ты? — откуда-то издалека спросил отец.

И с внезапной злобой Павел гордо и открыто ответил:

— Я!..

Сергей Андреич выпустил из пальцев рисунок, и, колыхаясь углами, он тихо опустился на пол. Потом отец повернулся и быстро вышел, и в столовой послышался его громкий и удаляющийся голос: «Обедайте без меня! Мне необходимо съездить по делу». А Павел подошел к умывальнику и начал лить воду на руки и лицо, не чувствуя ни холода, ни воды.

— Замучили! — шептал он, задыхаясь, пока высокая струя била в глаза и рот.

После обеда, часов в восемь, к Лилечке пришли гимназистки, и Павел слышал из своей комнаты, как они пили в столовой чай. Их было много; они смеялись, и их звонкие, молодые голоса звенели друг о друга, как крылья играющих стрекоз, и было похоже не на комнату в осенний ненастный вечер, а на зеленый луг, когда солнце смотрит на него с полуденного июльского неба. И басисто, как майские жуки, гудели гимназисты. Павел чутко прислушивался к голосам, но среди них не было полнозвучного и искреннего голоса Кати Реймер, и он всё ждал и вздрагивал, когда заговаривал кто-нибудь новый, только что пришедший.

81

Он молил ее прийти, и раз случилось, что он совсем ясно услыхал ее голос: «Вот и я!..» — и чуть не заплакал от радости; но голос смешался с другими и, как ни напрягал он слух, больше не повторялся. Потом в столовой стихло, и глухо заговорила прислуга, а из залы принеслись звуки рояля. Плавные и легкие, как танец, но странно скорбные и печальные, они кружились над головою Павла, как тихие голоса из какого-то чужого, прекрасного и навеки покинутого мира.

Вбежала Лилечка, розовая от танцев. Чистый лоб ее был влажен, и глаза сияли, и складки коричневого форменного платья будто сохраняли еще следы ритмических колыханий.

— Павля! Я не сержусь на тебя! — сказала она и быстро горячими губами поцеловала его, обдав волною такого же горячего и чистого дыхания. — Пойдем танцевать! Скорее!

— Не хочется.

— Жаль только, что не всё пришли: Кати нет, Лидочки нет, и Поспелов изволил уйти в театр. Пойдем, Павля, скорее.

— Я никогда не буду танцевать.

— Глупости! Пойдем скорее! Приходи, — я буду ждать.

У дверей ей стало жаль брата, она вернулась, еще раз поцеловала его и, успокоенная, выбежала.

— Скорей, Павля! Скорей!

Павел закрыл дверь и крупными шагами заходил по комнате.

— Не пришла! — говорил он громко. — Не пришла! — повторял он, кружась по комнате. — Не пришла!

В дверь постучали, и послышался самоуверенный и наглый голос Петрова:

— Павел! Отвори!

Павел притаился и задержал дыхание.

— Павел, будет глупить! Отвори! Меня Елизавета Сергеевна послала.

Павел молчал. Петров стукнул еще раз и спокойно сказал:

— Ни у свинья же ты, братец! И молодо-зелено… Катеньки нет, он и раскис. Дурак!

И Петров смеет говорить своими нечистыми устами: «Катенька!»

Выждав минуту, когда в зале снова заиграли, Павел осторожно выглянул в пустую столовую, прошел ее и возле ванной, где висело кучею ненужное платье, отыскал свою старенькую летнюю шинель. Потом быстро прошел кухню и по черной лестнице спустился во двор, а оттуда на улицу.

Сразу стало так сыро, холодно и неуютно, как будто Павел спустился на дно обширного погреба, где воздух неподвижен и тяжел и по скользким высоким стенам ползают мокрицы. И неожиданным казалось, что в этом свинцовом, пахнущем гнилью тумане продолжает течь какая-то

82

своя, неугомонная и бойкая жизнь; она в грохоте невидимых экипажей и в огромных, расплывающихся светлых шарах, в центре которых тускло и ровно горят фонари, она в торопливых, бесформенных контурах, похожих на смытые чернильные пятна на серой бумаге, которые вырастают из тумана и опять уходят в него, и часто чувствуются только по тому странному ощущению, которое безошибочно свидетельствует о близком присутствии человека. Кто-то невидимый быстро толкнул Павла и не извинился; задев его локтем, прошла какая-то женщина и близко заглянула ему в лицо. Павел вздрогнул и злобно отшатнулся.

В пустынном переулке, против дома Кати Реймер, он остановился. Он часто ходил сюда и теперь пришел, чтобы показать, как он несчастен и одинок, и как подло поступила Катя Реймер, которая не пришла в минуту смертельной тоски и смертельного ужаса. Сквозь туман слабо просвечивали окна, и в их мутном взляде была дикая и злая насмешка, будто сидящий за пиршественным столом оплывшими от сытости глазами смотрел на голодного и лениво улыбался. И, захлебываясь гнилым туманом, дрожа от холода в своем стареньком пальтишке, Павел с голодною ненавистью упивался этим взглядом. Он ясно видел Катю Реймер: как она, чистая и невинная, сидит среди чистых людей и улыбается, и читает хорошую книгу, ничего не знает об улице, в грязи и холоде которой стоит погибающий человек. Она чистая и подлая в своей чистоте; она, быть может, мечтает сейчас о каком-нибудь благородном герое, и если бы вошел к ней Павел и сказал: «Я грязен, я болен, я развратен, и оттого я несчастен, я умираю; поддержи меня!» — она брезгливо отвернулась бы и сказала: «Ступай! Мне жаль тебя, но ты противен мне. Ступай!» И она заплакала бы; чистая и добрая, она заплакала бы... прогоняя. И милостынею своих чистых слез и гордого сожаления она убила бы того, кто просил ее о человеческой любви, которая не оглядывается и не боится грязи.

— Я ненавижу тебя! — шептало странное, бесформенное пятно человека, охваченного туманом и вырванного им из живого мира. — Я ненавижу тебя!

Кто-то прошел мимо Павла, не заметив его. Павел испуганно прижался к мокрой стене и сдвинулся только после того, как шаги умолкли.

— Ненавижу!..

Как в вате, задыхается в тумане голос. Бесформенное пятно человека медленно удаляется, сверкнула около фонаря металлическая пуговица, и всё растаяло, как будто никогда и не было его, а был только мутный и холодный туман.

Нева безнадежно стыла под тяжелым туманом и была молчалива, как мертвая; ни свистка парохода, ни всплеска воды не доносилось с ее широкой и темной поверхности. Павел сел на одной из полукруглых скамеек и прижался спиною к влажному и спокойно-холодному граниту. Его прохватила дрожь, и застывшие пальцы почти не сгибались, и руки онемели в кисти и в локте; но ему было противно идти домой: в музыке и в чуждом веселье было что-то напоминавшее Катю Реймер, нелепое и обидное, как улыбка случайного прохожего на чужих похоронах. В нескольких шагах от Павла в тумане смутно проплывали тени людей; у одного около головы было маленькое огненное пятнышко, очевидно, папироса; на другом, едва видимом, были, вероятно, твердые кожаные калоши и при каждом его шаге стучали: чек-чек! И долго было слышно, как он идет.

Одна тень в нерешительности остановилась; у нее была огромная, не по росту, голова, уродливых и фантастических очертаний, и, когда она двинулась к Павлу, ему стало жутко. Вблизи это оказалось большой шляпой с белыми загнутыми перьями, какие бывают на погребальных колесницах, а сама тень — обыкновенной женщиной. Как и Павел, она дрожала от холода и тщетно прятала большие руки в карманчики драповой короткой кофты; пока она стояла, она была невысокого роста, а когда села возле Павла, то стала почти на голову выше его.

— Молодой красавец, одолжите папироску! — попросила она.

— Извините, молодая красавица, я не курю, — развязно и возбужденно ответил Павел.

Женщина крикливо хихикнула, ляскнула от холода зубами и дыхнула на Павла запахом вина.

— Пойдемте ко мне, — сказала женщина, и голос у нее был крикливый, как и смех. — Пойдемте! Водочкой меня угостите!

Что-то широкое, клубящееся, быстрое, как падение с горы, открылось теперь перед Павлом, какие-то желтые огни среди колеблющегося мрака, какое-то обещание странного веселья, безумия и слез. А снаружи его пронизывал сырой туман, и локти коченели. И с вежливостью, в которой были вызов, насмешка и слезы смертельного отчаяния, он сказал:

— О божественная! Вы так хотите моих страстных ласк?

Женщине показалось обидно; она сердито отвернулась, ляскнула зубами и замолчала, гневно поджав тонкие губы. Ее выгнали из портерной за то, что она не стала пить кислого пива и плеснула из стакана в сидельца; высокие калоши пробились на носках и протекали, и от всего от этого ей хотелось обижаться и кого-нибудь бранить. Павел сбоку видел ее сердитый профиль с коротким носом и широким, мясистым подбородком, и улыбался. Она была как раз как те женщины, что преследовали его, и ему было смешно, и какое-то странное чувство сближало его с ней. И ему нравилось, что она сердится.

Женщина повернулась и резко бросила:

— Ну? Идти так идти, — какого дьявола!

И Павел со смехом ответил:

— Вы правы, сударыня: какого дьявола! Какого дьявола нам с вами не пойти, не выпить водки и не предаться изысканным наслаждениям?

Женщина высвободила руку из карманчика и немного сердито, немного дружески хлопнула его по плечу:

— Мели Емеля — твоя неделя! Ну, я пойду впереди, а вы сзади.

— Почему? — удивился Павел. — Почему сзади, а не рядом с вами, божественная... — он немного запнулся: — Катя?

— Меня зовут Манечкой. Оттого, что рядом для вас стыдно.

Павел подхватил ее за руку и повлек, и плечо женщины неловко забилось об его грудь. Она смеялась и шла не в ногу, и теперь видно было, что она слегка пьяна. У ворот одного дома она высвободила руку и, взяв у Павла рубль, пошла добывать у дворника водки.

— Вы же поскорее, Катенька! — попросил Павел, теряя глазами ее контур в черном и мглистом отверстии ворот. Издалека донеслось:

— Манечка, а не Катя!

Горел фонарь, и к его холодному, влажному столбу прижался щекою Павел и закрыл глаза. Лицо его было неподвижно, как у слепого, и внутри было так спокойно и тихо, как на кладбище. Такая минута бывает у приговоренного к смерти, когда уже завязаны глаза, и смолк вокруг него звук суетливых шагов по звонкому дереву, и в грозном молчании уже открылась наполовину великая тайна смерти. И, как зловещая дробь барабанов, глухо и далеко прозвучал голос:

— Вот вы где? А я вас искала-искала... За кого ни хвачусь, всё не тот. Уж думала, что вы ушли, и сама хотела уйтить.

Павел напрягся, что-то сбросил с себя и выбросил веселый и громкий вопрос:

— А водочки-то? Самое главное, водочки! Ибо что такое мы с вами, Катенька, без водочки?

— А как вас звать-то? Хотела по имени покликать, да вы не сказали.

— Меня зовут, Катечка, немного странно: Процентом меня зовут. Процент. Вы можете звать меня Процентик. Так выходит ласковее, и наши интимные отношения это допускают, — говорил Павел, увлекая женщину.

— Такого имени нету. Так только собак зовут.

— Что вы, Катечка! Меня даже отец так зовет: Процентик, Процентик! Клянусь вам профессором Бергом и святой статистикой!

Двигался туман и огни, и опять о грудь Павла бились плечи женщины и перед глазами болталось большое загнутое перо, какие бывают на погребальных колесницах; потом что-то черное, гнилое, скверно пахнущее охватило их, и качались какие-то ступеньки, вверх и опять вниз. В одном месте Павел чуть не упал, и женщина поддержала его. Потом какая-то душная комната, в которой сильно пахло сапожным товаром и кислыми щами, горела лампада, и за ситцевой занавеской кто-то отрывисто и сердито храпел.

— Тише! — шептала женщина, ведя Павла за руку. — Тут хозяин спит, дьявол, сапожник, пропащая душа!

И Павлу было страшно этого сапожника, который где-то за занавеской храпел так отрывисто и сердито, и он осторожно шагал тяжелыми мокрыми калошами. Потом сразу глубокая тьма, звук снимаемого стекла и сразу яркий, ослепительный свет маленькой лампочки, висевшей на стене. Внизу под лампою был столик, и на нем лежали: гребешок с тонкими волосами, запутавшимися между зубьями, засохшие куски хлеба, облепленный хлебным мякишем большой нож и глубокая тарелка, на дне которой, в слое желтого подсолнечного масла, лежали кружки картофеля и крошеный лук. И к этому столику приковалось всё внимание Павла.

— Вот и дома! — сказала Манечка. — Раздевайтесь!

Они сидели, смеялись и пили, и Павел одною рукою обнимал полуголую женщину: у самых глаз его было толстое, белое плечо с полоской грязноватой рубашки и сломанной пуговицей, и он жадно целовал его, присасываясь влажными и горячими губами. Потом целовал лицо и, странно, не мог ни рассмотреть его как следует, ни запомнить. Пока смотрел на него, оно казалось давно знакомым и известным, до каждой черточки, до маленького прыщика на виске; но когда отвертывался, то сразу и совершенно забывал, будто не хотела душа принимать этого образа и с силою выталкивала его.

— Одно скажу, — говорила женщина, стараясь снять с картошки прилипший к ней длинный волос и изредка равнодушно целуя Павла в щеку маслянистыми губами, — одно скажу: кислого пива пить я не стану. Давай, кому хочешь, а я не стану. Стерва я, это верно, а кислого пива лакать не стану. И всем скажу открыто, хоть под барабаном: не стану!

— Давайте петь, Катечка! — просил Павел.

— А если тебе не нравится, что я тебе в харю выплеснула, то пожалуйте в участок, а бить себя я не позволю. Характер у меня гордый, и таких-то, как ты, может, тысячу видала, да и то не испугалась, — обращалась женщина к обидевшему ее сидельцу.

86

— Бросьте, Катечка, забудьте! — упрашивал Павел. — Я верю, вы горды, как испанская королева, и прекрасно. Давайте петь! Хорошие песни, хорошие песни!

— И не Катечка я, а Манечка. А петь нельзя: хозяин у меня дьявол, сапожник, пропащая душа, — не велит.

— Всё равно, Катечка ли, Манечка ли. Ей-Богу, всё равно, — это говорю тебе я, Павел Рыбаков, пьяница и развратник. Ведь ты меня любишь, моя гордая королева?

— Люблю. Только я не позволю называть меня Катечкой, — упрямо твердила женщина.

— Ну вот! — качнул головою Павел. — Будем петь! Будем петь хорошие песни, какие поют они. Эх, хорошую я знаю песню! Но ее так петь нельзя. Закрой глаза, Катенька, ты закрой глаза, закрой их и вообрази, будто ты в лесу, и темная-темная ночь...

— Не люблю я в лесу. Про какой ты мне лес говоришь? Говори так, а не про лес! Ну его к черту! Давай выпьем лучше, и не расстраивай ты меня, — не люблю я этого... — угрюмо говорила Манечка, наливая и расплескивая водку.

У нее, очевидно, была одышка, и дышала она тяжело и трудно, как будто плыла по глубокой воде. И губы у нее стали тоньше и слегка посинели.

— Темная-темная ночь! — продолжал Павел с закрытыми глазами. — И будто идут, и ты идешь, и кто-то красиво поет... Постой, как это? «Ты мне сказала: да, — я люблю тебя!...» Нет, не могу я, не умею петь.

— Не ори, хозяина разбудишь. Какого дьявола!

— Нет, не умею я петь. Не умею! — с отчаянием сказал Павел и взялся за голову.

Огненные ленты свивались и развивались перед его закрытыми глазами, клубились в причудливых и страшных узорах, и было широко, как в поле, и душно, как на дне узкой и глубокой ямы. Манечка через плечо презрительно смотрела на него и говорила:

— Пей, какого дьявола!

— Да, я люблю тебя... Да, я люблю тебя... Нет, не умею!

Он широко открыл глаза и скрытым огнем их опалил лицо женщины.

— Ведь есть же у тебя сердце? Ведь есть, Катечка? Ну так дай мне твою руку! Дай! — Он улыбнулся сквозь навернувшиеся слезы и горячими губами припал к враждебно сопротивлявшейся руке.

— Перестань дурить! — гневно сказала женщина и выдернула руку. — Расстроился, слюнтяй! Спать так спать, а не то!..

— Катечка! Катечка! — шептал он умоляюще, и слезы мешали ему видеть сонное и злое лицо, которое с отвращением уставилось на него. —

Катечка, голубка моя миленькая, пожалей меня, пожалуйста! Я так несчастен, и ничего, ничего нет у меня. Господи, да пожалей же ты меня, Катечка!

Женщина резко оттолкнула его и, шатаясь, встала.

— Убирайся к дьяволу! — крикнула она, задыхаясь. — Ненавижу!.. Нализался как сапожник и ломается… Катечка! Катечка! — передразнила она, поджимая тонкие синеватые губы. — Знаю я, какую тебе Катечку нужно. Ну и убирайся к ней! Лижется, а сам: Катечка, Катечка! У-у, мальчишка, щенок, кукольное рыло! Тебя к женщине подпускать не стоит, а тоже: Катечка, Катечка!

Павел, опустив голову и покачивая ею, что-то шептал, и стриженый затылок его тихо вздрагивал.

— Слышишь, что ли? — крикнула женщина.

Павел взглянул на нее мокрыми и незрячими глазами и снова закачался с равномерностью человека, у которого болят зубы, — вправо, влево. Презрительно фыркнув, женщина подошла к кровати и стала оправлять ее. На ходу с нее соскочила бумазейная полосатая юбка, и она ногами отбросила ее.

— Катечка! Катечка! — говорила она, сердито комкая подушку. — Ну и иди к Катечке! А меня крестили Манечкой, и таких щенков, как ты, я, может, тысячу видала, да и то не испугалась. Эка! Думает, рубль дал, так я ему всякие фокусы показывать буду. У меня, может, у самой три рубля в шкатулке лежат. Ну иди спать, что ли!

Она легла поверх одеяла и с ненавистью глядела на Павла, на его стриженый и крутой затылок, вздрагивавший от плача.

— Ух! Надоели вы мне всё, черти поганые! Измучили вы меня! Чего ревешь? Маменьки боишься? — говорила она с ленивою и злою насмешкою. — Драть мальчика будут? Боишься, а сладенькое любишь. Любишь… Да. Знаю я вас, Процентов, дьяволов. Свое имя назвать-то стыдно, он и выдумывает. Процент! Чисто собака. А к Катечке своей сопливой пойдет, так уж, конечно, Васечкой велит звать: Васечка, душечка! А он ей: Катечка, ангелочек! Знаю я, хорош мальчик! Тоже — ручку позвольте поцеловать, а как этой самой ручкой да тебе по харе! Не смейся, щенок, не смейся!

Павел молчал и тихо вздрагивал.

— Ну иди, что ли, спать, тебе говорю! А то прогоню, Бог свят, прогоню! Мне двух целковых не жалко, а издеваться над собой я не позволю. Слышишь, раздевайся! Думает, два рубля дал, так всю женщину и купил. Эка, царь какой выискался.

Павел медленно расстегнул куртку и стал снимать.

— Не понимаешь ты… — тихо и не глядя, проронил он.

— Вот как! — злобно крикнула женщина. — Такая дура, что ничего и понять не могу! А если я к тебе подойду да по харе дам?

Из-за перегородки хриплый и раздраженный бас грозно окрикнул:

— Машка! Опять, сатана, за свое взялась? Не колобродь, а то живо у меня!..

— Тише ты, дрянь! — прошептал Павел, бледнея.

— Я дрянь? — сипела женщина, приподнимаясь.

— Ну ладно, ладно, ложись! — примирительно сказал Павел, не сводя горящих глаз с ее голого тела. — Я сейчас, сейчас...

— Я дрянь? — повторяла женщина, и задыхалась, и брызгала слюною.

— Ну будет, будет! — упрашивал Павел. Пальцы его дрожали и не находили пуговиц; он видел только тело — то страшное и непонятное в своей власти тело женщины, которое он видел в жгучих сновидениях своих, которое было отвратительно до страстного желания топтать его ногами и обаятельно, как вода в луже для жаждущего. — Ну будет! — повторил он. — Я пошутил...

— Убирайся вон! — решительно заявила женщина, отмахиваясь рукою. — Вон! Вон! Щенок!

Они встретились взорами, и взоры их пылали открытой ненавистью, такой жгучей, такой глубокой, так полно исчерпывающей их больные души, как будто не в случайной встрече сошлись они, а всю жизнь были врагами, всю жизнь искали друг друга и нашли — ив дикой радости боятся поверить себе, что нашли. И Павлу стало страшно. Он опустил глаза и пролепетал:

— Послушай же, Манечка. Пойми же наконец!..

— Ага! — обрадовалась женщина, оскалив широкие белые зубы. — Ага! Теперь Манечка стала! Вон! Вон!

Она соскочила с постели и, шатаясь, показывая Павлу свой толстый, волосатый затылок, начала поднимать его куртку.

— Вон! Вон!

— Слышишь ты, дьявол! — крикнул бешено Павел.

И тут произошло что-то неожиданное и дикое: пьяная и полуголая женщина, красная от гнева, бросила куртку, размахнулась и ударила Павла по щеке. Павел схватил ее за рубашку, разорвал, и оба они клубком покатились по полу. Они катались, сшибая стулья и волоча за собою сдернутое одеяло, и казались странным и слитным существом, у которого четыре руки и четыре ноги, бешено цеплявшиеся и душившие друг друга. Острые ногти царапали лицо Павла и вдавливались в глаза; одну секунду он видел над собой разъяренное лицо с дикими глазами, и оно было красно, как кровь; и со всею силою он сжимал чье-то горло. В следующую секунду он оторвался от женщины и вскочил на ноги.

— Собака! — крикнул он, вытирая окровавленное лицо. А в дверь уже ломились, и кто-то вопил:

— Отворите! Дьяволы, анафемы!

Но женщина опять сзади накинулась на Павла, сбила его с ног, и они снова завертелись и закружились по полу, молча, задыхаясь, бессильные кричать от бешеной ярости. Они поднялись, упали и опять поднялись. Павел повалил женщину на стол, и под тяжелым телом ее хрустнула тарелка, а возле руки Павла звякнул длинный нож, облепленный хлебным мякишем. Левою рукою Павел схватил его, едва удержал и боком куда-то сунул. И тонкое лезвие согнулось. Он вторично сунул нож, и руки женщины дрогнули и сразу обмякли, как тряпки. Почти выбросив глаза из орбит, она закричала в лицо Павлу хрипло и пронзительно, всё время на одной ноте, как кричат животные, когда их убивают:

— А-а-а-а!

— Молчи! — прохрипел Павел, и еще раз сунул куда-то нож, и еще. При каждом ударе женщина дергалась, как игрушечный клоун на нитке, и шире открывала рот с широкими и белыми зубами, среди которых вздувались пузырьки кровавой пены. Она уже молчала, но Павлу всё еще слышался ее пронзительный, ужасный вой, и он хрипел:

— Молчи!

И, переложив нож из левой руки, мокрой и скользкой, в правую, ударил сверху раз, и еще раз.

— Молчи!

Тело грузно свалилось со стола и грузно стукнулось волосатым затылком. Павел наклонился и посмотрел на него: голый высокий живот еще вздымался, и Павел ткнул в него ножом, как в пузырь, из которого нужно выпустить воздух. Потом Павел выпрямился и с ножом в руке, весь красный, как мясник, с разорванною в драке губою, обернулся к двери.

Он смутно ожидал крика, шума, бешеных возгласов, гнева и мести, — и странное безмолвие поразило его. Ни звука не было, ни вздоха, ни шороха. В часах качался маятник, и не было слышно его движения; с острия ножа спадали на пол густые капли крови, — и они должны были звучать и не звучали. Как будто внезапно оборвались и умерли всё звуки в мире и всё его живые голоса. И что-то загадочное и страшное происходило с закрытою дверью. Она безмолвно надувалась, как только что проколотый живот, дрожала в безмолвной агонии и опадала. И снова надувалась она, опадала с замирающей дрожью, и с каждым разом темная щель вверху становилась шире и зловещее.

90

Непостижимый ужас был в этом немом и грозном натиске, — ужас и страшная сила, будто весь чуждый, непонятный и злой мир безмолвно и бешено ломился в тонкие двери.

Торопливо и сосредоточенно Павел отбросил с груди липкие лохмотья рубашки и ударил себя ножом в бок, против сердца. Несколько секунд он стоял еще на ногах и большими блестящими глазами смотрел на судорожно вздувавшуюся дверь. Потом он согнулся, присел на корточки, как для чехарды, и повалился...

В ту ночь, до самого рассвета, задыхался в свинцовом тумане холодный город. Безлюдны и молчаливы были его глубокие улицы, и в саду, опустошенном осенью, тихо умирали на сломанных стеблях одинокие, печальные цветы.

Валя

Валя сидел и читал. Книга была очень большая, только наполовину меньше самого Вали, с очень черными и крупными строками и картинками во всю страницу. Чтобы видеть верхнюю строку, Валя должен был протягивать свою голову чуть ли не через весь стол, подниматься на стуле на колени и пухлым коротеньким пальцем придерживать буквы, которые очень легко терялись среди других похожих букв, и найти их потом стоило большого труда. Благодаря этим побочным обстоятельствам, не предусмотренным издателями, чтение подвигалось с солидною медленностью, несмотря на захватывающий интерес книги. В ней рассказывалось, как один очень сильный мальчик, которого звали Бовою, схватывал других мальчиков за ноги и за руки, и они от этого отрывались. Это было и страшно и смешно, и потому в пыхтении Вали, которым сопровождалось его путешествие по книге, слышалась нотка приятного страха и ожидания, что дальше будет еще интереснее. Но Вале неожиданно помешали читать: вошла мама с какою-то другою женщиной.

— Вот он! — сказала мама, глаза у которой краснели от слез, видимо недавних, так как в руках она мяла белый кружевной платок.

— Валечка, милый! — вскрикнула женщина и, обняв его голову, стала целовать лицо и глаза, крепко прижимая к ним свои худые, твердые губы. Она не так ласкала, как мама: у той поцелуи были мягкие, тающие, а эта точно присасывалась. Валя, хмурясь, молча принимал колючие ласки. Он был недоволен, что прервали его интересное чтение, и ему совсем не нравилась эта незнакомая женщина, высокая, с костлявыми пальцами, на которых не было ни одного кольца. И пахло от нее очень дурно: какою-то сыростью и гнилью, тогда как от мамы всегда шел свежий запах духов. Наконец женщина оставила Валю в покое и, пока он вытирал губы, осмотрела его тем быстрым взглядом, который словно фотографирует человека. Его коротенький нос, но уже с признаками будущей горбинки, густые, не детские брови над черными глазами и общий вид строгой серьезности что-то напомнили ей, и она заплакала. И плакала она не так, как мама: лицо оставалось неподвижным, и только слезы быстро-быстро капали одна за другою — не успевала скатиться одна, как уже догоняла другая. Так же внезапно перестав плакать, как и начала, она спросила:

— Валечка, ты не знаешь меня?

— Нет.

— Я приходила к тебе. Два раза приходила. Помнишь?

Может быть, она и приходила, может быть, и два раза приходила, — но откуда Валя будет знать это? Да и не все ли равно, приходила эта незнакомая женщина или нет? Она только мешает читать со своими вопросами.

— Я твоя мама. Валя! — сказала женщина.

Валя с удивлением оглянулся на свою маму, но ее в комнате уже не было.

— Разве две мамы бывают? — спросил он. — Какие ты глупости говоришь!

Женщина засмеялась, но этот смех не понравился Вале: видно было, что женщина совсем не хочет смеяться и делает это так, нарочно, чтобы обмануть. Некоторое время оба молчали.

— Ты уже умеешь читать? Вот умница!

Валя молчал.

— А какую ты книгу читаешь?

— Про Бову-королевича, — сообщил Валя с серьезным достоинством и с очевидным чувством уважения к большой книге.

— Ах, это должно быть очень интересно! Расскажи мне, пожалуйста, — заискивающе улыбнулась женщина.

И снова что-то неестественное, фальшивое прозвучало в этом голосе, который старался быть мягким и круглым, как голос мамы, но оставался колючим и острым. Та же фальшь сквозила и в движениях женщины: она передвинулась на стуле и даже протянула вперед шею, точно приготовилась к долгому и внимательному слушанию: а когда Валя неохотно приступил к рассказу, она тотчас же ушла в себя и потемнела, как потайной фонарь, в котором внезапно задвинули крышку. Валя чувствовал обиду за себя и за Бову, но, желая быть вежливым, наскоро проговорил конец сказки и добавил:

— Все.

— Ну, прощай, мой голубчик, мой дорогой! — сказала странная женщина и снова стала прижимать губы к Валиному лицу. — Скоро я опять приду. Ты будешь рад?

— Да, приходите, пожалуйста, — вежливо попросил Валя и, чтобы она скорее ушла, прибавил: — Я буду очень рад.

Посетительница ушла, но только что Валя успел разыскать в книге слово, на котором он остановился, как появилась мама, посмотрела на него и тоже стала плакать. О чем плакала женщина, было еще понятно: она, вероятно, жалела, что она такая неприятная и скучная, — но чего ради плакать маме?

— Послушай, — задумчиво сказал Валя, — как надоела мне эта женщина! Она говорит, что она моя мама. Разве бывают две мамы у одного мальчика?

— Нет, деточка, не бывает. Но она говорит правду: она твоя мама.

— А кто же ты?

— Я твоя тетя.

Это явилось неожиданным открытием, но Валя отнесся к нему с непоколебимым равнодушием: тетя так тетя — не все ли равно? Для него слово не имело такого значения, как для взрослых. Но бывшая мама не понимала этого и начала объяснять, почему так вышло, что она была мамой, а стала тетей. Давно, давно, когда Валя был совсем маленький…

— Какой маленький? Такой? — Валя поднял руку па четверть аршина от стола.

— Нет, меньше.

— Как киска? — радостно изумился Валя. Рот его полуоткрылся, брови поднялись кверху. Он намекал на беленького котенка, которого ему недавно подарили и который был так мал, что всеми четырьмя лапами помещался на блюдце.

— Да.

Валя счастливо рассмеялся, но тотчас же принял свой обычный суровый вид и со снисходительностью взрослого человека, вспоминающего ошибки молодости, заметил:

— Какой я был смешной!

Так вот, когда он был маленький и смешной, как киска, его принесла эта женщина и отдала, как киску, навсегда. А теперь, когда он стал такой большой и умный, она хочет взять его к себе.

93

— Ты хочешь к ней? — спросила бывшая мама и покраснела от радости, когда Валя решительно и строго произнес:

— Нет, она мне не правится! — и снова принялся за книгу.

Валя считал инцидент исчерпанным, но ошибся. Эта странная женщина с лицом, таким безжизненным, словно из него выпили всю кровь, неизвестно откуда появившаяся и так же бесследно пропавшая, всколыхнула тихий дом и наполнила его глухой тревогою. Тетя-мама часто плакала и все спрашивала Валю, хочет ли он уйти от нее; дядя-папа ворчал, гладил свою лысину, отчего белые волоски на ней поднимались торчком, и, когда мамы не было в комнате, также расспрашивал Валю, не хочет ли он к той женщине. Однажды вечером, когда Валя уже лежал в кроватке, но еще не спал, дядя и тетя говорили о нем и о женщине. Дядя говорил сердитым басом, от которого незаметно дрожали хрустальные подвески в люстре и сверкали то синими, то красными огоньками.

— Ты, Настасья Филипповна, говоришь глупости. Мы не имеем права отдавать ребенка, для него самого не имеем права. Неизвестно еще, на какие средства живет эта особа с тех пор, как ее бросил этот... ну, да, черт его возьми, ты понимаешь, о ком я говорю? Даю голову на отсечение, что ребенок погибнет у нее.

— Она любит его, Гриша.

— А мы его не любим? Странно ты рассуждаешь, Настасья Филипповна, — похоже, что сама ты хочешь отделаться от ребенка...

— Как тебе не грешно!

— Ну, ну, уже обиделась. Ты обсуди этот вопрос хладнокровно, не горячась. Какая-нибудь кукушка, вертихвостка, наплодит ребят и с легким сердцем подбрасывает к вам. А потом пожалуйте: давайте мне моего ребенка, так как меня любовник бросил, и я скучаю. На концерты да на театры у меня денег нету, так мне игрушку давайте! Нет-с, сударыня, мы еще поспорим!

— Ты не справедлив к ней, Гриша. Ведь ты знаешь, какая она больная, одинокая...

— Ты, Настасья Филипповна, и святого из терпения выведешь, ей-богу! Ребенка-то ты забываешь? Тебе все равно, сделают ли из него честного человека или прохвоста? А я голову свою даю на отсечение, что из него сделают прохвоста, ракалью, вора и... прохвоста!

— Гриша!

— Христом богом прошу: не раздражай ты меня! И откуда у тебя эта дьявольская способность перечить? «Она такая одино-о-кая», — а мы не одиноки? Бессердечная ты женщина, Настасья Филипповна, и черт дернул меня на тебе жениться! Тебе палача в мужья надо!

Бессердечная женщина заплакала, и муж попросил у нее прощения, объяснив, что только набитый дурак может обращать внимание на слова такого неисправимого осла, как он. Понемногу она успокоилась и спросила:

— А что говорит Талонский?

Григорий Аристархович снова вспылил.

— И откуда ты взяла, что он умный человек? Говорит, все будет зависеть от того, как суд посмотрит… Экая новость, подумаешь, без него и не знаем, что все зависит от того, как суд посмотрит. Конечно, ему что, — потявкал-потявкал, да и к сторонке. Нет, если бы на то моя воля, я бы всех этих пустобрехов…

Тут Настасья Филипповна закрыла дверь из столовой, и конца разговора Валя не слыхал. Но долго еще он лежал с открытыми глазами и все старался понять, что это за женщина, которая хочет взять его и погубить.

На следующий день он с утра ожидал, когда тетя спросит его, не хочет ли он к маме; но тетя не спросила. Не спросил и дядя. Вместо того оба они смотрели на Валю так, точно он очень сильно болен и скоро должен умереть, ласкали его и привозили большие книги с раскрашенными картинками. Женщина более не приходила; но Вале стало казаться, что она караулит его около дверей и, как только он станет переходить порог, она схватит его и унесет в какую-то черную, страшную даль, где извиваются и дышат огнем злые чудовища. По вечерам, когда Григорий Аристархович занимался в кабинете, а Настасья Филипповна что-нибудь вязала или раскладывала пасьянс, Валя читал свои книги, в которых строки стали чаще и меньше. В комнате было тихо-тихо, только шелестели переворачиваемые листы да изредка доносился из кабинета басистый кашель дяди и сухое щелканье на счетах. Лампа с синим колпаком бросала яркий свет на пеструю бархатную скатерть стола, но углы высокой комнаты были полны тихого, таинственного мрака. Там стояли большие цветы с причудливыми листьями и корнями, вылезающими наружу и похожими на дерущихся змей, и чудилось, что между ними шевелится что-то большое, темное. Валя читал. Перед его расширенными глазами проходили страшные, красивые и печальные образы, вызывавшие жалость и любовь, но чаще всего страх. Валя жалел бедную русалочку, которая так любила красивого принца, что пожертвовала для него и сестрами, и глубоким, спокойным океаном; а принц не знал про эту любовь, потому что русалка была немая, и женился на веселой принцессе; и был праздник, на корабле играла музыка, и окна его были освещены, когда русалочка бросилась в темные волны, чтобы умереть. Бедная, милая русалочка, такая тихая, печальная и кроткая. Но

95

чаще являлись перед Валей злые, ужасные люди-чудовища. В темную ночь они летели куда-то на своих колючих крыльях, и воздух свистел над их головой, и глаза их горели, как красные угли. А там их окружали другие такие же чудовища, и тут творилось что-то таинственное, страшное. Острый, как нож, смех; продолжительные, жалобные вопли; кривые полеты, как у летучей мыши, странная, дикая пляска при багровом свете факелов, кутающих свои кривые огненные языки в красных облаках дыма; человеческая кровь и мертвые белые головы с черными бородами... Все это были проявления одной загадочной и безумно злой силы, желающей погубить человека, гневные и таинственные призраки. Они наполняли воздух, прятались между цветами, шептали о чем-то и указывали костлявыми пальцами на Валю; они выглядывали на него из дверей темной комнаты, хихикали и ждали, когда он ляжет спать, чтобы безмолвно реять над его головою; они засматривали из сада в черные окна и жалобно плакали вместе с ветром.

И все это злое, страшное принимало образ той женщины, которая приходила за Валей. Много людей являлось в дом Григория Аристарховича и уходило, и Валя не помнил их лиц, но это лицо жило в его памяти. Оно было такое длинное, худое, желтое, как у мертвой головы, и улыбалось хитрою, притворною улыбкою, от которой прорезывались две глубокие морщины по сторонам рта. Когда эта женщина возьмет Валю, он умрет.

— Слушай, — сказал раз Валя своей тете, отрываясь от книги. — Слушай, — повторил он с своей обычной серьезной основательностью и взглядом, смотревшим прямо в глаза тому, с кем он говорил, — я тебя буду называть мамой, а не тетей. Ты говоришь глупости, что та женщина— мама. Ты мама, а она нет.

— Почему? — вспыхнула Настасья Филипповна, как девочка, которую похвалили.

Но вместе с радостью в ее голосе слышался страх за Валю. Он стал такой странный, боязливый; боялся спать один, как прежде; по ночам бредил и плакал.

— Так. Я не могу этого рассказать. Ты лучше спроси у папы. Он тоже папа, а не дядя, — решительно ответил мальчик.

— Нет, Валечка, это правда: она твоя мама.

Валя подумал и ответил тоном Григория Аристарховича:

— Удивляюсь, откуда у тебя эта способность перечить!

Настасья Филипповна рассмеялась, но, ложась спать, долго говорила с мужем, который бунчал, как турецкий барабан, ругал пустобрехов и кукушек и потом вместе с женою ходил смотреть, как спит Валя. Они долго и молча всматривались в лицо спящего мальчика. Пламя свечи колыхалось в трясущейся руке Григория Аристарховича и придавало фантастическую, мертвую игру лицу ребенка, такому же белому, как те подушки, на которых оно покоилось. Казалось, что из темных впадин под бровями на них глядят черные глаза, прямые и строгие, требуют ответа и грозят бедою и неведомым горем, а губы кривятся в странную, ироническую усмешку. Точно на эту детскую голову легло смутное отражение тех злых и таинственных призраков-чудовищ, которые безмолвно реяли над нею.

— Валя! — испуганно шепнула Настасья Филипповна. Мальчик глубоко вздохнул, но не пошевелился, словно окованный сном смерти.

— Валя! Валя! — к голосу Настасьи Филипповны присоединился густой и дрожащий голос мужа.

Валя открыл глаза, отененные густыми ресницами, моргнул от света и вскочил на колени, бледный и испуганный. Его обнаженные худые ручонки жемчужным ожерельем легли вокруг красной и полной шеи Настасьи Филипповны; пряча голову на ее груди, крепко жмуря глаза, точно боясь, что они откроются сами, помимо его воли, он шептал:

— Боюсь, мама, боюсь! Не уходи!

Это была плохая ночь. Когда Валя заснул, с Григорием Аристарховичем сделался припадок астмы. Он задыхался, и толстая, белая грудь судорожно поднималась и опускалась под ледяными компрессами. Только к утру он успокоился, и измученная Настасья Филипповна заснула с мыслью, что муж ее не переживет потери ребенка.

После семейного совета, на котором решено было, что Вале следует меньше читать и чаще видеться с другими детьми, к нему начали привозить мальчиков и девочек. Но Валя сразу не полюбил этих глупых детей, шумных, крикливых, неприличных. Они ломали цветы, рвали книги, прыгали по стульям и дрались, точно выпущенные из клетки маленькие обезьянки; а он, серьезный и задумчивый, смотрел на них с неприятным изумлением, шел к Настасье Филипповне и говорил:

— Как они мне надоели! Я лучше посижу около тебя.

А по вечерам он снова читал, и, когда Григорий Аристархович, бурча об этой чертовщине, от которой не дают опомниться ребятам, пытался ласково взять у него книгу, Валя молча, но решительно прижимал ее к себе. Импровизированный педагог смущенно отступал и сердито упрекал жену:

— Это называется воспитание! Нет, Настасья Филипповна, я вижу, тебе впору с котятами возиться, а не ребят воспитывать. До чего распустила, не может даже книги от мальчика взять. Нечего говорить, хороша наставница.

Однажды утром, когда Валя сидел с Настасьей Филипповной за завтраком, в столовую ворвался Григорий Аристархович. Шляпа его съехала на затылок, лицо было потно; еще из дверей он радостно закричал:

— Отказал! Суд отказал!

Брильянты в ушах Настасьи Филипповны засверкали, и ножик звякнул о тарелку.

— Ты правду говоришь? — спросила она задыхаясь.

Григорий Аристархович сделал серьезное лицо, чтобы видно было, что он говорит правду, но сейчас же забыл о своем намерении, и лицо его покрылось целой сетью веселых морщинок. Потом снова спохватился, что ему недостает солидности, с которою сообщают такие крупные новости, нахмурился, подвинул к столу стул, положил на него шляпу и, видя, что место кем-то уже занято, взял другой стул. Усевшись, он строго посмотрел на Настасью Филипповну, потом на Валю, подмигнул Вале на жену и только после этого торжественного введения заявил:

— Я всегда говорил, что Талонский умница, которого на козе не объедешь. Нет, Настасья Филипповна, не объедешь, лучше и не пробуй.

— Следовательно, правда?

— Вечно ты с сомнениями. Сказано: в иске Акимовой отказать. Ловко, брат, — обратился он к Вале и добавил строго-официальным тоном, ударяя на букву о: — И возложить на нее судебные и за ведение дела издержки.

— Эта женщина не возьмет меня?

— Дудки, брат! Ах, забыл: я тебе книг привез!

Григорий Аристархович бросился в переднюю, но его остановил крик Настасьи Филипповны: Валя в обмороке откинул побледневшую голову на спинку стула.

Наступило счастливое время. Словно выздоровел тяжелый больной, находившийся где-то в этом доме, и всем стало дышаться легко и свободно. Валя покончил свои сношения с чертовщиной, и когда к нему наезжали маленькие обезьянки, он был среди них самый изобретательный. Но и в фантастические игры он вносил свою обычную серьезность и основательность, и когда шла игра в индейцы, он считал необходимым раздеться почти донага и с ног до головы измазаться краскою. Ввиду делового характера, приданного игре, Григорий Аристархович счел для себя возможным принять в ней посильное участие. В качестве медведя он проявил лишь посредственные способности, но зато пользовался большим и вполне заслуженным успехом в роли индейского слона. И когда Валя, молчаливый и строгий, как истый сын богини Кали, сидел у отца на плечах и постукивал

98

молоточком по его розовой лысине, он действительно напоминал собою маленького восточного князька, деспотически царящего над людьми и животными.

Талонский пробовал намекать Григорию Аристарховичу о судебной палате, которая может не согласиться с решением суда, но тот не мог понять, как трое судей могут не согласиться с тем, что решили трое таких же судей, когда законы одни и там и здесь. Когда же адвокат настаивал, Григорий Аристархович начинал сердиться и в качестве неопровержимого довода выдвигал самого же Талонского:

— Ведь вы же будете и в палате? Так о чем толковать, — не понимаю. Настасья Филипповна, хотя бы ты усовестила его.

Талонский улыбался, а Настасья Филипповна мягко выговаривала ему за его напрасные сомнения. Говорили иногда и о той женщине, на которую возложили судебные издержки, и всякий раз прилагали к ней эпитет «бедная». С тех пор как эта женщина лишилась власти взять Валю к себе, она потеряла в его глазах ореол таинственного страха, который, словно мгла, окутывал ее и искажал черты худого лица, и Валя стал думать о ней, как и о других людях. Он слыхал частое повторение того, что она несчастна, и не мог понять почему; но это бледное лицо, из которого выпили всю кровь, становилось проще, естественнее и ближе. «Бедная женщина», как ее называли, стала интересовать его, и, вспоминая других бедных женщин, о которых ему приходилось читать, он испытывал чувство жалости и робкой нежности. Ему представлялось, что она должна сидеть одна в какой-нибудь темной комнате, бояться и все плакать, все плакать, как плакала она тогда. Напрасно он тогда так плохо рассказал ей про Бову-королевича.

…Оказалось, что трое судей могут не согласиться с тем, что решили трое таких же судей: палата отменила решение окружного суда, и ребенок был присужден его матери по крови. Сенат оставил кассационную жалобу без последствий.

Когда эта женщина пришла, чтобы взять Валю, Григория Аристарховича не было дома; он находился у Талонского и лежал в его спальне, и только его розовая лысина выделялась из белого моря подушек. Настасья Филипповна не вышла из своей комнаты, и горничная вывела оттуда Валю уже одетым для пути. На нем было меховое пальтецо и высокие калоши, в которых он с трудом передвигал ноги. Из-под барашковой шапочки выглядывало бледное лицо с прямым и серьезным взглядом. Под мышкою Валя держал книгу, в которой рассказывалось о бедной русалочке.

Высокая, костлявая женщина прижала его лицо к драповому подержанному пальто и всхлипнула.

— Как ты вырос, Валечка! Тебя не узнаешь, — пробовала она шутить; но Валя молча поправил сбившуюся шапочку и, вопреки своему обычаю, смотрел не в глаза топ, которая отныне становилась его матерью, а на ее рот. Он был большой, но с красивыми мелкими зубами; две морщинки по сторонам оставались на своем месте, где их видел Валя и раньше, только стали глубже.

— Ты не сердишься на меня? — спросила мама, но Валя, не отвечая на вопрос, сказал:

— Ну, пойдем.

— Валечка! — донесся жалобный крик из комнаты Настасьи Филипповны. Она показалась на пороге с глазами, опухшими от слез, и, всплеснув руками, бросилась к мальчику, встала на колени и замерла, положив голову на его плечо, — только дрожали и переливались бриллианты в ее ушах.

— Пойдем, Валя, — сурово сказала высокая женщина, беря его за руку. — Нам не место среди людей, которые подвергли твою мать такой пытке… такой пытке!

В ее сухом голосе звучала ненависть, и ей хотелось ударить ногою стоявшую на коленях женщину.

— У, бессердечные! Рады отнять последнего ребенка!.. — произнесла она злым шепотом и рванула Валю за руку: — Идем! Не будь, как твой отец, который бросил меня.

— Бе-ре-гите его! — сказала Настасья Филипповна.

Извозчичьи сани мягко стукали по ухабам и бесшумно уносили Валю от тихого дома с его чудными цветами, таинственным миром сказок, безбрежным и глубоким, как море, и темным окном, в стекла которого ласково царапались ветви деревьев. Скоро дом потерялся в массе других домов, похожих друг на друга, как буквы, и навсегда исчез для Вали. Ему казалось, что они плывут по реке, берега которой составляют светящиеся линии фонарей, таких близких друг к другу, словно бусы на одной нитке, но, когда они подъезжали ближе, бусы рассыпались, образуя большие темные промежутки, сзади сливаясь в такую же светящуюся линию. И тогда Валя думал, что они неподвижно стоят на одном месте; и все начинало становиться для него сказкою: и сам он, и высокая женщина, прижимавшая его к себе костлявою рукою, и все кругом.

У него замерзла рука, в которой он держал книгу, но он не хотел просить мать, чтобы она взяла ее.

В маленькой комнате, куда привезли Валю, было грязно и жарко. В углу, против большой кровати, стояла под пологом маленькая кроватка, такая, в каких Валя давно уже не спал.

— Замерз! Ну, погоди, сейчас будем чай пить. Ишь, руки-то какие красные! Вот ты и с мамой. Ты рад? — спрашивала мать все с тою же насильственною, нехорошею улыбкою человека, которого всю жизнь принуждали смеяться под палочными ударами.

Валя, пугаясь своей прямоты, нерешительно ответил:

— Нет.

— Нет? А я тебе игрушек купила. Вот, посмотри, на окне.

Валя подошел к окну и начал рассматривать игрушки. Это были жалкие картонные лошадки на прямых, толстых ногах, петрушка в красном колпаке с носатой, глупо ухмыляющейся физиономией и тонкие оловянные солдатики, поднявшие одну ногу и навеки замершие в этой позе. Валя давно уже не играл в игрушки и не любил их, но из вежливости он не показал этого матери.

— Да, хорошие игрушки.

Но она заметила взгляд, который бросил Валя на окно, и сказала с тою же неприятною, заискивающей улыбкой:

— Я не знала, голубчик, что ты любишь. И я уже давно купила эти игрушки.

Валя молчал, не зная, что ответить.

— Ведь я одна, Валечка, одна во всем мире, мне не с кем посоветоваться. Я думала, что они тебе понравятся.

Валя молчал. Внезапно лицо женщины растянулось, слезы быстро-быстро закапали одна за другой, и, точно потеряв под собою землю, она рухнула на кровать, жалобно скрипнувшую под ее телом. Из-под платья выставилась нога в большом башмаке с порыжевшей резинкой и длинными ушками. Прижимая руку к груди, другой сжимая виски, женщина смотрела куда-то сквозь стену своими бледными, выцветшими глазами и шептала:

— Не понравились!.. Не понравились!..

Валя решительно подошел к кровати, положил свою красную ручку на большую, костлявую голову матери и сказал с тою серьезною основательностью, которая отличала все речи этого человека:

— Не плачь, мама! Я буду очень любить тебя. В игрушки играть мне не хочется, но я буду очень любить тебя. Хочешь, я прочту тебе о бедной русалочке?..

Великан

— ...Вот пришел великан, большой, большой великан. Такой большой, большой. Вот пришел он, пришел. Такой смешной великан. Руки у него толстые, огромные, и пальцы растопырены, и ноги тоже огромные, толстые, как деревья, такие толстые. Вот пришел он... и упал! Понимаешь, взял и упал! Зацепился ногой за ступеньку и упал! Такой глупый великан, такой смешной — зацепился и упал! Рот раскрыл — и лежит себе, и лежит себе, такой смешной, как трубочист. Ты зачем пришел сюда, великан? Ступай, ступай отсюда, великан! Додик такой милый, такой славный, славный; он так тихонько прижался к своей маме, к ее сердцу — к ее сердцу — такой милый, такой славный. У него такие хорошие глазки, милые глазки, ясные, чистые, и все так его любят. И носик у него такой хороший, и губки, и он не шалит. Это прежде он шалил — бегал — кричал — ездил на лошадке. Ты знаешь, великан, у Додика есть лошадка, хорошая лошадка, большая с хвостом, и Додик садится на нее и ездит, далеко-далеко на речку ездит, в лес ездит. А в речке рыбки, ты знаешь, великан, какие бывают рыбки? Нет, ты не знаешь, великан, ты глупый, а Додик знает: такие маленькие, хорошенькие рыбки. Солнышко светит в воду, а они играют, такие маленькие, хорошенькие, такие быстрые. Да, глупый великан, а ты не знаешь.

— Какой смешной великан! Пришел и упал! Вот смешной! Шел по лестнице — раз-раз, зацепился за порожек и упал. Такой глупый великан! А ты не ходи к нам, великан, тебя никто не звал, глупый великан. Это прежде Додик шалил и бегал — а теперь он такой славный, такой милый, и мама так нежно-нежно его любит. Так любит — больше всех любит, больше себя, больше жизни. Он ее солнышко, он ее счастье, он ее радость. Вот теперь он маленький, совсем маленький, и жизнь его маленькая, а потом он вырастет большой, как великан, у него будет большая борода и усы большие, большие, и жизнь у него будет большая, светлая, прекрасная. Он будет добрый, и умный, и сильный, как великан, такой сильный, такой умный, и все будут его любить, и все будут смотреть на него и радоваться. Будет в его жизни горе, у всех людей есть горе, но будут и большие, светлые как солнце радости. Вот войдет он в мир красивый и умный, и небо голубое будет сиять над его головой, и птицы будут петь ему свои песенки, и вода будет ласково журчать. И он взглянет и скажет: «Как хорошо на свете, как хорошо на свете...»

— Вот... Вот... Вот... Этого не может быть. Я крепко, я нежно, нежно держу тебя, мой мальчик. Тебе не страшно, что тут так темно? Посмотри, вон в окнах свет. Это фонарь на улице, стоит себе и светит, такой смешной. И сюда посветил немного, такой милый фонарь. Сказал себе: «Дай и туда посвечу немножко, а то у них так темно — так темно». Такой длинный смешной фонарь. И завтра будет светить — завтра. Боже мой, завтра!

— Да, да, да. Великан. Конечно, конечно. Такой большой, большой великан. Больше фонаря, больше колокольни, и такой смешной пришел и упал! Ах, глупый великан, как же ты не заметил ступеньки! «Я вверх смотрел, мне внизу не видно,— говорит великан басом, понимаешь, таким толстым, толстым голосом.— Я вверх смотрел!» — А ты вниз лучше смотри, глупый великан, тогда и будешь видеть. Вот Додик мой милый, милый и такой умный, он вырастет еще больше, чем ты. И так будет шагать — прямо через город, прямо через леса и горы. Он такой будет сильный и смелый, он ничего не будет бояться — ничего. Подошел к речке — и перешагнул. Все смотрят, рты разинули, такие смешные,— а он взял и перешагнул. И жизнь у него будет такая большая, и светлая, и прекрасная, и солнышко будет сиять, милое родное солнышко. Выйдет себе утречком и светит, такое милое… Боже мой!

— Вот… Вот пришел великан — и упал. Такой смешной — смешной — смешной же!

Так глубокою ночью говорила мать над умирающим ребенком. Носила его по темной комнате и говорила, и фонарь светил в окно,— а в соседней комнате слушал ее слова отец и плакал.

Весенние обещания

Кузнец Василий Васильевич Меркулов был строгий человек, и когда по праздникам он напивался пьян, то не пел песен, не смеялся и не играл на гармонии, как другие, а сидел в углу трактира и молча грозил черным обожженным пальцем. Грозил он и трактирщику за стойкой, и посетителям, и слуге, подававшему водку и жареную рыбу; приходил домой и там продолжал грозить пустой хате, так как уже давно жил один. В споры и брань с ним не вступали, так как от смешной угрозы он легко переходил к жестокой и кровавой драке; при своих пятидесяти годах был очень силен, и узловатый черный кулак его падал на головы, как молот. И с виду он был еще очень крепок — худощав, но жилист и высок ростом; и ходил гордо: грудь выпирал вперед, а ноги ставил прямо, не сгибая колен, точно вымерял улицу циркулем.

Жил он, как и все в Стрелецкой слободе, не хорошо и не плохо, и никто не думал о нем и не замечал его жизни, так как у всякого была своя трудная и часто мучительная жизнь, о которой нужно было ежеминутно думать и заботиться. Новых людей мало приходило в слободу, заброшенную на край города, и все обитатели ее привыкли друг к другу и не замечали, что время идет, и не видели, как растет молодое и старится старое. Время от времени кто-нибудь умирал; его хоронили и день-два тревожно переговаривались об его неожиданной смерти, а потом все становилось так, словно никто и не умирал, и казалось, будто покойник продолжает еще существовать среди живых, или же что здесь совсем нет живых, а только покойники. Жили на Стрелецкой впроголодь, но принимали это покорно и за существование боролись равнодушно и вяло, — как больные, у которых нет аппетита, вяло и равнодушно переругиваются из-за лишней тарелки невкусного больничного супа.

Хата и кузница Меркулова стояли на краю слободы, там, где начинался берег реки Пересыханки. Берег был изрыт ямами, в которых брали глину и песок; река была мелкая, и летом через нее ездили вброд на тряских, пахнущих дегтем, телегах мужики из соседней деревни. Кузница Меркулова помещалась в землянке, и на землянку похожа была и хата, у которой кривые окна с радужными от старости стеклами дошли до самой земли. Около землянки стояли черные, закопченные столбы для ковки лошадей; и они были старые, бессильно погнувшиеся, а их глубокие продольные трещины походили на глубокие старческие морщины, проведенные долгой и суровой жизнью. Один столб уже два года качался. Меркулов, проходя мимо него пьяный, сурово грозил ему пальцем, но больше ничего не делал, чтобы укрепить его.

Пять месяцев в году Стрелецкая слобода лежала под снегом, и вся жизнь тогда уходила в черные маленькие хаты и судорожно билась там, придушенная грязью, темнотой и бедностью. Сверху все было девственно бело, глухо и безжизненно, а под низкими потолками хат с утра плакали дети, отравленные гнилым воздухом, ругались взрослые и колотились друг о друга, бессильные выбиться из тисков жизни. И всем было больно. Так же нехорошо и темно было в занесенной хате Меркулова, и все в ней было кривое, черное, грязное той безнадежной грязью, которая въелась в дерево и вещи и стала частью их. Один угол покосился, и окно в нем стояло как-то нелепо, боком, а потолок был черный от копоти, и вместо всяких украшений на стене были наклеены цветные этикеты от бутылок: «Наливка киевская вишневая». Работы зимой было мало, и тяжелым сном проходила одинокая жизнь Меркулова среди кривых стен под черным низким потолком. Он спал, сколько мог, а когда сна не было, лежал и с суровым недоумением и вопросом вглядывался в свою жизнь. Бледными тенями проходило прошлое, и было оно простое и странное до ужаса, и не верилось тому, что в нем заключена вся жизнь его, а другой жизни нет и никогда не будет. Была жена и умерла от холеры, и лица ее не может вспомнить Меркулов, как будто никогда не существовала она в действительности, а только приснилась. Были и дети: один сын долго хворал, измучил всех и умер, другой пошел в солдаты и пропал без вести. Осталась одна дочь, Марья; она была замужем за пьяницей, сапожником на Стрелецкой, и часто прибегала к Меркулову жаловаться, что муж бьет ее: была она некрасивая и злая; тонкие губы ее дрожали от горя и злости, а один глаз, заплывший синяком, смотрел в узенькую щель, как чужой, печальный и ехидный глаз. Она кричала на всю улицу и бранила мужа; потом начинала бранить отца и называла его пьяницей, а соседские бабы и ребята заглядывали в окна и двери и смеялись. И это была вся его жизнь, а другой нет и никогда не будет.

И он лежал под черным потолком и думал, а на дворе тихо и покорно угасал короткий зимний день. В хате становилось темно, и Меркулов выходил на улицу: безлюдная и глухая, словно вымершая, она тихо лежала под снегом и была точно отражением безжизненного тусклого неба. И между ней и этим однотонно-серым и угрюмым небом быстро нарастала осторожная молчаливая тьма. На колокольне Михаила Архангела благовестили к вечерне, и казалось, что с каждым протяжным ударом на землю спадает мрак. Когда колокол без отзвука умолкал, на всей земле уже стояла покойная немая ночь. Мимо Меркулова, по направлению к реке, проехал на розвальнях мужик. На минуту мелькнула лошаденка, потряхивавшая головой, мужик' с поднятым воротом, привалившийся к передку саней, — и все расплылось в глухой тьме, и топота копыт не слышно было, и думалось, что там, куда поехал мужик, так же все скучно, голо и бедно, как и в хате Меркулова, и стоит такая же крепкая зимняя ночь. Вложив руки в карманы штанов, опершись на одну ногу и отставив другую, Меркулов с угрюмым вопросом смотрел на небо, искал на нем просвета и не находил. Был он высок и черен и в своей неподвижности напоминал один из черных столбов кузницы, до самой сердцевины изъеденных временем и жизнью.

Если случались деньги, Меркулов одевался и уходил в город, в трактир «Шелковку». Там он впивал в себя яркий свет ламп и такой же яркий и пестрый гул трактира, слушал, как играет орган, и сперва довольно улыбался, открывая пустые впадины на месте передних зубов, когда-то выбитых лошадью. Но скоро он напивался, так как был на водку слаб, начинал хмуриться и беспокойно двигать бровями и, поймав на себе чей-нибудь взгляд, многозначительно и мрачно грозил обожженным черным пальцем. Орган, торопливо захлебываясь и шипя, вызванивал трескучую польку; Меркулову казалось, что он не играет, а плюется разбитыми, скачущими звуками ненужного веселья, и от этого становилось обидно, грустно и беспокойно. Он грозил блестящим трубам

105

и непреклонно бормотал:

— Не позволю, чтобы так играть. По какому праву? Нет у тебя права, чтобы так играть. Не позволю.

Когда в одиннадцать часов трактир запирали, Меркулов, покачиваясь и опираясь руками на заборы, долго и трудно шел домой и перед своей хатой останавливался в тяжелом недоумении и гневе.

— Моя хата, — говорил он, удивленно поднимая брови и пытаясь выше поднять отяжелевшие веки. — Не позволю, чтобы так криво стояла.

Потом, мотая головой на ослабевшей шее, блуждая взорами по окружающему, отыскивал на небе то место, куда смотрел вечером, тяжело поднимал руку и грозил согнутым пальцем, не в силах от хмеля распрямить его.

— Не позволю, чтобы так все. По какому праву?

И засыпал он с угрюмо сведенными бровями и готовым для угрозы пальцем, но хмельной сон убивал волю, и начинались тяжелые мучения старого тела. Водка жгла внутренности и железными когтями рвала старое, натрудившееся сердце. Меркулов хрипел и задыхался, и в хате было темно, шуршали по стенам невидимые тараканы, и дух людей, живших здесь, страдавших и умерших, делал тьму живой и жутко беспокойной.

II

Началось это на третьей неделе великого поста, началось неожиданно и оттого особенно радостно. Утром Стрелецкая слобода проснулась в дымчатом, пахнущем гарью тумане, мягком и теплом, а когда туман рассеялся, воздух стал ясный и светлый, и ни на чем не было теней. И словно от земли, от крыш и домов отпало что-то железное, что давило и сковывало, и все начало пахнуть: снег, навоз и дома. У бондаря Гусева пекли хлеб, и по всей улице стоял домовитый приятный запах теплого хлеба. Как полированные, блестели по дороге широкие следы деревянных полозьев с крапинками золотистого лошадиного навоза, кричали выползавшие из хат ребята, и со звонким лаем носились собаки за тяжелым вороньем, грузно приседавшим над черными пятнами старых помоев. И дышалось легко и вольно.

Так в нерешимости несколько дней стояла Стрелецкая, а потом солнце взошло на чистом и глубоком небе, и снег начал плавиться с удивительной быстротой, как на огне. Во всех углублениях сбиралась пахучая снежная вода, и бабы перестали ходить на реку: в садах и огородах они выкапывали глубокие ямки, и на дне их, среди рыхлых снежных стенок, собиралась вода, прозрачная и холодная, как в ключах. Все меньше становилось снега и все больше воды; тепло и радостно светило солнце, и в лучах его блестел и сверкал тающий нежный покров. Блистала белым огнем каждая капелька воды, и если стать против солнца, то казалось, что вся земля зажглась в одном ослепительном сиянии, и больно было отвыкшим от света глазам. А в голубом небе было спокойно и торжественно ясно, и, когда Меркулов из-под руки смотрел на него, лицо его, еще пылающее жаром раскаленного горна, становилось трепетно-напряженным, и в редких усах безуспешно пряталась стыдливая улыбка. Он долго стоял на своих негнущихся ногах, смотрел и слушал и всем телом своим чувствовал то глубокое и таинственное, что происходило в природе. Не мертвый, как зимой, а живой был весенний воздух; каждая частица его была пропитана солнечным светом, каждая частица его жила и двигалась, и казалось Меркулову, что по старому, обожженному лицу его осторожно и ласково бегают крохотные детские пальчики, шевелят тонкие волоски на бороде и в резвом порыве веселья отделяют на голове прядь волос и раскачивают ее. Он приглаживал волосы шершавой рукой, а прядь опять поднималась, и в сединах ее сверкало солнце.

И все, что было вокруг: далекое спокойное небо, ослепительное дрожание водяных капель на земле, просторная сияющая даль реки и поля, живой и ласковый воздух — все было полно весенних неясных обещаний. И Меркулов верил им, как верят весне все люди, молодые и старые, счастливые и несчастные. Пятидесятую весну встречал он, а была она нова и радостна, как первая весна его жизни. Весь великий пост Меркулов много работал, и новое чувство покорности и тихого ожидания не оставляло его. Он покорно принимал тяжелую работу, покорно принимал грязь, тесноту и мучительность своей жизни и в черную хату свою с кривыми углами входил, как в чужую, в которой недолго остается побыть ему. И как что-то новое, доселе невиданное, изучал он черные прокопченные потолки, паутину на углах, покатые полы с прогнившими половицами, изучал с серьезным и глубоким равнодушием постороннего человека. Все с тем же чувством кроткой покорности и смутного сознания, что нужно выполнить какой-то долг, Меркулов весь пост не пил водки, не бранился и питался только черным хлебом и водой. И в воскресенье не шел в трактир, как обычно, а с сосредоточенным и торжественным лицом сидел около своего дома на лавочке или журавлиным шагом прохаживался по Стрелецкой и смотрел, как играют ребята.

А детей было много на Стрелецкой, и нельзя было понять, куда прячутся они зимой, такие живые, громкие и неудержимые. Как мухи на солнце, они бегали, ползали, кружились, и каждый в своей живой подвижности походил на троих, а смех их был как неумолчное жужжание. И тут же вертелись собаки, расхаживали озабоченные куры, и на привалинке грелись белые тощие кошки, и все это жило шумной, беспокойной и веселой жизнью. На солнечной стороне под забором уже слегка зеленела трава, и по ней, без призора, катался крохотный круглый мальчишка, едва начавший ходить. Его уже испугала собака, потом воробей, он долго и громко плакал, но прилетело откуда-то белое и легонькое перышко и село поблизости, шевелясь и собираясь с силами для нового полета. И он старался накрыть его маленькой грязной рукой и задумчиво бормотал:

— Голубосек. Миленький. Подозди.

Но перышко поднялось и улетело, и он опять вспомнил страшного вертлявого воробья и заплакал. Подошла девочка немного побольше, чем он, в больших материнских башмаках, наклонилась, опершись ладонями на колени, и спросила:

— Мишка! Ты что плачешь?

— Кусается.

— Собака кусается?

— Собака кусается, и птичка кусается.

Девочка подумала и презрительно ответила:

— Дурак!

И опять Мишка остался один, ему хотелось есть, и дом был страшно далек, и не было возле близких людей, — все это было так ужасно, что он поднялся, всхлипнул и, опустившись на четвереньки, пополз куда Глаза глядят. Меркулов поднял его и понес; Мишка сразу успокоился и, покачиваясь на руках, сверху вниз, серьезно и самодовольно смотрел на страшную и теперь веселую улицу и ни разу до самого дома не взглянул на незнакомого человека, спасшего его.

На страстной неделе Меркулов говел. Во все дни недели он неукоснительно посещал каждую церковную службу, простаивал ее с начала до конца, покупал тоненькие восковые свечи, гнувшиеся в его грубых руках, и чувство покорности и трепетного ожидания росло в его душе. Ранним утром, когда тени от домов лежали еще через всю улицу, он шел в церковь, хрустя тонким ночным ледком, и по мере того, как он подвигался вперед мимо сонных домов, вокруг него вырастали такие же темные фигуры людей, ежившихся от утреннего холодка. Как и Меркулов, они несли в церковь грехи и горе своей жизни, и много их было, и были они бедно и грязно одеты, с темными и грубыми лицами. Они шли быстро и молча, словно боялись пролить хоть каплю из глубокого ковша своей темной жизни, и Меркулов, оглушенный нестройным топотом их ног, охваченный лихорадкой массового неудержимого стремления, шагал все крупнее своими негнущимися журавлиными ногами. И чем ближе к церкви, тем быстрее и беспокойнее становились шаги идущего. Искоса поглядывая, не обгоняет ли кто его, Меркулов шумно входил в притвор, пугался глухого эха своих шагов по каменному звонкому полу и робко открывал тяжелую бесшумную дверь.

И за дверью встречали его холодная, торжественная тишина, подавленные вздохи и утроенное эхом гнусавое и непонятное чтение дьячка, прерываемое непонятными и долгими паузами. Смущаясь скрипом своих шагов, Меркулов становился на место, посреди церкви, крестился, когда все крестились, падал на колени, когда все падали, и в общности молитвенных движений черпал спокойную силу и уверенность.

В пятницу перед исповедью Меркулов просил прощения у дочери своей, Марьи Васильевны, и у мужа ее, пьяницы Тараски. Не говевший Тараска торопливо дошивал сапоги, сосредоточенно шипя дратвой, но к тестю отнесся внимательно и на его низкий поклон ответил поклоном и покаянными словами:

— Что ж, папаша! Все мы, конечно, свиньи. Что там…

Марья Васильевна поджала тонкие губы и со взглядом в сторону неохотно ответила кланявшемуся отцу:

— Бог простит. Простите и нас, если в чем виноваты.

Злая она была и несчастная, и не прощать ей хотелось, а проклинать. Горько и обидно было ей смотреть на отца: что он так благообразен, умыт и причесан, а ей некогда лица сполоснуть; что он полон каким-то неизвестным ей и приятным чувством и завтра его будут поздравлять; что он просит у нее прощения, а сам считает ее ниже себя и даже ниже пьяницы Тараски. И совсем сердито она крикнула на отца:

— Ну, иди, иди! Видишь, люди работают.

Ночью Меркулов не спал и несколько раз выходил на улицу. На всей Стрелецкой не было ни одного огонька, и звезд было мало на весеннем затуманенном небе; черными притаившимися тенями стояли низенькие молчаливые дома, точно раздавленные тяготой жизни. И все, на что смотрел Меркулов: темное небо с редкими немигающими звездами, притаившиеся дома с чутко спящими людьми, острый воздух весенней ночи, — все было полно весенних неясных обещаний. И он ожидал — трепетно и покорно.

III

В обыкновенные дни, в праздники и будни, двери на церковные колокольни бывают заперты, и туда никого не пускают, но на Пасху в течение всей недели двери стоят открытыми, и каждый может войти и звонить сколько хочет — от обедни до самых вечерен. На белой колокольне Михаила-архангела, к приходу которого принадлежала Стрелецкая, толкалось в эти дни много праздного разряженного народа: одни приходили посмотреть на город с высоты, стояли у шатких деревянных перил и грызли семечки из-под полы, чтоб не заругался сторож; другие для забавы звонили, но скоро уставали и передавали веревку; и только для одного Меркулова праздничный звон был не смехом, не забавой, а делом таким серьезным и важным, в которое нужно вкладывать всю душу. Как и все, он надевал праздничное и веселое платье: красную рубаху, новые блестящие сапоги, но лицо его с редкой бородкой и беззубым ртом оставалось по-великопостному строгим и замкнутым. Он не понимал, как можно на колокольне смеяться, и хмуро смотрел на скалящих зубы стрельцов, а мальчишек, которые шалили, плевали вниз, перегнувшись через перила, и, как обезьяны, лазали по лесенкам, часто гонял с колокольни и даже драл за уши.

Приходил он на колокольню самым первым, когда в церкви шла еще обедня и звонить нельзя было. Когда он еще только входил в низкую сводчатую дверь колокольни и сразу попадал во тьму и сухой холод каменных переходов, он чувствовал себя отрешенным от всего, что составляло его жизнь, и готовым к восприятию чего-то великого, радостного и таинственного, чего нельзя передать словами. На изогнутых ломаных лестницах было тихо той глубокой тишиной, которая копится сотни лет; и из темных углов, занесенных паутиной, от ищербленных кирпичей, из черных загадочных провалов глядело что-то старое, седое и важно задумчивое. Было жутко слышать скрип собственных шагов, и Меркулов переступал ногами осторожно и почтительно, а на промежуточных площадках вежливо отдыхал, хотя усталости не чувствовал. Выбравшись наверх, он степенно, как в церкви, оглядывался, вытирал лоб платком и со страхом перед ожидающим его неизмеримым блаженством застенчиво осматривал большой спокойный колокол — другие, маленькие колокола, он не уважал. И тут, на высоте, было тихо — живой тишиной нежного весеннего воздуха и плывущих в яркой синеве белых облаков. На краю площадки, за перилами, где железные листы были покрыты белым птичьим пометом, ходили и ворковали голуби, и их нежный любовный говор был громче и слышнее всех тех разрозненных, надоедливых звуков, что рождались землей и ползали по ней, бессильные подняться к небу.

Кончалась обедня. Как муравьи, поднявшиеся на задние ножки, расходились по улицам прихожане, и шумной ватагой, стуча деревянными ступеньками, как клавишами, на колокольню взбегали веселые стрельцы, прогоняли криком пугливых голубей, и кто-нибудь хватался за веревку большого спокойного колокола. В хвосте их, не торопясь и не волнуясь, как человек привычный, входил звонарь Семен; он тоже был в красной рубахе, от него слегка пахло водкой, как от других стрельцов, и красное лицо его с окладистой ярко-рыжей бородой широко и благосклонно улыбалось. Он подмигивал Меркулову и говорил:

— Что, кум, позвоним?

— Звоните вы, — угрюмо отвечал Меркулов и недовольно отходил к стороне, жуя губами: от волнения у него пересохло в горле и что-то покалывало в спине. Уже несколько стрельцов отмотали себе руки и ушли, потирая загоревшимися ладонями, и ушел Семен, когда Меркулов решительно оттолкнул стрельца и взялся за веревку. Он боялся обнаружить свое волнение, но руки дрожали и безудержно шевелились губы, а большой спокойный колокол задумчиво смотрел на него всем своим огромным жерлом и терпеливо ждал. И медленно начинал раскачиваться тяжелый железный язык. Он поддавался с важной и плавной медлительностью, подходил все ближе к блестящему краю колокола, почти касался его, и легкий гул уже пробегал по медному туловищу. А потом раздавался удар, первый, робкий, сорвавшийся удар, прозвучавший нерешительно и слабо, со странной мольбой о милости и прощении. И вслед за ним — второй, мощный и гулкий удар сотряс пространство и трепетной дрожью пронизал каменную колокольню; и еще не умер он, как плавно выбежал за ним новый. И так шли они друг за другом, широкие и свободные, как закованные в железо богатыри, которых долго держали в бездейственной засаде, а теперь они выехали на сечу и железным ураганом несутся на дрогнувшего врага. Но хмурился недовольно Меркулов; в могучих и широких звуках он слышал голос холодной и жестокой меди, и не было в них того, что так нужно было его долго ждавшему, ненасытно жаждавшему сердцу. И все крепче тянул он податливую веревку. А другие стрельцы разобрали веревки от остальных колоколов и подняли разноголосый пестрый звон, похожий на их красные, синие и желтые рубахи, и чуткий звонарь Семен издалека услышал их. Он обходил с причтом Стрелецкую, был немного пьян и очень весел и насмешливо покачивал головой, прислушиваясь к нестройному и точно пьяному звону.

— Глянь-ка, задувают-то! Чисто кота с кошкой венчают, — говорил он псаломщику, красному от быстрой ходьбы и угощений.

Меркулов не слышал и не чувствовал этой дикой неблагозвучности, на которую издалека отозвался Семен. Он весь ушел в борьбу с медным чудовищем и все яростнее колотил его по черным бокам, — и случилось так, что вопль, человеческий вопль прозвучал в голосе бездушной меди и, содрогаясь, понесся в голубую сияющую даль. Меркулов слышал этот вопль, и бурным ликованием наполнилась его душа.

— Ага! — сквозь стиснутые зубы промычал он. — Ага!

И новый вопль, безумно-печальный, полный страданием, как море водой, огненный и страшный, как правда — новый человеческий вопль. Точно в ужасе перед силой человека, заставившей говорить человеческим языком его бездушное тело, частою дрожью дрожал снизу доверху гигантский колокол, и покорно плакал о чуждой ему человеческой доле, и к небу возносил свои мощные мольбы и угрозы. И, сами не зная почему, стали серьезны веселые стрельцы, бросили веревки своих беззаботно тилилинькавших колоколов и хмуро, с неудовольствием на свою непонятную печаль, слушали дикий рев колокола и смотрели на обезумевшего кузнеца. Лицо его налилось кровью; встревоженный, весь дрожащий воздух поднимал жидкие волосы на его голове, и в крепких его руках молотобойца, как перышко, ходил тяжелый железный язык.

Все мучительней и больнее становились человеческие вопли покорного колокола. Меркулов звонил руками, звонил сердцем, которое судорожно и часто ворочалось в его груди; звонил всей тоской и горем изболевшейся человеческой души, одинокой и всеми забытой. Он звонил всей своей жизнью и о всей своей темной жизни звонил он — и все яростнее и требовательнее бил он железом по медным бокам. Будто разбудить он хотел кого-то, кто находится в неведомой голубой дали и спит непробудно, и не слышит, как плачет и стонет земля.

— Отзовись, неведомый! — гудел и надрывался дрожащий колокол.

— Отзовись, могучий и жалостливый! Взгляни на прекрасную землю: печальна она, как вдовица, и плачут ее голодные, обиженные дети. Каждый день всходит над землей солнце и в радости совершает круг свой, но весь великий свет его не может рассеять великой тьмы, которой полно страдающее сердце человека. Потеряна правда жизни, и во лжи задыхаются несчастные дети прекрасной земли. Отзовись, неведомый! Отзовись, могучий и жалостливый!

Руки кузнеца не знают устали. Все громче и громче бьет он по черным бокам, и бурно рыдает звенящая медь:

— Отзовись!

Стрельцы задумались и не смотрят друг на друга. Один отворотил полу поддевки, чтобы достать табаку, и так и остался: рот его изумленно открыт, и глаза со страхом и надеждой следят за тяжело порхающим железным языком, а узкий листик газетной бумаги, приготовленный для цигарки, беспомощно треплется по ветру. Другой — руками и грудью лег

112

на деревянные перила, глядит вниз, но не замечает ничего: ни плоских крыш, точно лежащих на земле, ни блестящей на солнце реки. Что-то знакомое слышит он в рыдающем голосе колокола, знакомое и печальное: так плакала мать когда-то, так плакал он сам. И теперь ему хочется плакать.

— Отзовись же! Отзовись!

В самом конце Стрелецкой прислушивается к колоколу Семен. Он склонил голову набок и неодобрительно покачивает ею. Потом нагоняет о. Андрея и говорит:

— Батюшка, а батюшка! А колокол-то с трещинкой. Давно уже вам говорил, а вы все не верите. Послушайте!

И, наклонив головы, они слушают, а веселое солнце бьет им прямо в глаза и зажигает огнем золотой наперсный крест.

IV

И всегда Меркулов не любил глядеть понизу, а во все дни светлой недели он носил голову немного назад и смотрел поверх лбов. И всю неделю он был трезв, каждое утро от обеден до вечерни звонил на колокольне Михаила-архангела, а после вечерни или сидел у звонаря Семена, или на десяток верст уходил в поле. И домой возвращался только ночью.

На третий день, незадолго до вечерни, на колокольню пришел Семен. Уставший Меркулов отдыхал, и звонил горбатый портной Снегирь, звонил бестолково и нудно, извлекая из колокола нерешительные, дребезжащие звуки.

— Пусти-ка! — сказал Семен.

Застенчиво улыбаясь, портной пустил веревку и стал в сторонке, заложив руки назад, под горб.

— Вот, кум, послушай: я тебе покажу, как надо звонить, — обратился звонарь к Меркулову. — Не по-вашему!

— Что ж, покажи, — высокомерно согласился Меркулов.

Семен забрал между пальцев веревки от маленьких колоколов, стал ногой на доску, приводившую в движение средний колокол, и приказал горбатому:

— Валяй, звони: пореже да покрепче. За совесть.

Слабосильный портной, улыбаясь и бледнея от натуги, еще раскачивал неподатливый язык, когда в руках Семена уже заговорили нежные и мягкие колокольчики. Они словно смеялись, как дети, торопливо бежали, кружились и разбегались, и с ними засмеялся теплый воздух, светло улыбнулась старая колокольня, и невольная улыбка прошла по сухому лицу Меркулова. Ясным, как небо, весельем дышали гармоничные звуки, и, путаясь среди их звонких голосов, как взрослый среди играющих детей, мягким баритоном поддакивал средний колокол.

— Да! Да! Да!

— Вот весело! Вот весело! — звенели дети.

— Да! Да! Да! — добродушно соглашался колокол.

И так это было красиво, так беззлобно и светло, что Меркулов хлопнул себя в восторге руками по бедрам, и непривыкшее к смеху лицо его превратилось в странный комок морщин, среди которых совсем пропали черные беспокойные глаза. Семен метнул в него косым пытливым взглядом и уверенно, со строгим и странно-холодным лицом, бросил в воздух такой яркий сноп вызывающе-радостных и певучих звуков, что по горбу слабосильного портного пробежала зыбкая дрожь, и внизу на площади остановились двое прохожих и подняли головы кверху. И большой колокол, который не принуждали больше издавать дикие страдальческие вопли, спокойно отдыхал в густых и мерных ударах, торжественно плывущих в голубую сияющую даль. И так говорили они, веселые колокола:

— Взгляни на прекрасную землю: радостна она, как молодая мать, и ликует под солнцем рожденное ею. Над далеким полем проносятся в вышине наши голоса, и в небе им отвечает жаворонок, а на земле блестящие ручьи. Ты слышишь их хрустальный звон? По межам, по оврагам бегут они и прорывают черные ходы под снегом и каскадом падают в реку. Вот одни из них маленькие, и жизнь их короткая, от бугорка до ближайшей ямы, робко и нежно звенят они, и много чистой радости в их нежном лепете. Вот другие по оврагам, глубокие, бурливые, они поднимают со дна желтую глину, подмывают черный снег и обломки его несут на вольный простор реки. Силой и буйной удалью звучат их голоса, и громкой песней освободившейся земли издалека перекликаются они. Взгляни на землю: прекрасна она, как молодая мать, и радуется под солнцем рожденное ею. Ты слышишь, как растет зеленая трава и лопаются весенние почки? Вот правда жизни.

Семен кончил. Задохнувшийся горбун прижимал к уродливой груди костлявые длинные пальцы и улыбался; внизу собрался народ и тянул головы кверху; и, победоносно вскинув рыжую бороду, звонарь обернулся к Меркулову. Тот стоял на своих длинных негнущихся ногах боком к колоколам — в позе непреклонного и гордого протеста — и смотрел поверх Семеновой головы.

— Вот как по-нашему, — сказал Семен. — Здорово, кум?

Меркулов пожевал беззубым ртом, обвел взором колокола, балки, на которых они висели, презрительно с ног до головы измерил горбуна и ответил:

— Конечно, вы мастер, Семен Савельевич. Однако настоящего звуку у вас нет.

— То-то у тебя есть, — покровительственно засмеялся Семен. — Словно баба палкой по дырявому чугуну бьет. Тоже!

После вечерни Меркулов не пошел домой, а остался у звонаря. Семен пил водку, которую из непонятного чувства долга ежедневно покупал ему Меркулов, потом дома пил чай и, когда солнце уже заходило, позвал молчаливого гостя посидеть на лавочке. Верх белой колокольни еще горел золотом весеннего заката, а внизу уже ложились прозрачные тени, и от каменных стен веяло холодом ночи. Оба молчали, оба курили и внимательно следили за дымом махорки; и дым этот, синий, пахучий, медленно волновался и таял и резче оттенял свежесть и запах весеннего воздуха. Семен не любил долго молчать, ему становилось скучно и вяло, слово за словом, он начинал рассказывать что-то неинтересное о своей службе в церкви, о восковых огарках и характере ктитора, купца Авдунова. О колоколах и звоне он ничего не говорил. Меркулов, чувствовавший позади себя безмолвную таинственную колокольню, хмурился и нетерпеливо ждал момента, когда Семен заговорит о настоящем, о чем нужно и интересно говорить. И, не в силах дождаться, перебивал звонаря:

— Хорошо вы звоните, Семен Савельич.

Когда Меркулов говорил с ним о житейском и обыкновенном, то называл его «ты» и «Семен», а когда разговор заходил о звоне и колоколах, переходил на «вы» и величал звонаря по отчеству.

— Звоню хорошо, это верно, — согласился Семен. — Но ведь и то сказать: наука.

— Не всякому оно дано.

— Конечно, не всякому, — подтвердил звонарь. — Ухо тоже надо иметь хорошее, чтобы понимать. А то такого кота пустит — ай папаша и мамаша.

Меркулов помолчал.

— Однако вы меня извините, но настоящего у вас нету, — заметил он.

— Звону?

— Звону.

Семен улыбнулся. Он мало думал о том, как он звонит, но знал от людей, что звон у него хороший и веселый; знал и то, что сердце у него радуется, когда он берется за веревку.

— Отец Андрей говорит: «Когда, говорит, Семен, ты звонишь, у меня на столе стаканы пляшут».

— А душа? — спросил Меркулов.

— Что душа?

— Вот, скажем, у меня дочь, Марья, Марья Васильевна. И муж ее ногой по пузу, а она и скинула. Это как же? Так и оставить?

Но Семену не хотелось продолжать скучного разговора о Марье. И он тихонько засвистал, подняв кверху рыжую бороду и обводя ищущими глазами светлое небо, на котором не умер еще день, но уже скоро должны были загореться серебряные звезды. Замолчал и Меркулов и долго сидел так, сердито жуя губами. Потом лицо его просветлело, и он сказал:

— Хорошо на заре звонить, когда все спят. Бухнуть, чтобы все с постелей повскакали.

Семен приостановил свист и, продолжая обыскивать глазами небо, равнодушно спросил:

— А ты слышишь, когда к утрене звонят?

— Нет.

— То-то. И никто не слышит.

Меркулов хотел возразить, но, посмотрев на Семена, на его рыжую бороду, равнодушно торчавшую кверху, сурово сказал:

— Прощай!

Когда Меркулов вышел за шлагбаум, на шоссе уже стало темнеть, и звезды, сперва большие и светлые, как серебряные пятачки, сделались острые и яркие и точно смотрели на землю. Отойдя версты две, Меркулов сел на круглый верстовой камень, торчавший из земли, и тяжело задумался — задумался без мыслей, без слов, той глубокой и странной думой всего тела, которая оковывает человека, как сон. Он тяжело вздыхал и не слышал своих вздохов; доставал табак, делал папиросы и курил — и не замечал этого. Мимо него, сонно погромыхивая, проехала телега; по бокам шоссе, в невидимом поле дремотно звенели ручьи, отдыхавшие в холодке от дневной спешной работы, — он не видел телеги, не слышал ручьев. И когда он встал и изумленно оглянулся, не зная, зачем попал сюда, в его душе уже совершалась какая-то сложная, загадочная работа, и сердцу стало легко и радостно.

«Дурак Сенька, даром что Савельич!» — подумал он с усмешкой, бодро шагая к городу на своих негнущихся ногах. Он вспомнил, как рыдал сегодня в его руках большой спокойный колокол и в клочья раздирал голубую даль своим призывным страстным кличем — и так весело сделалось ему, что он не выдержал и засмеялся одиноким сухим смешком, странно прозвучавшим среди ночи и поля. Оно было здесь; оно было в нем и вокруг него, а все, что было раньше, — ушло куда-то, и его нет, и о нем не нужно думать. И так светло в его голове, как в церкви на Пасху, когда у каждого горит в руках восковая свечка.

— Дурак Сенька! — повторил он вслух и снова засмеялся.

В субботу Меркулов звонил в последний раз и, когда Семен почти насильно отнял у него веревку, был бледен от усталости и волнения, и колени его дрожали.

— Погоди, постой, — бессмысленно просил он звонаря, осторожно двумя пальцами касаясь его плеча. — Еще надо. Я разок. Потому, еще надо.

Звонарь молча, с неодобрением оттолкнул его, и Меркулов жадными глазами простился с колоколом и ушел. А в воскресенье утром проснулся радостный и бодрый и долго отказывался понять, что ему некуда и незачем идти. Как долго путешествовавший человек, у которого в пути было много приключений, он с любопытством и приязнью рассматривал кривые стены и черный потолок — и не нашел в них, чего искал. Потом пошел в кузницу, потрогал пальцем холодную золу на горне, зачем-то плюнул и с интересом рассматривал плевок, свернувшийся шариком в мягком пепле. Потом пошел и попробовал столб: один качался. Так целое утро слонялся он из хаты в кузницу; долго ходил по своему чахлому садику, где бесприютно торчали голые и как будто сухие прутья малины, и ходил на Стрелецкую смотреть, как дрались из-за гармонии две компании пьяных стрельцов.

А в два часа, когда от безделья он лег спать, его разбудил женский визг, и перед испуганными глазами встало окровавленное и страшное лицо Марьи. Она задыхалась, рвала на себе уже разорванное мужем платье и бессмысленно кружилась по хате, тыкаясь в углы. Крику у нее уже не было, а только дикий визг, в котором трудно было разобрать слова.

— Ой, убил!

Меркулов кружился вместе с ней, но не мог схватить ее: у нее была ушиблена голова, она ничего не понимала и в диком ужасе царапалась ногтями и выла. Левый глаз у нее был выбит каблуком.

К вечеру Меркулов был пьян, подрался с зятем Тараской, и их обоих отправили в участок. Там их бросили на асфальтовый грязный пол, и они заснули пьяным мертвецким сном, рядом, как друзья; и во сне они скрипели зубами и обдавали друг друга горячим дыханием и запахом перегорелой водки.

Весной

I

Когда стемнело и в комнатах зажгли огонь, он достал из-под кровати толстые непромокаемые сапоги и стал надевать их. От воды кожа съежилась и затвердела, сапог с трудом входил на ногу, и с гримасой злости и отвращения Павел притопнул ногой. Потом, точно ослабев от сделанного усилия или вспомнив что-то важное, чего нельзя забывать ни на минуту, он бессильно бросил руки на постель, сгорбился, так что голова вошла в плечи, как у больного или старика, и задумался. В доме ходили, разговаривали, весело стучали чайной посудой, и маленькая Катя, оставленная, очевидно, нянькой и добравшаяся до рояля, выстукивала все одну и ту же звонкую и веселую нотку, — а он сидел неподвижно, с одной обутой ногой, смотрел в пол и думал о том важном и страшном, о чем нельзя забывать ни на минуту. И дышал он так тихо, что можно было стать рядом и не догадаться, что тут есть живой человек.

Мать увидела его, когда он проходил через столовую, и тревожно спросила:

— Ты куда, Павлик?

Павел, не оборачиваясь, ответил:

— К товарищу.

Говорил он басом и был длинный, с узкими, покатыми плечами, не похожий ни на толстого, короткошеего отца, ни на малорослую мать. И когда он скрылся в кухне, через которую ходили обыкновенно домашние, мать подумала, что и на этот раз он не поцеловал ее, уходя, и что теперь он никого не целует: ни мать, ни отца, ни сестер. Два раза он возвращался домой пьяный, и в столе у него, под тетрадями, она подсмотрела большой страшный револьвер и предполагала, что у Павла роман с какой-нибудь дурной девушкой, из-за которой он может наделать беды. Отец его тоже хотел застрелиться, когда был женихом, и не застрелился только потому, что нигде не мог достать револьвера и она отговорила его. «Все они хотят стреляться», — подумала она с невольной улыбкой, но все-таки решила завтра же украсть опасное оружие и передать отцу. Пусть с ним и разговаривает.

Ночь была черна от низкого, покрытого тучами неба и от черной земли, которая вся за последние дни пропиталась дождевой водой, и когда свет из окна падал на протоптанную среди грязи тропинку, она лоснилась, как черный атлас. Фонарей на этой захолустной улице не было, и Павел шагал наудачу; раз он больно ударился коленкой о столбик и брезгливо сморщился: ненужная и вздорная боль мешала думать. Кругом находились сады, и пахло так хорошо, как пахнет во время дождя в лесу: сыростью, березовым листом и какими-то цветами, которые только и пахнут в сырую погоду. Низкие и плотные тучи пригнетали душистый воздух к земле, и он был густой и теплый, как липовый мед, и груди делалось от него широко и больно. И, ощущая эту странную, задумчивую и нежную боль, похожую на далекую песню без слов, Павел не мог понять ее, как не мог он понять ни весны, ни жизни, ни самого себя.

Казалось, что темнее не может быть, но, когда Павел вышел на берег реки и уже не видно было силуэтов домов и огоньков в окнах, тьма стала глубокой и тяжелой и так близко надвигалась сверху и с боков, точно хотела задушить. И грязь стала глубже и лужи чаще, и уже не пахло садами, а только широкой невидимой водой и тучами. Сапоги шлепали, и этот тупой, одинокий звук, раздававшийся за спиной и таинственно умолкавший, когда Павел останавливался, навел на него страх. Нащупав в кармане револьвер, Павел положил на него руку и так, оглядываясь и прислушиваясь, дошел до железнодорожной насыпи и по скользким ступенькам взобрался на нее.

На мосту никого не было, и Павел тихо, стараясь не скрипеть ногами по песку, чтобы не услыхал сторож, прошел мимо освещенной будки и скрылся во тьме глубокой выемки, похожей на днище огромного длинного гроба. И тишина тут была такая, как в гробу, и воздух неподвижный, сдавленный, как будто им никогда не дышал. За поворотом были сложены негодные шпалы, на которых часто сидел Павел, и теперь он ощупью нашел сырые, ищепленные поленья и сел, спустив ноги. И опять спина его сгорбилась, и все тело охватило страшное бессилие и покой, которым нельзя было верить: где-то в глубине билось что-то тревожное, зловещее и требующее решительного, смелого и ужасного поступка.

«Вот тут я и лягу», — подумал Павел, вглядываясь в невидимые рельсы.

Он уже целую неделю ходил сюда и присматривался, и тут нравилось ему, так как все — и воздух и могильная тишина говорили о смерти и приближали к ней. Когда он так сидел, тяжело, всем телом, и стены выемки охватывали его, ему казалось, что он уже наполовину умер и нужно сделать немного, чтобы умереть совсем. Каждую весну, вот уже три года, он думал о смерти, а в эту весну решил, что умереть пора. Он ни в кого не был влюблен, у него не было никакого горя, и ему очень хотелось жить, но все в мире казалось ему ненужным, бессмысленным и оттого противным до отвращения, до брезгливых судорог в лице.

И бывало это весной. Зимой он не замечал жизни и жил просто, как и все, но, когда сходил снег и земля становилась прекрасной и обнажалось во всей загадочной красоте сияющее небо, он чувствовал себя, как птица, у которой обрубили крылья и которую сделали неуклюжим, медленно ползающим человеком. И крылатая душа трепетала и билась, как в клетке, и непонятна и враждебна была вся эта красота мира, которая зовет куда-то, но не говорит куда. Потерявшийся, он шел к людям с безмолвным вопросом — и все людские лица казались ему плоскими и тупыми, как у зверей, а речи их ненужными, вздорными и лишенными смысла, как бред или мычание животного. У них в доме была корова с большими глупыми глазами, и ему казалось, что мать его, которую он любил, похожа на эту корову, и от этих дурных мыслей он презирал себя.

Далеко за поворотом послышался гул, который он ощутил скорее вздрогнувшим телом, чем слухом. Послышался и угас, будто свинцовый воздух и тьма задушили его. Блеснули мокрые рельсы, и из-за черной стены медленно выплыл огненный глаз, одинокий и зловещий. Он стал прямо против Павла, и не видно было, подвигается он или нет, и хотелось, чтобы он закрылся или погас; но он смотрел, не мигая, зловещий и пристальный, и становился все больше, все ярче и злее. Сердце Павла поднялось высоко, к самому горлу, — и упало, разбившись на тысячу коротких, быстрых толчков, от которых пересохло во рту. Впившись пальцами в сырые бревна, он наполовину сдвинулся с них и вытянул ногу, касаясь носком земли. И поза его были такая, как у человека, который хочет сделать быстрый и решительный прыжок, и когда свет фонаря упал на его глаза, они были расширены и в них был ужас. Медленно, как больной или усталый, прошел мимо Павла слабо освещенный паровоз, а за ним, как тени, потянулись вагоны, грузно постукивая и колыхаясь. И чувствовалось, как тяжела их угрюмая масса и как беспощадно дробили бы они тело, попавшее под колеса.

Поезд прошел, а Павлу все еще чудилось, что смерть еще тут, еще не ушла, и со страхом, которому он не мог найти объяснения, он быстро соскользнул со шпал и пошел. На мосту он увидел сторожа и сказал ему:

— Добрый вечер!

Сторож осветил его фонарем, повернулся, ничего не сказал и ушел в будку. И опять Павлу стало тяжело и безнадежно спокойно. Он долго стоял, облокотившись на тонкие железные перила, всматриваясь в ровную тьму, такую же безнадежную и ровную, как его тоска. И, покачав головой, он громко сказал:

— Завтра.

Когда Павел подходил к дому, короткая майская ночь уже подходила к концу, а у парадного стояли два экипажа, и окна были освещены. От крыльца двинулась к нему темная фигура, и встревоженный Павел узнал дворника Василия.

— Что случилось? — спросил Павел, зная наверное, что что-то случилось и что случившееся ужасно. — Что с мамой?

— Сергей Васильевич были в клубе... Маменька велели подождать вас тут.

— Что с отцом?

Но он уж знал, что. Везде, в кухне, столовой и спальне, был яркий свет, режущий глаза, и ходили люди. У няньки седые волосы выбились из-под платка, и она походила на ведьму, но глаза краснели от слез и голос был жалостливый и добрый. Павел оттолкнул ее, потом еще кого-то, кто цеплялся за него и мешал пройти, и сразу оказался в кабинете. Все стояло там, как всегда, и голая женщина улыбалась со стены, а на полу посредине комнаты лежал отец в белой ночной сорочке, разорванной у ворота. Весь свет от лампы и свечей падал, казалось, только на него, и оттого он был большой и страшный, и лица его не мог узнать Павел. Оно желтело прозрачной и страшной желтизной, и глаза закатились, белки стали огромные и необыкновенные, как у слепого. Из-под простыни высунулась рука, и один толстый палец на ней, с большим золотым перстнем, слабо шевелился, сгибаясь и разгибаясь и точно пытаясь что-то сказать. Павел стал на колени, дрожащими губами поцеловал еще живой, шевелившийся палец и, всхлипнув, сказал:

— Зачем на полу? Зачем на полу?

Кто-то из темноты ответил:

— Вы не плачьте. Он еще останется жив. Он был в клубе, и с ним сделался удар, но он еще останется жив.

Из соседней комнаты послышался вопль, хриплый, клокочущий и неудержимый, как хлынувшая через плотину вода. Пронзительным звуком он пронесся по комнатам, наполнил их и перешел в жалобные слова:

— Го-лубчик мой... Сере-женька!..

Умирающий тихо шевелил пальцем, и хотя лицо было все-таки желто и неподвижно, казалось, что он слышит зовущий его голос, но не хочет почему-то отвечать. И Павел дико закричал:

— Папа! Да папа же!

II

Теперь Павел был старшим в доме, и ему пришлось заказывать гроб, ездить в церковь за покровом и нанимать певчих. Днем он немного заснул на детской постели, и ему приснилось, что он целует голую женщину, ту самую, что висит в кабинете. Сон был противный, но он скоро забыл о нем и все ходил, и все распоряжался, и так наступила ночь.

Все в доме успокоилось. Мать, с которой на панихидах три раза делалось дурно, уснула с маленькой Катей; Андрей и Шура тоже спали, наплакавшись за день, и только возилась в кухне прислуга, да в дальней

121

комнате собравшиеся родственники пили чай. Когда вошел Павел, дядя Егор доказывал, что в такие ночи нужно пить чай с ромом или с коньяком.

— В доме всегда нужно иметь коньяк, — говорил он, — потому что коньяк очень хорошо действует на организм. Простудишься ли, ноги ли промочишь, или какая неприятность, сейчас выпил коньяку, и испариной все выйдет. Павлик, ты не хочешь стаканчик с коньячком? Выпей.

Лицо у дяди Егора было плоское и красное, и Павел подумал, что лучше было бы, если бы умер дядя Егор, а не отец. И он сурово ответил:

— Не хочу.

Если посмотреть со двора на дом, то сразу можно было подумать, что в доме большой и веселый праздник: все окна были освещены, и целые снопы света падали от них на землю. Но было что-то жуткое и необыкновенное в этом доме, горевшем всеми своими окнами среди темной ночи, и чувствовалось, что там, в одной из комнат его, лежит немой и холодный мертвец. Он лежит, немой, неподвижный, и господствует над всем домом, и все, что вокруг, принадлежит ему и служит для него.

Павел ходил по двору взад и вперед и повторял все одни и те же слова, которые остались у него в памяти от панихиды:

— Со святыми упокой, господи, душу усопшего раба твоего.

Он повторял их десятки и сотни раз, то нежно, то с безнадежным отчаянием, и каждое слово выговаривал ясно и глубоко, но вкладывал в него совсем особенный смысл.

И все эти слова значили одно: смерть. И все мысли, какие были у Павла, значили одно: смерть. Из сада шел густой и сильный запах травы, деревьев и распустившегося жасмина, и запах этот значил все то же: смерть. И непонятно было, зачем этот сладкий и веселый запах, когда умер человек, обонявший его; зачем эти звезды и мягкая теплая тьма; зачем этот свет в окнах, когда человек умер и лежит немой и холодный, как глыба бездушного льда.

В темном сарае Павел нашел прислоненную к стене крышку широкого гроба. Под ней будет лежать отец, и Павел забрался под нее и встал, стараясь быть неподвижным и не дышать, как мертвец. Он думал, что так он скорее поймет, что такое смерть. Но от крышки шел приятный запах свежего теса, и было в нем, как в запахе листвы, что-то противоречащее смерти, еще более загадочное, чем она, и настойчиво зовущее. Павел закрывал глаза и думал, что и он будет так же лежать и будет мертв, но сердце его громко стучало, и ему было жаль отца, а приятный запах дерева обвевал его тонкой, живой и неразрывной паутинкой. И он не мог представить, что будет когда-нибудь мертв. Когда он вышел из сарая, еще сильнее пахнуло ароматом цветущего сада, и откуда-то издалека пронеслась тихая, но торжествующая, опьяненная жизнью и любовью песнь соловья. И со всей острой жалостью измученного сердца, со всей неразгаданной страстной тоской, со всей прелестью майской ночи — жизнь была так прекрасна, что хотелось умереть — чтобы жить вечно.

Шатаясь, Павел дошел до забора, припал к нему головой и долго плакал, повторяя запавшие в память слова:

— Со святыми… упокой…

Но теперь они уже не значили: смерть.

Наутро опять начались хлопоты. Пришел фотограф, чтобы снять портрет с мертвого Сергея Васильевича, и было уже пора, так как покойник начал портиться. Гроб вынесли на террасу, где было светлее, и фотограф, остробородый и быстрый человек в пиджачке, долго приспособлял аппарат. Голова мертвеца лежала неудобно, и фотографу, видимо, хотелось сказать: потрудитесь немного повернуть ее и улыбнитесь, — и с снисходительной почтительностью, стараясь выказать свое понимание, что он имеет дело с мертвецом, он осторожно двумя пальцами повернул ее. Голова покачнулась и опять стала на свое место, но фотограф сделал вид, что доволен.

— Так будет хорошо, — сказал он.

Дядя Егор посмотрел сбоку и подтвердил:

— Да, хорошо.

Но тут вошла мать Павла. Никого не видя, сразу ставшая седой и старой, она медленно, со старческой дрожью в ногах поднялась по ступенькам, тихо подошла к гробу и руками вперед упала на него.

— Мама! Мама! — просил Павел, стараясь отвести ее. Но она отпихивалась локтями, цеплялась, тащила за собой тяжелый покров и говорила:

— Пусти… Пусти!.. Это я ему.

И в руке у нее Павел увидел скомканные, жалкие цветы: голубенький колокольчик и одуванчики. Они были, как она их сорвала, с листьями и травой, и держала она их так крепко, что из одуванчика выступил белый, как молоко, сок.

— Сестра! — сказал дядя Егор, — успокойся.

Павел оттолкнул его плечом и кротко сказал:

— Положи, мама.

И живые цветы легли на грудь мертвеца. Когда мать и Павел ушли, фотограф придал цветам живописное положение, и дядя Егор похвалил его.

— Трудное ваше дело — фотография. Требует большого искусства.

— Да-с. С живыми-то ничего, но мертвые… — и щелкнул аппаратом.

Потом опять начались панихиды и «со святыми упокой». Приезжали знакомые Сергея Васильевича и сослуживцы, которых Павел водил курить в сад, и все они предлагали ему папиросу, как равному. И все в доме пропиталось запахом ладана и еще каким-то другим, тяжким и зловещим запахом. Под столом, на котором лежал покойник, уже стояла кадка со льдом, а к вечеру пришлось заложить у покойника нос и уши ватой и положить вату на рот. И видны были только лоб, гладкий, как из кости, и страшно крепко закрытые глаза, как будто человек этот закрыл их и решил никогда уже не открывать. И хотя покойник стал страшнее, чем был, и дьячок жаловался, что в комнате с ним трудно быть, в эту ночь все спали спокойнее и крепче, так как привыкли к его присутствию.

На третье утро Сергея Васильевича похоронили. Опять Павел распоряжался, отгонял любопытных, мешавших пронести в двери гроб, помогал выводить из церкви мать, с которой часто делалась дурнота, и вместе с дядей Егором приглашал всех после погребения к закуске. Он кланялся, слабо улыбался, считал на руке мелочь, которую принесла ему какая-то старушка, и время бежало так быстро, и события шли так скоро одно за другим, вне его воли, что он не успевал ни думать, ни вспоминать. Потом он шел за высоким катафалком и глядел, не отрываясь, на стриженый затылок отца. От неровностей дороги и толчков голова слегка покачивалась, а сверху и с боков все горело от яркого майского солнца, и пыль под ногами светилась и жгла обувь. Сзади стучали колеса, и слышались частые возгласы дяди Егора:

— Сестра, успокойся.

Павел слышал их и понимал, что мать его опять плачет, но, охваченный странным, тупым равнодушием, не оборачивался. И от всех похорон у него остались в памяти только стриженый, покачивающийся затылок отца да белые от пыли сапоги.

С кладбища его вместе с каким-то господином повез быстрый и веселый извозчик, подымавший целые тучи пыли. Пролетка прыгала и плавно покачивалась, по сторонам за низенькими заборами подымались густые и свежие сады, и все это было так красиво и приятно после медленного и однообразного движения за катафалком, что Павел глубоко вздохнул и попросил у спутника папиросу. В комнатах все окна были раскрыты настежь, всюду стояли цветы, и нельзя было подумать, что совсем недавно здесь стоял покойник. И обедали долго и шумно. Дядя Егор всех угощал, ловко наливал рюмки и не принимал никаких отговорок.

— Надо помянуть покойника, — убедительно говорил он. — Батюшка, пожалуйте! Отец дьякон, а что же ваша рюмка-то?

Когда все посторонние разъехались, Павел пошел в сад и долго ходил по его тенистым дорожкам и с изумлением глядел по сторонам. Ему казалось, что долго, очень долго он лежал в тесном и узком гробу, не дышал, не видел солнца и не знал всей этой пышной, расточительной красоты.

Земля творила. Так густо, что не проникал взгляд, зеленели пушистые, гладкие, широкие и острые листья. Все были молодые, радостные, полные могучей силой и жизнью. Казалось, можно было уловить глазом, как они растут и дышат, как из влажной и теплой земли тянется к солнцу трава. И все в саду было полно густым гудением, полным заботы и страстной радости жизни. Оно было вверху и внизу, не видно было, кто гудит и поет, но чудилось, что это поет трава, цветы и высокое синее небо. Казалось, что можно было слышать траву и обонять душистое знойное жужжанье, так все, запах, звук и краска, неразрывно сливались в одну дивную гармонию творчества и жизни.

В углу, под солнцем, Павел увидел березку, на его глазах посаженную отцом. Он помнил, как тогда чернела разрытая земля и там была березка, а теперь она стояла стройная, высокая, и легко, без усилия, простирались в воздухе ее сердцевидные листья, окрашенные нежной молодой зеленью. И Павлу стало жаль отца, и стройная березка сделалась ему родной и милой, как будто в ней еще не умер и никогда не умрет дух того, кто дал ей эту зеленую, веселую жизнь.

— Павлик, где ты? — звали его.

От дома разбитой походкой шла мать, и за ней, держась за подол, переваливался Шурка.

— Как я устала, — сказала она, садясь на скамейку, — побудь со мной, Павлик.

— Хорошо, мамочка.

Внезапно мать встала и упала на колени перед Павлом, потащив за собой и крепко державшегося Шурку. И, плача тихими слезами горя, прижимаясь лицом к руке сына, проговорила:

— Павля! милый… Ты один теперь у нас… Ты один наша защита.

И Шурка серьезно проговорил:

— Павля! А Павля?

Павел гладил рукой седую, вздрагивающую голову, и далеким черным сном пробежала перед ним мрачная железнодорожная ветка и одинокий зловещий глаз. Он гладил вздрагивающую голову, смотрел на сморщившегося Шурку и видел, какие все они маленькие, и жалкие, и одинокие, и как они нуждаются в защите и любви. И он почувствовал себя сильным и крепким, и голос его был полный и громкий, когда он сказал:

— Да, мама. Я буду жить.

Возврат

…Потом мы говорили о снах, в которых так много чудесного; и вот что рассказал мне Сергей Сергеич, когда все разошлись и мы остались одни в большой и полутемной комнате.

Я до сих пор не знаю, что это было. Конечно, это был и сон, за это говорит простой житейский смысл, но было тут и другое, слишком похожее на правду или на бред с его обманчивыми видениями; но одно я знаю, что в постели я не был, ходил по камере, когда это привиделось мне, и что глаза мои, кажется были открыты. Во всяком случае, в памяти моей о прошлом этот сон… или случай? — занимает такое же твердое место, как все то, что происходило в действительности. Пожалуй, даже крепче.

Случилось это в сумерки. Я уже третий год сидел по политическому делу в петербургском доме предварительного заключения, в одиночной камере, ничего не знал о товарищах и их судьбе, и постепенно погружался в ту холодную и тупую тоску, когда жизнь замирает и дням теряется счет. Читал мало, а больше ходил по пятиаршинной камере, шагая медленно, чтобы не закружилась голова, и неопределенно думал — вертел все один и тот же валик стирающихся образов, давно прошедших событий, далеких, полузабытых лиц. Но одно лицо я помнил ясно, хотя казалось оно дальше всех и недостижимее всех: это было лицо моей невесты на воле, Марии Николаевны, очень красивой девушки. Ей счастливо удалось избежать ареста, но о дальнейшей ее судьбе я ничего не знал, предполагал, что жива, но и только.

И в эти осенние петербургские ранние сумерки я думал о Марии Николаевне; медленно шагал по асфальтовому полу взад и вперед и думал о ней. Было по-тюремному тихо, темнело, равномерно и медленно поворачивались серые стены, пока не стало казаться, что я совершенно неподвижен, а это камера вращается неслышно вокруг меня; и вдруг — я оказался в Москве, продолжаю теми же шагами идти по Тверской, вверх, к бульварам. Происходит это днем, зимою; на улице светло, людно и очень беспокойно от движения извозчичьих саней. Я посмотрел на часы — был уже четвертый час, однако «в Петербурге раньше темнеет», — подумал я и вдруг забеспокоился. Приехали мы в Москву с Марией Николаевной по партийным делам, остановились под видом мужа и жены в старой «Лоскутной гостинице», и теперь она оставалась одна в номере. Правда, я ей сказал, чтобы она затворилась и никого не пускала… но кто знает? Кто-то мог прийти, кто-то мог ее вызвать, кто-то мог вовлечь ее в ловушку; надо сейчас же вернуться!

Я нанял извозчика до «Лоскутной»; там я быстро пробежал лестницу и два коридора и с облегчением остановился у своего номера: на крючке не было ключа, и, стало быть, Мария Николаевна дома. Условно стучу в дверь, жду молчание; стучу громче, дергаю ручку, однако — ничего; либо что-нибудь с ней случилось, либо ушла. К счастью, идет коридорный Василий; я к нему:

— Василий, вы не знаете, жена дома или ушла? Никого у нее не было?

Василий не сразу сообразил, народу в номерах много; наконец вспомнил:

— Как же, как же, Сергей Сергеич, барыня уехали, я же сам видел, как выходили из номера; они и ключ в карман положили.

— Одна?

— Нет, с каким-то вашим знакомым; такой высокий, в черной шапке барашковой.

Подробнее неизвестного господина Василий описать не мог, не всмотрелся.

— А передать мне что-нибудь велела?

— Нет, Сергей Сергеич, ничего.

— Не может быть, вы забыли, Василий!

— Нет же, Сергей Сергеич, ничего не велели. Да у швейцара надо спросить, может, ему что сказали.

Пошли к швейцару, Василий со мною — понял, что я в беспокойстве: никаких знакомых в Москве у нас не должно было быть, и высокий господин в черной барашковой шапке внушал мне сильнейший страх. Но и швейцару Мария Николаевна ничего не передавала; становилось совсем нехорошо.

— А в какую сторону они хоть пошли? — допытывался я у швейцара, решительно не зная, что делать и где искать.

— Да постойте, Сергей Сергеич, как же я забыл: я же им и извозчика нанимал, как же!

— Куда?

— Куда, не знаю, а только я извозчика кликал; да вон он и стоит, вернулся, значит. Тот самый, я помню!

В это время мы уже вышли на улицу и стояли около парадного; швейцар подозвал извозчика, и тот рассказал, что действительно только что отвез двоих, барыню и барина, ехать пришлось далеко; улицы, на которой ссадил седоков, извозчик не знает, так как редко бывает в той стороне, и ехал по указаниям. Как же быть?

— А ты, может, так ее найдешь, улицу-то, по памяти? — спросил швейцар, желавший мне помочь. — Не первый год ведь ездишь!

Извозчик подумал и согласился:

— Найти-то найду, да лошадь заморилась. Не знаю, ехать ли.

Но я уговорил извозчика, обещал хорошо ему заплатить, и вот мы поехали; помню еще, как подтыкал мне полость швейцар, усаживая, и как он крикнул вдогонку:

— В добрый час, Сергей Сергеич!..

И первое время было совсем радостно ехать: след нашелся — это главное, а дальнейшее — вопрос только времени, получаса или уж, в крайнем случае, часа; и на улицах было весело. Фонари еще не зажигались, но в магазинах и лавках везде уже горел огонь, было шумно и многолюдно, на перекрестках приходилось ждать, и на самое почти плечо ложилась, дыша паром, морда задней извозчичьей лошади. По веселой суете похоже было на предрождественские сумерки; да так оно и оказалось — и как я мог забыть! на Театральной площади темнела среди снега целая рощица молоденьких елок, густо-зеленых, пахнущих, совсем не похожих на срезанные. Около прохаживались какие-то темные фигуры в полушубках и чуйках, и от них также веяло лесною далью, не городским.

Так мы проехали еще две-три веселых и шумных улицы; вспыхнули, наконец, фонари, и стало совсем празднично, легко и радостно, как в детстве; но улицы все тянулись, некоторые попадались совсем невозможной длины, и вот мы уже оказались в части Москвы, которой я совсем не знал. Что-то еще вначале называл извозчик, какие-то улицы с непривычно и странно звучащими именами, но дальше в переулках замолчал: началось неведомое и для него. Вообще неприятно ехать по городу, которого не знаешь: тогда эти ломаные, запутанные и странные проходы между домами теряют свою планомерность и значение улиц, является чувство неуверенности в направлении и вместе с ним смутный намек на какую-то безысходность; когда же таким неведомым городом оказалась Москва, которую, как мне думалось, я хорошо знал, стало совсем неприятно, даже жутко. От темных дыр безымянных переулков, в которые мы погружались, пахнуло какой-то опасностью, обманом, предательством.

С силою вспоминалась Мария Николаевна и тот неизвестный в барашковой шапке, захотелось бежать, нестись вскачь, а извозчик плелся все с той же усталой медленностью, поворачивал, кружил, молча и неуверенно, дергал вожжами. Его неподвижная спина приковывала взгляд, и уже начинало казаться мне, что всю жизнь я только и видел, что эту спину, зная ее каким-то последним, совершеннейшим знанием, как нечто вечное, предназначенное, всегда одно и то же. И все реже становились фонари, и все меньше попадалось освещенных лавок и освещенных окон в домах: как будто здесь была уже ночь и все спали. На одном завороте извозчик остановился.

— Что ты? Лошадь не идет, — отчего ты стал? — спросил я с беспокойством.

Извозчик молчал. И вдруг круто, чуть не вывалив меня из накренившихся саней, повернул назад.

— Заблудился?

Он помолчал и неохотно ответил:

— Мы уже тут были. Разве не узнаете?

Я огляделся. И действительно узнал — именно вот эту комбинацию фонаря, панели, с сугробиком снега возле, и каменного темного двухэтажного дома: да мы тут уже были! И вот здесь началось самое невыносимое: мы стали бесконечно долгое время кружиться по переулкам и улицам, где мы уже были; и куда мы ни поворачивали, мы не могли уйти от места, где мы уже были, — и, может быть, не раз. Пересекли большую улицу с светлыми магазинами и народом — и я ее узнал; а немного спустя мы снова пересекаем ее, и тот же городовой стоит на перекрестке.

— Спросить бы кого-нибудь!.. — сказал я нерешительно.

— А что спросить-то? — угрюмо, помолчав, ответил извозчик. — Едем, а куда, и сами не знаем.

— Ты же говорил…

— То-то, что говорил.

— Постарайся, голубчик! Мне это… очень важно, очень.

Извозчик молчал. И когда мы отъехали уже полпереулка, нехотя ответил:

— Я и стараюсь. А что ж я делаю?

Наконец мы как-то выбились из круга: вот этого переулка с длинным забором я еще не видал; и извозчик увереннее задергал вожжами и даже сказал коротко, не оглядываясь:

— Это самое.

— А скоро?

— Не знаю. Нет, еще не скоро.

И тут для меня наступил новый ужас: почти полной темноты и бесконечных заборов, каких-то старых садов, свешивавших ветви огромных деревьев на средину дороги, каких-то пустырей, каких-то темных, без единого огонька зловещих домов, казавшихся необитаемыми. Как могла попасть сюда Мария Николаевна? — и что могли с нею здесь сделать? Несомненно, ловушка; несомненно, какое-то страшное и жестокое предательство. Кто этот высокий, который увел ее? — у нас нет в Москве и не должно быть знакомых.

А заборы все тянулись, и нет им конца; и я уже ничего не понимаю: новые ли это заборы, или же и здесь мы вошли в безысходный круг и никуда не приближаемся; может быть, отходим назад. Все кажется знакомым и незнакомым, и сердце начинает биться сильными, редкими, глухими толчками, когда извозчик вдруг говорит:

— Сейчас будет.

— Где?

— Вон тот забор. Там калитка есть.

Да, вот и забор, вот и калитка в заборе: темно, но калитку видно. Остановились. Путаясь в полости, я быстро соскакиваю, перелезаю сугроб и подхожу к калитке. Заперта, и нет намека ни на звонок, ни даже на ручку, за которую можно бы схватиться и дергать. Над забором свешиваются глухие, старые, опушенные снегом деревья, и тихо. Становится положительной и страшной загадкой: что за роковая необходимость привела сюда Марию Николаевну? От мучительных предчувствий горя и зла захватывает дыхание, ноги слабеют и дрожат, подкашиваются в коленях.

Я осторожно стучу, — никакого ответа. Постучал громче, — никакого ответа; все та же тишина и глухие, змеящиеся ветви, точно окрашенные белым по одному боку. В заборе щель — заглядываю: расчищенная, видимо, дорожка, за нею в глубине темный, страшный, без единого огонька притаившийся дом. Но в нем есть люди, в нем что-то совершается — это я чувствую, я знаю это, слишком явен вид предательства у страшного притаившегося дома с притворно темными окнами!

И уже ничего не остерегаясь, я начинаю кулаками изо всей силы стучать в калитку. Кричу: отворите! Отдельные удары сливаются в один сплошной гул, вся улица всеми своими пустыми заборами отзывается на этот гул, я сам утопаю в нем и уже не слышу своего крика. Больно рукам, но я стучу все яростнее, калитка, забор, вся улица гудит, как деревянный мост, по которому вскачь проносится пожарный обоз, — и вот мелькает желтоватый свет, пробивается в щель, скользит по ветвям, неровно колышется. Идут с фонарем!

Я перестаю стучать. Свет все ближе. Уже слышны шаги и тихие голоса подходят! Сердце колотится от страха и ожидания: что-то пугающее есть в тихих голосах, колеблющемся неровном свете. Остановились за калиткой, непонятно медлят; но вот звенят ключи, целая связка, гремит запор — и яркий свет ударяет мне в глаза, калитка открылась.

Калитка открылась, и за порогом ее — мой, мой тюремный надзиратель с лампочкой в руке и рядом с ним его помощники.

Мой надзиратель! Откуда он здесь? — я сразу ничего не могу ни сообразить, ни понять. Куда же я приехал? Куда же я сейчас так стучал? В моей камере темно, а оба они, надзиратель и его помощник, ярко освещены, и за ними освещенный коридор, но мне все еще кажется, что я не в камере, а на той самой улице, и что это не дверь в мою камеру открылась, а та страшная и таинственная калитка. Кажется, я крикнул:

— Кто это?

Оба они, освещенные, все еще стоят за порогом и удивленно смотрят на меня, и надзиратель говорит:

— Что это вы, Сергей Сергеич, что вы так стучите? А я лампу к вам несу, вдруг слышу — что за стук! Лампу возьмите, а сейчас и кипяток будет. Не надо так стучать, нехорошо!

И вот лампа в моей руке, и вот с привычным стуком захлопывается дверь; да, это моя камера! Да, я в своей камере — и больше нигде.

…Таков был мой сон или то, что называют сном. Так, уйдя — я вернулся; так после долгого и мучительного блуждания по кругам я завершил последний круг — и постучался в двери моей же тюрьмы.

Вор

I

Федор Юрасов, вор, трижды судившийся за кражи, собрался в гости к своей прежней любовнице, проститутке, жившей верст за семьдесят от Москвы. На вокзале он сидел в буфете I класса, ел пирожки и пил пиво, и ему прислуживал человек во фраке; а потом, когда все двинулись к вагонам, вмешался в толпу и как-то нечаянно, подчиняясь общему возбуждению, вытащил кошелек у соседа, пожилого господина. Денег у Юрасова было достаточно, даже много, и эта случайная, необдуманная кража могла только повредить ему. Так оно и случилось. Господин, кажется, заметил покражу, потому что очень пристально и странно взглянул на Юрасова, и хотя не остановился, но несколько раз оглянулся на него. Второй раз он увидел господина уже из окна вагона: очень взволнованный и растерянный, со шляпой в руках, господин быстро шел по платформе и заглядывал в лица, смотрел назад и кого-то искал в окнах вагонов. К счастью, пробил третий звонок, и поезд тронулся. Юрасов осторожно выглянул: господин, все еще со шляпой в руках, стоял в конце платформы и внимательно осматривал пробегающие вагоны, точно отсчитывая их; и в его толстых ногах, расставленных неловко, как попало, чувствовалась все та же растерянность и удивление. Он стоял, а ему, вероятно, казалось, что он идет: так смешно и необыкновенно были расставлены его ноги.

Юрасов выпрямился, выгнув назад колена, отчего почувствовал себя еще выше, прямее и молодцеватее, и с ласковой доверчивостью обеими руками расправил усы. Усы у него были красивые, огромные, светлые, как два золотые серпа, выступавшие по краям лица; и, пока пальцы нежились приятным ощущением мягких и пушистых волос, серые глаза с беспредметной наивной суровостью глядели вниз — на переплетающиеся рельсы соседних путей. Со своими металлическими отблесками и бесшумными извивами они похожи были на торопливо убегающих змей.

Сосчитав в уборной украденные деньги — их было двадцать четыре рубля с мелочью, — Юрасов брезгливо повертел в руках кошелек: был он старый, засаленный, и плохо закрывался, и вместе с тем от него пахло духами, как будто очень долго он находился в руках женщины. Этот запах, немного нечистый, но возбуждающий, приятно напомнил Юрасову ту, к которой он ехал, и, улыбнувшись, веселый, беспечный, расположенный к дружелюбной беседе, он пошел в вагон. Теперь он старался быть как все, вежливым, приличным, скромным; на нем было надето пальто из настоящего английского сукна и желтые ботинки, и он верил в них, в пальто и в ботинки, и был уверен, что все принимают его за молодого немца, бухгалтера из какого-нибудь солидного торгового дома. По газетам он всегда следил за биржей, знал курс всех ценных бумаг, умел разговаривать о коммерческом деле, и иногда ему казалось, что он, действительно, не крестьянин Федор Юрасов, вор, трижды судившийся за кражи и сидевший в тюрьме, а молодой порядочный немец, по фамилии Вальтер, по имени Генрих. Генрих — звала его та, к которой он ехал; товарищи звали его «немцем».

— Это место свободно? — вежливо осведомился он, хотя сразу видно было, что место свободно, так как на двух диванчиках сидело только двое, отставной офицер, старичок, и дама с покупками, по-видимому, дачница. Никто ему не ответил, и с изысканной аккуратностью он опустился на мягкие пружины дивана, осторожно вытянул длинные ноги в желтых ботинках и снял шляпу. Потом дружелюбно оглядел старичка-офицера и даму и положил на колено свою широкую белую руку так, чтобы сразу заметили на мизинце перстень с огромным брильянтом. Брильянт был фальшивый и сверкал старательно и голо, и все действительно заметили, но ничего не сказали, не улыбнулись и не стали дружелюбнее. Старик перевернул газету на новую страницу, дама, молоденькая и красивая, уставилась в окно. И уже со смутным предчувствием, что он открыт, что его опять почему-то не приняли за молодого немца, Юрасов тихонько спрятал руку, которая показалась ему слишком большой и слишком белою, и вполне приличным голосом спросил:

— На дачу изволите ехать?

Дама сделала вид, что не слышит и что она очень задумалась. Юрасов хорошо знал это противное выражение лица, когда человек безуспешно и злобно прячет насторожившееся внимание и становится чужим, мучительно чужим. И, отвернувшись, он спросил у офицера:

— Будьте любезны справиться в газете, как стоят Рыбинские? Я что-то не припомню.

Старик медленно отложил газету и, сурово оттянув губы книзу, уставился на него подслеповатыми, как будто обиженными глазами.

— Что? Не слышу!

Юрасов повторил, и, пока он говорил, старательно разделяя слова, старик-офицер неодобрительно оглядел его, как внука, который нашалил, или солдата, у которого не все по форме, и понемногу начал сердиться. Кожа на его черепе между редких седых волос покраснела, и подбородок задвигался.

— Не знаю, — сердито буркнул он. — Не знаю. Ничего тут нет такого. Не понимаю, о чем только люди спрашивают.

И, уже снова взявшись за газетный лист, несколько раз опускал его, чтобы взглянуть сердито на надоедливого господина. И тогда все люди в вагоне показались Юрасову злыми и чуждыми, и странно стало, что он сидит во II классе на мягком пружинном диване, и с глухой тоской и злобой вспоминалось, как постоянно и всюду среди порядочных людей он встречал эту иногда затаенную, а часто открытую, прямую вражду. На нем пальто из настоящего английского сукна, и желтые ботинки, и драгоценный перстень, а они как будто не видят этого, а видят что-то другое, свое, чего он не может найти ни в зеркале, ни в сознании. В зеркале он такой же, как и все, и даже лучше. На нем не написано, что он крестьянин Федор Юрасов, вор, трижды судившийся за кражи, а не молодой немец Генрих Вальтер. И это неуловимое, непонятное, предательское, что видят в нем все, а только он один не видит и не знает, будит в нем обычную глухую тревогу и страх. Ему хочется бежать, и, оглядываясь подозрительно и остро, совсем теперь не похожий на честного немца-бухгалтера, он выходит большими и сильными шагами.

II

Было начало июня месяца, и все перед глазами, до самой дальней неподвижной полоски лесов, зеленело молодо и сильно. Зеленела трава, зеленели посадки в оголенных еще огородах, и все было так углублено в себя, так занято собою, так глубоко погружено в молчаливую творческую думу, что, если бы у травы и у деревьев было лицо, все лица были бы обращены к земле, все лица были бы задумчивы и чужды, все уста были бы скованы огромным бездонным молчанием. И Юрасов, бледный, печальный, одиноко стоявший на зыбкой площадке вагона, тревожно почувствовал эту стихийную необъятную думу, и от прекрасных, молчаливо-загадочных полей на него повеяло тем же холодом отчуждения, как от людей в вагоне. Высоко над полями стояло небо и тоже смотрело в себя; где-то за спиной Юрасова заходило солнце и по всему простору земли расстилало длинные, прямые лучи, — и никто не смотрел на него в этой пустыне, никто не думал о нем и не знал. В городе, где Юрасов родился и вырос, у домов и улиц есть глаза, и они смотрят ими на людей, одни враждебно и зло, другие ласково, — а здесь никто не смотрит на него и не знает о нем. И вагоны задумчивы: тот, в котором находится Юрасов, бежит нагнувшись и сердито покачиваясь; другой, сзади, бежит ни быстрее ни медленнее, как будто сам собой, и тоже как будто смотрит в землю и прислушивается. А по низу, под вагонами, стелется разноголосый грохот и шум: то как песня, то как музыка, то как чей-то чужой и непонятный разговор — и все о чужом, все о далеком.

Есть тут и люди. Маленькие, они что-то делают в этой зеленой пустыне, и им не страшно. И даже весело им: вот откуда-то принесся обрывок песни и утонул в грохоте и музыке колес. Есть тут и дома. Маленькие, они разбросались свободно, и окна их смотрят в поле. Если ночью подойти к окну, то увидишь поле — открытое, свободное, темное поле. И сегодня, и вчера, и каждый день, и каждую ночь проходят здесь поезда, и каждый день раскидывается здесь это тихое поле с маленькими людьми и домами. Вчера Юрасов в эту пору сидел в ресторане «Прогресс» и не думал ни о каком поле, а оно было такое же, как сегодня, такое же тихое, красивое, о чем-то думающее. Вот прошла небольшая роща из старых больших берез с грачиными гнездами в зеленых верхушках. И вчера, пока Юрасов сидел в ресторане «Прогресс», пил водку, галдел с товарищами и смотрел на аквариум, в котором плавают бессонные рыбы, — все так же глубоко покойно стояли эти березы, и мрак был под ними и вокруг них.

Со странной мыслью, что только город — настоящее, а это все призрак, и что если закрыть глаза и потом открыть их, то никакого поля не будет, — Юрасов крепко зажмурился и притих. И сразу стало так хорошо и необыкновенно что уже не захотелось снова открывать глаза, да и не нужно было: исчезли мысли и сомнения и глухая постоянная тревога; тело безвольно и сладко колыхалось в такт дыханиям вагона, и по лицу нежно струился теплый и осторожный воздух полей. Он доверчиво поднимал пушистые усы и шелестел в ушах, а внизу, под ногами расстилался ровный и мелодичный шум колес, похожий на музыку, на песню, на чей-то разговор о далеком, грустном и милом. И Юрасову смутно грезилось, что от самых ног его, от склоненной головы и лица, трепетно чувствующего мягкую пустоту пространства, начинается зелено-голубая бездна, полная тихих слов и робкой, притаившейся ласки. И так странно — как будто где-то далеко шел тихий и теплый дождь.

Поезд замедлил бег и остановился на мгновение, на одну минуту. И сразу со всех сторон Юрасова охватила такая необъятная и сказочная тишина, как будто это была не минута, пока стоял поезд, а годы, десятки лет, вечность. И все было тихо: темный, облитый маслом маленький камень, прильнувший к железному рельсу, угол красной крытой платформы, низенькой и пустынной, трава на откосе. Пахло березовым листом, лугами, свежим навозом — и этот запах был все той же всевременною необъятной тишиною. На смежное полотно, неуклюже цепляясь за поручни, соскочил какой-то пассажир и пошел. И такой был он странный, необыкновенный в этой тишине, как птица, которая всегда летает, а теперь вздумала пойти. Здесь нужно летать, а он шел, и тропинка была длинная, безвестная, а шаги его маленькие и короткие. И так смешно перебирал он ногами — в этой необъятной тишине.

Бесшумно, точно сам стыдясь своей громогласности, двинулся поезд и только за версту от тихой платформы, когда бесследно сгинула она в зелени леса и полей, свободно загрохотал он всеми звеньями своего железного туловища. Юрасов в волнении прошелся по площадке, такой высокий, худощавый, гибкий, бессознательно расправил усы, глядя куда-то вверх блестящими глазами, и жадно прильнул к железной задвижке, с той стороны вагона, где опускалось за горизонт красное огромное солнце. Он что-то нашел; он понял что-то, что всю жизнь ускользало от него и делало эту жизнь такой неуклюжею и тяжелой, как тот пассажир, которому нужно было бы лететь, как птице, а он шел.

— Да, да, — серьезно и озабоченно твердил он и решительно покачивал головою. — Конечно, так. Да. Да.

И колеса гулко и разноголосо подтверждали: «Конечно, так, да, да». «Конечно, так, да, да». И как будто так и нужно было: не говорить, а петь, — Юрасов запел сперва тихонько, потом все громче и громче, пока не слился его голос со звоном и грохотом железа. И тактом для этой песни был стук колес, а мелодией — вся гибкая и прозрачная волна звуков. Но слов не было. Они не успевали сложиться; далекие и смутные, и страшно широкие, как поле, они пробегали где-то с безумной быстротою, и человеческий голос свободно и легко следовал за ними. Он поднимался и падал; и стлался по земле, скользя по лугам, пронизывая лесную чащу; и легко возносился к небу, теряясь в его безбрежности. Когда весною выпускают птицу на свободу, она должна лететь так, как этот голос: без цели, без дороги, стремясь исчертить, обнять, почувствовать всю звонкую ширь небесного пространства. Так, вероятно, запели бы сами зеленые поля, если бы дать им голос; так поют в летние тихие вечера те маленькие люди, что копошатся над чем-то в зеленой пустыне.

Юрасов пел, и багровый отсвет заходящего солнца горел на его лице, на его пальто из английского сукна и желтых ботинках. Он пел, провожая солнце, и все грустнее становилась его песня: как будто почувствовала птица звонкую ширь небесного пространства, содрогнулась неведомою тоскою и зовет кого-то: приди.

Солнце зашло, и серая паутинка легла на тихую землю и тихое небо. Серая паутина легла на лицо, меркнут на нем последние отблески заката, и мертвеет оно. Приди ко мне! отчего ты не приходишь? Солнце зашло, и темнеют поля. Так одиноко, и так больно одинокому сердцу. Так одиноко, так больно. Приди. Солнце зашло. Темнеют поля. Приди же, приди!

Так плакала его душа. А поля все темнели, и только небо над ушедшим солнцем стало еще светлее и глубже, как прекрасное лицо, обращенное к тому, кого любят и кто тихо, тихо уходит.

III

Проследовал контроль, и кондуктор вскользь грубо заметил Юрасову:

— На площадке стоять нельзя. Идите в вагон.

И ушел, сердито хлопнув дверью. И так же сердито Юрасов послал ему вдогонку:

— Болван!

Ему подумалось, что все это, и грубые слова и сердитое хлопанье дверью, все это идет оттуда, от порядочных людей в вагоне. И снова, чувствуя себя немцем Генрихом Вальтером, он обидчиво и раздраженно, высоко поднимая плечи, говорил воображаемому солидному господину:

— Нет, какие грубияны! Всегда и все стоят на площадке, а он: нельзя. Черт знает что!

Потом была остановка с ее внезапной и властной тишиною. Теперь, к ночи, трава и лес пахли еще сильнее, и сходившие люди уже не казались такими смешными и тяжелыми: прозрачные сумерки точно окрылили их, и две женщины в светлых платьях, казалось, не пошли, а полетели, как лебеди. И снова стало хорошо и грустно, и захотелось петь, — но голос не слушался, на язык подвертывались какие-то ненужные и скучные слова, и песня не выходила. Хотелось задуматься, заплакать сладко и безутешно, а вместо того все представляется какой-то солидный господин, которому он говорит вразумительно и веско:

— А вы заметили, как поднимаются сормовские?

И темные сдвинувшиеся поля снова думали о чем-то своем, были непонятны, холодны и чужды. Разноголосо и бестолково толкались колеса, и казалось, что все они цепляются друг за друга и друг другу мешают. Что-то стучало между ними и скрипело ржавым скрипом, что-то отрывисто шаркало: было похоже на толпу пьяных, глупых, бестолково блуждающих людей. Потом эти люди стали собираться в кучку, перестраиваться, и все запестрели яркими кафешантанными костюмами. Потом двинулись вперед и все разом пьяным, разгульным хором гаркнули:

— Маланья моя, лупо-гла-за-я…

Так омерзительно живо вспомнилась Юрасову эта песня, которую он слышал во всех городских садах, которую пели его товарищи и он сам, что захотелось отмахиваться от нее руками, как от чего-то живого, как от камней, брошенных из-за угла. И такая жестокая власть была в этих жутко бессмысленных словах, липких и наглых, что весь длинный поезд сотнею крутящихся колес подхватил их:

— Маланья моя, лупо-гла-за-я…

Что-то бесформенное и чудовищное, мутное и липкое тысячами толстых губ присасывалось к Юрасову, целовало его мокрыми нечистыми поцелуями, гоготало. И орало оно тысячами глоток, свистало, выло, клубилось по земле, как бешеное. Широкими круглыми рожами представлялись колеса, и сквозь бесстыжий смех, уносясь в пьяном вихре, каждое стучало и выло:

— Маланья моя, лупо-гла-за-я…

И только поля молчали. Холодные и спокойные, глубоко погруженные в чистую творческую думу, они ничего не знали о человеке далекого каменного города и чужды были его душе, встревоженной и ошеломленной мучительными воспоминаниями. Поезд уносил Юрасова вперед, а эта наглая и бессмысленная песня звала его назад, в город, тащила грубо и жестоко, как беглеца-неудачника, пойманного на пороге тюрьмы. Он еще упирается, он еще тянется руками к неизведанному счастливому простору, а в голове его уже встают, как роковая неизбежность, жестокие картины неволи среди каменных стен и железных решеток. И то, что поля так холодны и равнодушны и не хотят ему помочь, как чужому, наполняет Юрасова чувством безысходного одиночества. И Юрасов пугается — так неожиданно, так огромно и ужасно это чувство, выбрасывающее его из жизни, как мертвого. Если бы он заснул на тысячу лет и проснулся среди нового мира и новых людей, он не был бы более одинок, более чужд всему, чем теперь. Он хочет вызвать из памяти что-нибудь близкое, милое, но его нет, а наглая песня ревет в порабощенном мозгу и родит печальные и жуткие воспоминания, бросающие тень на всю его жизнь. Вот тот же сад, где пели эту «Маланью». И в этом саду он украл что-то, и его ловили, и все были пьяны: и он, и те, кто гнались за ним с криком и свистом. Он спрятался где-то, в каком-то темном углу, в черной дыре, и его потеряли. Он долго сидел там, возле каких-то старых досок, из которых торчали гвозди, рядом с развалившейся бочкою засохшей извести; чувствовались свежесть и покой разрыхленной земли, и молодым тополем сильно пахло, а по дорожкам, недалеко от него, гуляли разодетые люди, и музыка играла. Прошла мимо серая кошка, задумчивая, равнодушная к говору и музыке, — такая неожиданная в этом месте. И она была добрая кошка: Юрасов позвал ее: «кыс-кыс», и она подошла, помурлыкала, потерлась у его колен и дала поцеловать себя в мягкую мордочку, пахнувшую мехом и селедкой. От его поцелуев она зачихала и ушла, такая важная и равнодушная, как высокопоставленная дама, а он после этого вылез из своей засады, и его схватили.

Но там была хоть кошка, а здесь только равнодушные и сытые поля, и Юрасов начинает ненавидеть их всею силою своего одиночества. Если бы дать ему силу, он забросал бы их камнями; он собрал бы тысячу людей и велел бы вытоптать догола нежную лживую зелень, которая всех радует, а из его сердца пьет последнюю кровь. Зачем он поехал? Теперь он сидел бы в ресторане «Прогресс», и пил бы вино, и разговаривал, и смеялся. И он начинает ненавидеть ту, к которой едет, убогую и грязную подругу своей грязной жизни. Теперь она богатая и сама содержит девушек для продажи; она любит его и дает ему денег, сколько он захочет, а он приедет и изобьет ее до крови, до поросячьего визга. А потом он напьется пьян и будет плакать, душить себя за горло и петь, рыдая:

— Маланья моя…

Но колеса уже не поют. Устало, как больные дети, они жалобно рокочут и точно жмутся друг к другу, ища ласки и покоя. С высоты спокойно глядит на него строгое звездное небо, и со всех сторон обнимает его строгая, девственная тьма полей, и одинокие огоньки в ней — как слезы чистой жалости на прекрасном задумчивом лице. А далеко впереди маячит зарево станционных огней, и оттуда, от этого светлого пятна, вместе с теплым и свежим воздухом ночи, прилетают мягкие и нежные звуки музыки. Кошмар исчез, — и с привычной легкостью человека, который не имеет места на земле, Юрасов сразу забывает его и взволнованно прислушивается, улавливая знакомую мелодию.

— Танцуют! — говорит он и вдохновенно улыбается и счастливыми глазами оглядывается кругом, поглаживая себя руками, точно обмываясь. — Танцуют! Ах, ты, черт возьми. Танцуют!

Расправляет плечи, незаметно выгибается в такт знакомому танцу, весь наполняется живым чувством ритмического красивого движения. Он очень любит танцы и, когда танцует, становится очень добр, ласков и нежен, и уже не бывает ни немцем Генрихом Вальтером, ни Федором Юрасовым, которого постоянно судят за кражи, а кем-то третьим, о ком он ничего не знает. И когда с новым порывом ветра рой звуков уносится в темное поле — Юрасов пугается, что это навсегда, и чуть не плачет. Но еще более громкими и радостными, словно сил набравшись в темном поле, возвращаются умчавшиеся звуки, и Юрасов счастливо улыбается:

— Танцуют. Ах, ты, черт возьми!

IV

Возле самой станции танцевали. Дачники устроили бал: пригласили музыку, навешали вокруг площадки красных и синих фонариков, загнав ночную тьму на самую верхушку деревьев. Гимназисты, барышни в светлых платьях, студенты, какой-то молоденький офицер со шпорами, такой молоденький, как будто он нарочно нарядился военным, — плавно кружились по широкой площадке, поднимая песок ногами и развевающимися платьями. При обманчивом сумеречном свете фонариков все люди казались красивыми, а сами танцующие — какими-то необыкновенными существами, трогательными в своей воздушности и чистоте. Кругом ночь, а они танцуют; если только на десять шагов отойти в сторону от круга, необъятный всевластный мрак поглотит человека, — а они танцуют, и музыка играет для них так обаятельно, так задумчиво и нежно.

Поезд стоит пять минут, и Юрасов вмешивается в толпу любопытных: темным бесцветным кольцом облегли они площадку и цепко держатся за проволоку, такие ненужные, бесцветные. И одни из них улыбаются странною осторожною улыбкой, другие хмуры и печальны — той особенной бледной печалью, какая родится у людей при виде чужого веселья. Но Юрасову весело: вдохновенным взглядом знатока он приглядывается к танцорам, одобряет, легонько притоптывает ногой и внезапно решает:

— Не поеду. Останусь танцевать!

Из круга, небрежно раздвигая толпу, выходят двое: девушка в белом и высокий юноша, почти такой же высокий, как Юрасов. Вдоль полусонных вагонов, в конец дощатой платформы, где сторожко насупился мрак, идут они красивые и как будто несут с собою частицу света: Юрасову положительно кажется, что девушка светится, — так бело ее платье, так черны брови на ее белом лице. С уверенностью человека, который хорошо танцует, Юрасов нагоняет идущих и спрашивает:

— Скажите, пожалуйста, где здесь можно достать билеты на танцы?

У юноши нет усов. Строгим взглядом вполоборота он окидывает Юрасова и отвечает:

— Здесь только свои.

— Я проезжий. Меня зовут Генрих Вальтер.

— Вам же сказано: здесь только свои.

— Меня зовут Генрих Вальтер, Генрих Вальтер.

— Послушайте! — Юноша угрожающе останавливается, но девушка в белом увлекает его.

Если бы она только взглянула на Генриха Вальтера! Но она не смотрит и, вся белая, светящаяся, как облако противу луны, долго еще светится во мраке и бесшумно тает в нем.

— И не надо! — гордо вслед им шепчет Юрасов, а в душе его становится так бело и холодно, как будто снег там выпал — белый, чистый, мертвый снег.

Поезд еще стоит почему-то, и Юрасов прохаживается вдоль вагонов, такой красивый, строгий и важный в своем холодном отчаянии, что теперь никто не принял бы его за вора, трижды судившегося за кражи и много месяцев сидевшего в тюрьме. И он спокоен, все видит, все слышит и понимает, и только ноги у него как резиновые — не чувствуют земли, да в душе что-то умирает, тихо, спокойно, без боли и содрогания. Вот и умерло оно.

Музыка снова играет, и в ее плавные танцующие звуки вмешиваются отрывки странного, пугающего разговора:

— Слушайте, кондуктор, отчего не идет поезд? Юрасов замедляет шаги и вслушивается. Кондуктор сзади равнодушно отвечает:

— Стоит, стало быть, есть причина. Машинист танцевать пошел.

Пассажир смеется, и Юрасов идет дальше. На обратном пути он слышит, как два кондуктора говорят:

— Будто он в этом поезде.

140

— А кто же его видел?

— Да никто не видел. Жандарм сказывал.

— Врет твой жандарм, вот что. Тоже не глупее его люди…

Бьет звонок, и Юрасов одну минуту в нерешимости. Но с той стороны, где танцы, идет девушка в белом с кем-то под руку, и он вскакивает на площадку и переходит на другую ее сторону. Так он и не видит ни девушки в белом, ни танцующих; только музыка в одно мгновение обдает его затылок волною горячих звуков, и все пропадает в темноте и молчании ночи. Он один на зыбкой площадке вагона, среди смутных силуэтов ночи; все движется, все идет куда-то, не задевая его, такое постороннее и призрачное, как образы сна для спящего человека.

V

Толкнув дверью Юрасова и не заметив его, через площадку быстро прошел кондуктор с фонарем и скрылся за следующей дверью. Ни его шагов, ни даже хлопанья двери не было слышно за грохотом поезда, но вся его смутная, расплывающаяся фигура с торопливыми наступающими движениями произвела впечатление мгновенного, резко оборванного вскрика. Юрасов похолодел, что-то быстро соображая — и, как огонь, вспыхнула в его мозгу, в его сердце, во всем его теле одна огромная и страшная мысль: его ловят. О нем телеграфировали, его видели, его узнали и теперь ловят по вагонам. Тот «он», о котором так загадочно говорили кондуктора, есть именно Юрасов: и так страшно — узнать и найти себя в каком-то безличном «он», о котором говорят посторонние незнакомые люди.

И теперь они продолжают говорить о «нем», ищут «его». Да, там, от последнего вагона идут, он чувствует это чутьем опытного зверя. Трое или четверо, с фонарями, они рассматривают пассажиров, заглядывают в темные углы, будят спящих, шепчутся между собою — и шаг за шагом, с роковой постепенностью, с беспощадной неизбежностью приближаются к «нему», к Юрасову, к тому, кто стоит на площадке и прислушивается, вытянув шею. И поезд несется с свирепой быстротой, и колеса уже не поют и не говорят. Они кричат железными голосами, они шепчутся потаенно и глухо, они визжат в диком упоении злобою — остервенелая стая разбуженных псов.

Юрасов стискивает зубы и, принуждая себя к неподвижности, соображает: спрыгнуть при такой быстроте нельзя, до ближайшей остановки еще далеко; нужно пройти на перед поезда и там ждать. Пока они обыщут все вагоны, может что-нибудь случиться — та же остановка и замедление хода, и он соскочит. И в первую дверь он входит спокойно, улыбаясь, чтобы не казаться подозрительным, держа наготове изысканно-вежливое и убедительное «pardon!» — но в полутемном вагоне III класса так людно, так перепутано все в хаосе мешков, сундуков, отовсюду протянутых ног, что он теряет надежду добраться до выхода и теряется в чувстве нового неожиданного страха. Как пробиться сквозь эту стену? Люди спят, но их цепкие ноги отовсюду тянутся к проходу и загораживают его: они выходят откуда-то снизу, они свисают с полок, задевая голову и плечи, они перекидываются с одной лавочки на другую — вялые, как будто податливые и страшно враждебные в своем стремлении вернуться на прежнее место, принять прежнюю позу. Как пружины, они сгибаются и выпрямляются вновь, грубо и мертво толкая Юрасова, наводя на него ужас своим бессмысленным и грозным сопротивлением. Наконец он у двери, но, как железные болты, ее перегораживают две ноги в огромных сборчатых сапогах; злобно отброшенные, они упрямо и тупо возвращаются к двери, упираются в нее, выгибаются так, будто у них совсем нет костей — и в узенькую щель едва пролезает Юрасов. Он думал, что это уже площадка, а это только новое отделение вагона — с тою же частою сетью нагроможденных вещей и точно оторванных человеческих членов. И когда, нагнувшись, как бык, он добирается до площадки, глаза его бессмысленны, как у быка, и темный ужас животного, которое преследуют, и оно ничего не понимает, охватывает его черным заколдованным кругом. Он дышит тяжело, прислушивается, ловит в грохоте колес звуки приближающейся погони и, нагнувшись, как бык, превозмогая ужас, идет к темной, безмолвной двери. А за нею снова бестолковая борьба, снова бессмысленное и грозное сопротивление злых человеческих ног.

В вагоне I класса, в узком коридорчике, столпилась у открытого окна кучка знакомых между собою пассажиров, которым не спится. Они стоят, сидят на выдвинутых лавочках, и одна молоденькая дама с вьющимися волосами смотрит в окно. Ветер колышет занавеску, отбрасывает назад колечки волос, и Юрасову кажется, что ветер пахнет какими-то тяжелыми, искусственными, городскими духами.

— Pardon! — говорит он с тоскою. — Pardon.

Мужчины медленно и неохотно расступаются, оглядывая недружелюбно Юрасова; дама в окошке не слышит, и другая смешливая дама долго трогает ее за круглое, обтянутое плечо. Наконец она поворачивается и, прежде чем дать дорогу, медленно и страшно долго осматривает Юрасова, его желтые ботинки и пальто из настоящего английского сукна. В глазах у нее темнота ночи, и она щурится, точно раздумывая, пропустить этого господина или нет.

— Pardon! — говорит Юрасов умоляюще, и дама с своей шелестящей шелковой юбкою неохотно придвигается к стене.

А потом снова эти ужасные вагоны III класса — как будто уже десятки, сотни их прошел он, а впереди новые площадки, новые неподатливые двери и цепкие, злые, свирепые ноги. Вот наконец последняя площадка и перед нею темная, глухая стена багажного вагона, и Юрасов на минуту замирает, точно перестает существовать совсем. Что-то бежит мимо, что-то грохочет, и покачивается пол под сгибающимися, дрожащими ногами.

И вдруг он чувствует: стена, холодная и твердая стена, на которую он измученно оперся, тихо и настойчиво отталкивает его. Толкнет и снова толкнет — как живая, как хитрый и осторожный враг, не смеющий напасть открыто. И все то, что испытал и увидел Юрасов, сплетается в его мозгу в одну дикую картину огромной беспощадной погони. Ему кажется, что весь мир, который он считал равнодушным и чужим, теперь поднялся и гонится за ним, задыхаясь и стеная от злобы: и эти сытые, враждебные поля, и задумчивая дама в окошке, и эти переплетающиеся тупо-упрямые и злые ноги. Они сейчас сонны и вялы, но их поднимут, и всею своею топочущей громадой они устремятся за ним, прыгая, скача, давя все, что встретится на пути. Он один — а их тысячи, их миллионы, они весь мир: они сзади его и впереди, и со всех сторон, и нигде нет от них спасенья.

Вагоны мчатся, раскачиваются бешено, толкаются, и похожи они на бешеных железных чудовищ на коротеньких ножках, которые согнулись, хитро прилегли к земле и гонятся. На площадке темно, и нигде нет намека на свет, а то, что проносится перед глазами, бесформенно, мутно и непонятно. Какие-то тени на длинных, задом шагающих ногах, какие-то призрачные груды, то подступающие к самому вагону, то мгновенно исчезающие в ровном, безграничном мраке. Умерли зеленые поля и лес, одни их зловещие тени бесшумно реют над грохочущим поездом, а там, за несколько вагонов сзади, быть может, за четыре, быть может, только за один, так же бесшумно крадутся те. Трое или четверо, с фонарем, они осторожно рассматривают пассажиров, переглядываются, шепчутся и с дикой, смешной и жуткой медленностью подвигаются к нему. Вот они растворили еще одни двери… еще одни двери…

Последним усилием воли Юрасов принуждает себя к спокойствию и, медленно оглядевшись, лезет на крышу вагона. Он встал на узенькую железную полоску, закрывающую вход, и, перегнувшись, закинул руки вверх; он почти висит над мутною, живою, зловещей пустотой, охватывающей холодным ветром его ноги. Руки скользят по железу крыши, хватаются за желоб, и он мягко гнется, как бумажный; ноги тщетно ищут опоры, и желтые ботинки, твердые, словно дерево, безнадежно трутся вокруг гладкого, такого же твердого столба — и одну секунду Юрасов переживает чувство падения. Но уже в воздухе, изогнувшись телом, как падающая кошка, он меняет направление и попадает на площадку, одновременно ощущая сильную боль в колене, которым обо что-то ударился, и слыша треск разрывающейся материи. Это зацепилось и разорвалось пальто. И не думая о боли, и не думая ни о чем, Юрасов ощупывает вырванный клок, как будто это самое важное, печально качает головой и причмокивает: тсс!..

После неудачной попытки Юрасов слабеет, и ему хочется лечь на пол, заплакать и сказать: берите меня. И он уже выбирает место, где бы лечь, когда в памяти встают вагоны и переплетающиеся ноги, и он ясно слышит: те, трое или четверо с фонарями, идут. И снова бессмысленный животный ужас овладевает им и бросает его по площадке, как мяч, от одного конца к другому. И уже снова он хочет, бессознательно повторяясь, лезть на крышу вагона — когда огненный хриплый широкозевный рев, не то свист, не то крик, ни на что не похожий, врывается в его уши и гасит сознание. То засвистал над головой паровоз, приветствуя встречный поезд, а Юрасову почудилось что-то бесконечно ужасное, последнее в ужасе своем, бесповоротное. Как будто мир настиг его и всеми своими голосами выкрикнул одно громкое:

— А-га-а-а!..

И когда из мрака впереди пронесся ответный, все растущий, все приближающийся рев и на рельсы смежного полотна лег вкрадчивый свет надвигающегося курьерского поезда, он отбросил железную перекладину и спрыгнул туда, где совсем близко змеились освещенные рельсы. Больно ударился обо что-то зубами, несколько раз перевернулся, и когда поднял лицо со смятыми усами и беззубым ртом, — прямо над ним висели три какие-то фонаря, три неяркие лампы за выпуклыми стеклами.

Значения их он не понял.

Город

Это был огромный город, в котором жили они: чиновник коммерческого банка Петров и тот, другой, без имени и фамилии.

Встречались они раз в год — на Пасху, когда оба делали визит в один и тот же дом господ Василевских. Петров делал визиты и на Рождество, но, вероятно, тот, другой, с которым он встречался, приезжал на Рождество не в те часы, и они не видели друг друга. Первые два-три раза Петров не замечал его среди других гостей, но на четвертый год лицо его показалось ему уже знакомым, и они поздоровались с улыбкой, — а на пятый год Петров предложил ему чокнуться.

— За ваше здоровье! — сказал он приветливо и протянул рюмку.

— За ваше здоровье! — ответил, улыбаясь, тот и протянул свою рюмку.

Но имени его Петров не подумал узнать, а когда вышел на улицу, то совсем забыл о его существовании и весь год не вспоминал о нем. Каждый день он ходил в банк, где служил уже десять лет, зимой изредка бывал в театре, а летом ездил к знакомым на дачу, и два раза был болен инфлюэнцой [4] — второй раз перед самой Пасхой. И, уже всходя по лестнице к Василевским, во фраке и с складным цилиндром под мышкой, он вспомнил, что увидит там того, другого, и очень удивился, что совсем не может представить себе его лица и фигуры. Сам Петров был низенького роста, немного сутулый, так что многие принимали его за горбатого, и глаза у него были большие и черные, с желтоватыми белками. В остальном он не отличался от всех других, которые два раза в год бывали с визитом у господ Василевских, и когда они забывали его фамилию, то называли его просто «горбатенький».

Тот, другой, был уже там и собирался уезжать, но, увидев Петрова, улыбнулся приветливо и остался. Он тоже был во фраке и тоже с складным цилиндром, и больше ничего не успел рассмотреть Петров, так как занялся разговором, едой и чаем. Но выходили они вместе, помогали друг другу одеваться, как друзья; вежливо уступали дорогу и оба дали швейцару по полтиннику. На улице они немного остановились, и тот, другой, сказал:

— Дань! Ничего не поделаешь.

— Ничего не поделаешь, — ответил Петров, — дань!

И так как говорить было больше не о чем, они ласково улыбнулись, и Петров спросил:

— Вам куда?

— Мне налево. А вам?

— Мне направо.

На извозчике Петров вспомнил, что он опять не успел ни спросить об имени, ни рассмотреть его. Он обернулся: взад и вперед двигались

---

[4] инфлюэнца (итал. influenca) — другое название гриппа (примечание редактора).

экипажи, — тротуары чернели от идущего народа, и в этой сплошной движущейся массе того, другого, нельзя было найти, как нельзя найти песчинку среди других песчинок. И опять Петров забыл его и весь год не вспоминал.

Жил он много лет в одних и тех же меблированных комнатах, и там его очень не любили, так как он был угрюм и раздражителен, и тоже называли «горбачом». Он часто сидел у себя в номере один и неизвестно, что делал, потому что ни книжку, ни письмо коридорный Федот не считал за дело. По ночам Петров иногда выходил гулять, и швейцар Иван не понимал этих прогулок, так как возвращался Петров всегда трезвый и всегда один — без женщины.

А Петров ходил гулять ночью потому, что очень боялся города, в котором жил, и больше всего боялся его днем, когда улицы полны народа.

Город был громаден и многолюден, и было в этом многолюдии и громадности что-то упорное, непобедимое и равнодушно-жестокое. Колоссальной тяжестью своих каменных раздутых домов он давил землю, на которой стоял, и улицы между домами были узкие, кривые и глубокие, как трещины в скале. И казалось, что все они охвачены паническим страхом и от центра стараются выбежать на открытое поле, но не могут найти дороги, и путаются, и клубятся, как змеи, и перерезают друг друга, и в безнадежном отчаянии устремляются назад. Можно было по целым часам ходить по этим улицам, изломанным, задохнувшимся, замершим в страшной судороге, и все не выйти из линии толстых каменных домов. Высокие и низкие, то краснеющие холодной и жидкой кровью свежего кирпича, то окрашенные темной и светлой краской, они с непоколебимой твердостью стояли по сторонам, равнодушно встречали и провожали, теснились густой толпой и впереди и сзади, теряли физиономию и делались похожи один на другой — и идущему человеку становилось страшно: будто он замер неподвижно на одном месте, а дома идут мимо него бесконечной и грозной вереницей.

Однажды Петров шел спокойно по улице — и вдруг почувствовал, какая толща каменных домов отделяет его от широкого, свободного поля, где легко дышит под солнцем свободная земля и далеко окрест видит человеческий глаз. И ему почудилось, что он задыхается и слепнет, и захотелось бежать, чтобы вырваться из каменных объятий, — и было страшно подумать, что, как бы скоро он ни бежал, его будут провожать по сторонам все дома, дома, и он успеет задохнуться, прежде чем выбежать за город. Петров спрятался в первый ресторан, какой попался ему по дороге, но и там ему долго еще казалось, что он задыхается, и он пил холодную воду и протирал платком глаза.

Но всего ужаснее было то, что во всех домах жили люди. Их было множество, и все они были незнакомые и чужие, и все они жили своей собственной, скрытой для глаз жизнью, непрерывно рождались и умирали, — и не было начала и конца этому потоку. Когда Петров шел на службу или гулять, он видел уже знакомые и приглядевшиеся дома, и все представлялось ему знакомым и простым; но стоило, хотя бы на миг, остановить внимание на каком-нибудь лице — и все резко и грозно менялось. С чувством страха и бессилия Петров вглядывался во все лица и понимал, что видит их первый раз, что вчера он видел других людей, а завтра увидит третьих, и так всегда, каждый день, каждую минуту он видит новые и незнакомые лица. Вон толстый господин, на которого глядел Петров, скрылся за углом — и никогда больше Петров не увидит его. Никогда. И если захочет найти его, то может искать всю жизнь и не найдет.

И Петров боялся огромного, равнодушного города. В этот год у Петрова опять была инфлуэнца, очень сильная, с осложнением, и очень часто являлся насморк. Кроме того, доктор нашел у него катар желудка, и когда наступила новая Пасха и Петров поехал к господам Василевским, он думал дорогой о том, что он будет там есть. И, увидев того, другого, обрадовался и сообщил ему:

— А у меня, батенька, катар.

Тот, другой, с жалостью покачал головой и ответил:

— Скажите пожалуйста!

И опять Петров не узнал, как его зовут, но начал считать его хорошим своим знакомым и с приятным чувством вспоминал о нем. «Тот», — называл он его, но когда хотел вспомнить его лицо, то ему представлялись только фрак, белый жилет и улыбка, и так как лицо совсем не вспоминалось, то выходило, будто улыбаются фрак и жилет. Летом Петров очень часто ездил на одну дачу, носил красный галстук, фабрил усики и говорил Федоту, что с осени переедет на другую квартиру, а потом перестал ездить на дачу и на целый месяц запил. Пил он нелепо, со слезами и скандалами: раз выбил у себя в номере стекло, а другой раз напугал какую-то даму — вошел к ней вечером в номер, стал на колени и предложил быть его женой. Незнакомая дама была проститутка и сперва внимательно слушала его и даже смеялась, но, когда он заговорил о своем одиночестве и заплакал, приняла его за сумасшедшего и начала визжать от страха. Петрова вывели; он упирался, дергал Федота за волосы и кричал:

— Все мы люди! Все братья!

Его уже решили выселить, но он перестал пить, и снова по ночам швейцар ругался, отворяя и затворяя за ним дверь. К Новому году Петрову прибавили жалованья: 100 рублей в год, и он переселился в соседний номер, который был на пять рублей дороже и выходил окнами во двор. Петров думал, что здесь он не будет слышать грохота уличной езды и может хоть забывать о том, какое множество незнакомых и чужих людей окружает его и живет возле своей особенной жизнью.

И зимой было в номере тихо, но, когда наступила весна и с улиц скололи снег, опять начался грохот езды, и двойные стены не спасали от него. Днем, пока Петров был чем-нибудь занят, сам двигался и шумел, он не замечал грохота, хотя тот не прекращался ни на минуту; но приходила ночь, в доме все успокаивалось, и грохочущая улица властно врывалась в темную комнату и отнимала у нее покой и уединенность. Слышны были дребезжанье и разбитый стук отдельных экипажей; негромкий и жидкий стук зарождался где-то далеко, разрастался все ярче и громче и постепенно затихал, а на смену ему являлся новый, и так без перерыва. Иногда четко и в такт стучали одни подковы лошадей и не слышно было колес — это проезжала коляска на резиновых шинах, и часто стук отдельных экипажей сливался в мощный и страшный грохот, от которого начинали подергиваться слабой дрожью каменные стены и звякали склянки в шкапу. И все это были люди. Они сидели в пролетках и экипажах, ехали неизвестно откуда и куда, исчезали в неведомой глубине огромного города, и на смену им являлись новые, другие люди, и не было конца этому непрерывному и страшному в своей непрерывности движению. И каждый проехавший человек был отдельный мир, со своими законами и целями, со своей особенной радостью и горем, — и каждый был как призрак, который являлся на миг и, неразгаданный, неузнанный, исчезал. И чем больше было людей, которые не знали друг друга, тем ужаснее становилось одиночество каждого. И в эти черные, грохочущие ночи Петрову часто хотелось закричать от страха, забиться куда-нибудь в глубокий подвал и быть там совсем одному. Тогда можно думать только о тех, кого знаешь, и не чувствовать себя таким беспредельно одиноким среди множества чужих людей.

На Пасху того, другого, у Василевских не было, и Петров заметил это только к концу визита, когда начал прощаться и не встретил знакомой улыбки. И сердцу его стало беспокойно, и ему вдруг до боли захотелось увидеть того, другого, и что-то сказать ему о своем одиночестве и о своих ночах. Но он помнил очень мало о человеке, которого искал: только то, что он средних лет, кажется, блондин и всегда одет во фрак, и по этим признакам господа Василевские не могли догадаться, о ком идет речь.

— У нас на праздники бывает так много народу, что мы не всех знаем по фамилиям, — сказала Василевская. — Впрочем… не Семенов ли это?

И она по пальцам перечислила несколько фамилий: Смирнов, Антонов, Никифоров; потом без фамилий: лысый, который служит где-то, кажется, в почтамте; белокуренький; совсем седой. И все они были не тем, про которого спрашивал Петров, но могли быть и тем. Так его и не нашли.

В этот год в жизни Петрова ничего не произошло, и только глаза стали портиться, так что пришлось носить очки. По ночам, если была хорошая погода, он ходил гулять и выбирал для прогулки тихие и пустынные переулки. Но и там встречались люди, которых он раньше не видал, а потом никогда не увидит, а по бокам глухой стеной высились дома, и внутри их все было полно незнакомыми, чужими людьми, которые спали, разговаривали, ссорились; кто-нибудь умирал за этими стенами, а рядом с ним новый человек рождался на свет, чтобы затеряться на время в его движущейся бесконечности, а потом навсегда умереть. Чтобы утешить себя, Петров перечислял всех своих знакомых, и их близкие, изученные лица были как стена, которая отделяет его от бесконечности. Он старался припомнить всех: знакомых швейцаров, лавочников и извозчиков, даже случайно запомнившихся прохожих, и вначале ему казалось, что он знает очень много людей, но когда начал считать, то выходило ужасно мало: за всю жизнь он узнал всего двести пятьдесят человек, включая сюда и того, другого. И это было все, что было близкого и знакомого ему в мире. Быть может, существовали еще люди, которых он знал, но он их забыл, и это было все равно, как будто их нет совсем.

Тот, другой, очень обрадовался, когда увидел на Пасху Петрова. На нем был новый фрак и новые сапоги со скрипом, и он сказал, пожимая Петрову руку:

— А я, знаете, чуть не умер. Схватил воспаление легких, и теперь тут, — он постучал себя о бок, — в верхушке не совсем, кажется, ладно.

— Да что вы? — искренно огорчился Петров.

Они разговорились о разных болезнях, и каждый говорил о своих, и когда расставались, то долго пожимали руки, но об имени спросить забыли. А на следующую Пасху Петров не явился к Василевским, и тот, другой, очень беспокоился и расспрашивал г-жу Василевскую, кто такой горбатенький, который бывает у них.

— Как же, знаю, — сказала она. — Его фамилия Петров.

— А зовут как?

Госпожа Василевская хотела сказать, как зовут, но оказалось, что не знала, и очень удивилась этому. Не знала она и того, где Петров служит: не то в почтамте, не то в какой-то банкирской конторе.

Потом не явился тот, другой, а потом пришли оба, но в разные часы, и не встретились. А потом они перестали являться совсем, и господа Василевские никогда больше не видели их, но не думали об этом, так как у них бывает много народа и они не могут всех запомнить.

Огромный город стал еще больше, и там, где широко расстилалось поле, неудержимо протягиваются новые улицы, и по бокам их толстые, распертые каменные дома грузно давят землю, на которой стоят. И к семи бывшим в городе кладбищам прибавилось новое, восьмое. На нем совсем нет зелени, и пока на нем хоронят только бедняков.

И когда наступает длинная осенняя ночь, на кладбище становится тихо, и только далекими отголосками проносится грохот уличной езды, которая не прекращается ни днем ни ночью.

Гостинец,

I

— Так ты приходи! — в третий раз попросил Сениста, и в третий раз Сазонка торопливо ответил:

— Приду, приду, ты не бойся. Еще бы не прийти, конечно, приду.

И снова они замолчали. Сениста лежал на спине, до подбородка укрытый серым больничным одеялом, и упорно смотрел на Сазонку; ему хотелось, чтобы Сазонка подольше не уходил из больницы и чтобы своим ответным взглядом он еще раз подтвердил обещание не оставлять его в жертву одиночеству, болезни и страху. Сазонке же хотелось уйти, но он не знал, как сделать это без обиды для мальчика, шмурыгал носом, почти сползал со стула и опять садился плотно и решительно, как будто навсегда. Он бы еще посидел, если бы было о чем говорить; но говорить было не о чем, и мысли приходили глупые, от которых становилось смешно и стыдно. Так, его все время тянуло называть Сенисту но имени и отчеству — Семеном Ерофеичем, что было отчаянно нелепо: Сениста был мальчишка-подмастерье, а Сазонка был солидным мастером и пьяницей, и Сазонкой звался только по привычке. И еще двух недель не прошло с тех пор, как он дал Сенисте последний подзатыльник, и это было очень дурно, но и об этом говорить тоже нельзя.

Сазонка решительно начал сползать со стула, но, не доведя дела до половины, так же решительно всполз назад и сказал не то в виде укоризны, не то утешения:

— Так вот какие дела. Болит, а?

Сениста утвердительно качнул головой и тихо ответил:

— Ну, ступай. А то он бранить будет.

— Это верно, — обрадовался Сазонка предлогу. — Он и то приказывал: ты, говорит, поскорее. Отвезешь — и той же минутой назад. И чтобы водки ни-ни. Вот черт!

Но вместе с сознанием, что он может теперь уйти каждую минуту, в сердце Сазонки вошла острая жалость к большеголовому Сенисте. К жалости призывала вся необычная обстановка: тесный ряд кроватей с бледными, хмурыми людьми; воздух, до последней частицы испорченный запахом лекарств и испарениями больного человеческого тела; чувство собственной силы и здоровья. И, уже не избегая просительного взгляда, Сазонка наклонился к Сенисте и твердо повторил:

— Ты, Семен… Сеня, не бойся. Приду. Как ослобонюсь, так и к тебе. Разве мы не люди? Господи! Тоже и у нас понятие есть. Милый! Веришь мне аль нет?

И с улыбкой на почерневших, запекшихся губах Сениста отвечал:

— Верю.

— Вот! — торжествовал Сазонка.

Теперь ему было легко и приятно, и он мог уже поговорить о подзатыльнике, случайно данном две недели назад. И он осторожно намекнул, касаясь пальцем Сенина плеча:

— А ежели тебя по голове кто бил, так разве это со зла? Господи! Голова у тебя очень такая удобная: большая да стриженая.

Сениста опять улыбнулся, и Сазонка поднялся со стула. Ростом он был очень высок, волосы его, все в мелких кудряшках, расчесанные частой гребенкой, подымались пышной и веселой шапкой, и серые припухшие глаза искрились и безотчетно улыбались.

— Ну, прощевай! — сказал он, но не тронулся с места.

Он нарочно сказал «прощевай», а не «прощай», потому что так выходило душевнее, но теперь ему показалось этого мало. Нужно было сделать что-то еще более душевное и хорошее, такое, после которого Сенисте весело было бы лежать в больнице, а ему легко было бы уйти. И он неловко топтался на месте, смешной в своем детском смущении, когда Сениста опять вывел его из затруднения.

— Прощай! — сказал он своим детским, тоненьким голоском, за который его дразнили «гуслями», и совсем просто, как взрослый, высвободил руку из-под одеяла и, как равный, протянул ее Сазонке.

И Сазонка, чувствуя, что это именно то, чего не хватало ему для полного спокойствия, почтительно охватил тонкие пальчики своей здоровой лапищей, подержал их и со вздохом опустил. Было что-то печальное и загадочное в прикосновении тонких горячих пальчиков: как будто Сениста был не только равным всем людям на свете, но и выше всех и всех свободнее, и происходило это оттого, что принадлежал он теперь

151

неведомому, но грозному и могучему хозяину. Теперь его можно было назвать Семеном Ерофеевичем.

— Так приходи же, — в четвертый раз попросил Сениста, и эта просьба прогнала то страшное и величавое, что на миг осенило его своими бесшумными крылами.

Он снова стал мальчиком, больным и страдающим, и снова стало жаль его, — очень жаль.

Когда Сазонка вышел из больницы, за ним долго еще гнался запах лекарств и просящий голос:

— Приходи же!

И, разводя руками, Сазонка отвечал:

— Милый! Да разве мы не люди?

II

Подходила Пасха, и портновской работы было так много, что только один раз в воскресенье вечером Сазонке удалось напиться, да и то не допьяна. Целые дни, по-весеннему светлые и длинные, от петухов до петухов, он сидел на подмостках у своего окна, по-турецки поджав под себя ноги, хмурясь и неодобрительно посвистывая. С утра окно находилось в тени, и в разошедшиеся пазы тянуло холодком, но к полудню солнце прорезывало узенькую желтую полоску, в которой светящимися точками играла приподнятая пыль. А через полчаса уже весь подоконник с набросанными на нем обрезками материй и ножницами горел ослепительным светом, и становилось так жарко, что нужно было, как летом, распахнуть окно. И вместе с волной свежего, крепкого воздуха, пропитанного запахом преющего навоза, подсыхающей грязи и распускающихся почек, в окно влетала шальная, еще слабосильная муха и приносился разноголосый шум улицы. Внизу у завалинки рылись куры и блаженно кудахтали, нежась в круглых ямках; на противоположной, уже просохшей стороне улицы играли в бабки ребята, и их пестрый, звонкий крик и удары чугунных плит о костяшки звучали задором и свежестью. Езды по улице, находившейся на окраине Орла, было совсем мало, и только изредка шажком проезжал пригородный мужик; телега подпрыгивала в глубоких колеях, еще полных жидкой грязи, и все части ее стучали деревянным стуком, напоминающим лето и простор полей.

Когда у Сазонки начинало ломить поясницу и одеревеневшие пальцы не держали иглы, он босиком и без подпояски, как был, выскакивал на улицу, гигантскими скачками перелетал лужи и присоединялся к играющим ребятам.

152

— Ну-ка, дай ударить, — просил он, и десяток грязных рук протягивали ему плиты, и десяток голосов просили:

— За меня! Сазонка, за меня!

Сазонка выбирал плиту поувесистее, засучивал рукав и, приняв позу атлета, мечущего диск, измерял прищуренным глазом расстояние. С легким свистом плита вырывалась из его руки и, волнообразно подскакивая, скользящим ударом врывалась в средину длинного кона, и пестрым дождем рассыпались бабки, и таким же пестрым криком отвечали на удар ребята. После нескольких ударов Сазонка отдыхал и говорил ребятам:

— А Сениста-то еще в больнице, ребята.

Но, занятые своим интересным делом, ребята принимали известие холодно и равнодушно.

— Надобно ему гостинца отнести. Вот ужо отнесу, — продолжал Сазонка.

На слово «гостинец» отозвались многие. Мишка Поросенок подергивал одной рукой штанишки — другая держала в подоле рубахи бабки — и серьезно советовал:

— Ты ему гривенник дай.

Гривенник была та сумма, которую обещал дед самому Мишке, и выше ее не шло его представление о человеческом счастье. Но долго разговаривать о гостинце не было времени, и такими же гигантскими прыжками Сазонка перебирался к себе и опять садился за работу. Глаза его припухли, лицо стало бледно-желтым, как у больного, и веснушки у глаз и на носу казались особенно частыми и темными. Только тщательно расчесанные волосы подымались все той же веселой шапкой, и когда хозяин, Гавриил Иванович, смотрел на них, ему непременно представлялся уютный красный кабачок и водка, и он ожесточенно сплевывал и ругался.

В голове Сазонки было смутно и тяжело, и по целым часам он неуклюже ворочал какую-нибудь одну мысль: о новых сапогах или гармонике. Но чаще всего он думал о Сенисте и о гостинце, который он ему отнесет. Машинка монотонно и усыпляюще стучала, покрикивал хозяин — и все одна и та же картина представлялась усталому мозгу Сазонки: как он приходит к Сенисте в больницу и подает ему гостинец, завернутый в ситцевый каемчатый платок. Часто в тяжелой дреме он забывал, кто такой Сениста, и не мог вспомнить его лица; но каемчатый платок, который нужно еще купить, представлялся живо и ясно, и даже казалось, что узелки на нем не совсем крепко завязаны. И всем, хозяину, хозяйке, заказчикам и ребятам, Сазонка говорил, что пойдет к мальчику непременно на первый день Пасхи.

— Уж так нужно, — твердил он. — Причешусь, и той же минутой к нему. На, милый, получай!

Но, говоря это, он видел другую картину: распахнутые двери красного кабачка и в темной глубине их залитую сивухой стойку. И его охватывало горькое сознание своей слабости, с которой он не может бороться, и хотелось кричать громко и настойчиво: «К Сенисте пойду! К Сенисте!»

А голову наполняла серая, колеблющаяся муть, и только каемчатый платок выделялся из нее. Но не радость в нем была, а суровый укор и грозное предостережение.

III

И на первый день Пасхи и на второй Сазонка был пьян, дрался, был избит и ночевал в участке. И только на четвертый день удалось ему выбраться к Сенисте.

Улица, залитая солнечным светом, пестрела яркими пятнами кумачовых рубах и веселым оскалом белых зубов, грызущих подсолнухи; играли вразброд гармоники, стучали чугунные плиты о костяшки, и голосисто орал петух, вызывая на бой соседского петуха. Но Сазонка не глядел по сторонам. Лицо его, с подбитым глазом и рассеченной губой, было мрачно и сосредоточенно, и даже волосы не вздымались пышной гривой, а как-то растерянно торчали отдельными космами. Было совестно за пьянство и неисполненное слово, было жаль, что представится он Сенисте не во всей красе — в красной шерстяной рубахе и жилетке, — а пропившийся, паскудный, воняющий перегоревшей водкой. Но чем ближе подходил он к больнице, тем легче ему становилось, и глаза чаще опускались вниз, направо, где бережно висел в руке узелок с гостинцем. И лицо Сенисты виделось теперь совсем живо и ясно с запекшимися губами и просящим взглядом.

— Милый, да разве? Ах, господи! — говорил Сазонка и крупно надбавлял шагу.

Вот и больница — желтое, громадное здание, с черными рамами окон, отчего окна походили на темные угрюмые глаза. Вот и длинный коридор, и запах лекарств, и неопределенное чувство жути и тоски. Вот и палата и постель Сенисты…

Но где же сам Сениста?

— Вам кого? — спросила вошедшая следом сиделка.

— Мальчик тут один лежал. Семен. Семен Ерофеев. Вот на этом месте. — Сазонка указал пальцем на пустую постель.

— Так нужно допрежде спрашивать, а то ломитеся зря, — грубо сказала сиделка. — И не Семен Ерофеев, а Семен Пустошкин.

— Ерофеев — это по отчеству. Родителя звали Ерофеем, так вот он и выходит Ерофеич, — объяснил Сазонка, медленно и страшно бледнея.

— Помер ваш Ерофеич. А только мы этого не знаем: по отчеству. По-нашему — Семен Пустошкин. Помер, говорю.

— Вот как-с! — благопристойно удивился Сазонка, бледный настолько, что веснушки выступили резко, как чернильные брызги. — Когда же-с?

— Вчера после вечерен.

— А мне можно?.. — запинаясь, попросил Сазонка.

— Отчего нельзя? — равнодушно ответила сиделка. — Спросите, где мертвецкая, вам покажут. Да вы не убивайтесь! Кволый он был, не жилец.

Язык Сазонки расспрашивал дорогу вежливо и обстоятельно, ноги твердо несли его в указываемом направлении, но глаза ничего не видели. И видеть они стали только тогда, когда неподвижно и прямо они уставились в мертвое тело Сенисты. Тогда же ощутился и страшный холод, стоявший в мертвецкой, и все кругом стало видно: покрытые сырыми пятнами стены, окно, занесенное паутиной; как бы ни светило солнце, небо через это окно всегда казалось серым и холодным, как осенью. Где-то с перерывами беспокойно жужжала муха; падали откуда-то капельки воды; упадет одна, — кап! — и долго после того в воздухе носится жалобный, звенящий звук.

Сазонка отступил на шаг назад и громко сказал:

— Прощевай, Семен Ерофеич.

Затем опустился на колени, коснулся лбом сырого пола и поднялся.

— Прости меня, Семен Ерофеич, — так же раздельно и громко выговорил он, и снова упал на колени, и долго прижимался лбом, пока не стала затекать голова.

Муха перестала жужжать, и было так тихо, как бывает только там, где лежит мертвец. И через равные промежутки падали в жестяной таз капельки, падали и плакали — тихо, нежно.

IV

Тотчас за больницей город кончался и начиналось поле, и Сазонка побрел в поле. Ровное, не нарушаемое ни деревом, ни строением, оно привольно раскидывалось вширь, и самый ветерок казался его свободным и теплым дыханием. Сазонка сперва шел по просохшей дороге, потом свернул влево и прямиком по пару и прошлогоднему жнитву направился к реке.

155

Местами земля была еще сыровата, и там после его прохода оставались следы его ног с темными углублениями каблуков.

На берегу Сазонка улегся в небольшой, покрытой травой ложбинке, где воздух был неподвижен и тепел, как в парнике, и закрыл глаза. Солнечные лучи проходили сквозь закрытые веки теплой и красной волной; высоко в воздушной синеве звенел жаворонок, и было приятно дышать и не думать. Полая вода уже сошла, и речка струилась узеньким ручейком, далеко на противоположном низком берегу оставив следы своего буйства: огромные, ноздреватые льдины. Они кучками лежали друг на друге и белыми треугольниками подымались вверх навстречу огненным беспощадным лучам, которые шаг за шагом точили и сверлили их. В полудремоте Сазонка откинул руку — под нее попало что-то твердое, обернутое материей.Гостинец.

Быстро приподнявшись, Сазонка вскрикнул:

— Господи! Да что же это?

Он совершенно забыл про узелок и испуганными глазами смотрел на него: ему чудилось, что узелок сам своей волей пришел сюда и лег рядом, и страшно было до него дотронуться. Сазонка глядел-глядел не отрываясь, — и бурная, клокочущая жалость и неистовый гнев подымались в нем. Он глядел на каемчатый платок — и видел, как на первый день, и на второй, и на третий Сениста ждал его и оборачивался к двери, а он не приходил. Умер одинокий, забытый — как щенок, выброшенный в помойку. Только бы на день раньше — и потухающими глазами он увидел бы гостинец, и возрадовался бы детским своим сердцем, и без боли, без ужасающей тоски одиночества полетела бы его душа к высокому небу.

Сазонка плакал, впиваясь руками в свои пышные волосы и катаясь по земле. Плакал и, подымая руки к небу, жалко оправдывался:

— Господи! Да разве мы не люди?

И прямо рассеченной губой он упал на землю — и затих в порыве немого горя. Лицо его мягко и нежно щекотала молодая трава; густой, успокаивающий запах подымался от сырой земли, и была в ней могучая сила и страстный призыв к жизни. Как вековечная мать, земля принимала в свои объятия грешного сына и теплом, любовью и надеждой поила его страдающее сердце.

А далеко в городе нестройно гудели веселые праздничные колокола.

Друг

Когда поздней ночью он звонил у своих дверей, первым звуком после колокольчика был звонкий собачий лай, в котором слышались и боязнь чужого и радость, что это идет свой. Потом доносилось шлепанье калош и скрип снимаемого крючка.

Он входил и раздевался в темноте, чувствуя недалеко от себя молчаливую женскую фигуру. А колена его ласково царапали когти собаки, и горячий язык лизал застывшую руку.

— Ну, что? — спрашивал заспанный голос тоном официального участия.

— Ничего. Устал, — коротко отвечал Владимир Михайлович и шел в свою комнату.

За ним, стуча когтями по вощеному полу, шла собака и вспрыгивала на кровать. Когда свет зажженной лампы наполнял комнату, взор Владимира Михайловича встречал упорный взгляд черных глаз собаки. Они говорили: приди же, приласкай меня. И, чтобы сделать это желание более понятным, собака вытягивала передние лапы, клала на них боком голову, а зад ее потешно поднимался, и хвост вертелся, как ручка у шарманки.

— Друг ты мой единственный! — говорил Владимир Михайлович и гладил черную блестящую шерсть. Точно от полноты чувства, собака опрокидывалась на спину, скалила белые зубы и легонько ворчала, радостная и возбужденная. А он вздыхал, ласкал ее и думал, что нет больше на свете никого, кто любил бы его.

Если Владимир Михайлович возвращался рано и не уставал от работы, он садился писать, и тогда собака укладывалась комочком где-нибудь на стуле возле него, изредка открывала один черный глаз и спросонья виляла хвостом. И когда, взволнованный процессом творчества, измученный муками своих героев, задыхающийся от наплыва мыслей и образов, он ходил по комнате и курил папиросу за папиросой, она следила за ним беспокойным взглядом и сильнее виляла хвостом.

— Будем мы с тобой знамениты, Васюк? — спрашивал он собаку, и та утвердительно махала хвостом.

— Будем тогда печенку есть, ладно?

«Ладно», — отвечала собака и сладко потягивалась: она любила печенку.

У Владимира Михайловича часто собирались гости. Тогда его тетка, с которой он жил, добывала у соседей посуду, поила чаем, ставя самовар за самоваром, ходила покупать водку и колбасу и тяжело вздыхала, доставая со дна кармана засаленный рубль. В накуренной комнате звучали громкие голоса. Спорили, смеялись, говорили смешные и острые вещи, жаловались на свою судьбу и завидовали друг другу; советовали Владимиру Михайловичу бросить литературу и заняться другим, более выгодным делом. Одни говорили, что ему нужно лечиться, другие чокались с ним рюмками и говорили о вреде водки для его здоровья. Он такой больной, постоянно нервничающий. Оттого у него припадки тоски, оттого он ищет в жизни невозможного. Все говорили с ним на «ты», и в голосе их звучало участье, и они дружески звали его с собой ехать за город продолжать попойку. И когда он, веселый, кричащий больше всех и беспричинно смеющийся, уезжал, его провожали две пары глаз: серые глаза тетки, сердитые и упрекающие, и черные, беспокойно ласковые глаза собаки.

Он не помнил, что он делал, когда пил и когда к утру возвращался домой, выпачканный в грязи и мелу и потерявший шляпу. Передавали ему, что во время попойки он оскорблял друзей, а дома обижал тетку, которая плакала и говорила, что не выдержит такой жизни и удавится, и мучил собаку за то, что она не идет к нему ласкаться. Когда же она, испуганная и дрожащая, скалила зубы, то бил ее ремнем. Наступал следующий день; все уже кончали свою дневную работу, а он просыпался, больной и страдающий. Сердце неровно колотилось в груди и замирало, наполняя его страхом близкой смерти, руки дрожали. За стеной, в кухне, стучала тетка, и звук ее шагов разносился по пустой и холодной квартире. Она не заговаривала с Владимиром Михайловичем и молча подавала ему воду, суровая, непрощающая. И он молчал, смотрел на потолок в одно давно им замеченное пятнышко и думал, что он сжигает свою жизнь, и никогда у него не будет ни славы, ни счастья. Он сознавал себя ничтожным, и слабым, и одиноким до ужаса. Бесконечный мир кишел движущимися людьми, и не было ни одного человека, который пришел бы к нему и разделил его муки, безумно-горделивые помыслы о славе и убийственное сознание ничтожества. Дрожащей, ошибающейся рукой он хватался за холодный лоб и сжимал веки, но, как ни крепко он их сжимал, слеза просачивалась и скользила по щеке, еще сохранившей запах продажных поцелуев. А когда он опускал руку, она падала на другой лоб, шерстистый и гладкий, и затуманенный слезой взгляд встречал черные, ласковые глаза собаки, и ухо ловило ее тихие вздохи. И он шептал, тронутый, утешенный:

— Друг, друг мой единственный!..

Когда он выздоравливал, к нему приходили друзья и мягко упрекали его, давали советы и говорили о вреде водки. А те из друзей, кого он оскорбил пьяный, переставали кланяться ему. Они понимали, что он не хотел им зла, но они не желали натыкаться на неприятность. Так, в борьбе с самим собой, неизвестностью и одиночеством, протекали угарные, чадные ночи и строго карающие светлые дни. И часто в пустой квартире гулко отдавались шаги тетки, и на кровати слышался шепот, похожий на вздох:

— Друг, друг мой единственный!..

И наконец она пришла, эта неуловимая слава, пришла, нежданная-негаданная, и наполнила светом и жизнью пустую квартиру. Шаги тетки тонули в топоте дружеских ног, призрак одиночества исчез, и замолк тихий шепот. Исчезла и водка, этот зловещий спутник одиноких, и Владимир Михайлович более не оскорблял ни тетки, ни друзей. Радовалась и собака. Еще звончее стал ее лай при поздних встречах, когда он, ее единственный друг, приходил добрый, веселый, смеющийся, и она сама научилась смеяться; верхняя губа ее приподнималась, обнажая белые зубы, и потешными складками морщился нос. Веселая, шаловливая, она начинала играть, хватала его вещи и делала вид, что хочет унести их, а когда он протягивал руки, чтобы поймать ее, подпускала его на шаг и снова убегала, и черные глаза ее искрились лукавством. Иногда он показывал собаке на тетку и кричал: «куси», и собака с притворным гневом набрасывалась на нее, тормошила ее юбку и, задыхаясь, косилась черным лукавым глазом на друга. Тонкие губы тетки кривились в суровую улыбку, она гладила заигравшуюся собаку по блестящей голове и говорила:

— Умная собака, только вот супу не любит.

А по ночам, когда Владимир Михайлович работал и только дребезжание стекол от уличной езды нарушало тишину, собака чутко дремала возле него и пробуждалась при малейшем его движении.

— Что, брат, печенки хочешь? — спрашивал он.

— Хочу, — утвердительно вилял хвостом Васюк.

— Ну, погоди, куплю. Что, хочешь, чтобы приласкал? Некогда, брат, некогда. Спи.

Каждую ночь спрашивал он собаку о печенке, но постоянно забывал купить ее, так как голова его была полна планами новых творений и мыслями о женщине, которую он полюбил. Раз только вспомнил он о печенке; это было вечером, и он проходил мимо мясной лавки, а под руку с ним шла красивая женщина и плотно прижимала свой локоть к его локтю. Он шутливо рассказал ей о своей собаке, хвалил ее ум и понятливость. Немного рисуясь, он передал о том, что были ужасные, тяжелые минуты, когда он считал собаку единственным своим другом, и, шутя, рассказал о своем обещании купить другу печенки, когда будет счастлив… Он плотнее прижал к себе руку девушки.

— Художник! — смеясь, воскликнула она. — Вы даже камни заставите говорить; а я очень не люблю собак: от них так легко заразиться.

Владимир Михайлович согласился, что от собаки легко можно заразиться, и промолчал о том, что он иногда целовал блестящую черную морду.

Однажды днем Васюк играл больше обыкновенного, а вечером, когда Владимир Михайлович пришел домой, не явился встречать его, и тетка сказала, что собака больна. Владимир Михайлович встревожился и пошел в кухню, где на тоненькой подстилке лежала собака. Нос ее был сухой и горячий, и глаза помутнели. Она пошевелила хвостом и печально посмотрела на друга.

— Что, мальчик, болен? Бедный ты мой!

Хвост слабо шевельнулся, и черные глаза стали влажными.

— Ну, лежи, лежи.

«Надо бы к ветеринару отвезти, а мне завтра некогда. Ну, да так пройдет», — думал Владимир Михайлович и забыл о собаке, мечтая о том счастье, какое может дать ему красивая девушка. Весь следующий день его не было дома, а когда он вернулся, рука его долго шарила, ища звонка, а найдя, долго недоумевала, что делать с этой деревяшкой.

— Ах да, нужно же позвонить, — засмеялся он и запел:— отворите!

Одиноко звякнул колокольчик, зашлепали калоши, и скрипнул снимаемый крючок. Напевая, Владимир Михайлович прошел в комнату, долго ходил, прежде чем догадался, что ему нужно зажечь лампу, потом разделся, но еще долго держал в руках снятый сапог и смотрел на него так, как будто это была красивая девушка, которая сегодня сказала так просто и сердечно: да, я люблю вас. И, улегшись, он все продолжал видеть ее живое лицо, пока рядом с ним не встала черная, блестящая морда собаки, и острой болью кольнул в сердце вопрос: а где же Васюк? Стало совестно, что он забыл больную собаку, но не особенно: ведь не раз Васюк бывал болен, и ничего же. А завтра можно пригласить ветеринара. Но, во всяком случае, не нужно думать о собаке и о своей неблагодарности — это ничему не помогает и уменьшает счастье.

С утра собаке стало худо. Ее мучила рвота, и, воспитанная в правилах строгого приличия, она тяжело поднималась с подстилки и шла на двор, шатаясь, как пьяная. Ее маленькое черное тело лоснилось, как всегда, но голова была бессильно опущена, и посеревшие глаза смотрели печально и удивленно. Сперва Владимир Михайлович сам вместе с теткой раскрывал собаке рот с пожелтевшими деснами и вливал лекарство, но она так мучилась, так страдала, что ему стало тяжело смотреть на нее, и он оставил ее на попечение тетки. Когда же из-за стены доходил до него слабый, беспомощный стон, он закрывал уши руками и удивлялся, до чего он любил эту бедную собаку.

Вечером он ушел. Когда перед тем он заглянул в кухню, тетка стояла на коленях и гладила сухой рукой шелковистую, горячую голову. Вытянув ноги, как палки, собака лежала тяжелой и неподвижной, и, только наклонившись к самой ее морде, можно было услышать тихие и частые стоны. Глаза ее, совсем посеревшие, устремились на вошедшего, и, когда он осторожно провел по лбу, стоны сделались явственнее и жалобнее.

— Что, брат, плохо дело? Ну, погоди, выздоровеешь, печенки куплю.

— Суп есть заставлю, — шутливо пригрозила тетка.

Собака закрыла глаза, и Владимир Михайлович, ободренный шуткой, торопливо ушел и на улице нанял извозчика, так как боялся опоздать на свидание с Натальей Лаврентьевной.

В эту осеннюю ночь так свеж и чист был воздух, так много звезд сверкало на темном небе. Они падали, оставляя огнистый след, и вспыхивали, и голубым светом озаряли красивое женское лицо, и отражались в темных глазах — точно светляк появлялся на дне черного глубокого колодца. И жадные губы беззвучно целовали и глаза эти, и свежие, как воздух ночи, уста, и холодную щеку. Ликующие, дрожащие любовью голоса, сплетаясь, шептали о радости и жизни.

Подъезжая к дому, Владимир Михайлович вспомнил о собаке, и грудь его заныла от темного предчувствия. Когда тетка отворила дверь, он спросил:

— Ну, что Васюк?

— Околел. Через час после твоего ухода.

Околевшую собаку уже вынесли и выбросили куда-то, и подстилка была убрана. Но Владимир Михайлович и не хотел видеть трупа: это было бы слишком тяжелое зрелище. Когда он улегся спать и в пустой квартире замолкли все звуки, он заплакал, сдерживая себя. Безмолвно кривились его губы, и слезы набухали под закрытыми веками и быстро скатывались на грудь. Ему было стыдно, что он целовал женщину в тот миг, когда здесь, на полу, одиноко умирал тот, кто был его другом. И он боялся, что подумает тетка о нем, серьезном человеке, услышав, что он плачет о собаке.

С тех пор прошло много времени. Слава ушла от Владимира Михайловича так же, как и пришла — загадочная и жестокая. Он обманул надежды, которые возлагали на него, и все были^злы на этот обман и выместили его негодующими речами и холодными насмешками. А потом, точно крышка гроба, опустилось на него мертвое, тяжелое забвение.

Женщина покинула его: она также считала себя обманутой.

Проходили угарные, чадные ночи и беспощадно карающие белые дни, и часто, чаще, чем прежде, гулко раздавались в пустой квартире шаги тетки, а он лежал на своей кровати, смотрел в знакомое пятнышко на потолке и шептал:

— Друг, друг мой единственный…

И бессильно падала на пустое место дрожащая рука.

Елеазар

I

Когда Елеазар вышел из могилы, где три дня и три ночи находился он под загадочною властию смерти, и живым возвратился в свое жилище, в нем долго не замечали тех зловещих странностей, которые со временем сделали страшным самое имя его. Радуясь светлой радостью о возвращенном к жизни, друзья и близкие ласкали его непрестанно и в заботах о пище и питье и о новой одежде утоляли жадное внимание свое. И одели его пышно в яркие цвета надежды и смеха, и когда он, подобно жениху в брачном одеянии, снова сидел среди них за столом, и снова ел, и снова пил, они плакали от умиления и звали соседей, чтобы взглянуть на чудесно воскресшего. Приходили соседи и радовались умиленно; приходили незнакомые люди из дальних городов и селений и в бурных восклицаниях выражали свое поклонение чуду — точно пчелы гудели над домом Марии и Марфы.

И то, что появилось нового в лице Елеазара и движениях его, объясняли естественно, как следы тяжелой болезни и пережитых потрясений. Очевидно, разрушительная работа смерти над трупом была только остановлена чудесной властью, но не уничтожена совсем; и то, что смерть уже успела сделать с лицом и телом Елеазара, было как неоконченный рисунок художника под тонким стеклом. На висках Елеазара, под его глазами и во впадинах щек лежала густая землистая синева; так же землисто-сини были длинные пальцы рук, и у выросших в могиле ногтей синева становилась багровой и темной. Кое-где на губах и на теле лопнула кожа, вздувшаяся в могиле, и на этих местах оставались тонкие, красноватые трещинки, блестящие, точно покрытые прозрачной слюдой. И тучен он стал. Раздутое в могиле тело сохранило эти чудовищные размеры, эти страшные выпуклости, за которыми чувствуется зловонная влага разложения. Но трупный, тяжелый запах, которым были пропитаны погребальные одежды Елеазара и, казалось, самое тело его, вскоре исчез совершенно, а через некоторое время смягчилась синева рук и лица и загладились красноватые трещинки кожи, хотя совсем они никогда не исчезли. С таким лицом предстал он людям во второй своей жизни; но оно казалось естественным тем, кто видел его погребенным.

Кроме лица, изменился как будто нрав Елеазара, но и это никого не удивило и не обратило на себя должного внимания. До смерти своей Елеазар был постоянно весел и беззаботен, любил смех и безобидную шутку. За эту приятную и ровную веселость, лишенную злобы и мрака, так и возлюбил его Учитель. Теперь же он был серьезен и молчалив; сам не шутил и на чужую шутку не отвечал смехом; и те слова, которые он изредка произносил, были самые простые, обыкновенные и необходимые слова, столь же лишенные содержания и глубины, как те звуки, которыми животное выражает боль и удовольствие, жажду и голод. Такие слова всю жизнь может говорить человек, и никто никогда не узнает, чем болела и радовалась его глубокая душа.

Так с лицом трупа, над которым три дня властвовала во мраке смерть, — в пышных брачных одеждах, сверкающих желтым золотом и кровавым пурпуром, тяжелый и молчаливый, уже до ужаса другой и особенный, но еще не признанный никем, — сидел он за столом пиршества среди друзей и близких. Широкими волнами, то нежными, то бурливо-звонкими, ходило вокруг него ликование; и теплые взгляды любви тянулись к его лицу, еще сохранившему холод могилы; и горячая рука друга ласкала его синюю, тяжелую руку. И музыка играла. Призвали музыкантов, и они весело играли: тимпан и свирель, цитра и гусли. Точно пчелы гудели — точно цикады трещали — точно птицы пели над счастливым домом Марии и Марфы.

II

Кто-то неосторожный приподнял покрывало. Кто-то неосторожным одним дуновением брошенного слова разрушил светлые чары и в безобразной наготе открыл истину. Еще мысль не стала ясной в голове его, когда уста, улыбаясь, спросили:

— Отчего ты не расскажешь нам, Елеазар, что было там?

И все замолчали, пораженные вопросом. Как будто сейчас только догадались они, что три дня был мертв Елеазар, и с любопытством смотрели, ожидая ответа. Но Елеазар молчал.

— Ты не хочешь нам рассказать, — удивился вопрошавший. — Разве так страшно там?

И опять мысль его шла позади слова; если бы она шла впереди, не предложил бы он вопроса, от которого в то же мгновение нестерпимым страхом сжалось его собственное сердце. И всем стало беспокойно, и уже с тоскою ожидали они слов Елеазара, а он молчал холодно и строго, и глаза его были опущены долу. И тут снова, как бы впервые заметили и страшную синеву лица, и отвратительную тучность; на столе, словно позабытая Елеазаром, лежала сине-багровая рука его, — и все взоры неподвижно и безвольно приковались к ней, точно от нее ждали

163

желанного ответа. А музыканты еще играли; но вот и до них дошло молчание, и как вода заливает разбросанный уголь, так и оно погасило веселые звуки. Умолкла свирель; умолкли и звонкий тимпан, и журчащие гусли; и точно струна оборвалась, точно сама песнь умерла — дрожащим, оборванным звуком откликнулась цитра. И стало тихо.

— Ты не хочешь? — повторил вопрошавший, бессильный удержать свой болтливый язык. Было тихо, и неподвижно лежала сине-багровая рука. Вот она слегка шевельнулась, и все вздохнули облегченно и подняли глаза: прямо на них, все охватывая одним взором, тяжело и страшно смотрел воскресший Елеазар.

Это было на третий день после того, как Елеазар вышел из могилы. С тех пор многие испытали губительную силу его взора, но ни те, кто был ею сломлен навсегда, ни те, кто в самых первоисточниках жизни столь же таинственной, как и смерть, нашел волю к сопротивлению, — никогда не могли объяснить ужасного, что недвижимо лежало в глубине черных зрачков его. Смотрел Елеазар спокойно и просто, без желания что-либо скрыть, но и без намерения что-либо сказать — даже холодно смотрел он, как тот, кто бесконечно равнодушен к живому. И многие беззаботные люди сталкивались с ним близко и не замечали его, а потом с удивлением и страхом узнавали, кто был этот тучный, спокойный, задевший их краем своих пышных и ярких одежд. Не переставало светить солнце, когда он смотрел, не переставал звучать фонтан, и таким же безоблачно-синим оставалось родное небо, но человек, подпавший под его загадочный взор, уже не чувствовал солнца, уже не слышал фонтана и не узнавал родного неба. Иногда человек плакал горько; иногда в отчаянии рвал волосы на голове и безумно звал других людей на помощь, но чаще случалось так, что равнодушно и спокойно он начинал умирать, и умирал долгими годами, умирал на глазах у всех, умирал бесцветный, вялый и скучный, как дерево, молчаливо засыхающее на каменистой почве. И первые, те, кто кричал и безумствовал, иногда возвращались к жизни, а вторые — никогда.

— Так ты не хочешь рассказать нам, Елеазар, что видел ты там? — в третий раз повторил вопрошавший. Но теперь голос его был равнодушен и тускл, и мертвая, серая скука тупо смотрела из глаз. И все лица покрыла, как пыль, та же мертвая серая скука, и с тупым удивлением гости озирали друг друга и не понимали, зачем собрались они сюда и сидят за богатым столом. Перестали говорить. Равнодушно думали, что надо, вероятно, идти домой, но не могли преодолеть вязкой и ленивой скуки, обессиливавшей мышцы, и продолжали сидеть, все оторванные друг от друга, как тусклые огоньки, разбросанные по ночному полю.

Но музыкантам платили за то, чтобы они играли, и снова взялись они за инструменты, и снова полились и запрыгали заученно веселые, заученно печальные звуки. Все та же привычная гармония развертывалась в них, но удивленно внимали гости: они не знали, зачем это нужно и почему это хорошо, когда люди дергают за струны, надувая щеки, свистят в тонкие дудки и производят странный, разноголосый шум.

— Как они плохо играют! — сказал кто-то.

Музыканты обиделись и ушли. За ними, один по одному, ушли гости, ибо наступила уже ночь. И когда со всех сторон их охватила спокойная тьма, и уже легче становилось дышать, — вдруг перед каждым из них в грозном сиянии встал образ Елеазара: синее лицо мертвеца, одежды жениха, пышные и яркие, и холодный взгляд, в глубине которого неподвижно застыло ужасное. Точно превращенные в камень, стояли они в разных концах, и тьма их окружала, и во тьме все ярче разгоралось ужасное видение, сверхъестественный образ того, кто три дня находился под загадочной властью смерти. Три дня он был мертв: трижды всходило и заходило солнце, а он был мертв; дети играли, журчала по камням вода, горячая пыль вздымалась на проезжей дороге, — а он был мертв. И теперь он снова среди людей — касается их — смотрит на них — смотрит на них! — и сквозь черные кружки его зрачков, как сквозь темные стекла, смотрит на людей само непостижимое Там.

III

Никто не заботился об Елеазаре, не осталось у него близких и друзей, и великая пустыня, обнимавшая святой город, приблизилась к самому порогу жилища его. И в дом его вошла, и на ложе его раскинулась, как жена, и огни погасила. Никто не заботился об Елеазаре. Одна за другою ушли сестры его — Мария и Марфа, — долго не хотела покидать его Марфа, ибо не знала, кто будет его кормить, и жалеть его, плакала и молилась. Но в одну ночь, когда ветер носился в пустыне и со свистом сгибались кипарисы над кровлей, она тихо оделась и тихо ушла. Вероятно, слышал Елеазар, как хлопнула дверь, как, не запертая плотно, она хлопалась о косяки под порывами ветра, — но не поднялся он, не вышел, не посмотрел. И всю ночь до утра свистели над его головою кипарисы, и жалобно постукивала дверь, впуская в жилище холодную, жадно рыскающую пустыню. Как прокаженного, избегали его все, и, как прокаженному, хотели на шею ему надеть колокольчик, чтобы избегать во время встречи. Но кто-то, побледнев, сказал, что будет очень страшно, если ночью под окнами послышится звон Елеазарова колокольца, — и все, бледнея, согласились с ним.

И так как и сам он не заботился о себе, то, быть может, умер бы он от голода, если бы соседи, чего-то боясь, не ставили ему пищу. Приносили ее дети; они не боялись Елеазара, но и не смеялись над ним, как с невинной жестокостью смеются они над несчастными. Были равнодушны к нему, и таким же равнодушием платил Елеазар: не было у него желания приласкать черную головку и заглянуть в наивные, сияющие глазки. Отданный во власть времени и пустыне, разрушался его дом, и давно разбежались по соседям голодные, блеющие козы. И обветшали брачные одежды его. Как надел он их в тот счастливый день, когда играли музыканты, так и носил, не меняя, точно не видел разницы между новым и старым, между рваным и крепким. Яркие цвета выгорели и поблекли; злые городские собаки и острый терн пустыни в лохмотья превратили нежную ткань.

Днем, когда беспощадное солнце становилось убийцей всего живого и даже скорпионы забивались под камни и там корчились от безумного желания жалить, он неподвижно сидел под лучами, подняв кверху синее лицо и косматую, дикую бороду.

Когда с ним еще говорили, его спросили однажды:

— Бедный Елеазар! Тебе приятно сидеть и смотреть на солнце?

И он ответил:

— Да, приятно.

Так, вероятно, силен был холод трехдневной могилы, так глубока тьма ее, что не было на земле ни такого жара, ни такого света, который мог бы согреть Елеазара и осветить мрак его очей, — подумали вопрошавшие и со вздохом отошли.

А когда багрово-красный, расплющенный шар опускался к земле, Елеазар уходил в пустыню и шел прямо на солнце, как будто стремился настигнуть его. Всегда прямо на солнце шел он, и те, кто пытались проследить путь его и узнать, что делает он ночью в пустыне, неизгладимо запечатлели в памяти черный силуэт высокого, тучного человека на красном фоне огромного сжатого диска. Ночь прогнала их страхами своими, и так не узнали они, что делает в пустыне Елеазар, но образ черного на красном выжегся в мозгу и не уходил. Как зверь, засоривший глаза, яростно трет лапами морду, так глупо терли и они глаза свои, но то, что давал Елеазар, было неизгладимо и забывалось, быть может, только со смертью.

Но были люди, жившие далеко, которые никогда не видали Елеазара и только слыхали о нем. С дерзновенным любопытством, которое сильнее страха и питается страхом, с затаенной насмешкой в душе, они приходили к сидящему под солнцем и вступали в беседу. В это время вид Елеазара уже изменился к лучшему и не был так страшен; и в первую минуту они щелкали пальцами и неодобрительно думали о глупости жителей святого города. А когда короткий разговор кончался и они уходили домой, они имели такой вид, что жители святого города сразу узнавали их и говорили:

— Вот еще идет безумец, на которого посмотрел Елеазар, — и с сожалением цмокали и поднимали руки.

Приходили, бряцая оружием, храбрые воины, не знавшие страха; приходили со смехом и песнями счастливые юноши; и озабоченные дельцы, позвякивая деньгами, забегали на минуту; и надменные служители храма ставили свои посохи у дверей Елеазара, — и никто не возвращался, каким приходил. Одна и та же страшная тень опускалась на души и новый вид давала старому знакомому миру.

Так передавали чувства свои те, которые еще имели охоту говорить.

Все предметы, видимые глазом и осязаемые руками, становились пусты, легки и прозрачны — подобны светлым теням во мраке ночи становились они; ибо та великая тьма, что объемлет все мироздание, не рассеивалась ни солнцем, ни луною, ни звездами, а безграничным черным покровом одевала землю, как мать, обнимала ее; во все тела проникала она, в железо и камень, и одиноки становились частицы тела, потерявшие связь; и в глубину частиц проникала она, и одиноки становились частицы частиц; ибо та великая пустота, что объемлет мироздание, не наполнялась видимым, ни солнцем, ни луною, ни звездами, а царила безбрежно, всюду проникая, все отъединяя: тело от тела, частицы от частиц; в пустоте расстилали свои корни деревья и сами были пусты; в пустоте, грозя призрачным падением, высились храмы, дворцы и дома, и сами были пусты; и в пустоте двигался беспокойно человек, и сам был пуст и легок, как тень; ибо не стало времени, и сблизилось начало каждой вещи с концом ее: еще только строилось здание, и строители еще стучали молотками, а уж виделись развалины его и пустота на месте развалин; еще только рождался человек, а над головою его зажигались погребальные свечи, и уже тухли они, и уже пустота становилась на месте человека и погребальных свечей; и, объятый пустотою и мраком, безнадежно трепетал человек перед ужасом бесконечного.

Так говорили те, кто еще имел охоту говорить. Но, вероятно, еще больше могли бы сказать те, которые не хотели говорить и молча умирали.

IV

В это время жил в Риме один знаменитый скульптор. Из глины, мрамора и бронзы он создавал тела богов и людей, и такова была их божественная красота, что люди называли ее бессмертною. Но сам он был недоволен и утверждал, что есть еще нечто, поистине красивейшее, чего не может он закрепить ни в мраморе, ни в бронзе. «Еще лунного сияния не собрал я, — говорил он, — еще солнечным светом не упился я — и нет в моем мраморе души, нет жизни в моей красивой бронзе». И когда в лунные ночи он медленно брел по дороге, пересекая черные тени кипарисов, мелькая белым хитоном под луною, встречные дружески смеялись и говорили:

— Не лунный ли свет идешь ты собирать, Аврелий! Почему не взял ты с собою корзин?

И так, смеясь, он показывал на свои глаза:

— Вот мои корзины, куда собираю я свет луны и сияние солнца.

И это была правда: светилась луна в его глазах, и солнце сверкало в них. Но не мог он перевести их в мрамор, и в этом было светлое страдание его жизни.

Происходил он из древнего рода патрициев, имел добрую жену и детей и ни в чем не терпел недостатка.

Когда дошел до него темный слух об Елеазаре, он посоветовался с женою и друзьями и предпринял далекое путешествие в Иудею, чтобы взглянуть на чудесно воскресшего. Было ему немного скучно в эти дни, и надеялся он дорогою обострить утомленное внимание свое. То, что рассказывали ему о воскресшем, не пугало его: он много размышлял о смерти, не любил ее, но не любил и тех, кто смешивает ее с жизнью. По эту сторону — прекрасная жизнь, по ту сторону — загадочная смерть, размышлял он, и ничего лучшего не может придумать человек, как живя радоваться жизни и красоте живого. И имел он даже некоторое тщеславное желание: убедить Елеазара в истине своего взгляда и вернуть к жизни его душу, как было возвращено его тело. Тем более легко это казалось, что слухи о воскресшем, пугливые и странные, не передавали всей правды о нем и только смутно предостерегали против чего-то ужасного.

Уже поднимался Елеазар с камня, чтобы идти вслед за уходящим в пустыню солнцем, когда приблизился к нему богатый римлянин, сопровождаемый вооруженным рабом, и звонко окликнул его:

— Елеазар!

И увидел Елеазар прекрасное гордое лицо, осиянное славой, и светлые одежды, и драгоценные камни, сверкающие под солнцем. Красноватые лучи придавали голове и лицу сходство с тускло блистающей бронзой —

и это увидел Елеазар. Послушно сел он на свое место и утомленно опустил глаза.

— Да, ты некрасив, мой бедный Елеазар, — говорил спокойно римлянин, играя золотою цепью, — ты даже страшен, мой бедный друг; и смерть не была ленивой в тот день, когда ты так неосторожно попал в ее руки. Но ты толст, как бочка, а толстые люди не бывают злы, говорил великий Цезарь, и я не понимаю, почему так боятся тебя люди. Ты позволишь мне переночевать у тебя? Уже поздно, а у меня нет приюта.

Еще никто не просил Елеазара провести у него ночь.

— У меня нет ложа, — сказал он.

— Я немного воин и могу спать сидя, — ответил римлянин. — Мы зажжем огонь…

— У меня нет огня.

— Тогда в темноте, как два друга, мы поведем беседу. Я думаю, у тебя найдется немного вина…

— У меня нет вина.

Римлянин засмеялся.

— Теперь я понимаю, почему так мрачен ты и не любишь своей второй жизни. Нет вина! Ну что же, останемся и так: ведь есть речи, которые кружат голову не хуже фалернского.

Движением руки он отпустил раба, и они остались вдвоем. И снова заговорил скульптор, но будто вместе с уходящим солнцем уходила жизнь из его слов, и становились они бледные и пустые, будто шатались они на нетвердых ногах, будто скользили и падали они, упившись вином тоски и отчаяния. И черные провалы между ними появились — как далекие намеки на великую пустоту и великий мрак.

— Теперь я твой гость, и ты не обидишь меня, Елеазар! — говорил он. — Гостеприимство обязательно даже для тех, кто три дня был мертв. Ведь три дня, говорили мне, ты пробыл в могиле. Там холодно, должно быть… и оттуда ты вынес эту скверную привычку обходиться без огня и вина. А я люблю огонь, здесь так быстро темнеет… У тебя очень интересные линии бровей и лба: точно занесенные пеплом развалины каких-то дворцов после землетрясения. Но почему ты в такой странной и некрасивой одежде? Я видел женихов в вашей стране, и они носят такое платье — такое смешное платье — такое страшное платье… Но разве ты жених?

Уже скрылось солнце, черная гигантская тень побежала с востока — точно босые, огромные ноги зашуршали по песку, и дуновение быстрого бега обвеяло холодом спину.

— В темноте ты кажешься еще больше, Елеазар, ты точно растолстел за эти минуты. Уже не кормишься ли ты тьмою?.. А я бы хотел огня — хоть маленький огонь, хоть маленький огонь. И мне холодно немного, у вас такие варварски холодные ночи… Если бы не было так темно, я сказал бы, что ты смотришь на меня, Елеазар. Да, кажется, ты смотришь... Ведь ты смотришь на меня, я чувствую, — ну вот ты улыбнулся.

Ночь пришла, и тяжелой чернотою налился воздух.

— Вот будет хорошо, когда завтра снова взойдет солнце... Ведь ты знаешь, что я великий скульптор — так зовут меня друзья. Я творю, да, это называется творить... но для этого нужен день. Холодному мрамору я даю жизнь, я плавлю на огне звенящую бронзу, на ярком, горячем огне... Зачем ты тронул меня рукой!

— Пойдем, — сказал Елеазар. — Ты мой гость.

И они пошли в дом. И долгая ночь легла на землю. Раб не дождался господина и пришел за ним, когда уже высоко стояло солнце. И увидел: прямо под палящими лучами его сидели рядом Елеазар и его господин, смотрели вверх и молчали. Заплакал раб и громко закричал:

— Господин, что с тобою? Господин!

В тот же день он уехал в Рим. Всю дорогу Аврелий был задумчив и молчал, внимательно оглядывал все — людей, корабль и море, и точно старался что запомнить. В море застигла их сильная буря, и во все время ее Аврелий находился на палубе и жадно вглядывался в надвигающиеся и падавшие валы. Дома испугались страшной перемене, которая произошла со скульптором, но он успокоил домашних, многозначительно сказав:

— Я нашел.

И в той же грязной одежде, которую не менял он всю дорогу, он взялся за работу, и мрамор покорно зазвенел под гулкими ударами молотка. Долго и жадно работал он, никого не впуская, и наконец в одно утро сказал, что произведение готово, и повелел созвать друзей, строгих ценителей и знатоков искусства. И, ожидая их, оделся пышно в яркие праздничные одежды, сверкавшие желтым золотом, красневшие пурпуром виссона.

— Вот что я создал, — сказал он задумчиво.

Взглянули друзья его, и тень глубокой скорби покрыла их лица. Это было нечто чудовищное, не имевшее в себе ни одной из знакомых глазу форм, но не лишенное намека на какой-то новый, неведомый образ. На тоненькой, кривой веточке, или уродливом подобии ее, криво и странно лежала слепая, безобразная, раскоряченная груда чего-то ввернутого внутрь, чего-то вывернутого наружу, каких-то диких обрывков, бессильно стремящихся уйти от самих себя. И случайно, под одним из дико кричащих выступов, заметили дивно изваянную бабочку, с прозрачными крылышками, точно трепетавшими от бессильного желания лететь.

— Зачем эта дивная бабочка, Аврелий? — нерешительно спросил кто-то.

— Не знаю, — ответил скульптор.

Но нужно было сказать правду, и один из друзей, тот, что больше любил Аврелия, твердо сказал:

— Это безобразно, мой бедный друг. Это надо уничтожить. Дай молоток.

И двумя ударами он разрушил чудовищную груду, оставив только дивно изваянную бабочку.

С тех пор Аврелий больше ничего не создал. С глубоким равнодушием он смотрел на мрамор и на бронзу и на свои прежние божественные создания, на которых почила бессмертная красота. Думая вдохнуть в него старый жар к работе, разбудить его омертвевшую душу, его водили смотреть чужие прекрасные произведения, — но все так же равнодушен оставался он, и улыбка не согревала его сомкнутых уст. И только, когда много и долго ему говорили о красоте, он возражал утомленно и вяло:

— Но ведь все это ложь.

А днем, когда светило солнце, он выходил в свой богатый, искусно устроенный сад и, найдя место, где не было тени, отдавал непокрытую голову и тусклые очи свои сверканию и зною. Порхали красные и белые бабочки; в мраморный водоем сбегала, плескаясь, вода из искривленных уст блаженно-пьяного сатира, а он сидел неподвижно — как бледное отражение того, кто в глубокой дали, у самых врат каменной пустыни, так же неподвижно сидел под огненным солнцем.

V

И вот призвал к себе Елеазара сам великий, божественный Август.

Одели Елеазара пышно, в торжественные брачные одежды — как будто время узаконило их и до самой своей смерти он должен был оставаться женихом неведомой невесты. Похоже было на то, как будто на старый, гниющий, уже начавший разваливаться гроб навели новую позолоту и привесили новые, веселые кисти. И торжественно повезли его, все нарядные и яркие, как будто и вправду двигался свадебный поезд, и передовые громко трубили в трубы, чтобы давали дорогу посланцам императора. Но пустынны были пути Елеазара: вся родная страна уже проклинала ненавистное имя чудесно воскресшего, и разбегался народ при одной вести о страшном приближении его. Одиноко трубили медные трубы, и только пустыня отвечала протяжным эхом своим.

Потом повезли его морем. И это был самый нарядный и самый печальный корабль, который отражался когда-либо в лазурных волнах Серединного моря. Много людей на нем находилось, но, как гробница, был он безмолвен и тих, и словно плакала безнадежная вода, огибая крутой, красиво изогнутый нос. Одиноко сидел там Елеазар, подставляя непокрытую голову солнцу, слушал журчание струй и молчал, а вдали смутной толпою тоскующих теней бессильно и вяло лежали, сидели моряки и посланцы. Если бы в это время ударил гром, ветер рванул

171

красные паруса, корабль, вероятно, погиб бы, так как ни у кого из бывших на нем не было ни сил, ни охоты бороться за жизнь. С последним усилием некоторые подходили к борту и жадно вглядывались в голубую, прозрачную бездну: не мелькнет ли в волнах розовым плечом наяда, не промчится ль, взбивая копытами брызги, безумно-веселый и пьяный кентавр. Но пустынно было море, и морская бездна была нема и пустынна.

Равнодушно ступил Елеазар на улицы Вечного города. Словно все богатство его, все величие зданий, возведенных гигантами, весь блеск, и красота, и музыка утонченной жизни были лишь отзвуком ветра в пустыне, отблеском мертвых зыбучих песков. Мчались колесницы, двигались толпы сильных, красивых, надменных людей, строителей Вечного города и гордых участников жизни его; звучала песня — смеялись фонтаны и женщины своим жемчужным смехом — философствовали пьяные — с улыбкой слушали их трезвые — и подковы стучали, подковы стучали о камень настилок. И, охваченный со всех сторон веселым шумом, холодным пятном безмолвия двигался среди города тучный, тяжелый человек и сеял на пути своем досаду, гнев и смутную, сосущую тоску. «Кто смеет быть печальным в Риме?» — негодовали граждане и хмурились, а через два дня уже весь быстроязычный Рим знал о чудесно воскресшем и пугливо сторонился от него.

Но были и здесь многие смелые люди, желавшие испытать силу свою, и на их неосмысленный зов послушно приходил Елеазар. Занятый делами государства, император медлил с приемом, и целых семь дней ходил по людям чудесно воскресший.

Вот пришел Елеазар к веселому пьянице, и пьяница смехом красных губ встретил его.

— Пей, Елеазар, пей! — кричал он. — Вот посмеется Август, когда увидит тебя пьяным!

И смеялись обнаженные, пьяные женщины, и лепестки роз ложились на синие руки Елеазара. Но взглянул пьяница в глаза его — и навсегда кончилась его радость. На всю жизнь остался он пьяным; уже не пил ничего, но оставался пьяным, — но, вместо радостных грез, что дает вино, страшные сны осенили несчастную голову его. Страшные сны стали единственной пищей его пораженного духа. Страшные сны и днем и ночью держали его в чаду своих чудовищных созданий, и сама смерть не была страшнее того, чем явили себя ее свирепые предтечи.

Вот пришел Елеазар к юноше и девушке, которые любили друг друга и были прекрасны в своей любви. Гордо и крепко обнимая рукою свою возлюбленную, юноша сказал с тихим сожалением:

172

— Взгляни на нас, Елеазар, и порадуйся с нами. Разве есть что-нибудь сильнее любви?

И взглянул Елеазар. И всю жизнь продолжали они любить друг друга, но печальной и сумрачной стала их любовь, как те надмогильные кипарисы, что корни свои питают тлением гробниц и остротою черных вершин своих тщетно ищут неба в тихий вечерний час. Бросаемые неведомою силою жизни в объятия друг друга, поцелуи они смешивали со слезами, наслаждение — с болью, и дважды рабами чувствовали себя: покорными рабами требовательной жизни и безответными слугами грозно молчащего Ничто. Вечно соединяемые, вечно разъединяемые, они вспыхивали, как искры, и, как искры, гасли в безграничной темноте.

Вот пришел Елеазар к гордому мудрецу, и мудрец сказал ему:

— Я уже знаю все, что ты можешь сказать ужасного, Елеазар. Чем еще ты можешь ужаснуть меня?

Но немного прошло времени, и уже почувствовал мудрец, что знание ужасного — не есть еще ужасное, и что видение смерти — не есть еще смерть. И почувствовал он, что мудрость и глупость одинаково равны перед лицом Бесконечного, ибо не знает их Бесконечное. И исчезла грань между ведением и неведением, между правдой и ложью, между верхом и низом, и в пустоте повисла его бесформенная мысль. Тогда схватил он себя за седую голову и закричал исступленно:

— Я не могу думать! Я не могу думать! Так погибало под равнодушным взором чудесно воскресшего все, что служит к утверждению жизни, смысла ирадостей ее. И стали говорить, что опасно пускать его к императору, что лучше убить его и, схоронив тайно, сказать, что скрылся он неизвестно куда. Уже мечи точились и преданные благу народа юноши самоотверженно готовили себя в убийцы, когда Август потребовал, чтобы наутро явился к нему Елеазар, и тем расстроил жестокие планы.

Если нельзя было совсем устранить Елеазара, то желали хоть немного смягчить то тяжелое впечатление, какое производило лицо его. И с этой целью собрали искусных художников, цирюльников и артистов, и всю ночь трудились над головою Елеазара. Подстригли бороду, завили ее и придали ей опрятный и красивый вид. Неприятна была мертвецкая синева его рук и лица, и красками удалили ее: набелили руки и нарумянили щеки. Отвратительны были морщины страданий, которые бороздили старое лицо, и их замазали, закрасили, загладили совсем, а по чистому фону тонкими кисточками искусно провели морщины добродушного смеха и приятной, беззлобной веселости.

Равнодушно подчинялся Елеазар всему, что делали с ним, и вскоре превратился в естественно-толстого, красивого старика, спокойного и добродушного деда многочисленных внуков. Еще не сошла с уст его улыбка, с какой рассказывал он смешные сказки, еще таилась в углу глаз стариковская тихая нежность — таким казался он. Но брачной одежды снять они не посмели, но глаз его они изменить не могли — темных и страшных стекол, сквозь которые смотрело на людей само непостижимое Там.

VI

Не тронуло Елеазара великолепие императорских чертогов. Как будто не видел он разницы между своим развалившимся домом, к которому подошла пустыня, и каменным, крепким, красивым дворцом, — так равнодушно смотрел и не смотрел он, проходя. И твердый мрамор полов под его ногами становился подобным зыбучему песку пустыни, и множество прекрасно одетых надменных людей становилось подобно пустоте воздуха под взорами его. В лицо его не глядели, когда он проходил, опасаясь подвергнуться страшному влиянию его глаз; но, когда по звуку тяжелых шагов догадывались, что он миновал стоящих, — поднимали головы и с боязливым любопытством рассматривали фигуру тучного, высокого, слегка согбенного старика, медленно углублявшегося в самое сердце императорского дворца. Если бы сама смерть проходила, не более пугались бы ее люди, ибо до сих пор было так, что смерть знал только мертвый, а живой знал только жизнь — и не было моста между ними. А этот, необыкновенный, знал смерть, и было загадочно и страшно проклятое знание его. «Убьет он нашего великого, божественного Августа», — думали со страхом люди и посылали бессильные проклятия вслед Елеазару, медленно и равнодушно входившему все дальше и дальше, все глубже и глубже.

Уже знал и Цезарь о том, кто такой Елеазар, и приготовился к встрече. Но был он мужественный человек, чувствовал огромную, непобедимую силу свою и в роковом поединке с чудесно воскресшим не пожелал опереться на слабую помощь людей. Один на один, лицом к лицу сошелся он с Елеазаром.

— Не поднимай на меня взоров твоих, Елеазар, — приказал он вошедшему. — Слыхал я, что голова твоя подобна голове Медузы и превращает в камень каждого, на кого ты взглянешь. А я хочу рассмотреть тебя и поговорить с тобою, прежде чем превращусь в камень, — добавил он с царственной шутливостью, не лишенной страха.

Подойдя близко, он внимательно рассмотрел лицо Елеазара и его странную праздничную одежду. И был обманут искусной подделкой, хотя взор имел острый и зоркий.

— Так. На вид ты не страшен, почтенный старичок. Но тем хуже для людей, когда страшное принимает такой почтенный и приятный вид. Теперь поговорим.

Август сел и, допрашивая взором столько же, как и словами, начал беседу:

— Почему ты не приветствовал меня, когда входил? Елеазар равнодушно ответил:

— Я не знал, что это нужно.

— Ты христианин?

— Нет.

Август одобрительно кивнул головой.

— Это хорошо. Я не люблю христиан. Они трясут дерево жизни, не дав ему покрыться плодами, и по ветру рассеивают его благоуханный цвет. Но кто же ты?

С некоторым усилием Елеазар ответил:

— Я был мертвым.

— Я слыхал об этом. Но кто же ты теперь?

Елеазар медлил с ответом и наконец повторил равнодушно и тускло:

— Я был мертвым.

— Послушай меня, неведомый, — сказал император, раздельно и строго говоря то, о чем уже думал он раньше, — мое царство — царство живых, мой народ — народ живых, а не мертвых. И ты лишний здесь. Я не знаю, кто ты, я не знаю, что ты видел там, — но если ты лжешь, я ненавижу ложь твою, но если ты говоришь правду — я ненавижу твою правду. В моей груди я чувствую трепет жизни; в моих руках я чувствую мощь — и гордые мысли мои, как орлы, облетают пространство. А там, за моей спиною, под охраной моей власти, под сенью мною созданных законов живут, и трудятся, и радуются люди. Ты слышишь эту дивную гармонию жизни? Ты слышишь этот воинственный клич, который бросают люди в лицо грядущему, зовя его на бой?

Август молитвенно простер руки и торжественно воскликнул:

— Будь благословенна, великая, божественная жизнь!

Но Елеазар молчал, и с увеличенной строгостью продолжал император:

— Ты лишний здесь. Ты, жалкий остаток, не доеденный смертью, внушаешь людям тоску и отвращение к жизни; ты, как гусеница на полях, объедаешь тучный колос радости и извергаешь слизь отчаяния и скорби. Твоя правда подобна ржавому мечу в руках ночного убийцы, — и, как убийцу, я предам тебя казни. Но раньше я хочу взглянуть в твои глаза. Быть может, только трусы боятся их, а в храбром они будят жажду борьбы и победы: тогда не казни, а награды достоин ты… Взгляни же на меня, Елеазар.

И в первое мгновение показалось божественному Августу, что друг смотрит на него, — так мягок, так нежночарующ был взор Елеазара. Не ужас, а тихий покой обещал он, и нежной любовницей, сострадательною сестрою, матерью казалось Бесконечное. Но все крепче становились нежные объятия его, и уже дыхание перехватывал алчный до поцелуев рот, и уже сквозь мягкую ткань тела проступало железо костей, сомкнувшихся железным кругом, — и чьи-то тупые, холодные когти коснулись сердца и вяло погрузились в него.

— Мне больно, — сказал божественный Август, бледнея. — Но смотри, Елеазар, смотри!

Точно медленно расходились какие-то тяжелые, извека закрытые врата, и в растущую щель холодно и спокойно вливался грозный ужас Бесконечного. Вот двумя тенями вошли необъятная пустота и необъятный мрак и погасили солнце, у ног отняли землю, и кровлю отняли у головы. И перестало болеть леденеющее сердце.

— Смотри, смотри, Елеазар! — приказал Август, шатаясь.

Остановилось время, и страшно сблизилось начало всякой вещи с концом ее. Только что воздвигнутый, уже разрушился трон Августа, и пустота уже была на месте трона и Августа. Бесшумно разрушился Рим, и новый город стал на месте его и был поглощен пустотою. Как призрачные великаны, быстро падали и исчезали в пустоте города, государства и страны, и равнодушно глотала их, не насыщаясь, черная утроба Бесконечного.

— Остановись, — приказал император. Уже равнодушие звучало в голосе его, и бессильно обвисали руки, и в тщетной борьбе с надвигающимся мраком загорались и гасли его орлиные глаза.

— Убил ты меня, Елеазар, — сказал он тускло и вяло.

И эти слова безнадежности спасли его. Он вспомнил о народе, щитом которого он призван быть, и острой, спасительной болью пронизалось его омертвевшее сердце. «Обреченные на гибель», — с тоской подумал он. «Светлые тени во мраке Бесконечного», — с ужасом подумал он. «Хрупкие сосуды с живой, волнующей кровью, с сердцем, знающим скорбь и великую радость», — с нежностью подумал он.

И так, размышляя и чувствуя, склоняя весы то на сторону жизни, то на сторону смерти, он медленно вернулся к жизни, чтобы в страданиях и радости ее найти защиту против мрака пустоты и ужаса бесконечного.

— Нет, не убил ты меня, Елеазар, — сказал он твердо, — но я убью тебя. Ступай!

В тот вечер с особенной радостью вкушал пищу и питие божественный Август. Но минутами застывала в воздухе поднятая рука и тусклый блеск заменял яркое сияние его орлиных глаз — то ужас ледяной волною пробегал у ног его. Побежденный, но не убитый, холодно ожидающий своего часа, он черною тенью на всю жизнь стал у изголовья его, владея ночами и послушно уступая светлые дни скорбям и радостям жизни.

На другой день по приказу императора каленым железом выжгли

Елеазару глаза и на родину отправили его. Умертвить его не решился божественный Август.

Вернулся Елеазар в пустыню, и приняла его пустыня свистящим дыханием ветра и зноем раскаленного солнца. Снова сидел он на камне, подняв кверху лохматую, дикую бороду, и две черные ямы на месте выжженных глаз тупо и страшно смотрели на небо. Вдали беспокойно шумел и двигался святой город, а вблизи было безлюдно и немо: никто не приближался к месту, где доживал дни свои чудесно воскресший, и уже соседи давно покинули дома свои. Загнанное каленым железом в глубину черепа, проклятое знание его таилось там точно в засаде; точно из засады впивалось оно тысячью невидимых глаз в человека, — и уже никто не смел взглянуть на Елеазара.

А вечером, когда, краснея и ширясь, солнце клонилось к закату, за ним медленно двигался слепой Елеазар. Натыкался на камни и падал, тучный и слабый, тяжело поднимался и снова шел; и на красном пологе зари его черное туловище и распростертые руки давали чудовищное подобие креста.

Случилось, пошел он однажды и больше не вернулся. Так, видимо, закончилась вторая жизнь Елеазара, три дня пробывшего под загадочной властию смерти и чудесно воскресшего.

Жили-были

I

Богатый и одинокий купец Лаврентий Петрович Кошеверов приехал в Москву лечиться, и, так как болезнь у него была интересная, его приняли в университетскую клинику. Свой чемодан с вещами и шубу он оставил внизу, в швейцарской, а вверху, где находилась палата, с него сняли черную суконную пару и белье и дали в обмен казенный серый халат, чистое белье с черной меткой «Палата № 8» и туфли. Рубашка оказалась для Лаврентия Петровича мала, и нянька пошла искать новую.

— Уж очень вы велики! — сказала она, выходя из ванной, в которой производилось переодевание больных.

Полуобнаженный Лаврентий Петрович терпеливо и покорно ожидал и, наклонив большую лысую голову, сосредоточенно рассматривал свою высокую, отвислую, как у старой женщины, грудь и припухший живот, лежавший на коленях. Каждую субботу Лаврентий Петрович бывал в бане и видел там свое тело, но теперь, покрывшееся от холода мурашками, бледное, оно показалось ему новым и, при всей своей видимой силе, очень жалким и больным. И весь он казался не принадлежащим себе с той минуты, когда с него сняли его привычное платье, и готов был делать все, что прикажут.

Вернулась с бельем нянька, и, хотя силы у Лаврентия Петровича оставалось еще несколько, что он мог пришибить няньку одним пальцем, он послушно позволил ей одеть себя и неловко просунул голову в рубашку, собранную в виде хомута. С тою же покорною неловкостью он ждал, закинув голову, пока нянька завязывала у ворота тесемки, и затем пошел вслед за нею в палату. И ступал он своими медвежьими вывернутыми ногами так нерешительно и осторожно, как делают это дети, которых неизвестно куда ведут старшие, — может быть, для наказания. Рубашка все же оказалась ему узка, тянула при ходьбе плечи и трещала, но он не решился заявить об этом няньке, хотя дома, в Саратове, сани его суровый взгляд заставлял судорожно метаться десятки людей.

— Вот ваше место, — указала нянька на высокую, чистую постель и стоявший возле нее небольшой столик. Это было очень маленькое место, только угол палаты, но именно поэтому оно понравилось измученному жизнью человеку. Торопливо, точно спасаясь от погони, Лаврентий Петрович снял халат, туфли и лег. И с этого момента все, что еще только утром гневило и мучило его, отошло от него, стало чужим и неважным. Память его быстро, в одной молниезарной картине, воспроизвела всю его жизнь за последние годы: неумолимую болезнь, день за днем пожиравшую силы; одиночество среди массы алчных родственников, в атмосфере лжи, ненависти и страха; бегство сюда, в Москву, — и так же внезапно потушила эту картину, оставив на душе одну тупую, замирающую боль. И без мыслей, с приятным ощущением чистого белья и покоя, Лаврентий Петрович погрузился в тяжелый и крепкий сон. Последними мелькнули в его полузакрытых глазах снежнобелые стены, луч солнца на одной стене, и потом наступили часы долгого и полного забвения.

На другой день над головою Лаврентия Петровича появилась надпись на черной дощечке: «Купец Лаврентий Кошеверов, 52 л., поступил 25 февраля». Такие же дощечки и надписи были у двух других больных, находившихся в восьмой палате; на одной стояло: «Дьякон Филипп Сперанский, 50 л.», на другой — «Студент Константин Торбецкий, 23 лет». Белые меловые буквы красиво, но мрачно выделялись на черном фоне, и, когда больной лежал навзничь, закрыв глаза, белая надпись продолжала что-то говорить о нем и приобретала сходство с надмогильными оповещениями, что вот тут, в этой сырой или мерзлой земле, зарыт человек. В тот же день Лаврентия Петровича свешали, —

оказалось в нем шесть пудов двадцать четыре фунта. Сказав эту цифру, фельдшер слегка улыбнулся и пошутил:

— Вы самый тяжелый человек на все клиники.

Фельдшер был молодой человек, говоривший и поступавший, как доктор, так как только случайно он не получил высшего образования. Он ожидал, что в ответ на шутку больной улыбнется, как улыбались все, даже самые тяжелые больные на ободрительные шутки докторов, но Лаврентий Петрович не улыбнулся и не сказал ни слова. Глубоко запавшие глаза смотрели вниз, и массивные скулы, поросшие редкой седоватой бородой, были стиснуты, как железные. И ожидавшему ответа фельдшеру сделалось неловко и неприятно: он уже давно, между прочим, занимался физиогномикой и по обширной матовой лысине причислил купца к отделу добродушных; теперь приходилось переместить его в отдел злых. Все еще не доверяя своим наблюдениям, фельдшер — звали его Иваном Ивановичем — решил со временем попросить у купца какую-нибудь ею собственноручную записку, чтобы по характеру почерка сделать более точное определение его душевных свойств.

Вскоре после взвешивания Лаврентия Петровича впервые осматривали доктора; одеты они были в белые балахоны и оттого казались особенно важными и серьезными. И затем каждодневно они осматривали его по разу, по два, иногда одни, а чаще в сопровождении студентов. По требованию докторов, Лаврентий Петрович снимал рубашку и все так же покорно ложился на постель, возвышаясь на ней огромной мясистою грудой.

Доктора стукали по его груди молоточком, прикладывали трубку и слушали, перекидываясь друг с другом замечаниями и обращая внимание студентов на те или иные особенности. Часто они начинали расспрашивать Лаврентия Петровича о том, как он жил раньше, и он неохотно, но покорно отвечал. Выходило из его отрывочных ответов, что он много ел, много пил, много любил женщин и много работал; и при каждом новом «много» Лаврентий Петрович все менее узнавал себя в том человеке, который рисовался по его словам.

Странно было думать, что это действительно он, купец Кошеверов, поступал так нехорошо и вредно для себя.

И все старые слова: водка, жизнь, здоровье — становились полны нового и глубокого содержания.

Выслушивали и выстукивали его студенты. Они часто являлись в отсутствие докторов, и одни коротко и прямо, другие с робкою нерешительностью просили его раздеться, и снова начиналось внимательное и полное интереса рассматривание его тела. С сознанием важности производимого ими дела они вели дневник его болезни, и

Лаврентию Петровичу думалось, что весь он перенесен теперь на страницы записей. С каждым днем он все менее принадлежал себе, и в течение целого почти дня тело его было раскрыто для всех и всем подчинено.

По приказанию нянек он тяжело носил это тело в ванную или сажал его за стол, где обедали и пили чай все могущие двигаться больные. Люди ощупывали его со всех сторон, занимались им так, как никто в прежней жизни, и при всем том в продолжение целого дня его не покидало смутное чувство глубокого одиночества.

Похоже было на то, что Лаврентий Петрович куда-то очень далеко едет, и все вокруг него носило характер временности, неприспособленности для долгого житья.

От белых стен, не имевших ни одного пятна, и высоких потолков веяло холодной отчужденностью; полы были всегда слишком блестящи и чисты, воздух слишком ровен, — в самых даже чистых домах воздух всегда пахнет чем-то особенным, тем, что принадлежит только этому дому и этим людям. Здесь же он был безразличен и не имел запаха. Доктора и студенты были всегда внимательны и предупредительны: шутили, похлопывали по плечу, утешали, но, когда они отходили от Лаврентия Петровича, у него являлась мысль, что это были возле него служащие, кондуктора на этой неведомой дороге.

Уже тысячи людей перевезли они и каждый день перевозят, и их разговоры и расспросы были только вопросами о билете. И чем больше занимались они телом, тем глубже и страшнее становилось одиночество души.

— Когда у вас бывают приемные дни? — спросил Лаврентий Петрович няньку. Он говорил коротко, не глядя на того, к кому были обращены слова.

— По воскресеньям и четвергам. Но если попросить доктора, то можно и в другие дни, — словоохотливо ответила нянька.

— А можно сделать так, чтобы совсем ко мне не пускали?

Нянька удивилась, но ответила, что можно, и этот ответ, видимо, обрадовал угрюмого больного, И весь этот день он был немного веселее и хотя не стал разговорчивее, но уже не с таким хмурым видом слушал все, что весело, громко и обильно болтал ему больной дьякон.

Приехал дьякон из Тамбовской губернии и в клинику поступил на один день раньше Лаврентия Петровича, но был уже хорошо знаком с обитателями всех пяти палат, помещавшихся наверху. Он был невысок ростом и так худ, что при раздевании у него каждое ребро вылеплялось, а живот втягивался, и все его слабосильное тельце, белое и чистое, походило на тело десятилетнего несложившегося мальчика. Волоса у него были густые, длинные, иссера-седые и на концах желтели и закручивались. Как из большой, не по рисунку, рамки выглядывало из них маленькое, темное лицо с правильными, но миниатюрными чертами. По сходству его с темными и сухими лицами древних образов фельдшер Иван Иванович причислил дьякона к отделу людей суровых и нетерпимых, но после первого же разговора изменил свой взгляд и даже на некоторое время разочаровался в значении науки физиогномики. Отец дьякон, как все его называли, охотно и откровенно рассказывал о себе, о своей семье и о своих знакомых и так любознательно и наивно расспрашивал о том же других, что ничто не мог сердиться, и все так же откровенно рассказывали.

Когда кто-нибудь чихал, о. дьякон издалека кричал веселым голосом:

— Исполнение желаний! За милую душу! — и кланялся.

К нему никто не приходил, и он был тяжело болен, но он не чувствовал себя одиноким, так как познакомился не только со всеми больными, но и с их посетителями, и не скучал. Больным он ежедневно по нескольку раз желал выздороветь, здоровым желал, чтобы они в веселье и благополучии проводили время, и всем находил сказать что-нибудь доброе и приятное. Каждое утро он всех поздравлял: в четверг — с четвергом, в пятницу — с пятницей, и, что бы ни творилось на воздухе, которого он не видал, он постоянно утверждал, что погода сегодня приятная на редкость. При этом он постоянно и радостно смеялся продолжительным и неслышным смехом, прижимал руки ко впалому животу, хлопал руками по коленям, а иногда даже бил в ладоши, И всех благодарил, — иногда трудно было решить, за что. Так, после чая он благодарил угрюмого Лаврентия Петровича за компанию.

— Так это мы с вами хорошо чайку попили, — по-небесному! Верно, отец, а? — говорил он, хотя Лаврентий Петрович пил чай отдельно и никому компании составлять не мог.

Он очень гордился своим дьяконским саном, который получил только три года тому назад, а раньше был псаломщиком. И у всех — и у больных и у приходящих — он спрашивал, какого роста их жены.

— А у меня жена очень высокая, — с гордостью говорил он после того или иного ответа. — И дети все в нее. Гренадеры, за милую душу!

Все в клиниках — чистота, дешевизна, любезность докторов, цветы в коридоре — вызывало его восторг и умиление. То смеясь, то крестясь на икону, он изливал свои чувства перед молчащим Лаврентием Петровичем и, когда слов не хватало, восклицал:

— За милую душу! Вот как перед богом, за милую душу!

Третьим больным в восьмой палате был черный студент Торбецкий. Он почти не вставал с постели, и каждый день к нему приходила высокая

181

девушка со скромно опущенными глазами и легкими, уверенными движениями. Стройная и изящная в своем черном платье, она быстро проходила коридор, садилась у изголовья больного студента и просиживала от двух ровно до четырех часов, когда, по правилам, кончался прием посетителей и няньки подавали больным чай. Иногда они много и оживленно говорили, улыбаясь и понижая голос, но случайно вырывались отдельные громкие слова, как раз те, которые нужно было сказать шепотом: «Радость моя!» — «Я люблю тебя»; иногда они подолгу молчали и только глядели друг на друга загадочным, затуманенным взглядом. Тогда о. дьякон кашлял и со строгим деловым видом выходил из палаты, а Лаврентий Петрович, притворявшийся спящим, видел сквозь прищуренные глаза, как они целовались. И в сердце у него загоралась боль, и биться оно начинало неровно и сильно, а массивные скулы выдавались буграми и двигались.

И с тою же холодною отчужденностью смотрели белые стены, и в их безупречной белизне была странная и грустная насмешка.

II

День в палате начинался рано, когда еще только мутно серело от первых лучей рассвета, и был длинный, светлый и пустой. В шесть часов больным подавали утренний чай, и они медленно пили его, а потом ставили градусник, измеряя температуру. Многие, как о. дьякон, впервые узнали о существовании у них температуры, и она представлялась чем-то загадочным, и измерение ее — делом очень важным. Небольшая стеклянная палочка со своими черными и красными черточками становилась показательницей жизни, и одна десятая градуса выше или ниже делала больного веселым или печальным. Даже вечно веселый о. дьякон впадал в минутное уныние и недоуменно качал головой, если температура его тела оказывалась ниже той, которую ему называли нормальной.

— Вот, отец, штука-то. Аз и ферт, — говорил он Лаврентию Петровичу, держа в руке градусник и с неодобрением рассматривая его.

— А ты подержи еще, поторгуйся, — насмешливо отвечал Лаврентий Петрович.

И о. дьякон торговался и, если ему удавалось добыть еще одну десятую градуса, становился весел и горячо благодарил Лаврентия Петровича за науку. Измерение настраивало мысли на целый день на вопросы о здоровье, и все, что рекомендовалось докторами, выполнялось пунктуально и с некоторой торжественностью.

Особенную торжественность в свои действия вносил о. дьякон и, держа градусник, глотая лекарство или выполняя какое-нибудь отправление, делал лицо важным и строгим, как при разговоре о посвящении его в сан. Ему дали, для надобностей анализа, несколько стаканчиков, и он в строгом порядке расставил их, а номера — первый, второй, третий... — попросил надписать студента, так как сам писал недостаточно красиво. На тех больных, которые не исполняли предписаний докторов, он сердился и постоянно со строгостью увещевал толстяка Минаева, лежавшего в десятой палате: Минаеву доктора не велели есть мяса, а он потихоньку таскал его у соседей по обеденному столу и, не жуя, глотал.

С семи часов палату заливал яркий дневной свет, проходивший в громадные окна, и становилось так светло, как в поле, и белые стены, постели, начищенные медные тазы и полы — все блестело и сверкало в этом свете. К самым окнам редко кто-нибудь подходил: улица и весь мир, бывший за стенами клиники, потеряли свой интерес. Там люди жили; там, полная народа, пробегала конка, проходил серый отряд солдат, проезжали блестящие пожарные, открывались и закрывались двери магазинов, — здесь больные люди лежали в постелях, едва имея силы поворотить к свету ослабевшую голову; одетые в серые халаты, вяло бродили по гладким полам; здесь они болели и умирали. Студент получал газету, но ни он сам, ни другие почти не заглядывали в нее, и какая-нибудь неправильность в отправлении желудка у соседа волновала и трогала больше, чем война и те события, которые потом получают название мировых. Около одиннадцати часов приходили доктора и студенты, и опять начинался внимательный осмотр, длившийся часами. Лаврентий Петрович лежал всегда спокойно и смотрел в потолок, отвечая односложно и хмуро; о. дьякон волновался и говорил так много и так невразумительно, с таким желанием всем доставить удовольствие и всем оказать уважение, что его трудно было понять.

О себе он говорил:

— Когда я пожаловал в клинику...

О няньке передавал:

— Они изволили поставить мне клизму...

Он всегда в точности знал, в каком часу и в какую минуту была у него изжога или тошнота, в каком часу ночи он просыпался и сколько раз. По уходе докторов он становился веселее, благодарил, умилялся и бывал очень доволен собою, если ему удавалось при прощании сделать не один общий поклон всем докторам, а каждому порознь.

— Так это чинно, — радовался он, — по-небесному!

И еще раз показывал молчащему Лаврентию Петровичу и улыбающемуся студенту, как он сделал поклон сперва доктору Александру Ивановичу и потом доктору Семену Николаевичу.

Он был болен неизлечимо, и дни его были сочтены, но он этого не знал, с восторгом говорил о путешествии в Троицко-Сергиевскую лавру, которое он совершит по выздоровлении, и о яблоне в своем саду, которая называлась «белый налив» и с которой нынешним летом он ожидал плодов, И в хороший день, когда стены и паркетный пол палаты щедро заливались солнечными лучами, ни с чем не сравнимыми в своей могучей силе и красоте, когда тени на снежном белье постелей становились прозрачно-синими, совсем летними, о. дьякон громко напевал трогательную песнь:

«Высшую небес и чистейшую светлостей солнечных, избавившую нас от клятвы, владычицу мира песньми почтим!..»

Голос его, слабый и нежный тенор, начинал дрожать, и в волнении, которое он старался скрыть от окружающих, о. дьякон подносил к глазам платок и улыбался. Потом, пройдясь по комнате, он вплотную подходил к окну и вскидывал глаза к глубокому, безоблачному небу: просторное, далекое от земли, безмятежно красивое, оно само казалось величавою божественною песнью.

И к ее торжественным звукам робко присоединялся дрожащий человеческий голос, полный трепетной и страстной мольбы:

«От многих моих грехов немоществует тело, немоществует и душа моя: к тебе прибегаю, благодатней, надежде ненадежных, ты мне помози!..»

В определенный час подавался обед, снова чай и ужин, а в девять часов электрическая лампочка задергивалась синим матерчатым абажуром и начиналась такая же длинная и пустая ночь.

Клиники затихали.

Только в освещенном коридоре, куда выходили постоянно открытые двери палат, вязали чулки сиделки и тихо шептались и переругивались, да изредка, громко стуча ногами, проходил кто-нибудь из служителей, и каждый его шаг выделялся отчетливо и замирал в строгой постепенности. К одиннадцати часам замирали и эти последние отголоски минувшего дня, и звонкая, словно стеклянная, тишина, чутко сторожившая каждый легкий звук, передавала из палаты в палату сонное дыхание выздоравливающих, кашель и слабые стоны тяжелых больных. Легки и обманчивы были эти ночные звуки, и часто в них таилась страшная загадка: хрипит ли больной, или же сама смерть уже бродит среди белых постелей и холодных стен.

Кроме первой ночи, в которую Лаврентий Петрович забылся крепким сном, все остальные ночи он не спал, и они полны были новых и жутких мыслей. Закинув волосатые руки за голову, не шевелясь, он пристально смотрел на светившуюся сквозь синий абажур изогнутую проволоку и думал о своей жизни. Он не верил в бога, не хотел жизни и не боялся смерти. Все, что было в нем силы и жизни, все было растрачено и изжито без нужды, без пользы, без радости. Когда он был молод и волосы его кучерявились на голове, он воровал у хозяина; его ловили и жестоко, без пощады били, и он ненавидел тех, кто его бил. В средних годах он душил своим капиталом маленьких людей и презирал тех, кто попадался в его руки, а они платили ему жгучей ненавистью и страхом. Пришла старость, пришла болезнь — и стали обкрадывать его самого, и он ловил неосторожных и жестоко, без пощады бил их... Так прошла вся его жизнь, и была она одною горькою обидой и ненавистью, в которой быстро гасли летучие огоньки любви и только холодную золу да пепел оставляли на душе. Теперь он хотел уйти от жизни, позабыть, но тихая ночь была жестока и безжалостна, и он то смеялся над людскою глупостью и глупостью своей, то судорожно стискивал железные скулы, подавляя долгий стон. С недоверием к тому, что кто-нибудь может любить жизнь, он поворачивал голову к соседней постели, где спал дьякон. Долго и внимательно он рассматривал белый, неопределенный в своих очертаниях бугорок и темное пятно лица и бороды и злорадно шептал:

— Ду-ррак!

Потом он глядел на спящего студента, которого днем целовала девушка, и еще с большим злорадством поправлялся:

— Дура-ки!

А днем душа его замирала, и тело послушно исполняло все, что прикажут, принимало лекарство и ворочалось. Но с каждым днем оно слабело и скоро было оставлено почти в полном покое, неподвижное, громадное и в этой обманчивой громадности кажущееся здоровым и сильным.

Слабел и о. дьякон: меньше ходил по палатам, реже смеялся, но, когда в палату заглядывало солнце, он начинал болтать весело и обильно, благодарил всех — и солнце и докторов — и вспоминал все чаще о яблоне «белый налив». Потом он пел «Высшую небес», и темное, осунувшееся лицо его становилось более светлым, но также и более важным: сразу видно было, что это поет дьякон, а не псаломщик. Кончив песнь, он подходил к Лаврентию Петровичу и рассказывал, какую бумагу ему дали при посвящении.

— Вот этакая огромная, — показывал он руками, — и по всей буквы, буквы. Какие черные, какие с золотой тенью. Редкость, ей-богу!

Он крестился на икону и с уважением к себе добавлял:

— А внизу печать архиерейская. Огромная, ей-богу, — чисто ватрушка. Одно слово, за милую душу!

Верно, отец?

И он закатисто смеялся, скрывая светлеющие глаза в сети тоненьких морщинок. Но солнце пряталось за серой снежной тучей, в палате тускнело, и, вздыхая, о. дьякон ложился в постель.

III

В поле, в садах еще лежал снег, но улицы давно были чисты от него, сухи и в местах большой езды даже пыльны. Только из палисадников, обнесенных железными решетками, да со дворов выбегали тоненькие струйки воды и расплывались лужей по ровному асфальту; и от каждой такой лужи в обе стороны тянулись следы мокрых ног, вначале темные и частые, но дальше редкие и мало заметные, — как будто проходившая здесь толпа разом была подхвачена на воздух и опущена только у следующей лужи. Солнце лило в палату целые потоки света и так пригревало, что приходилось от него прятаться, как летом, и не верилось, что за тонкими стеклами окон воздух холоден, свеж и сыр.

Сама палата, с ее высокими потолками, казалась при этом свете узким и душным закоулком, в котором нельзя протянуть руки, чтобы не наткнуться на стену. Голос улицы не проникал в клинику сквозь двойные рамы, но когда по утрам в палате открывали большую откидную фортку — внезапно, без переходов, врывался в нее пьяно-веселый и шумный крик воробьев. Все остальные звуки затихали перед ним, скромные и как будто обиженные, а он торжествующе разносился по коридорам, подымался по лестницам, дерзко врывался в лабораторию, звонко перебегая по стеклянным колбочкам. Удаленные в коридор больные улыбались наивному, мальчишески-дерзкому крику, а о. дьякон закрывал глаза, протягивал вперед руки и шептал:

— Воробей! За милую душу, воробей!

Фортка закрывалась, звонкий воробьиный крик умирал так же внезапно, как и родился, но больные точно еще надеялись найти спрятанные отголоски его, торопливо входили в палату, беспокойно оглядывали ее и жадно дышали расплывающимися волнами свежего воздуха.

Теперь больные чаще подходили к окнам и подолгу простаивали у них, протирая пальцами и без того чистые стекла; неохотно, с ворчаньем ставили градусники и говорили только о будущем. И у всех будущее это представлялось светлым и хорошим, даже у того мальчика из одиннадцатой палаты, который однажды утром был перенесен сторожами в отдельный номер, а затем неведомо куда исчез, — «выписался», как говорили няньки. Многие из больных видели, когда его переносили вместе с постелью в отдельный номер; несли его головою вперед, и он был неподвижен, только темные впавшие глаза переходили с предмета на предмет, и было в них что-то такое безропотно-печальное и жуткое, что никто из больных не выдерживал их взгляда — и отворачивался. И все догадались потом, что мальчик умер, но никого эта смерть не взволновала и не испугала; здесь она была тем обыкновенным и простым, чем кажется она, вероятно, на войне. Умер за это время и другой больной из той же одиннадцатой палаты. Это был низенький и на вид довольно еще свежий старичок, разбитый параличом; ходил он переваливаясь, одним плечом вперед, и всем больным рассказывал одну и ту же историю: о крещении Руси при Владимире Святом. Что трогало его в этой истории, так и осталось неизвестным, так как говорил он очень тихо и непонятно, закругляя слова и скрадывая окончания, но сам он, видимо, был в восторге, размахивал правой рукой и вращал правым глазом, — левая сторона тела была у него парализована.

Если настроение его было хорошее, он заканчивал рассказ неожиданно громким и победным возгласом:

«С нами бог!», после чего торопливо уходил, сконфуженно смеясь и наивно закрывая рукою лицо. Но чаще он бывал печален и жаловался, что ему не дают теплой ванны, от которой он обязательно должен поправиться.

За несколько дней до смерти ему назначили вечером теплую ванну, и он весь тот день восклицал: «С нами бог!» — и смеялся; когда он уже сидел в ванне, проходившие мимо больные слышали торопливее и полное блаженства воркование: это старичок в последний раз передавал наблюдавшему за ним сторожу историю о крещении Руси при Владимире Святое. В положении больных восьмой палаты заметных перемен не произошло: студент Торбецкий поправлялся, а Лаврентий Петрович и о. дьякон с каждым днем слабели; жизнь и сила выходили из них с такой зловещей бесшумностью, что они и сами почти не догадывались об этом, и казалось, что никогда они и не ходили по палате, а все так же спокойно лежали в постелях.

И все так же регулярно приходили доктора в своих белых балахонах и студенты, выслушивали и выстукивали и говорили между собою.

В пятницу, на пятой неделе великого поста, о. дьякона водили на лекцию, и вернулся он из аудитории возбужденный и разговорчивый. Он закатисто смеялся, как и в первое время, крестился и благодарил и по временам подносил к глазам платок, после чего глаза становились красными.

— Чего это вы плачете, отец дьякон? — спросил студент.

— Ах, отец, и не говорите, — с умилением отозвался дьякон, — так это хорошо, за милую душу! Посадили меня Семен Николаевич в кресло, сами стали рядом и говорят студентам: «Вот, говорят, дьякон…»

Здесь о. дьякон сделал важное лицо, нахмурился, но слезы снова навернулись на его глазах, и, стыдливо отвернувшись, он пояснил:

— Уж очень трогательно читают Семен Николаевич! Так трогательно, что вся душа перевертывается. Жил, говорят, был дьякон…

Отец дьякон всхлипнул.

187

— Жил-был дьякон…

Дальше от слез о. дьякон продолжать не мог, но, уже улегшись в постель, из-под одеяла шепнул сдавленным голосом:

— Всю жизнь рассказали. Как это я был псаломщиком, недоедал. Про жену тоже, спасибо им, упомянули.

Так трогательно, так трогательно: будто помер ты, и над тобою читают. Жил, говорят… был, говорят… дьякон…

И, пока о. дьякон говорил, всем стало видно, что этот человек умрет, стало видно с такою непреложною и страшною ясностью, как будто сама смерть стояла здесь, между ними. Невидимым страшным холодом и тьмою повеяло от веселого дьякона, и, когда с новым всхлипыванием он скрылся под одеялом, Торбецкий нервно потер похолодевшие руки, а Лаврентий Петрович грубо рассмеялся и закашлялся.

Последние дни Лаврентий Петрович сильно волновался и непрестанно повертывал голову по направлению к сиявшему сквозь окно голубому небу; изменив своей неподвижности, он судорожно ворочался на постели, кряхтел и сердился на нянек. С тем же волнением он встречал доктора при ежедневном осмотре, и тот под конец заметил это. Был он добрый и хороший человек и участливо спросил:

— Что с вами?

— Скучно, — сказал Лаврентий Петрович. И сказал он это таким голосом, каким говорят страдающие дети, и закрыл глаза, чтобы скрыть слезы. А в его «дневнике», среди заметок о том, каковы у больного пульс и дыхание и сколько раз его слабило, появилась новая отметка: «Больной жалуется на скуку».

К студенту по-прежнему приходила девушка, которую он любил, и щеки ее от свежего воздуха горели такой живой и нежной краской, что было приятно и почему-то немного грустно смотреть на них. Наклонясь к самому лицу Торбецкого, она говорила:

— Посмотри, какие горячие щеки.

И он смотрел, но не глазами, а губами, и смотрел долго и очень крепко, так как стал выздоравливать и силы у него прибавилось. Теперь они не стеснялись других больных и целовались открыто; дьякон при этом деликатно отвертывался, а Лаврентий Петрович, не притворяясь уже спящим, с вызовом и насмешкою смотрел на них. И они любили о. дьякона и не любили Лаврентия Петровича.

В субботу о. дьякон получил из дому письмо. Он ждал его уже целую неделю, и все в клинике знали, что о. дьякон ждет письма, и беспокоились вместе с ним.

Приободрявшийся и веселый, он встал с постели и медленно бродил по палатам, всюду показывая письмо, принимая поздравления, кланяясь и благодаря. Всем давно уже было известно об очень высоком росте его жены, а теперь он сообщил о ней новую подробность:

— Здорово она у меня храпит. Когда ляжет в кровать, так ты ее хоть оглоблей бей, — не подымешь. Храпит, да и все тут. Молодец, ей-богу!

Потом о. дьякон плутовато подмаргивал и восклицал:

— А этакую штуку видел? Отец, а отец?

И он показывал четвертую страницу письма, на которой неумелыми, дрожащими линиями был обведен контур растопыренной детской руки, и посередине, как раз на ладони, было написано: «Тосик руку приложил».

Перед тем как приложить руку, Тосик, по-видимому, был занят каким-нибудь делом, связанным с употреблением воды и грязи, так как на тех местах, что приходились против выпуклостей ладони и пальцев, бумага сохраняла явственные следы пятен.

— Внук-то, хорош? Четыре года всего, а умен, так умен, что не могу я вам этого выразить. Руку приложил, а? — В восторге от остроумной шутки, отец дьякон хлопал себя руками по коленям и сгибался от приступа неудержимого, тихого смеха. И лицо его, давно не видевшее воздуха, изжелта-бледное, становилось на минуту лицом здорового человека, дни которого еще не сочтены.

И голос его делался крепким и звонким, и бодростью дышали звуки трогательной песни:

«Высшую небес и чистейшую светлостей солнечных, избавившую нас от клятвы, владычицу мира песньми почтим!..»

В этот же день водили на лекцию Лаврентия Петровича. Пришел он оттуда взволнованный, с дрожащими руками и кривой усмешкой, сердито оттолкнул няньку, помогавшую ему ложиться в постель, и тотчас же закрыл глаза. Но о. дьякон, сам переживший лекцию, дождался момента, когда глаза Лаврентия Петровича приоткрылись, и с участливым любопытством начал допрашивать о подробностях осмотра.

— Как, отец, трогательно, а? Тоже небось и про тебя говорили: жил, говорят, был купец…

Лицо Лаврентия Петровича гневно передернулось; обжегши дьякона взглядом, он повернулся к нему спиной и снова решительно закрыл глаза.

— Ничего, отец, ты не беспокойся. Выздоровеешь, да еще как откалывать-то начнешь — по-небесному! — продолжал отец дьякон. Он лежал на спине и мечтательно глядел в потолок, на котором играл неведомо откуда отраженный солнечный луч. Студент ушел курить, и в минуты молчания слышалось только тяжелое и короткое дыхание Лаврентия Петровича.

— Да, отец, — медленно, с спокойной радостью говорил отец дьякон, — если будешь в наших краях, ко мне заезжай. От станции пять верст, — тебя всякий мужик довезет. Ей-богу, приезжай, угощу тебя за милую

душу. Квас у меня — так это выразить я тебе не могу, до чего сладостен!
Отец дьякон вздохнул и, помолчав, продолжал:

— К троице я вот схожу. И за твое имя просфору выну. Потом соборы осмотрю. В баню пойду. Как они, отец, прозываются: торговые, что ли?

Лаврентий Петрович не ответил, и о. дьякон решил сам:

— Торговые. А там, за милую душу — домой!

Дьякон блаженно умолк, и в наступившей тишине короткое и прерывистое дыхание Лаврентия Петровича напоминало гневное сопение паровика, удерживаемого на запасном пути. И еще не рассеялась перед глазами дьякона вызванная им картина близкого счастья, когда в ухо его вошли непонятные и ужасные слова. Ужас был в одном их звуке; ужас был в грубом и злобном голосе, одно за одним ронявшем бессмысленные, жестокие слова:

— На Ваганьково кладбище пойдешь, — вот куда!

— Что ты говоришь, отец? — не понимал дьякон.

— На Ваганьково, на Ваганьково, говорю, пора, — ответил Лаврентий Петрович. Он повернулся лицом к о. дьякону и даже голову спустил с подушки, чтобы ни одно слово не миновало того, в кого оно было направлено. — А то в анатомический тебя сволокут и так там тебя взрежут, — за милую душу!

Лаврентий Петрович рассмеялся.

— Что ты, что ты, бог с тобой! — бормотал отец дьякон.

— Со мною-то ничего, а вот как тут покойников хоронят, так это потеха. Сперва руку отрежут, — руку похоронят. Потом ногу отрежут, — ногу похоронят. Так иного-то незадачливого покойника целый год таскают, перетаскать не могут.

Дьякон молчал и остановившимся взглядом смотрел на Лаврентия Петровича, а тот продолжал говорить.

И было что-то отвратительное и жалкое в бесстыдной прямоте его речи.

— Смотрю я на тебя, отец дьякон, и думаю: старый ты человек, а глуп, прямо сказать, до святости. Ну и чего ты ерепенишься: «К троице поеду, в баню пойду». Или вот тоже про яблоню «белый налив». Жить тебе всего неделю, а ты…

— Неделя?

— Ну да, неделя. Не я говорю, — доктора говорят.

Лежал я намедни, быдто спал, а тебя в палате не было, — вот студенты и говорят: а скоро, говорят, нашему дьякону и того. Недельку протянет.

— Про-тя-не-т?

— А ты думаешь, она помилует? — Слово «она» Лаврентий Петрович выговорил с страшной выразительностью. Затем он поднял кверху свой огромный буроватый кулак и, печально полюбовавшись его массивными очертаниями, продолжал: — Вот, глянь-ка! Приложу кого, так тут ему аз и хверт и будет. А тоже… Ну да, тоже. Эх, дьякон пустоголовый: «К троице, в баню пойду». Получше тебя люди жили, да и те помирали.

Лицо о. дьякона было желто, как шафран; ни говорить, ни плакать он не мог, ни даже стонать. Молча и медленно он опустился на подушку и старательно, убегая от света и от слов Лаврентия Петровича, завернулся в одеяло и притих. Но тот не мог не говорить: каждым словом, которым он поражал дьякона, он приносил себе отраду и облегчение. И с притворным добродушием он повторял:

— Так-то, отче. Через недельку. Как ты говоришь: аз и хверт? Вот тебе аз и хверт. А ты в баню, — чудасия! Разве вот на том свете нас с тобой горячими вениками попарят, — это, отчего же, очень возможно.

Но тут вошел студент, и Лаврентий Петрович неохотно умолк. Он попробовал закрыться одеялом, как и о. дьякон, но скоро высунул голову из тьмы и насмешливо поглядел на студента.

— А сестрица-то ваша сегодня, вижу, опять не придут? — спросил он студента с тем же притворным добродушием и нехорошей улыбкой.

— Да, нездорова, — коротко от окна бросил студент хмурый ответ.

— Какая жалость! — покачал головой Лаврентий Петрович. — Что же такое с ними?

Но студент не ответил: кажется, он не слыхал вопроса. Уже три раза девушка, которую он любил, пропускала часы свиданий; не придет она и сегодня. Торбецкий делал вид, что смотрит в окно на улицу так, от безделья, но в действительности старался заглянуть влево, где находился невидимый подъезд, и прижимался лбом к самому стеклу. И так между окном и часами, глядя то на одно, то на другое, провел он время обычного приема посетителей, от двух до четырех часов. Усталый и побледневший, он неохотно выпил стакан чаю и лег в постель, не заметив ни странной молчаливости о. дьякона, ни такой же странной разговорчивости Лаврентия Петровича.

— Не пришли сестрица! — говорил Лаврентий Петрович и улыбался нехорошей улыбкой.

IV

В эту ночь, томительно долгую и пустую, так же горела лампочка под синим абажуром, и звонкая тишина вздрагивала и пугалась, разнося по палатам тихие стоны, храп и сонное дыхание больных. Где-то упала на камень чайная ложка, и звук получился чистый, как от колокольчика, и долго еще жил в тихом и неподвижном воздухе. В палате № 8 никто не спал в эту ночь, но все лежали тихо и породили на спящих. Один Торбецкий, не думавший о присутствии в палате посторонних людей, беспокойно ворочался, ложась то на спину, то ниц, густо вздыхал и поправлял сползавшее одеяло.

Раза два он ходил курить и, наконец, заснул, так как поздоровевший организм брал свое. И сон его был крепок, и грудь подымалась ровно и легко. Должно быть, и сны пришли к нему хорошие: на губах у него появилась улыбка и долго не сходила, странная и трогательная при глубокой неподвижности тела и закрытых глазах.

Далеко, в темной и пустынной аудитории, пробило три часа, когда в ухо начавшего дремать Лаврентия Петровича вошел тихий, дрожащий и загадочный звук.

Он родился тотчас за музыкальным боем часов и в первую секунду показался нежным и красивым, как далекая печальная песня. Лаврентий Петрович прислушался: звук ширился и рос и, все такой же мелодичный, доходил теперь на тихий плач ребенка, которого заперли в темную комнату, и он боится тьмы и боится тех, кто его запер, и сдерживает бьющиеся в груди рыдания и вздохи. В следующую секунду Лаврентий Петрович проснулся совсем и разом понял загадку: плакал кто-то взрослый, плакал некрасиво, давясь слезами, задыхаясь.

— Кто это? — испуганно спросил Лаврентий Петрович, но не получил ответа.

Плач замер, и от этого в палате стало еще печальнее и тоскливее. Белые стены были неподвижны и холодны, и не было никого живого, кому можно было бы пожаловаться на одиночество и страх и просить защиты.

— Кто это плачет? — повторил Лаврентий Петрович. — Дьякон, это ты?

Рыдание словно пряталось где-то тут же, возле Лаврентия Петровича, и теперь, ничем не сдерживаемое, вырвалось на свободу. Одеяло, укрывавшее о. дьякона, заколыхалось, и металлическая дощечка дребезжащим стуком ударилась об железку.

— Что ты? Что ты! — бормотал Лаврентий Петрович. — Не плачь.

Но о. дьякон плакал, и все чаще ударялась дощечка, сотрясаемая рыдающим и бьющимся телом. Лаврентий Петрович сел на постель, задумался и потом медленно спустил на пол затекшие ноги. Когда он встал на них, в голову ему ударило чем-то теплым и шумящим, — словно целый десяток жерновов завертелся и загрохотал в его мозгу, — дыхание прервалось, и потолок быстро поплыл куда-то вниз. С трудом удержавшись на ногах от приступа головокружения, ощущая толчки сердца так ясно, как будто изнутри груди кто-то бил молотком, Лаврентий Петрович отдышался и решительно перешагнул пространство, отделявшее его от постели о. дьякона, — полтора шага. Здесь ему снова пришлось передохнуть. Прерывисто и тяжело сопя носом, он положил руку на вздрагивающий бугорок, пододвинувшийся, чтобы дать ему место на постели, и просительно сказал:

— Не плачь. Ну, чего плакать?! Боишься умирать?

Отец дьякон порывисто сдернул одеяло с головы и жалобно вскрикнул:

— Ах, отец!

— Ну, что? Боишься?

— Нет, отец, не боюсь, — тем же жалобно поющим голосом ответил дьякон и энергично покачал головой. — Нет, не боюсь, — повторил он и, снова повернувшись на бок, застонал и дрогнул от рыданий.

— Ты на меня не сердись, что я тебе давеча сказал, — попросил Лаврентий Петрович, — Глупо, брат, сердиться.

— Да я не сержусь. Чего я буду сердиться? Разве это ты смерть накликал? Сама приходит... — И отец дьякон вздохнул высоким, все подымающимся звуком.

— Чего же ты плачешь? — все так же медленно и недоуменно спрашивал Лаврентий Петрович.

Жалость к о. дьякону начала проходить и сменялась мучительным недоумением. Он вопросительно переводил глазами с темного дьякоинва лица на его се&нькую бороденку, чувствовал под рукою бессильное трепыхание худенького тельца и недоумевал.

— Чего же ты ревешь? — настойчиво спрашивал он.

Отец дьякон охватил руками лицо и, раскачивая головой, произнес высоким, поющим голосом:

— Ах, отец, отец! Солнышка жалко. Кабы ты знал... как оно у нас... в Тамбовской губернии, светит. За ми... за милую душу!

— Какое солнце? — Лаврентий Петрович не понял и рассердился на дьякона. Но тут же он вспомнил тот поток горячего света, что днем вливался в окно и золотил пол, вспомнил, как светило солнце в Саратовской губернии на Волгу, на лес, на пыльную тропинку в поле, — и всплеснул руками, и ударил ими себя в грудь, и с хриплым рыданием упал лицом вниз на подушку, бок о бок с головой дьякона. Так плакали они оба. Плакали о солнце, которого больше не увидят; о яблоне «белый налив», которая без них даст свои плоды, о тьме, которая охватит их, о милой жизни и жестокой смерти. Звонкая тишина подхватывала их рыдания и вздохи и разносила по палатам, смешивая их с здоровым храпом сиделок, утомленных за день, со стонами и кашлем тяжелых больных и легким дыханием выздоравливающих. Студент спал, но улыбка исчезла с его уст, и синие мертвенные тени лежали на его лице, неподвижном и в неподвижности своей грустном и страдающем.

193

Немигающим, безжизненным светом горела электрическая лампочка, и белые высокие стены смотрели равнодушно и тупо.

Умер Лаврентий Петрович в следующую ночь, в пять часов утра. С вечера он крепко уснул, проснулся с сознанием, что он умирает и что ему нужно что-то сделать: позвать на помощь, крикнуть или перекреститься, — и потерял сознание. Высоко поднялась и опустилась грудь, дрогнули и разошлись ноги, свисла с подушки отяжелевшая голова, и размашисто скатился с груди массивный кулак. Отец дьякон услышал сквозь сон скрип постели и, не открывая глаз, спросил:

— Ты что, отец?

Но никто не ответил ему, и он снова уснул. Днем доктора уверили его, что он будет жить, и он поверил им и был счастлив: кланялся с постели одной головой, благодарил и поздравлял всех с праздником.

Счастлив был и студент и спал крепко, как здоровый. В этот день девушка приходила к нему, горячо целовала его и просидела дольше назначенного часа ровно на двадцать минут.

Солнце всходило.

Защита

(История одного дня)

По коридору суда прохаживался высокий, худощавый блондин, одетый во фраке. Звали его Андреем Павловичем Колосовым, и он третий уже год состоял в звании помощника присяжного поверенного. Перед каждым крупным делом Андрей Павлович сильно волновался, но на этот раз его дурное состояние переходило границы обычного. Причин на то было много. Главнейшей из них были больные нервы. Последний год они прямо-таки отказывались служить, и водяные души, принимаемые Колосовым, помогали очень мало. Нужно было бросить курить, но он не мог решиться на это, так сильна была привычка. И теперь ему захотелось покурить, хотя во рту у него уже образовался тот неприятный осадок, который так знаком всем курящим запоем. Колосов отправился в докторскую комнату, оказавшуюся свободной, лег на клеенчатый диван и закурил. Ох, как он устал! Целую неделю не вылезает он из фрака. Да какое неделю! То у мировых судей, то в съезде, вчера целый день до девяти часов вечера промаялся в окружном суде по пустейшему гражданскому делу. Товарищи завидуют, что он так много зарабатывает, ставят примером неутомимости, а куда все это идет? Три тысячи рублей в год, которые он с таким трудом выколачивает, плывут между пальцами. Жизнь все дорожает, дети требуют на себя все больше и больше. Долги растут. Послезавтра срок за квартиру, нужно платить пятьдесят рублей, а у него в наличности всего десять. Опять выворачиваться, значит. Жена…

При воспоминании о долгах и жене Колосов поморщился и вздохнул.

— Послушай, куда ты запропастился? Я тебя искал-искал! — влетел в комнату товарищ Колосова по сегодняшней защите, Померанцев, тоже помощник присяжного поверенного, успевший приобрести репутацию талантливого криминалиста.

Красивый брюнет, подвижной, говорливый и жизнерадостный, но несколько шумный и надоедливый, Померанцев был редким баловнем судьбы. Дома, в богатой семье, его боготворили, счастье сопутствовало ему во всех делах, — как по рельсам катился он к славе и деньгам.

— Нам нужно условиться относительно защиты, — быстро говорил Померанцев.

— Отвяжись, Бога ради, потом, — ответил вздрогнувший Колосов.

— Да как же потом?

Колосов устало махнул рукой, и Померанцев, передернув плечами, торопливо вышел.

Дело, по которому выступали Колосов и Померанцев, было по фабуле несложно. На одной из окраин Москвы, там, где кабак сменяет закусочную, чайную и снова сменяется кабаком и где ютятся подонки столичного населения" произошло убийство. Какой-то заезжий молодец, по видимости приказчик или прасол, кутил ночь в сопровождении двух оборванцев и гулящей девки «Таньки-Белоручки», показывал кошель с деньгами, а на другое утро был найден на огородах задушенным и ограбленным. Через неделю Танька и оборванцы были задержаны и сознались в убийстве. Колосов должен был защищать Таньку-Белоручку. В тюрьме, куда он отправился на свидание с обвиняемой, его встретило нечто неожиданное. Танька, или Таня, как он начал называть ее, была молоденькая, хорошенькая девушка с гладко зачесанными русыми волосами, скромная и пугливая. Одиночное ли заключение смыло с ее лица грязь позорного ремесла, или жестокие душевные страдания одухотворили его, но ни в чем не было видно того презренного и жалкого создания, о каких привык слышать Андрей Павлович. Только голос, несколько охрипший и грубый, говорил о ночах разврата и пьянства.

После первого же свидания Колосов понял, что Танька ни душой, ни телом не повинна в убийстве. Страх погубил ее. Страх существа, находящегося внизу общественной лестницы и придавленного всеми, кто находится выше. Всякий был сильнее Тани и всякий обижал ее, был ли то ее любовник, драчливый и жестокий, или городовой, сияющий всеми своими значками и бляхами и одним своим юпитеровским видом приводивший в панический ужас обладательницу желтого билета. Из страстной и порывистой речи Тани, когда ее глаза горели и худенькое тело вздрагивало от накопившейся ненависти к гонителям, Колосов увидел, что Таня способна и на самозащиту. Так защищается заспанный зверек, запрокинувшийся на спину и яростно скалящий зубы на поднятую руку, но в самой этой напускной ярости более ужаса и смертельной тоски, чем в самом отчаянном вопле. Со слезами и сомнением в том, что кто-нибудь может поверить ее словам, Таня рассказывала, как произошло убийство. Когда все они вышли из последнего кабака и проходили пустырем, Иван Горошкин, ее любовник, и Василий Хоботьев накинулись на незнакомца и стали душить его.

— Испугалась я, барин, до смерти. Закричала на них: «Что вы, душегубы, делаете?» Ванька на меня только цыкнул, а тот уж хрипеть начинает. Бросилась к ним, а Ванька, злодей, как ударит меня ногой по животу. «Молчи, говорит, а то тебе то же будет!» Пустилась я от них бежать по огородам, сама не знаю, как у Марфушки до постели довалилась... Платок, как бежала, потеряла...

На другой день Таня упрекнула Ивана в содеянном, но тот двумя ударами кулака убедил ее в непреложности совершившего факта, а через полтора часа Таня пела песни, плакала и пила водку, купленную на награбленные деньги.

Колосов еще раза два был у Тани, и после каждого посещения предстоящая защита казалась ему все труднее. Ну, что он скажет на суде? Ведь надо рассказать все, что есть горького и несправедливого на свете, рассказать о вечной, неумолкающей борьбе за жизнь, о стонах побежденных и победителей, одной грудой валяющихся на кровавом поле... Но разве об этих стонах можно рассказать тому, кто сам их не слышал и не слышит?

Вчера ночью (днем он был занят) Андрей Павлович готовился к защите. Сперва работа не клеилась, но после нескольких стаканов крепкого чаю и десятка папирос разбросанные мысли стали складываться в систему. Все более возбуждаясь, взвинчивая себя удачными выражениями, красивыми фразами, Колосов наконец составил горячую, убедительную речь, прежде всех убедившую его самого. На минуту в нем исчез страх, который как бы передался ему от Тани, и он лег спать, уверенный в себе и победе. Но бессонница сделала свое дело. Сегодня у него голова тяжела и пуста. Отдельные фразы из речи, которые он набросал на бумаге, кажутся искусственными и слишком громкими. Вся надежда на то, что нервы приподнимутся, и в нужную минуту он овладеет собой.

Он сегодня уже виделся с Таней и был неприятно поражен той одеревенелостью, которая сквозила в ее голосе.

Смотрите же, Таня, вы передавайте все так, как и мне говорили. Хорошо?

— Хорошо, — ответила покорно Таня, но в этой покорности звучал тот одному ему понятный страх, которым было проникнуто все ее существо. Дело началось.

Когда отворилась дверь, ведущая из коридора за решетку, за которой помещаются подсудимые, и они начали входить один за другим, публика, наскучившая ожиданием, всколыхнулась. Звякнули шпоры жандармов, блеснули их обнаженные тесаки, и зрители поняли, что драма начинается. Пронесшийся по залу шорох и шепот показали, что происходит обмен впечатлений. Ординарная наружность Ивана Горошкина и Хоботьева вызвала нелестные замечания, зато Таня понравилась — настоящая героиня драмы.

После обычного допроса подсудимых об их имени и звании Таня, на вопрос председателя об ее занятии, ответила:

— Проститутка!

И это слово, брошенное в середину расфранченных чистых женщин, сытых и довольных мужчин, прозвучало, как похоронный колокол, как грозный упрек умершего всем живым. Но ничья не опустилась голова, ничьи не потупились глаза. Еще более жадным любопытством засветились они — подсудимая так хорошо ведет свою роль.

Первым начал объяснения Горошкин, представлявший собою смуглого, довольно красивого мужчину с самодовольными манерами признанного сутенера. Говорил он не торопясь, выбирая выражения и имея такой вид, как будто он хорошо сознает свое превосходство над окружающими и стесняется особенно ярко обнаруживать его. По его словам выходило, что все трое имели одинаковую долю в совершении убийства. Он держал неизвестного за руки, Танька набросила ему петлю на шею, а Хоботьев душил. Хоботьев, во всех отношениях безличный субъект, повторил ту же историю, расходясь с Горошкиным лишь в неважных подробностях относительно дележа денег. Спокойный перед ожидающей его каторгой, он не мог примириться с тем, что Ивану досталась львиная доля награбленного. Наступила очередь Тани.

Колосов со страхом ожидал ее слов, и после первых звуков ломающегося голоса понял, что дело плохо. Куда-то исчезла та искренность и простота, которые так подкупали; его и были, в сущности, единственным оружием Тани. Путаясь в ненужных подробностях и отступлениях, оскорбляя слух вульгарностью и резкостью выражений, Таня слишком заметно старалась оправдаться и сваливать вину на других, и чем больше старалась, тем худшее производила впечатление. «Лучше совсем бы уж молчала!»— со злобой на Таню подумал Колосов, мучительно улавливая каждую неверную нотку. Он не глядел на присяжных и публику, но всем телом чувствовал, что растут неприязнь и недоверие.

— Если вы не виновны в убийстве, то почему же вы сознались в нем в полиции и у следователя? — спросил председатель.

Таня замялась и потом ответила, что в полиции ее били. В этом ответе чувствовалась прямая и «наглая» ложь. Да и действительно Таня ничего не говорила об этом своему защитнику. Но чем иным, кроме битья, могла она объяснить всем этим важным господам свой страх перед приставом, который на нее только глазом повел, а ей Бог знает что почудилось! Разве этот барин с золотыми пуговицами поймет, что можно бояться даже одних только светлых пуговиц? На этот раз не только барин, но и Колосов не понял Тани. Сжав со злостью зубы, он уткнулся в пюпитр, чтобы не видеть недоверчивых улыбок.

— А следователь вас тоже бил? — с легкой иронией продолжал председатель.

В задних рядах публики пронесся подленький смешок.

Таня молчала.

— А не судились ли вы за кражу портмоне у пьяного? Мировой судья приговорил вас к двум месяцам тюремного заключения?

Таня молчала. К чему она будет говорить? Жаль только, что она рассердила Андрея Павловича, не сумевши как следует рассказать.

Начался бесконечный допрос свидетелей. Перед все более туманившимися глазами Колосова проходили вежливые, многоречивые и благообразные содержатели кабаков, заспанные и как будто чем-нибудь оглушенные прислуживающие. Одни загромождали свою речь тысячью мелких подробностей, и их нельзя было заставить замолчать; из других приходилось вытягивать каждое слово. Появился свидетель — симпатичный, чисто одетый мальчик, худенький и застенчивый. После нескольких одобрительных слов председатель спросил, что делали Белоручка и другие, когда заходили к его бабушке в хату.

— Калтошку чистили, — ответил мальчик и, взглянув исподлобья на председателя, улыбнулся.

Улыбнулся суд, улыбнулись присяжные, улыбнулась и тихо плакавшая Таня, и слезинки блеснули на ее глазах. Колосов заметил эту любовную улыбку матери, похоронившей своего ребенка, и подумал: «Ради одной этой улыбки нужно оправдать ее». Часы шли за часами, и Андрей Павлович чувствовал себя все хуже и хуже. Перед утомленными глазами его протягивались блестящие нити; слух с трудом воспринимал звуки; смысл речей терялся для него, и раз он вызвал уже замечание председателя по поводу вторично предложенного одного и того же вопроса. Апатия,, и скука затягивали его. Он пытался расшевелить себя, в перерывах курил до головокружения, выпил рюмку коньяку, но минутное возбуждение сменялось полным упадком энергии. «Боже, что со мной?»

— приходила минутами мысль, и где-то ощущался страх, а по спине поднимался холодок. Померанцев, смелый, бойкий, настойчивый, вел следствие прекрасно: выматывал душу из свидетелей, вступал в ожесточенные схватки с председателем и прокурором и вызывал в публике одобрительные отзывы.

Речи начались только в одиннадцатом часу вечера Прокурор, пожилой сутуловатый человек, с умным, но мало выразительным лицом, с тихой, спокойной и красивой речью, был грозен и неумолим, как сама логика, — эта логика, лживее которой нет ничего на свете, когда ею меряют человеческую душу. Оставаясь на почве фактов, и только фактов, без трескучих фраз и деланных эффектов, прокурор петлю за петлей нанизывал на сеть, опутавшую Таню. Бесстрастно, эпически начертав картину среды, в которой жили преступники, он приступил к описанию самого злодеяния.

Колосову, нервно перебиравшему холодными руками свои заметки, казалось, что с каждым словом обвинителя в зале тухнет лампочка и становится темнее. Он чувствовал сзади себя притихшую Таню; ее глаза расширяются при каждом слове, которое, как тяжелый молот, гвоздит ее голову. Впервые со всей ужасающей ясностью и подавляющей силой Колосов понял, какая безмерно тяжелая лежит на нем ответственность. Сердце замирало у него, руки тряслись, а грозный голос твердил: «Ты убийца! ты убийца!..» Колосов боялся оглянуться назад: вдруг он встретит глаза Тани и прочтет в них мольбу о спасении и слепую веру в него? Зачем он в тюрьме успокаивал ее и говорил о возможности оправдания?..

...Все более чернеет грозная туча обвинения, нависшая над головой Тани. С тем же жестоким спокойствием прокурор говорит о позорном прошлом «Таньки-Белоручки», запятнавшей свои белые ручки в неповинной крови. Вспоминает о краже, добавляя, что, быть может, она была уже не первой... В притихшей зале не хватает воздуха. Колосов задыхается. Он закрывает глаза и, как преступник перед казнью, видит в глубокой дали солнце, зеленые луга, голубое чистое небо. Как тихо и спокойно сейчас у него дома! Дети спят в своих кроватках. Хорошо бы пойти к ним. Стать на колена и припасть головой, ища защиты, к их чистенькому тельцу. Бежать от этого ужаса! Бежать!.. Бежать? Но ведь у нее тоже был ребенок? Только в одном крике, продолжительном, отчаянном, диком, мог выразить Колосов свое чувство. О, если бы у него был язык богов! Какая громовая, безумная речь пронеслась бы над этой толпой! Растворились бы жестокие сердца, рыдания огласили бы залу, свечи потухли бы от ужаса, и сами стены содрогнулись бы от жалости и горя! Как тяжело быть человеком, только человеком!..

Прокурор кончил свою речь. После минутного перерыва, наполненного кашлем, сморканием и шумом передвигаемых ног, начал говорить Померанцев. Его плавная, красивая речь льется, как ручеек. Здоровый, мягко вибрирующий голос как бы рассеевает тьму. Вот послышался легкий смех — Померанцев вскользь бросил остроту по адресу прокурора. Колосов смотрит на полное, красивое лицо товарища, следит за его округленными жестами и вздыхает: «Хорошо тебе; не знаешь ты горя и не понимаешь его!..» Когда наконец Колосов начал говорить, он не узнал своего голоса: глухой, надтреснутый, неприятный ему самому. Присяжные, сперва насторожившиеся, после первых фраз начали двигаться, смотреть на часы, позевывать. Фразы деланные, неестественные идут одна за другой, наводя скуку на утомленных судей. Шаблонное, опротивевшее повторение сотен речей, слышанных ими. Председатель перестает следить за речью и о чем-то перешептывается с членом суда. «Хотя бы кончить поскорее!»— думает Колосов.

Присяжные заседатели отправились в совещательную комнату. Как мучительно тянутся эти полчаса! Колосов старается избегать товарищей и разговоров, но один, молодой, веселый, толстый и не понимающий, что можно говорить и чего нельзя, настигает его:

— Что это вы, батенька, так плохо нынче? А мы нарочно пришли вас послушать.

Колосов любезно улыбается, бормочет что-то, но тот, увидев Померанцева, устремляется к нему, издалека крича:

— Здорово, Сергей Васильевич! Здорово!

Вот и звонок. Болтавшая, гулявшая и курившая публика толпой валит в залу, толкаясь в дверях. Из совещательной комнаты выходят гуськом присяжные заседатели, и зала замирает в ожидании. Рты полураскрыты, глаза с жадным любопытством устремлены на бумагу, которую спокойно берет председатель от старшины присяжных, равнодушно прочитывает и подписывает. Колосов стоит в дверях и смотрит, не отрываясь, на бледный профиль Тани.

Старшина читает, с трудом разбирая нечеткий почерк:

— Виновна ли крестьянка Московской губернии, Бронницкого уезда, Татьяна Никанорова Палашова, двадцати одного года, в том, что в ночь с восьмого на девятое декабря… с целью воспользоваться имуществом… в сообществе с другими лицами… удушила…

— Да, виновна.

Показалось ли это Колосову, или Таня действительно покачнулась? Или покачнулся он сам?

Нужно ждать еще полчаса, пока суд вынесет приговор. Андрей Павлович не в состоянии оставаться среди этой оживленной толпы и уходит в дальние, пустынные и слабо освещенные коридоры. Медленно ходит он взад и вперед, и шаги его гулко раздаются под сводами. Вот со стороны залы слышится топот ног, шум, голоса — все кончилось. Колосов поспешно идет вразрез толпе, слышит громкие, как бы ликующие возгласы: «Десять лет каторги!»... и останавливается у дверей, из которых выходят преступники. Когда Таня проходит мимо него, он берет ее безжизненно опущенную руку, наклоняется и говорит:

— Таня! Прости меня!

Таня поднимает на него тусклые без выражения глаза и молча проходит дальше.

Колосов и Померанцев живут по соседству и поэтому ехали домой на одном извозчике. Дорогой Померанцев очень много говорил о сегодняшнем деле, жалел Таню и радовался снисхождению, которое дано Хоботьеву. Колосов отвечал односложно и неохотно. Дома Колосов, не торопясь, разделся, спросил, спит ли жена, и, проходя мимо, детской, машинально взялся за ручку двери, чтобы, по обыкновению, зайти поцеловать детей, но раздумал и прошел прямо к себе в спальню.

Книга

I

Доктор приложил трубку к голой груди больного и стал слушать: большое, непомерно разросшееся сердце неровно и глухо колотилось о ребра, всхлипывало, как бы плача, и скрипело. И это была такая полная и зловещая картина близкой смерти, что доктор подумал: «Однако!», а вслух сказал:

— Вы должны избегать волнений. Вы занимаетесь, вероятно, каким-нибудь изнурительным трудом?

— Я писатель, — ответил больной и улыбнулся. — Скажите, это опасно?

Доктор приподнял плечо и развел руками.

— Опасно, как и всякая болезнь... Лет еще пятнадцать-двадцать проживете. Вам этого хватит? — пошутил он и, с уважением к литературе, помог больному надеть рубашку. Когда рубашка была надета, лицо писателя стало слегка синеватым, и нельзя было понять, молод он или уже совсем старик. Губы его продолжали улыбаться ласково и недоверчиво.

— Благодарю на добром слове, — сказал он.

Виновато отведя глаза от доктора, он долго искал глазами, куда положить деньги за визит, и, наконец, нашел: на письменном столе, между чернильницей и бочонком для ручек, было уютное, скромное местечко. И туда положил он трехрублевую зелененькую бумажку, старую, выцветшую, взлохматившуюся бумажку.

«Теперь их новых, кажется, не делают», — подумал доктор про зелененькую бумажку и почему-то грустно покачал головой.

Через пять минут доктор выслушивал следующего, а писатель шел по улице, щурился от весеннего солнца и думал: почему все рыжие люди весною ходят по теневой стороне, а летом, когда жарко, по солнечной? Доктор тоже рыжий. Если бы он сказал пять или десять лет, а то двадцать — значит, я умру скоро. Немного страшно. Даже очень страшно, но…

Он заглянул к себе в сердце и счастливо улыбнулся. Как светит солнце! Как будто оно молодое, и ему хочется смеяться и сойти на землю.

II

Рукопись была толстая; листов в ней было много; по каждому листу шли маленькие убористые строчки, и каждая из них была частицею души писателя. Костлявою рукою он благоговейно перебирал страницы, и белый отсвет от бумаги падал на его лицо, как сияние, а возле на коленях стояла жена, беззвучно целовала другую костлявую и тонкую руку и плакала.

— Не плачь, родная, — просил он, — плакать не нужно, плакать не о чем.

— Твое сердце… И я останусь одна во всем мире. Одна, о боже!

Писатель погладил рукою склонившуюся к его коленям голову и сказал:

— Смотри.

Слезы мешали глядеть ей, и частые строки рукописи двигались волнами, ломались и расплывались в ее глазах.

— Смотри! — повторил он. — Вот мое сердце. И оно навсегда останется с тобою.

Это было так жалко, когда умирающий человек думал жить в своей книге, что еще чаще и крупнее стали слезы его жены. Ей нужно было живое сердце, а не мертвая книга, которую читают все: чужие, равнодушные и нелюбящие.

III

Книгу стали печатать. Называлась она «В защиту обездоленных».

Наборщики разорвали рукопись по клочкам, и каждый набирал только свой клочок, который начинался иногда с половины слова и не имел смысла. Так, в слове «любовь» — «лю» осталось у одного, а «бовь» досталось другому, но это не имело значения, так как они никогда не читали того, что набирают.

— Чтоб ему пусто было, этому писаке! Вот анафемский почерк! — сказал один и, морщась от гнева и нетерпения, закрыл глаза рукою. Пальцы руки были черны от свинцовой пыли, на молодом лице лежали темные свинцовые тени, и когда рабочий отхаркнулся и плюнул, слюна его была окрашена в тот же темный и мертвенный цвет.

Другой наборщик, тоже молодой — тут старых не было — вылавливал с быстротою и ловкостью обезьяны нужные буквы и тихонько пел:

Эх, судьба ли моя черная,
  Ты как ноша мне чугунная…

Дальше слов песни он не знал, и мотив у него был свой: однообразный и бесхитростно печальный, как шорох ветра в осенней листве.

Остальные молчали, кашляли и выплевывали темную слюну. Над каждым горела электрическая лампочка, а там дальше, за стеною из проволочной сетки, вырисовывались темные силуэты отдыхающих машин. Они выжидательно вытягивали узловатые черные руки и тяжелыми, угрюмыми массами давили асфальтовый пол. Их было много, и пугливо прижималась к ним молчаливая тьма, полная скрытой энергии, затаенного говора и силы.

IV

Книги пестрыми рядами стояли на полках, и за ними не видно было стен; книги высокими грудами лежали на полу; и позади магазина, в двух темных комнатах, лежали все книги, книги. И казалось, что безмолвно содрогается и рвется наружу скованная ими человеческая мысль, и никогда не было в этом царстве книг настоящей тишины и настоящего покоя.

Седобородый господин с благородным выражением лица почтительно говорил с кем-то по телефону, шепотом выругался: «идиоты», и крикнул:

— Мишка! — и, когда мальчик вошел, сделал лицо неблагородным и свирепым и погрозил пальцем. — Тебе сколько раз кричать? Мерзавец!

Мальчик испуганно моргал глазами, и седобородый господин успокоился.

Ногой и рукой он выдвинул тяжелую связку книг, хотел поднять ее одною рукою — но сразу не мог и кинул ее обратно на пол.

— Вот отнеси к Егору Ивановичу.

Мальчик взял обеими руками за связку и не поднял.

— Живо! — крикнул господин.

Мальчик поднял и понес.

V

На тротуаре Мишка толкал прохожих, и его погнали на середину улицы, где снег был коричневый и вязкий, как песок. Тяжелая кипа давила ему спину, и он шатался; извозчики кричали на него, и когда он вспомнил, сколько ему еще идти, он испугался и подумал, что сейчас умрет. Он спустил связку с плеч и, глядя на нее, заплакал.

— Ты чего плачешь? — спросил прохожий.

Мишка плакал. Скоро собралась толпа, пришел сердитый городовой с саблей и пистолетом, взял Мишку и книги и все вместе повез на извозчике в участок.

— Что там? — спросил дежурный околоточный надзиратель, отрываясь от бумаги, которую он составлял.

— Неподсильная ноша, ваше благородие, — ответил сердитый городовой и ткнул Мишку вперед.

Околоточный вытянул вверх одну руку, так что сустав хрустнул, и потом другую; потом поочередно вытянул ноги в широких лакированных сапогах. Глядя боком. сверху вниз, на мальчика, он выбросил ряд вопросов:

— Кто? Откуда? Звание? По какому делу?

И Мишка дал ряд ответов:

— Мишка. Крестьянин. Двенадцать лет. Хозяин послал.

Околоточный подошел к связке, все еще потягиваясь на ходу, отставляя ноги назад и выпячивая грудь, густо вздохнул и слегка приподнял книги.

— Ого! — сказал он с удовольствием.

Оберточная бумага на краю оборвалась, околоточный отогнул ее и прочел заглавие: «В защиту обездоленных».

— Ну-ка, ты, — позвал он Мишку пальцем. — Прочти.

Мишка моргнул глазами и ответил:

— Я неграмотный.

Околоточный засмеялся:

— Ха-ха-ха!

Пришел небритый паспортист, дыхнул на Мишку водкой и луком и тоже засмеялся:

— Ха-ха-ха!

А потом составили протокол, и Мишка поставил под ним крестик.

Кусака

I

Она никому не принадлежала; у нее не было собственного имени, и никто не мог бы сказать, где находилась она во всю долгую морозную зиму и чем кормилась. От теплых изб ее отгоняли дворовые собаки, такие же голодные, как и она, но гордые и сильные своею принадлежностью к дому; когда, гонимая голодом или инстинктивною потребностью в общении, она показывалась на улице, — ребята бросали в нее камнями и палками, взрослые весело улюлюкали и страшно, пронзительно свистали. Не помня себя от страху, перемётываясь со стороны на сторону, натыкаясь на загорожи и людей, она мчалась на край поселка и пряталась в глубине большого сада, в одном ей известном месте. Там она зализывала ушибы и раны и в одиночестве копила страх и злобу.

Только один раз ее пожалели и приласкали. Это был пропойца-мужик, возвращавшийся из кабака. Он всех любил и всех жалел и что-то говорил себе под нос о добрых людях и своих надеждах на добрых людей; пожалел он и собаку, грязную и некрасивую, на которую случайно упал его пьяный и бесцельный взгляд.

— Жучка! — позвал он ее именем, общим всем собакам. — Жучка! Пойди сюда, не бойся!

Жучке очень хотелось подойти; она виляла хвостом, но не решалась. Мужик похлопал себя рукой по коленке и убедительно повторил:

— Да пойди, дура! Ей-Богу, не трону!

Но, пока собака колебалась, все яростнее размахивая хвостом и маленькими шажками подвигаясь вперед, настроение пьяного человека изменилось. Он вспомнил все обиды, нанесенные ему добрыми людьми, почувствовал скуку и тупую злобу и, когда Жучка легла перед ним на спину, с размаху ткнул ее в бок носком тяжелого сапога.

— У-у, мразь! Тоже лезет!

Собака завизжала, больше от неожиданности и обиды, чем от боли, а мужик, шатаясь, побрел домой, где долго и больно бил жену и на кусочки изорвал новый платок, который на прошлой неделе купил ей в подарок.

С тех пор собака не доверяла людям, которые хотели ее приласкать, и, поджав хвост, убегала, а иногда со злобою набрасывалась на них и пыталась укусить, пока камнями и палкой не удавалось отогнать ее. На одну зиму она поселилась под террасой пустой дачи, у которой не было сторожа, и бескорыстно сторожила ее: выбегала по ночам на дорогу и лаяла до хрипоты. Уже улегшись на свое место, она все еще злобно ворчала, но сквозь злобу проглядывало некоторое довольство собой и даже гордость.

Зимняя ночь тянулась долго-долго, и черные окна пустой дачи угрюмо глядели на обледеневший неподвижный сад. Иногда в них как будто вспыхивал голубоватый огонек: то отражалась на стекле упавшая звезда, или остророгий месяц посылал свой робкий луч.

II

Наступила весна, и тихая дача огласилась громким говором, скрипом колес и грязным топотом людей, переносящих тяжести. Приехали из города дачники, целая веселая ватага взрослых, подростков и детей, опьяненных воздухом, теплом и светом; кто-то кричал, кто-то пел, смеялся высоким женским голосом.

Первой, с кем познакомилась собака, была хорошенькая девушка в коричневом форменном платье, выбежавшая в сад. Жадно и нетерпеливо, желая охватить и сжать в своих объятиях все видимое, она посмотрела на ясное небо, на красноватые сучья вишен и быстро легла на траву, лицом к горячему солнцу. Потом так же внезапно вскочила и, обняв себя руками, целуя свежими устами весенний воздух, выразительно и серьезно сказала:

— Вот весело-то!

Сказала и быстро закружилась. И в ту же минуту беззвучно подкравшаяся собака яростно вцепилась зубами в раздувавшийся подол платья, рванула и так же беззвучно скрылась в густых кустах крыжовника и смородины.

— Ай, злая собака! — убегая, крикнула девушка, и долго еще слышался ее взволнованный голос: — Мама, дети! Не ходите в сад: там собака! Огромная!.. Злюу-щая!..

Ночью собака подкралась к заснувшей даче и бесшумно улеглась на свое место под террасой. Пахло людьми, и в открытые окна приносились тихие звуки короткого дыхания. Люди спали, были беспомощны и не страшны, и собака ревниво сторожила их: спала одним глазом и при каждом шорохе вытягивала голову с двумя неподвижными огоньками фосфорически светящихся глаз. А тревожных звуков было много в чуткой весенней ночи: в траве шуршало что-то невидимое, маленькое и подбиралось к самому лоснящемуся носу собаки; хрустела прошлогодняя ветка под заснувшей птицей, и на близком шоссе грохотала телега и скрипели нагруженные возы. И далеко окрест в неподвижном воздухе расстилался запах душистого, свежего дегтя и манил в светлеющую даль.

Приехавшие дачники были очень добрыми людьми, а то, что они были далеко от города, дышали хорошим воздухом, видели вокруг себя все зеленым, голубым и беззлобным, делало их еще добрее. Теплом входило в них солнце и выходило смехом и расположением ко всему живущему. Сперва они хотели прогнать напугавшую их собаку и даже застрелить ее из револьвера, если не уберется; но потом привыкли к лаю по ночам и иногда по утрам вспоминали:

— А где же наша Кусака?

И это новое имя «Кусака» так и осталось за ней. Случалось, что и днем замечали в кустах темное тело, бесследно пропадавшее при первом движении руки, бросавшей хлеб, — словно это был не хлеб, а камень, — и скоро все привыкли к Кусаке, называли ее «своей» собакой и шутили по поводу ее дикости и беспричинного страха. С каждым днем Кусака на один шаг уменьшала пространство, отделявшее ее от людей; присмотрелась к их лицам и усвоила их привычки: за полчаса до обеда уже стояла в кустах и ласково помаргивала. И та же гимназисточка Леля, забывшая обиду, окончательно ввела ее в счастливый круг отдыхающих и веселящихся людей.

— Кусачка, пойди ко мне! — звала она к себе. — Ну, хорошая, ну, милая, пойди! Сахару хочешь?.. Сахару тебе дам, хочешь? Ну, пойди же!

Но Кусака не шла: боялась. И осторожно, похлопывая себя руками и говоря так ласково, как это можно было при красивом голосе и красивом лице, Леля подвигалась к собаке и сама боялась: вдруг укусит.

— Я тебя люблю, Кусачка, я тебя очень люблю. У тебя такой хорошенький носик и такие выразительные глазки. Ты не веришь мне, Кусачка?

Брови Лели поднялись, и у самой у нее был такой хорошенький носик и такие выразительные глаза, что солнце поступило умно, расцеловав горячо, до красноты щек, все ее молоденькое, наивно-прелестное личико.

И Кусачка второй раз в своей жизни перевернулась на спину и закрыла глаза, не зная наверно, ударят ее или приласкают. Но ее приласкали. Маленькая, теплая рука прикоснулась нерешительно к шершавой голове и, словно это было знаком неотразимой власти, свободно и смело забегала по всему шерстистому телу, тормоша, лаская и щекоча.

— Мама, дети! Глядите: я ласкаю Кусаку! — закричала Леля.

Когда прибежали дети, шумные, звонкоголосые, быстрые и светлые, как капельки разбежавшейся ртути, Кусака замерла от страха и беспомощного ожидания: она знала, что, если теперь кто-нибудь ударит ее, она уже не в силах будет впиться в тело обидчика своими острыми зубами: у нее отняли ее непримиримую злобу. И когда все наперерыв стали ласкать ее, она долго еще вздрагивала при каждом прикосновении ласкающей руки, и ей больно было от непривычной ласки, словно от удара.

III

Всею своею собачьей душою расцвела Кусака. У нее было имя, на которое она стремглав неслась из зеленой глубины сада; она принадлежала людям и могла им служить. Разве недостаточно этого для счастья собаки?

С привычкою к умеренности, создавшеюся годами бродячей, голодной жизни, она ела очень мало, но и это малое изменило ее до неузнаваемости: длинная шерсть, прежде висевшая рыжими, сухими космами и на брюхе вечно покрытая засохшею грязью, очистилась, почернела и стала лосниться, как атлас. И когда она от нечего делать выбегала к воротам, становилась у порога и важно осматривала улицу вверх и вниз, никому уже не приходило в голову дразнить ее или бросить камнем.

Но такою гордою и независимою она бывала только наедине. Страх не совсем еще выпарился огнем ласк из ее сердца, и всякий раз при виде людей, при их приближении, она терялась и ждала побоев. И долго еще всякая ласка казалась ей неожиданностью, чудом, которого она не могла понять и на которое она не могла ответить. Она не умела ласкаться. Другие собаки умеют становиться на задние лапки, тереться у ног и даже улыбаться, и тем выражают свои чувства, но она не умела.

Единственное, что могла Кусака, это упасть на спину, закрыть глаза и слегка завизжать. Но этого было мало, это не могло выразить ее восторга, благодарности и любви, — и с внезапным наитием Кусака начала делать то, что, быть может, когда-нибудь она видела у других собак, но уже давно забыла. Она нелепо кувыркалась, неуклюже прыгала и вертелась вокруг самой себя, и ее тело, бывшее всегда таким гибким и ловким, становилось неповоротливым, смешным и жалким.

— Мама, дети! Смотрите, Кусака играет! — кричала Леля и, задыхаясь от смеха, просила: —Еще, Кусачка, еще! Вот так! Вот так…

И все собирались и хохотали, а Кусака вертелась, кувыркалась и падала, и никто не видел в ее глазах странной мольбы. И как прежде на собаку кричали и улюлюкали, чтобы видеть ее отчаянный страх, так теперь нарочно ласкали ее, чтобы вызвать в ней прилив любви, бесконечно смешной в своих неуклюжих и нелепых проявлениях. Не проходило часа, чтобы кто-нибудь из подростков или детей не кричал:

— Кусачка, милая Кусачка, поиграй!

И Кусачка вертелась, кувыркалась и падала при несмолкаемом веселом хохоте. Ее хвалили при ней и за глаза и жалели только об одном, что при посторонних людях, приходивших в гости, она не хочет показать своих штук и убегает в сад или прячется под террасой.

Постепенно Кусака привыкла к тому, что о пище не нужно заботиться, так как в определенный час кухарка даст ей помоев и костей, уверенно и спокойно ложилась на свое место под террасой и уже искала и просила ласк. И отяжелела она: редко бегала с дачи, и когда маленькие дети звали ее с собою в лес, уклончиво виляла хвостом и незаметно исчезала. Но по ночам все так же громок и бдителен был ее сторожевой лай.

IV

Желтыми огнями загорелась осень, частыми дождями заплакало небо, и быстро стали пустеть дачи и умолкать, как будто непрерывный дождь и ветер гасили их, точно свечи, одну за другой.

— Как же нам быть с Кусакой? — в раздумье спрашивала Леля.

Она сидела, охватив руками колени, и печально глядела в окно, по которому скатывались блестящие капли начавшегося дождя.

— Что у тебя за поза, Леля! Ну кто так сидит? — сказала мать и добавила:

— А Кусаку придется оставить. Бог с ней!

— Жа-а-лко, — протянула Леля.

— Ну что поделаешь? Двора у нас нет, а в комнатах ее держать нельзя, ты сама понимаешь.

— Жа-а-лко, — повторила Леля, готовая заплакать.

Уже приподнялись, как крылья ласточки, ее темные брови и жалко сморщился хорошенький носик, когда мать сказала:

— Догаевы давно уже предлагали мне щеночка. Говорят, очень породистый и уже служит. Ты слышишь меня? А эта что — дворняжка!

— Жа-а-лко, — повторила Леля, но не заплакала.

Снова пришли незнакомые люди, и заскрипели возы, и застонали под тяжелыми шагами половицы, но меньше было говора и совсем не слышно было смеха. Напуганная чужими людьми, смутно предчувствуя беду, Кусака убежала на край сада и оттуда, сквозь поредевшие кусты, неотступно глядела на видимый ей уголок террасы и на сновавшие по нем фигуры в красных рубахах.

— Ты здесь, моя бедная Кусачка, — сказала вышедшая Леля. Она уже

209

была одета по-дорожному — в то коричневое платье, кусок от которого оторвала Кусака, и черную кофточку. — Пойдем со мной!

И они вышли на шоссе. Дождь то принимался идти, то утихал, и все пространство между почерневшею землей и небом было полно клубящимися, быстро идущими облаками. Снизу было видно, как тяжелы они и непроницаемы для света от насытившей их воды и как скучно солнцу за этою плотною стеной.

Налево от шоссе тянулось потемневшее жнивье, и только на бугристом и близком горизонте одинокими купами поднимались невысокие разрозненные деревья и кусты. Впереди, недалеко, была застава и возле нее трактир с железной красной крышей, а у трактира кучка людей дразнила деревенского дурачка Илюшу.

— Дайте копеечку, — гнусавил протяжно дурачок, и злые, насмешливые голоса наперебой отвечали ему:

— А дрова колоть хочешь?

И Илюша цинично и грязно ругался, а они без веселья хохотали.

Прорвался солнечный луч, желтый и анемичный, как будто солнце было неизлечимо больным; шире и печальнее стала туманная осенняя даль.

— Скучно, Кусака! — тихо проронила Леля и, не оглядываясь, пошла назад.

И только на вокзале она вспомнила, что не простилась с Кусакой.

V

Кусака долго металась по следам уехавших людей, добежала до станции и — промокшая, грязная — вернулась на дачу. Там она проделала еще одну новую штуку, которой никто, однако, не видал: первый раз взошла на террасу и, приподнявшись на задние лапы, заглянула в стеклянную дверь и даже поскребла когтями. Но в комнатах было пусто, и никто не ответил Кусаке.

Поднялся частый дождь, и отовсюду стал надвигаться мрак осенней длинной ночи. Быстро и глухо он заполнил пустую дачу; бесшумно выползал он из кустов и вместе с дождем лился с неприветного неба. На террасе, с которой была снята парусина, отчего она казалась обширной и странно пустой, свет долго еще боролся с тьмою и печально озарял следы грязных ног, но скоро уступил и он.

Наступила ночь.

И когда уже не было сомнений, что она наступила, собака жалобно и громко завыла. Звенящей, острой, как отчаяние, нотой ворвался этот вой в монотонный, угрюмо покорный шум дождя, прорезал тьму и, замирая, понесся над темным и обнаженным полем.

Собака выла — ровно, настойчиво и безнадежно спокойно. И тому, кто слышал этот вой, казалось, что это стонет и рвется к свету сама беспросветно-темная ночь, и хотелось в тепло, к яркому огню, к любящему женскому сердцу.

Собака выла.

Ложь

I

— Ты лжешь! Я знаю, ты лжешь!

— Зачем ты кричишь? Разве нужно, чтобы нас слы-шали?

И здесь она лгала, так как я не кричал, а говорил совсем тихо-тихо, держал ее за руку и говорил тихо-тихо, и это ядовитое слово «ложь» шипело, как маленькая змейка.

— Я тебя люблю, — продолжала она. — И ты должен верить! Разве это не убеждает тебя?

И она поцеловала меня. Но, когда я хотел охватить и сжать ее руками, ее уже не было. Она ушла из полутем-ного коридора, и я снова последовал за ней туда, где за-канчивался веселый праздник. Почем я знаю, где это было? Она сказала, чтобы я пришел туда, и я пришел и видел, как всю ночь кружились пары. Никто не подходил ко мне и не заговаривал со мной, и, всем чужой, я сидел в углу около музыкантов. Прямо на меня было направлено жерло большой медной трубы, и оттуда рычал кто-то за-пертый и через каждые две минуты отрывисто и грубо смеялся: хо-хо-хо.

Иногда ко мне приближалось белое душистое облако. То была она. Не знаю, как она умела ласкать меня неза-метно для людей, но на одну коротенькую секунду плечо ее прижималось к моему плечу, на одну коротенькую се-кунду я видел, опустив глаза, белую шею в прорезе белого платья. А когда поднимал глаза, то видел профиль, такой белый, строгий и правдивый, какой бывает у задумавшего-ся ангела над могилой забытого человека. И глаза ее я видел. Они были большие, жадные к свету, красивые и спокойные. Окруженный голубым ободком, чернел зрачок, и сколько я ни смотрел в него, он был все такой же чер-ный, глубокий и непроницаемый. Быть может, я смотрел в него так недолго, что сердце не успевало еще сделать ни одного толчка, но никогда я так глубоко и страшно не по-нимал, что значит бесконечность, и никогда с такой силой не ощущал ее. Со страхом и болью я чувствовал, что вся моя жизнь тоненьким лучом переходила в ее глаза, пока я становился чужим для самого себя, опустевшим и без-гласным — почти мертвым. Тогда она уходила от меня, унося с собою мою жизнь, и опять танцевала с кем-то вы-соким, надменным и красивым. Каждую подробность изучил я в нем: форму его обуви, широту приподнятых плеч, равномерный взмах отделившейся пряди волос, — а он своим безразличным, невидящим взглядом словно вдав-ливал меня в стену, и я делался таким же плоским и не-существующим для глаз, как и стена.

Когда стали тухнуть свечи, я подошел к ней и сказал:

— Пора ехать. Я провожу вас.

Но она удивилась.

— Но ведь я еду с ним, — и она показала на высокого и красивого, который не смотрел на нас. И, отведя меня в пустую комнату, она поцеловала меня.

— Ты лжешь, — сказал я тихо-тихо.

— Мы сегодня увидимся. Ты должен прийти, — отве-тила она.

Из-за высоких крыш смотрело зеленое морозное утро, когда я ехал домой. И на всей улице было только нас двое: извозчик и я. Он сидел, понурившись и спрятав лицо, а за ним сидел, понурившись, я и прятал лицо до самых глаз. И у извозчика были свои мысли, а у меня свои, а там, за толстыми стенами, спали тысячи людей, и у них были свои сновидения и мысли. Я думал о ней и о том, что она лжет; я думал о смерти, и мне казалось, что эти сумеречно освещенные стены уже видели мою смерть и оттого они так холодны и прямы. Не знаю, о чем думал извозчик. Не знаю, о чем грезили те, скрытые стенами. Но ведь и они не знали, о чем думаю и грежу я.

Итак, мы ехали по длинным и прямым улицам, а утро поднималось из-за крыш, и все кругом было неподвижно и бело. Душистое холодное облако приближалось ко мне, и прямо в мое ухо смеялся кто-то запертый: хо-хо-хо.

II

Она солгала. Она не пришла, и я напрасно ждал ее. Серый, ровный, застывший полумрак спускался с темного неба, и я не знал, когда сумерки перешли в вечер и вечер перешел в ночь, и думал, что все это была одна долгая ночь. Все теми же шагами, однообразными, равномерными шагами долгих ожиданий ходил я взад и вперед. Я не под-ходил близко ни к высокому дому, в котором жила люби-мая мной, ни к стеклянной его двери, желтевшей под желтым навесом, а все теми же равномерными шагами ходил по противоположной стороне — взад и вперед, взад и вперед. И идя вперед, я не сводил глаз со стеклянной двери, а возвращаясь обратно, часто останавливался и оборачивал голову, и тогда острыми иглами снег колол мое лицо. И так длинны были они, эти острые и холодные иглы, что проникали до самого сердца и кололи его тоской и гневом бессильного ожидания. От светлого севера к тем-ному югу свободно мчался холодный воздух, со свистом играл на обледенелых крышах и, срываясь оттуда, сек мое лицо острыми маленькими снежинками и мелко стучал в стекла пустых фонарей, где одинокое, дрожащее от холо-да сгибалось желтое пламя. И мне жаль было одинокого пламени, живущего только ночью, и я думал, что вот вся жизнь кончится на этой улице, и я уйду, и только снежин-ки будут нестись но пустому пространству, а желтое пла-мя все будет дрожать и сгибаться — в одиночестве и хо-лоде.

Я ждал ее, и она не приходила. И мне чудилось, что одинокое пламя и я, мы похожи друг на друга, и только фонарь мой не был пуст: в том пространстве, которое я измерял своими шагами, иногда показывались люди. Они неслышно вырастали за моей спиной, большие и темные, двигались мимо меня и, серея словно призрак, внезапно исчезали за острым углом белого здания. И снова выходи-ли они из-за угла, равнялись со мной и медленно таяли в сером пространстве, полном бесшумно движущегося сне-га. Закутанные, бесформенные, молчаливые, они были похожи друг на друга и на меня, и мне казалось, что де-сятки людей ходят взад и вперед, как и я, ждут, дрогнут и молчат, как и я, и думают о чем-то своем, загадочном и печальном.

Я ждал ее, и она не приходила. Не знаю, почему я не кричал и не плакал от боли; не знаю, почему я смеялся и радовался и сжимал пальцы так, будто они когти, и будто я держу в них то маленькое и ядовитое, что шипит, словно змейка: ложь! Она извивалась в моих руках и кусала мое сердце, и от яда ее кружилась моя голова. Все было ложь. Исчезла грань между будущим и настоящим, между настоящим и прошлым. Исчезла грань между тем временем. когда я еще не жил, и тем, когда я стал жить, и я думал, что я жил всегда — или не жил никогда. И всегда, когда я еще не жил и когда я стал жить, царила надо мной она, и мне странно было думать, что у нее есть и тело, и что в существовании ее есть начало и конец. У нее не было имени, и всегда она была та, что лжет, та, что вечно за-ставляет ждать и никогда не приходит. И не знаю, почему я смеялся, и острые иглы вонзались в мое сердце, и прямо в ухо мое смеялся кто-то запертый: хо-хо-хо.

Открывая глаза, я видел освещенные окна высокого дома, и они тихо говорили мне своим синим и красным языком:

— Ты обманут ею; в эту минуту, пока ты одиноко блуждаешь, ждешь и страдаешь, она, вся красивая, вся яркая, вся лживая, находится здесь и слушает то, что шепчет ей высокий и красивый человек, презирающий тебя. Если бы ты ворвался сюда и убил ее, ты сделал бы хорошо, так как убил бы ложь.

Я крепче сжимал руку, в которой был нож, и, смеясь, отвечал:

— Да, я убью ее.

Но печально глядели на меня окна и печально добав-ляли:

— Но ты никогда не убьешь ее. Никогда, потому что оружие в твоей руке — такая же ложь, как и ее поцелуи.

Давно уже исчезли безмолвные тени ожидавших, и в холодном пространстве остался один я да дрожащие от стужи и отчаяния одинокие языки огня. Невдалеке, на церковной колокольне, стали бить часы, и их унылый ме-таллический звук дрожал и плакал, вылетая в простран-ство и теряясь в массе безумно кружащихся снежинок. Я начал считать удары и рассмеялся: часы пробили пят-надцать. Колокольня была старая, и часы были старые, и хотя верно показывали время, но удары отбивали без счету, иногда так много, что старый седой звонарь взлезал вверх и удерживал руками судорожно бьющийся молото-чек. Для кого лгали эти дрожащие, старчески-печальные звуки, охваченные и задушенные морозной тьмой? Так жалка и нелепа была эта ненужная ложь.

И с последним лживым звуком часов стукнула стек-лянная дверь, и по ступенькам спустился кто-то высокий. Я видел только его спину, но я узнал ее, так как только вчера видел ее, гордую, презрительную. И походку узнал я, и была она более легкой и уверенной, чем вчера: так-ие раз отходил и я от этой двери: так ходят люди, которых только сейчас целовали женские лживые уста.

III

Я грозил, я требовал, скрежеща зубами:

— Открой мне правду!

И с холодным, как снег, лицом, с удивленно припод-нятыми бровями, под которыми все так же бесстрастно и загадочно темнел непроницаемый зрачок, она спрашивала меня:

— Но разве я лгу тебе?

Она знала, что я не могу доказать ее лжи, и что все мои тяжелые, массивные создания пытающей мысли мо-гут быть разрушены одним ее словом — еще одним лжи-вым словом. Я ждал его — и оно сходило с ее уст, свер-кающее на поверхности красками правды и темное в своей глубине.

— Я люблю тебя. Разве я не вся твоя?

Мы были далеко от города, и в темные окна глядело снежное поле. Над ним была тьма и вокруг него была тьма, густая, неподвижная, молчаливая, но оно сияло своим сокровенным светом, как лицо мертвеца во мраке. Одна только свеча горела в большой, жарко натопленной комнате, и на краснеющем пламени виднелся бледный от свет мертвого ноля.

— Как бы ни была печальна правда, я хочу знать ее. Быть может, я умру, узнав ее, но смерть лучше, чем не-знание правды. В твоих поцелуях и объятиях я чувствую ложь. В твоих глазах я вижу ее. Скажи мне правду — и я навсегда уйду от тебя, — говорил я.

Но она молчала, и взгляд ее, холодно-пытливый, прони-кал в глубь меня, выворачивал мою душу и с странным любопытством рассматривал ее. И я закричал:

— Отвечай, или я убью тебя!

— Убей! — спокойно ответила она. — Иногда так скуч-но жить. Но разве угрозами можно добиться правды?

И тогда я стал на колени. Сжимая ее руки, плача, я молил ее о жалости — и о правде.

— Бедный, — говорила она, кладя руку на мои воло-сы. — Бедный!

— Пожалей меня, — молил я. — Я так хочу правды.

И я смотрел на ее чистый лоб и думал, что правда там, за этой тоненькой преградой. И мне безумно хотелось сорвать череп, чтобы увидеть правду. А вот здесь, за белой грудью, бьется сердце — и мне безумно хотелось разо-рвать грудь и хоть раз увидеть обнаженное человеческое сердце. И неподвижно желтело острое пламя догоравшей свечи, и, темнея, расходились стены, и было так грустно, так одиноко, так жутко.

— Бедный, — говорила она. — Бедный.

Судорожно метнувшись, упало желтое пламя и стало синим. А потом оно погасло — тьма охватила нас. Я не видел ни лица ее, ни глаз, ее руки охватывали мою голову, и я уже не чувствовал лжи. Закрыв глаза, я не думал, не жил, я только впитывал в себя ощущение ее рук, и оно казалось мне правдивым. И в темноте тихо звучал ее ше-пот, боязливый и странный:

— Обними меня. Мне страшно.

И опять тишина, и опять тихий, полный страха ше-пот:

— Ты хочешь правды, — а разве сама я знаю ее? И разве я не хочу знать ее? Защити меня! О, как мне страшно!

Я открыл глаза. Побледневший мрак комнаты в страхе бежал от высоких окон, и собирался у стен, и прятался в углы, — а в окна молча глядело что-то большое, мертвен-но-белое. Казалось, что чьи-то мертвые очи разыскивают нас и охватывают своим ледяным взглядом. Дрожа, мы прижимались друг к другу, и она шептала:

— О, как страшно!

IV

Я убил ее. Я убил ее, и, когда вялой и плоской массой она лежала у того окна, за которым белело мертвое поле, я стал ногой на ее труп и рассмеялся. Это не был смех сумасшедшего, о, нет! Я смеялся оттого, что грудь моя дышала ровно и легко, и внутри ее было весело, спокойно и пусто, и от сердца отпал червяк, точивший его. И, на-клонившись, я заглянул в ее мертвые глаза. Большие, жадные к свету, они остались открытыми и были похожи на глаза восковой куклы — такие же круглые и тусклые, точно покрытые слюдой. Я мог трогать их пальцами, за-крывать и открывать, и мне не было страшно, потому что в черном, непроницаемом зрачке уже не жил тот де-мон лжи и сомнений, который так долго, так жадно пил мою кровь.

Когда меня схватили, я смеялся, и схватившим меня людям это показалось и страшным и диким. Один с отвра-щением отворачивались от меня и отходили в сторону; другие прямо и грозно, с укором на устах, шли на меня, но, когда на их глаза падал мой светлый и веселый взгляд, лица их бледнели, и земля приковывала к себе их ноги.

— Сумасшедший, — говорили они, и мне казалось, это слово утешает их, потому что помогает понять загадку: как, любящий, я мог убить любимую — и смеяться. И толь-ко один, толстый, краснощекий и веселый, назвал меня другим словом, и оно ударило меня и затмило в моих гла-зах свет.

— Бедный человек! — сказал он с состраданием и без злобы, потому что был толстый и веселый. — Бедный!

— Не надо! — крикнул я. — Не надо называть меня так!

Не знаю, зачем я кинулся к нему. Конечно, я не хотел ни убивать его, ни трогать, но все эти перепуганные лю-ди, видевшие во мне сумасшедшего и злодея, перепуга-лись еще больше и закричали так, что мне опять стало смешно.

Когда меня выводили из комнаты, где лежал труп, я громко и настойчиво повторял, глядя на веселого, толсто-го человека:

— Я счастливый! Я счастливый!

И это была правда.

V

Когда-то в детстве я видел в зверинце пантеру, пора-зившую мое воображение и надолго полонившую мысли. Она была непохожа на других зверей, которые бессмыс-ленно дремали или злобно смотрели на посетителей. Из угла в угол, по одной и той же линии, с математической правильностью ходила она, каждый раз поворачиваясь на одном и том же месте, каждый раз задевая золотистым боком за один и тот же металлический прут решетки. Хищная острая голова ее была опущена, и глаза смотрели перед собой, ни разу, никогда не поворачиваясь в сторо-ну. Перед ее клеткой целые дни толпился народ, говорил, шумел, а она все ходила, и ни разу глаза ее не обратились к смотрящим. И немногие лица из толпы улыбались; боль-шинство серьезно, даже мрачно смотрели на эту живую картину тяжелого безысходного раздумья и со вздохом отходили. А отойдя, еще раз недоумевающе, пытливо огля-дывались на нее и вздыхали, как будто было что-нибудь общее в судьбе их, свободных людей, и этого несчастного плененного зверя. И когда впоследствии со мной, уже взрослым, люди и книги заговорили о вечности, я вспом-нил пантеру, и мне показалось, что я уже знаю вечность и ее муки.

В такую пантеру превратился я в моей каменной клет-ке. Я ходил и думал. Я ходил по одной линии наискось клетки, от угла к углу, и по одной короткой линии шли мои мысли, такие тяжелые, что, казалось, не голову, а це-лый мир ношу я на своих плечах. Только из одного слова состоял он, но какое это было большое, какое мучительное, какое зловещее слово.

Ложь — так произносилось это слово.

Опять оно, шипя, выползало из всех углов и обвива-лось вокруг моей души, но оно перестало быть маленькой змейкой, а развернулось большой, блестящей и свирепой змеей. И жалила и душила она меня своими железными кольцами, и когда я начинал кричать от боли, из моего открытого рта выходил тот же отвратительный, свистящий змеиный звук, точно вся грудь моя кишела гадами:

— Ложь!

И я ходил и думал, и перед моими глазами серый, ров-ный асфальт пола превращался в сереющую прозрачную бездну. Ноги переставали ощущать прикосновение к кам-ню, и мне чудилось, что в бесконечной высоте я парю над туманом и мглой. И когда грудь моя исторгала свистящий стон, оттуда снизу — из-под этой редеющей, но непро-ницаемой пелены медленно приносился страшный отзвук. Так медленно и глухо, точно он проходил сквозь тысячеле-тия и в каждую минуту и в каждой частице тумана терял свою силу. Я понимал, что там — внизу — он свистел, как ветер, который срезает деревья, но в мое ухо он входил зловещим коротким шепотком:

— Ложь!

Этот подлый шепот приводил меня в негодование. Я то-пал ногой но камню и кричал:

— Нет лжи! Я убил ложь.

И нарочно я отворачивался в сторону, так как знал, что она ответит. И она отвечала медленно, из глубины бездонной пропасти:

— Ложь!

Дело, как видите, в том, что я жалко ошибся. Женщину я убил, а ложь сделал бессмертной. Не убивайте жен-щины, пока мольбами, пыткой и огнем вы не вырвете из души ее правды!

Так думал я и ходил наискосок клетки, от угла к углу!

VI

Темно и страшно там, куда она унесла правду и ложь — и я пойду туда. У самого престола сатаны я на-стигну ее, и упаду на колени, и заплачу, и скажу:

— Открой мне правду!

Но, боже! Ведь это ложь. Там тьма, там пустота ве-ков и бесконечности, и там нет ее и нет ее нигде. Но ложь осталась. Она бессмертна. Я чувствую ее в каждом атоме воздуха, и, когда я дышу, она с шипением входит в мою грудь и рвет ее, рвет!

О, какое безумие быть человеком и искать правды! Какая боль!

— Спасите меня! Спасите!

Молодёжь

Ученик восьмого класса Шарыгин дал пощечину своему товарищу Аврамову и чувствовал себя правым и оттого радостным и гордым. Аврамов получил пощечину и был в отчаянии, смягчавшемся лишь сознанием, что он, как и многие другие в жизни, пострадал за правду.

Дело было так. На классной стене с начала учебного года висело в черной рамке расписание уроков. Его не замечали до тех пор, пока Селедка, как звали надзирателя, подойдя однажды к стене, не обратил внимания класса на то, что лист с расписанием исчез и рамка пуста. Очевидно, это была ребяческая шалость, на которую солидная часть класса, обладавшая растительностью на лицах и убеждениях, отвечала добродушно-снисходительной улыбкой, — той улыбкой, которая появлялась у них, когда Окуньков ни с того ни с сего становился на руки, поднимал ноги и в таком виде обходил комнату. Хотя все считали себя взрослыми, но никто не был уверен, что в следующую минуту и ему не вздумается прогуляться на руках. Селедка, кипятившийся из-за таких пустяков, как исчезнувшее расписание, вызывал к себе юмористическое отношение. Был вставлен новый лист, — но на другой день рамка была опять пуста. Это становилось уже глупым, и потому, когда Селедка в безмолвном гневе растопырил длинные руки перед стенкой, к нему обратились с серьезным предположением, что расписание стащили, вероятно, первоклассники. На третий день в раме вместо расписания был вставлен лист, на котором выделялся тщательно оттушеванный кукиш. На предложение сознаться, класс, не менее начальства удивленный появлением рисунка, ответил недоумевающим молчанием. Было произведено следствие, но оно не привело ни к чему: хотя в классе художников было мало, но кукиш умели рисовать все. Последним созерцал рисунок сторож Семен, вынимавший его из рамки; и тому показалось что-то оскорбительное в кукише, относившемся как будто прямо к нему, к Семену. Будучи по природе толст, добр и глуп, Семен впервые стал на сторону начальства и посоветовал классу сознаться, но был послан к черту. Наступил четвертый день — и еще более изящный, крупный и насмешливый кукиш снова пятнал стену.

Речь инспектора у класса успеха не имела. Горячий и вспыльчивый чех, говорить он начинал спокойно, но после двух фраз наливался кровью и, как ошпаренный, принимался выкрикивать фальцетом бранные слова:

— Мальчишки!.. Молёкососы!..

Директор произнес суховатую, но убедительную речь. Он разъяснил притихшим ученикам бесцельность подобной детской шалости, которая, однако, перешла уже границы. Шарыгин, в критические минуты говоривший от имени класса с начальством, встал и ответил директору:

— Мы все вполне согласны с вами, Михаил Иванович, и уже толковали об этом. Но только никто среди нас этого не делал, и все удивлены.

Директор недоверчиво пожал плечами и сказал, что если виновные сознаются, они наказанию подвергнуты не будут. В противном случае он, директор, поставит за эту четверть «тройку» из поведения всему классу и, что важнее всего, не освободит от платы за право учения всех тех, кто в первое полугодие был освобожден. Ученики должны знать, что он свое слово держать умеет.

— Но если же никто не хочет сознаться!

Михаил Иванович заметил, что в этом случае класс должен найти виновного. Это не будет нарушением товарищеских отношений, так как, не желая сознаться из упорства или ложного самолюбия, виновный подводит других под очень строгое наказание и ео ipso сам исторгает себя из товарищеской среды.

Директор ушел, и класс занялся бурным обсуждением вопроса, в котором начальством была открыта новая сторона. Из-за того, что какой-то осел, устроивший всю эту дурацкую шутку, не хочет сказать двух слов, несколько бедняков должны вылететь из гимназии! На большой перемене директор был вызван из кабинета Шарыгиным и двумя другими воспитанниками. Директор вышел в коридор с папиросой в зубах; у него был важный посетитель, и он торопился. Шарыгин от имени класса заявил, что виновных они точно указать не могут, но подозревают троих: Аврамова, Валича и Основского. Класс полагает, что этим заявлением он снимает наказание с остальных.

Быстро, но внимательно взглянув на Шарыгина, Михаил Иванович похвалил его и сказал, что о заявлении класса он подумает. Похвала директора была приятна Шарыгину, хотя раньше он гордился тем, что начальство считает его вредным для класса элементом.

Когда Шарыгин подходил к классу, навстречу ему выбежал Рождественский. Во время дебатов он суетился и кричал больше всех и всем надоедал.

— А Аврамов тебя подлецом назвал! — с поспешностью сообщил он, радуясь продолжению суматохи и беспорядков.

Аврамов стоял, прислонившись к печке, бледный, как сама печь, и презрительно, поверх голов, смотрел в сторону.

— Аврамов! Ты назвал меня подлецом?

— Назвал.

— Прошу тебя извиниться.

Аврамов молчал. Класс с напряженным вниманием следил за происходящим.

— Ну?

Тут вошел батюшка (был его урок), и все неохотно разошлись по местам. Минуты тянулись страшно медленно. Как будто время не хотело двигаться с места, предвидя то нехорошее, что должно сейчас произойти. Шарыгин, сидевший на последней парте, раскрыл перед собою какой-то роман и делал вид, что читает, но изредка смотрел вперед, с новым для него чувством любопытства рассматривая согнутую спину и опущенную над книгой голову Аврамова. Волосы у Аврамова были черные, прямые, и пальцы руки, на которую он опирался, резко белели. Думает ли он сейчас, что через несколько минут на его щеку обрушится удар, от которого щеке будет больно и она покраснеет? Какая это боль: резкая, жгучая или тупая?

Сердце у Шарыгина начинает тяжело и медленно колотиться, и ему смертельно хочется, чтобы ничего этого не было: ни класса, ни Аврамова, ни необходимости ударить его. Но он должен ударить. Он чувствует себя правым. Товарищи перестанут уважать его, если он оставит незаслуженное оскорбление безнаказанным. Шарыгин перебирает все речи, свои и чужие, которые сегодня говорились в классе, и ему все яснее становится, как незаслуженно, несправедливо Аврамов оскорбил его. Чувство злобы к этой черной голове и белым пальцам поднимается и растет. Шарыгину немного страшно, потому что Аврамов — сильный и, конечно, ответит ударом, но он должен ударить, и ударит. Резкий, продолжительный звонок по коридорам. Батюшка медленно идет к двери. За ним, разминая усталые члены, идут ученики, когда нервный, до странности громкий голос Шарыгина останавливает их:

— Господа! Одну минуту!

Некоторые из господ, забывшие, что было на перемене, оборачиваются и с удивлением смотрят на Шарыгина. Что это у него такая дикая физиономия? Шарыгин подходит к Аврамову.

— Так ты не хочешь извиниться?

Ах, да!.. Неприятная дрожь пробегает по спинам, и лица бледнеют. Всем хочется отвернуться, но никто не имеет сил сделать этого, и все, моргая учащенно глазами, смотрят на безмолвную группу, думая лишь о том, чтобы это поскорее кончилось. «Философу» Мартову хочется толкнуть Аврамова, чтобы он извинился. Наклоняясь вперед, Мартов глазами старается выжать необходимый ответ.

— Нет, — отвечает Аврамов. — Ты…

Шарыгин не сознает, как он поднимает руку и бьет, и не чувствует силы удара. Он видит только, как пошатнулся Аврамов. Подняв левую руку для защиты лица, Шарыгин бросает взгляд в сторону и замечает курносое и обыкновенно смешное, а теперь побелевшее и страдальческое лицо философа Мартова. «А он-то чего?»— думает Шарыгин. Его возвращает к сознанию действительности прерывающийся голос, в котором слышится и кроткий упрек и жгучее страдание. Белые пальцы поднятых рук скрывают лицо и не дают понять, что говорит Аврамов.

— Бог… тебя Бог…

Шарыгин презрительно передергивает плечами и отходит, засунув руки в карманы.

Солнце ослепительно сияло, когда Шарыгин возвращался домой. На плохо очищенных тротуарах провинциального городка стояли лужи растопленного снега, отражая в себе фонарные столбы и под ними голубую бездну безоблачного неба. Весна быстро приближалась, и острый, свежий воздух, пахнущий талым снегом и далеким полем, очищал легкие от классной пыли. Каким темным и душным казался этот класс!

Душным и тяжелым сном казалось и то, что час тому назад произошло в классе и что не могло бы и произойти здесь, где так радостно сияет солнце и задорно-весело чирикают воробьи, ополоумевшие от весеннего воздуха. Но мысль невольно возвращалась назад, и чувство брезгливой жалости к Аврамову омрачало светлое настроение Шарыгина. Можно ли быть таким трусом, как этот несчастный Аврамов! Не он один, а и весь класс увлекался грандиозно величавым учением о непротивлении злу, но применять это учение в жизни может лишь дряблая натура, неспособная к протесту. Всеми силами отстаивай каждую свою мысль, свое правое дело. Зубами, ногтями борись за него. Быть же битым и молчать сумеет и мерзавец.

Шарыгин чувствует, что у него, как у нового Ильи Муромца, сила переливается по всему телу. Так и бросился бы врукопашную с этим, пока еще смутно сознаваемым злом, и бился бы с ним, стиснув зубы и сжав кулаки, бился бы до последнего издыхания. Ах, поскорее бы кончить эту гимназию! А пока… пока только особенно твердая поступь да более обыкновенного выдвинутая вперед грудь показывали, что это идет человек, победоносно отстоявший свое право на звание честного человека. Солнце, так много видевшее на своем веку, с любовной лаской согревало молодую голову, над которой, неведомо для нее, уже висело первое серьезное горе.

Оно началось в тот же вечер.

Первый, кому Шарыгин рассказал о происшедшем случае, была Александра Николаевна, гимназистка восьмого класса, которую он любил и считал умной и «развитой». Впрочем, умной она казалась ему, пока соглашалась и не спорила. Споря, она так легко расставалась с логикой, становилась так пристрастна и нелепо упряма, что Шарыгин начинал удивляться, та ли это женщина, при поддержке которой он намеревался «бороться с рутиной жизни». Другим она нравилась именно во время спора, но Шарыгин не понимал их вкуса. Кроме того, она обладала неприятной способностью подмечать то, что желательно было бы не обнаруживать.

— Напрасно ты гордишься, — ответила Александра Николаевна. — Ты поступил подло.

Он гордится! Что за нелепость! Он просто исполнил свой долг честного, именно честного человека. Думая, что Александра Николаевна не поняла, он вновь подробно остановился на тех фактах, которые неопровержимо устанавливали его правоту в этой «неприятной» истории. Весь класс уговаривал Аврамова и других сознаться, выставляя на вид, что иначе из-за глупой шутки понесут наказание неповинные. «Тройка» поведения — ерунда, но в классе есть двое учащихся на казенный счет, которые должны будут уйти из гимназии. Отсюда Шурочка должна видеть, что он лично, человек состоятельный, в деле не заинтересован.

— Пустяки. Директор просто врал, как иезуит, а вы ему поверили, как дураки. И шутка вовсе не так глупа. Этот кукиш мне очень нравится, — решила безапелляционно Шурочка, не подозревая, какой она делает скачок в сторону с строго логического пути, по которому шествовал Шарыгин.

Выразив нетерпение и едва за кончик хвоста успев схватить ускользавшую мысль, он начал развивать дальнейшие положения. Весь класс решил сообщить…

— То есть донести, — поправила Шурочка.

…Сообщить, что подозревает таких-то. Понимает ли Шурочка, что решил именно класс, а он был уполномоченным, передававшим решение класса? Оказалось, что Шурочка этого не понимает. Шурочка полагает, что уполномоченный должен передавать только хорошие решения, а не дурные.

Это уже был такой скачок в сторону, что Шарыгин не успел схватить ускользнувшую мысль и казался вовлеченным в дебри ненужного спора о правах и обязанностях уполномоченных. Спор был бы бесконечным, если бы Шарыгин не воспользовался приемом почтенного противника и, махнув рукой, не перескочил на ту мысль, которая была нужна ему. Раз он был простым выполнителем воли класса, почему именно он подлец, а не Потанин и не весь класс?

— Да и все подлецы, — решила, не задумываясь, Александра Николаевна.

Шарыгин сердито рассмеялся.

— Ну, а почему же он именно меня назвал подлецом?

— Вероятно, ты больше всех настаивал, чтобы идти к директору. Во всяком случае, это фискальство, гадость!

Логика полетела к черту. Шарыгин потерял под собою почву и беспорядочно начал выдвигать те и другие орудия, повторяясь, путаясь, злясь на себя, на Шурочку, на мир, создающий Шурочек. И он объяснял и доказывал до тех пор, пока сам не перестал понимать, кто он, что он и чего ему нужно.

— Да это не спор, а какой-то танец диких! — с отчаянием воскликнул он.

Шурочка рассмеялась и спросила:

— А каков он собой — этот Аврамов?

— Прикажете познакомить?

— Это глупо — сердиться из-за пустяков.

— Пустяки! Назвать человека подлецом и говорить: «Пустяки!»

Шарыгин сердито отдернул свою руку и с ненавистью взглянул на раскрасневшееся на морозе хорошенькое личико. Как приличествует гимназисту и гимназистке, они виделись на улице тайно от родителей, хотя никто не мешал им видеться явно.

— Ну, будет, будет! Вашу руку, маркиз Поза! — Шурочка взяла руку Шарыгина, согнула ее кренделем и, вложив свою ручку, тронулась в путь. Шарыгин подергал руку, но ее держали крепко. Пришлось подчиниться. Так вот всегда бывает с этими женщинами!

Вернувшись домой, Шарыгин пошел к отцу в кабинет и, закурив папироску, рассказал ему, подробно останавливаясь на мотивах, всю историю. К его удивлению, и отец заметил, что здесь припахивает фискальством. Страдая от непонимания, Петр повторил свои доводы, стараясь обосновать их теоретически. Он говорил, что когда один предает всех, это дурно, но когда все предают одного, это означает торжество принципа большинства.

— Так-то оно так, а все-таки как-то... Да ты не волнуйся. Все это пустяки, а вы завтра же помиритесь с этим, как его...

И этот говорит: пустяки!

Как они все не могут понять, что это не пустяки, что он страдает, что он готов убить себя, так ему больно. Но он не поддастся им! Он еще докажет им, как глубоко все они ошибаются. За ним стоит еще весь класс! Шарыгин ложится спать, останавливаясь на тех мыслях, которые он еще не успел сказать и скажет завтра. Что-то мучительное, однако, сосет его сердце. «Но разве поступать честно всегда приятно! — успокаивает он себя. — Есть честность ума и честность инстинкта, вот как у папы и у... этой женщины. Конечно, неприятно, когда идешь против инстинкта, но разве инстинкт не лжет?» Придумано было красиво, и Петр на минуту успокоился, но, вспомнив, как его похвалил сегодня директор, почувствовал, что лицо его и шею охватило жаром. Краска стыда залила его щеки. Бессознательным движением Шарыгин натянул на голову одеяло, как будто в этой пустой и темной комнате кто-нибудь мог видеть его.

Прошло три дня. Начальство не сочло почему-то нужным придавать значение коллективному заявлению класса, и «заподозренные» беззаботно разгуливали по коридору. По безмолвному соглашению класс ни словом не вспоминал о происшедшей истории и с особенной предупредительностью относился к Аврамову. Посторонний наблюдатель едва ли бы заметил, что в классе что-то случилось. Но Шарыгин чувствовал это. Двое заподозренных, охотно говоривших со всеми своими обвинителями, не замечали Шарыгина и не отвечали на его попытки вступить в примирительную беседу. Остальные с виду держались по-прежнему, но одна мелочь глубоко кольнула Шарыгина. Прежде, каждую почти перемену, на Камчатке, где сидел Шарыгин, собиралась кучка товарищей и вступала в споры самого разнообразного содержания, начиная Писаревым и кончая теориями мироздания. Теперь же никто не приходил, и Шарыгин, любивший говорить и слушать себя и видеть, как внимательно слушают его другие, остался один. Философ Мартов с выражением какой-то глупой боязни сторонился от него, точно драка составляла постоянное свойство шарыгинского характера. Однажды Шарыгин поймал на себе взгляд преданного ему Преображенского, и в этом взгляде сквозило не восхищение, к которому он привык, а, противно сказать... сожаление.

«Мерзавцы!»— думал Шарыгин, включая в это понятие весь класс и всех, кто находился за ним. Ему было нестерпимо больно и обидно, что в предательстве виноваты все, а наказание несет он один.

— За что, мерзавцы? — со злостью спрашивал Шарыгин, чувствуя, что даже Преображенский, который больше всего суетился и кричал в пользу доноса, теперь презирает его, Шарыгин вызывающе смотрел на товарищей, говорил резкости, толкал заподозренных, не вызывая отпора и лишь возбуждая недоумение, так как большинство и сами не замечали, как они переменились к нему. Однажды он громко заговорил о том, что странно, почему директор до сих пор не принимает никаких мер, но все разошлись, притворяясь, что не слышат, а Преображенский, которого он прижал к стенке, согласился с ним, но имел такой жалкий вид, что Шарыгин отпустил его.

— Экие все дряни! — крикнул он, но ответа не получил. Шарыгину хотелось, чтобы кто-нибудь поговорил с ним, убедил его, что он неправ, даже побил его, но только не молчал.

Учителя, казалось Шарыгину, тоже косились на него. Бочкин, преподаватель истории, резкий и независимый господин, потешавший класс своими шуточками, а директора в совете доводивший до чертиков, сказал:

— Доносиками заниматься вздумали? О будущие граждане российские!

Он обращался ко всему классу, но Шарыгин подумал, что это относится к нему одному. Обычный «кол», третий по счету, украсивший в этот день клетку журнала против фамилии Шарыгина, не сопровождался шутливыми замечаниями, показывавшими, что, хотя Бочкин и ставит единицу за незнание урока, все же считает его развитым и знающим.

— До сажени много еще осталось? — спросил Шарыгин, но Бочкин не ответил.

«Скотина!»— подумал Шарыгин, и ему захотелось заплакать. Дома тоже было не лучше. На свидания к Шурочке он не ходил, и та прислала уже записочку (с двумя орфографическими ошибками), справляясь об его здоровье и настроении. «Милый!»— хорош «милый», — подумал Шарыгин и, выбрав на диване местечко поудобнее, поплакал, удивляясь, как это он, умный малый, — а до сих пор не знал, что плакать составляет такое удовольствие. Это было в субботу. В воскресенье Шарыгин, против обыкновения, никуда не пошел и весь день посвятил странным занятиям, которые окончательно могли бы дискредитировать его в глазах класса и всех серьезных людей. Он шалил. Первый раз в жизни сестренка его испытала завидное наслаждение кататься верхом на мужчине, и, надо полагать, впоследствии, когда она вышла замуж, муж ее не раз проклинал легкомысленного братца. Почтенному старому коту, необыкновенно жирному и важному, Петр привязал на хвост бумажку. Он хотел доставить удовольствие все той же сестренке, но смеялся сам гораздо больше нее.

В понедельник на второй перемене Шарыгин после звонка попросил всех остаться в классе и взошел на кафедру.

— Господа! — начал он дрогнувшим голосом и смотря на Аврамова. — Товарищи, черт вас возьми, а не господа. Слушайте. Аврамов оскорбил меня названием подлеца…

Аврамов, покраснев, смотрел вниз.

— …И он был неправ. Да, неправ. Он должен был сказать: «Все вы подлецы!» А так как он этого не сказал, то я говорю: все мы были подлецами! Предателями, негодяями…

Глаза Шарыгина попали в восторженно раскрытый рот философа Мартова.

— …И скотами. Один за всех, все за одного! Вот как нужно жить, братцы. А что я… я… ударил Аврамова, то я такой… такой…

Красноречивый оратор всхлипнул и, сбежав с кафедры, устремился к дверям, но чьи-то руки, бесчисленное множество рук, схватили его и закружили.

— Задушили! Пустите, черти! Опять к директору пойду.

На большой перемене многие искали Шарыгина, но он куда-то пропал. Когда класс был отперт и восьмиклассники гурьбой, выжимая друг из друга масло, ворвались в него, их пораженным глазам представилось чудное произведение искусства. На классной доске было нарисовано расписание с заключенным в него кукишем, а перед ним в недоумевающих позах инспектор и директор, а за ними сторож Семен. Нос директора художник не мог вместить на доске и окончил мелом на стене. Внизу была подпись: «И. И. (услужливо) : не огорчайтесь, И. М., этот кукиш мне. Директор (благосклонно): благодарю вас, И. И.! — Сторож Семен (глубокомысленно) : а я так полагаю, что вам обоим».

— Сотри, сотри! — раздались голоса, но Шарыгин не подпускал никого к доске. Да и поздно было. Селедка уже видела рисунок. Никогда она так быстро не бегала, даже когда приезжал попечитель и она метала икру. Вошел директор, а за ним на цыпочках Иван Иванович.

— Кто? — лаконически спросил директор, оценив художественность исполнения и широту замысла артиста.

— Я, — отвечал Шарыгин.

— Ты? Хорошо. Ты будешь исключен.

Но директора смягчили. Наказание было ограничено четырехдневным арестом. Когда в следующее воскресенье замок щелкнул в двери и Шарыгин остался в классе один, он впервые почувствовал, что «грязь прошлого» совершенно смыта с него. Часа через два, когда он уже начал скучать, у стеклянной двери показалось чье-то дружески мигавшее лицо. То был философ Мартов. За ним последовал Преображенский. И целый день одна дружеская физиономия сменяла другую, и все они мигали, кричали в замочную скважину и дружески скалились. Под дверь была просунута записка, кратко возвещавшая: «Не робей!» Ночью, когда Шарыгин собирался укладываться спать на принесенной постели, внезапно дзинькнул замок. Аврамов, Мартов и еще пара друзей осторожно вошли в класс, издали показывая хлеб, длинную колбасу, такую длинную, как нарисованный нос у директора, и horribile dictu… полбутылки водки.

Друзья разошлись поздно ночью. Наибольшее удовольствие от импровизированного банкета получил сторож Семен. Он любил выпить, — большая часть полбутылки пришлась на его долю. Он не прочь был посмеяться, если кто-нибудь с положительным юмористическим талантом изображал Ивана Ивановича, который неоднократно грозился его выгнать за потачки гимназистам, — Мартов же за изображение инспектора давно стяжал заслуженные лавры. Наконец распространенное мнение о том, будто бы Семен глуп, было по меньшей мере опрометчиво. Десять лет прислуживая при опытах в физическом кабинете, Семен обогатил свой ум изрядным количеством непонятных слов, дававших ему возможность с честью поддерживать всякий умственный разговор. И так как в горячем разговоре гимназистов постоянно попадались непонятные слова, напоминавшие Семену дорогую физику, как-то: прогресс, человечность, идеалы, он всей душой устремлялся за своими приятелями туда, где, по их уверению, эти слова постоянно раздаются с высоты кафедры, живут и дышат — в далекий, желанный и загадочный университет.

Проводив посетителей, Семен возвращался по темному коридору. Колеблющийся огонь свечи трепетным светом озарял красное, усатое лицо, вырисовывая на стенке чудовищную движущуюся тень. Смутная грусть и сожаление наполняли глупую голову Семена.

— Ах, кабы и сторожам можно было оканчивать гимназию и переходить в университет!

Молчание

I

В одну лунную майскую ночь, когда пели соловьи, в кабинет к о. Игнатию вошла его жена. Лицо ее выражало страдание, и маленькая лампочка дрожала в ее руках. Подойдя к мужу, она коснулась его плеча и, всхлипнув, сказала:

— Отец, пойдем к Верочке!

Не поворачивая головы, о. Игнатий поверх очков исподлобья взглянул на попадью и смотрел долго и пристально, пока она не махнула свободной рукой и не опустилась на низенький диван.

— Какие вы оба с ней… безжалостные! — выговорила она медленно, с сильным ударением на последних слогах, и доброе, пухлое лицо ее исказилось гримасой боли и ожесточения, словно на лице хотела она показать, какие это жестокие люди — муж ее и дочь.

О. Игнатий усмехнулся и встал. Закрыв книгу, он снял очки, положил их в футляр и задумался. Большая черная борода, перевитая серебряными нитями, красивым изгибом легла на его грудь и медленно подымалась при глубоком дыхании.

— Ну, пойдем! — сказал он.

Ольга Степановна быстро встала и попросила заискивающим, робким голосом:

— Только не брани ее, отец! Ты знаешь, какая она…

Комната Веры находилась в мезонине, и узенькая деревянная лестница гнулась и стонала под тяжелыми шагами о. Игнатия. Высокий и грузный, он наклонял голову, чтобы не удариться о пол верхнего этажа, и брезгливо морщился, когда белая кофточка жены слегка задевала его лицо. Он знал, что ничего не выйдет из их разговора с Верой.

— Чего это вы? — спросила Вера, поднимая одну обнаженную руку к глазам. Другая рука лежала поверх белого летнего одеяла и почти не отделялась от него, такая она была белая, прозрачная и холодная.

— Верочка… — начала мать, но всхлипнула и умолкла.

— Вера! — сказал отец, стараясь смягчить свой сухой и твердый голос. — Вера, скажи нам, что с тобою?

Вера молчала.

— Вера, разве мы, твоя мать и я, не заслуживаем твоего доверия? Разве мы не любим тебя? И разве есть у тебя кто-нибудь ближе нас? Скажи нам о твоем горе, и, поверь мне, человеку старому и опытному, тебе будет легче. Да и нам. Посмотри на старуху мать, как она страдает…

— Верочка!..

— И мне…— сухой голос дрогнул, точно в нем что переломилось, — и мне, думаешь, легко? Как будто не вижу я, что поедает тебя какое-то горе… а какое? И я, твой отец, не знаю его. Разве должно так быть?

Вера молчала. О. Игнатий с особенной осторожностью провел по своей бороде, словно боялся, что пальцы против воли вопьются в нее, и продолжал:

— Против моего желания поехала ты в Петербург — разве я проклял тебя, ослушницу? Или денег тебе не давал? Или, скажешь, не ласков был я? Ну, что же молчишь? Вот он, Петербург-то твой!

О. Игнатий умолк, и ему представилось что-то большое, гранитное, страшное, полное неведомых опасностей и чуждых, равнодушных людей. И там, одинокая, слабая, была его Вера, и там погубили ее. Злая ненависть к страшному и непонятному городу поднялась в душе о. Игнатия и гнев против дочери, которая молчит, упорно молчит.

— Петербург здесь ни при чем, — угрюмо сказала Вера и закрыла глаза. — А со мной ничего. Идите-ка лучше спать, поздно.

— Верочка! — простонала мать. — Доченька, да откройся ты мне!

— Ах, мама! — нетерпеливо прервала ее Вера.

О. Игнатий сел на стул и засмеялся.

— Ну-с, так, значит, ничего? — иронически спросил он.

— Отец, — резко сказала Вера, приподнимаясь на постели, — ты знаешь, что я люблю тебя и мамочку. Но… Ну, так, скучно мне немножко. Пройдет все это. Право, идите лучше спать, и я спать хочу. А завтра или когда там — поговорим.

О. Игнатий порывисто встал, так что стул ударился о стену, и взял жену за руку.

— Пойдем!

— Верочка…

— Пойдем, говорю тебе! — крикнул о. Игнатий. — Если уже она бога забыла, так мы-то!.. Что уже мы!

Почти насильно он вывел Ольгу Степановну, и, когда они спускались по лестнице, Ольга Степановна, замедляя шаги, говорила злым шепотом:

— У-у! Это ты, поп, сделал ее такой. У тебя переняла она эту манеру. Ты и ответишь. Ах я несчастная…

И она заплакала, часто моргая глазами, не видя ступенек и так опуская ногу, словно внизу была пропасть, в которую ей хотелось бы упасть.

С этого дня о. Игнатий перестал говорить с дочерью, но она словно не замечала этого. По-прежнему она то лежала у себя в комнате, то ходила и часто-часто вытирала ладонями рук глаза, как будто они были у нее засорены.

И, сдавленная двумя этими молчащими людьми, сама любившая шутку и смех, попадья робела и терялась, не зная, что говорить и что делать.

Иногда Вера выходила гулять. Через неделю после разговора она вышла вечером, по обыкновению. Более не видали ее живою, так как она в этот вечер бросилась под поезд, и поезд пополам перерезал ее.

Хоронил ее сам о. Игнатий. Жены в церкви не было, так как при известии о смерти Веры ее хватил удар. У нее отнялись ноги, руки и язык, и она неподвижно лежала в полутемной комнате, пока рядом с нею, на колокольне, перезванивали колокола. Она слышала, как вышли все из церкви, как пели против их дома певчие, и старалась поднять руку, чтобы перекреститься, но рука не повиновалась; хотела сказать: «Прощай, Вера!»— но язык лежал во рту громадный и тяжелый. И поза ее была так спокойна, что если бы кто-нибудь взглянул на нее, то подумал бы, что этот человек отдыхает или спит. Только глаза ее были открыты.

В церкви на похоронах было много народу, знакомых о. Игнатия и незнакомых, и все собравшиеся жалели Веру, умершую такою ужасною смертью, и старались в движениях и голосе о. Игнатия найти признаки тяжелого горя. Они не любили о. Игнатия за то, что он был в обхождении суров и горд, ненавидел грешников и не прощал их, а сам в то же время, завистливый и жадный, пользовался всяким случаем, чтобы взять с прихожанина лишнее. И всем хотелось видеть его страдающим, сломленным и сознающим, что он виновен дважды в смерти дочери: как жестокий отец и дурной священнослужитель, не могший уберечь от греха свою же плоть. И все пытливо смотрели на него, а он, чувствуя направленные на его спину взгляды, старался выпрямлять эту широкую и крепкую спину и думал не об умершей дочери, а о том, чтобы не уронить себя.

— Каляный поп! — сказал, кивая на него, столяр Карзенов, которому он не отдал пяти рублей за рамы.

И так, твердый и прямой, прошел о. Игнатий до кладбища и такой же вернулся назад. И только у дверей в комнату жены спина его согнулась немного; но это могло быть и оттого, что большинство дверей были низки для его роста. Войдя со свету, он с трудом мог рассмотреть лицо жены, а когда рассмотрел, то удивился, что оно совсем спокойно и на глазах нет слез. И не было в глазах ни гнева, ни горя — они были немы и молчали тяжело, упорно, как и все тучное, бессильное тело, вдавившееся в перину.

— Ну, что, как ты себя чувствуешь? — спросил о. Игнатий.

Но уста были немы; молчали и глаза. О. Игнатий положил руку на лоб: он был холодный и влажный, и Ольга Степановна ничем не выразила, что она ощутила прикосновение. И когда рука о. Игнатия была им снята, на него смотрели не мигая два серые глубокие глаза, казавшиеся почти черными от расширившихся зрачков, и в них не было ни печали, ни гнева.

— Ну, я пойду к себе, — сказал о. Игнатий, которому сделалось холодно и страшно.

Он прошел в гостиную, где все было чисто и прибрано, как всегда, и одетые белыми чехлами высокие кресла стояли точно мертвецы в саванах. На одном окне висела проволочная клетка, но была пуста, и дверца открыта.

— Настасья! — крикнул о. Игнатий, и голос показался ему грубым, и стало неловко, что он так громко кричит в этих тихих комнатах, тотчас после похорон дочери. — Настасья! — тише позвал он, — где канарейка?

Кухарка, плакавшая так много, что нос у нее распух и стал красным, как свекла, грубо ответила:

— Известно где. Улетела.

— Зачем выпустила? — грозно нахмурил брови о. Игнатий.

Настасья расплакалась и, вытираясь концами ситцевого головного платка, сквозь слезы сказала:

— Душенька… барышнина… Разве можно ее держать?

И о. Игнатию показалось, что желтенькая веселая канарейка, певшая всегда с наклоненной головкой, была действительно душою Веры и что если бы она не улетела, то нельзя было бы сказать, что Вера умерла. И он еще больше рассердился на кухарку и крикнул:

— Вон! — и, когда Настасья не сразу попала в дверь, добавил: — Дура!

II

Со дня похорон в маленьком домике наступило молчание. Это не была тишина, потому что тишина — лишь отсутствие звуков, а это было молчание, когда те, кто молчит, казалось, могли бы говорить, но не хотят. Так думал о. Игнатий, когда входил в комнату жены и встречал упорный взгляд, такой тяжелый, словно весь воздух обращался в свинец и давил на голову и спину. Так думал он, рассматривая ноты дочери, в которых запечатлелся ее голос, ее книги и ее портрет, большой, писанный красками, портрет, который она привезла с собою из Петербурга. В рассматривании портрета у о. Игнатия установился известный порядок: сперва он глядел на щеку, освещенную на портрете, и представлял себе на ней царапину, которая была на мертвой щеке Веры и происхождения которой он не мог понять. И каждый раз он задумывался о причинах: если бы это задел поезд, он раздробил бы всю голову, а голова мертвой Веры была совсем невредима.

Быть может, ногой кто-нибудь задел, когда подбирали труп, или нечаянно ногтем?

Но долго думать о подробностях Вериной смерти было страшно, и о. Игнатий переходил к глазам портрета. Они были черные, красивые, с длинными ресницами, от которых внизу лежала густая тень, от чего белки казались особенно яркими, и оба глаза точно были заключены в черную, траурную рамку. Странное выражение придал им неизвестный, но талантливый художник: как будто между глазами и тем, на что они смотрели, лежала тонкая, прозрачная пленка. Немного похоже было на черную крышку рояля, на которую тонким, незаметным пластом налегла летняя пыль, смягчая блеск полированного дерева. И, как ни ставил портрет о. Игнатий, глаза неотступно следили за ним, но не говорили, а молчали; и молчание это было так ясно, что его, казалось, можно было услышать. И постепенно о. Игнатий стал думать, что он слышит молчание.

Каждое утро, после обедни, о. Игнатий приходил в гостиную, окидывал одним взглядом пустую клетку и всю знакомую обстановку комнаты, садился в кресло, закрывал глаза и слушал, как молчит дом. Это было странное что-то. Клетка молчала тихо и нежно, и чувствовались в этом молчании печаль, и слезы, и далекий, умерший смех. Молчание жены, смягченное стенами, было упорно, тяжело, как свинец, и страшно, так страшно, что в самый жаркий день о. Игнатию становилось холодно. Долгим, холодным, как могила, и загадочным, как смерть, было молчание дочери. Словно самому себе было мучительно это молчание и страстно хотело перейти в слово, но что-то сильное и тупое, как машина, держало его неподвижным и вытягивало, как проволоку. И где-то, на далеком конце, проволока начинала колебаться и звенеть тихо, робко и жалобно. О. Игнатий с радостью и страхом ловил этот зарождающийся звук и, опершись руками о ручки кресел, вытянув голову вперед, ждал, когда звук подойдет к нему. Но звук обрывался и умолкал.

— Глупости! — сердито говорил о. Игнатий и поднимался с кресел, все еще прямой и высокий.

В окно он видел залитую солнцем площадь, мощенную круглыми, ровными камнями, и напротив каменную стену длинного, без окон, сарая. На углу стоял извозчик, похожий на глиняное изваяние, и непонятно было, зачем он стоит здесь, когда по целым часам не показывалось ни одного прохожего.

III

Вне дома о. Игнатию приходилось говорить много: с причтом и с прихожанами, при исполнении треб, и иногда с знакомыми, где он играл в преферанс; но, когда он возвращался домой, он думал, что весь день молчал. Это происходило оттого, что ни с кем из людей о. Игнатий не мог говорить о том главном и самом для него важном, о чем он размышлял каждую ночь: отчего умерла Вера?

О. Игнатий не хотел понять, что теперь этого узнать нельзя, и думал, что узнать еще можно. Каждую ночь, — а они все теперь стали у него бессонными, — представлял он себе ту минуту, когда он и попадья в глухую полночь стояли у кровати Веры и он просил ее «Скажи!» и когда в воспоминаниях он доходил до этого слова, дальнейшее представлялось ему не так, как оно было. Закрытые глаза его, сохранившие в своем мраке живую, нетускнеющую картину той ночи, видели, как Вера поднимается на своей постели, улыбается и говорит... Но что она говорит? И это невысказанное слово Веры, которое должно разрешить все, казалось так близко, что если отогнуть ухо и задержать биение сердца, то вот-вот услышишь его, и в то же время так безнадежно далеко. О. Игнатий вставал с постели, протягивал вперед сложенные руки и, потрясая ими, просил:

— Вера!..

И ответом ему было молчание.

Однажды вечером о. Игнатий пришел в комнату Ольги Степановны, у которой он не был уже около недели, сел у ее изголовья и, отвернувшись от упорного, тяжелого взгляда, сказал:

— Мать! Я хочу поговорить с тобой о Вере. Ты слышишь?

Глаза молчали, и о. Игнатий, возвысив голос, заговорил строго и властно, как он говорил с исповедующимися:

— Я знаю, ты мыслишь, что я был причиной Вериной смерти. Но подумай, разве я любил ее меньше, чем ты? Странно ты рассуждаешь... Я был строг, а разве это мешало ей делать, что она хочет? Я пренебрег достоинством отца, я смиренно согнул свою шею, когда она не побоялась моего проклятья и поехала... туда. А ты — ты-то не просила ее остаться и не плакала, старая, пока я не велел замолчать? Разве я родил ее такой жестокой? Не твердил я ей о боге, о смирении, о любви?

О. Игнатий быстро взглянул в глаза жены — и отвернулся.

— Что я мог сделать с ней, если она не хотела открыть своего горя? Приказывать — я приказал; просить — я просил. Что же, по-твоему, я должен был стать на колени перед девчонкой и плакать, как старая баба? В голове... откуда я знаю, что у нее в голове! Жестокая, бессердечная дочь!

О. Игнатий ударил кулаком по колену.

— Любви у нее не было — вот что! Что уж про меня говорить, уж я, известно... тиран... Тебя-то она любила? Тебя-то, которая плакала... да унижалась?

О. Игнатий беззвучно рассмеялся.

233

— Лю-юбила! То-то, в утешение тебе и смерть такую выбрала. Жестокую, позорную смерть. Умерла на песке, в грязи... как с-собака, которую ногами в морду тыкают.

Голос о. Игнатия зазвучал тихо и хрипло.

— Стыдно мне! На улицу выйти стыдно! Из алтаря выйти стыдно! Перед богом стыдно! Жестокая, недостойная дочь! В гробу проклясть бы тебя...

Когда о. Игнатий взглянул на жену, она была без чувств и пришла в себя только через несколько часов. И когда пришла, глаза ее молчали, и нельзя было понять, помнит она, что говорил ей о. Игнатий, или нет.

В ту же ночь — это была июльская лунная ночь, тихая, теплая и беззвучная, о. Игнатий на цыпочках, чтобы не услыхали жена и сиделка, поднялся по лестнице и вошел в комнату Веры. Окно в мезонине не открывалось с самой смерти Веры, и воздух был сухой и жаркий, с легким запахом гари от накалившейся за день железной крыши. Чем-то нежилым и заброшенным веяло от помещения, в котором так давно отсутствовал человек и где дерево стен, мебель и другие предметы издавали тонкий запах непрерывного тления. Лунный свет яркой полосой падал на окно и на пол и, отраженный от белых, тщательно вымытых досок, сумеречным полусветом озарял углы, и белая чистая кровать с двумя подушками, большой и маленькой, казалась призрачной и воздушной. О. Игнатий открыл окно — ив комнату широкой струёй полился свежий воздух, пахнущий пылью, недалекой рекой и цветущей липой, и еле слышное донеслось хоровое пение: вероятно, катались на лодках и пели. Неслышно ступая босыми ногами, похожий на белый призрак, о. Игнатий подошел к пустой кровати, подогнул колени и упал лицом вниз на подушки, обняв их, — туда, где должно было находиться Верино лицо. Он долго лежал так; песня стала громче и потом умолкла, а он все лежал, и длинные черные волосы рассыпались по плечам и постели.

Луна передвинулась, и в комнате стало темнее, когда о. Игнатий поднял голову и зашептал, вкладывая в голос всю силу долго сдерживаемой и долго не сознаваемой любви и вслушиваясь в свои слова так, как будто слушал не он, а Вера.

— Дочь моя, Вера! Ты понимаешь, что это значит: дочь? Доченька! Сердце мое, и кровь моя, и жизнь моя. Твой старый... старенький отец, уже седой, уже слабый...

Плечи отца Игнатия задрожали, и вся грузная фигура заколыхалась. Подавляя дрожь, о. Игнатий шептал нежно, как маленькому ребенку:

— Старенький отец... просит тебя. Нет, Верочка, умоляет. Он плачет. Он никогда не плакал. Твое горе, деточка, твои страдания — они и мои. Больше, чем мои!

О. Игнатий покачал головой.

— Больше, Верочка. Ну что мне, старому, смерть? А ты… Ведь если бы ты знала, какая ты нежная, слабая, и робкая! Помнишь, как ты поколола пальчик, и кровь капнула, а ты заплакала? Деточка моя! И ты ведь меня любишь, сильно любишь, я знаю. Каждое утро ты целуешь мою руку. Скажи, скажи, о чем тоскует твоя головка, и я — вот этими руками — я удушу твое горе. Они еще сильны, Вера, эти руки.

Волосы о. Игнатия встряхнулись.

— Скажи!

О. Игнатий впился глазами в стену и протянул руки.

— Скажи!

В комнате было тихо, из глубокой дали пронесся продолжительный и прерывистый свисток паровоза.

О. Игнатий, поводя кругом расширившимися глазами, точно перед ним встал страшный призрак изуродованного трупа, медленно приподнялся с колен и неверным движением поднес к голове руку с растопыренными и напряженно выпрямленными пальцами. Отступив к двери, о. Игнатий отрывисто шепнул:

— Скажи!

И ответом ему было молчание.

IV

На другой день, после раннего и одинокого обеда, о. Игнатий пошел на кладбище — в первый раз после смерти дочери. Было жарко, безлюдно и тихо, как будто этот жаркий день был только освещенною ночью, но, по привычке, о. Игнатий старательно выпрямлял спину, сурово смотрел по сторонам и думал, что он все такой же, как прежде; он не замечал ни новой и страшной слабости в ногах, ни того, что длинная борода его стала совсем белой, словно жестокий мороз ударил на нее. Дорога к кладбищу шла по длинной прямой улице, слегка поднимавшейся вверх, и в конце ее белела арка кладбищенских ворот, похожая на черный, вечно открытый рот, окаймленный блестящими зубами.

Могила Веры находилась в глубине кладбища, где кончались усыпанные песком дорожки, и о. Игнатию долго пришлось путаться в узеньких тропинках, ломаной линией проходивших между зеленых бугорков, всеми забытых и всеми покинутых. Местами попадались покосившиеся, позеленевшие от старости памятники, изломанные решетки и большие, тяжелые камни, вросшие в землю и с какой-то угрюмой, старческой злобой давившие ее. К одному из таких камней прижималась могила Веры. Она была покрыта новым пожелтевшим дерном, но кругом нее все зеленело. Рябина обнялась с кленом, а широко раскинувшийся куст орешника протягивал над могилой свои гибкие ветви с пушистыми, шершавыми листьями. Усевшись на соседнюю могилу и передохнув, о. Игнатий оглянулся кругом, бросил взгляд на безоблачное, пустынное небо, где в полной неподвижности висел раскаленный солнечный диск, — и тут только ощутил ту глубокую, ни с чем не сравнимую тишину, какая царит на кладбище, когда нет ветра и не шумит омертвевшая листва. И снова о. Игнатию пришла мысль, что это не тишина, а молчание. Оно разливалось до самых кирпичных стен кладбища, тяжело переползало через них и затопляло город. И конец ему только там — в серых, упрямо и упорно молчащих глазах.

О. Игнатий передернул похолодевшими плечами и опустил глаза вниз, на могилу Веры. Он долго смотрел на пожелтевшие коротенькие стебли травы, вырванной с землею откуда-нибудь с широкого, обвеваемого ветром поля и не успевшей сродниться с чуждой почвой, — и не мог представить, что там, под этой травой, в двух аршинах от него, лежит Вера. И эта близость казалась непостижимою и вносила в душу смущение и странную тревогу. Та, о которой о. Игнатий привык думать, как о навеки исчезнувшей в темных глубинах бесконечного, была здесь, возле… и трудно было понять, что ее все-таки нет и никогда не будет. И о. Игнатию чудилось, что если он скажет какое-то слово, которое он почти ощущал на своих устах, или сделает какое-то движение, Вера выйдет из могилы и встанет такая же высокая, красивая, какою была. И не только одна она встанет, но встанут и все мертвецы, которые так страшно ощутимы в своем торжественно-холодном молчании.

О. Игнатий снял широкополую черную шляпу, расправил волнистые волосы и шепотом сказал:

— Вера!

Ему стало неловко, что его может услышать кто-нибудь посторонний, и, встав на могилу, о. Игнатий взглянул поверх крестов. Никого не было, и он уже громко повторил:

— Вера!

Это был старый голос о. Игнатия, сухой и требовательный, и странно было, что с такою силою высказанное требование остается без ответа.

— Вера!

Громко и настойчиво звал голос, и, когда он умолк, с минуту чудилось, что где-то внизу звучал неясный ответ. И о. Игнатий, еще раз оглянувшись кругом, отстранил волосы от уха и прилег им к жесткому, колючему дерну.

— Вера, скажи!

И с ужасом почувствовал о. Игнатий, что в ухо его вливается что-то могильно-холодное и студит мозг и что Вера говорит, — но говорит она все тем же долгим молчанием. Все тревожнее и страшнее становится оно, и когда о. Игнатий с усилием отдирает от земли голову, бледную, как у мертвеца, ему кажется, что весь воздух дрожит и трепещет от гулкого молчания, словно на этом страшном море поднялась дикая буря. Молчание душит его; оно ледяными волнами перекатывается через его голову и шевелит волосы; оно разбивается о его грудь, стонущую под ударами. Дрожа всем телом, бросая по сторонам острые и внезапные взгляды, о. Игнатий медленно поднимается и долгим, мучительным усилием старается выпрямить спину и придать гордую осанку дрожащему телу. И это удается ему. С намеренной медлительностью о. Игнатий отряхивает колени, надевает шляпу, трижды крестит могилу и идет ровною, твердою поступью, но не узнает знакомого кладбища и теряет дорогу.

— Заблудился! — усмехается о. Игнатий и останавливается на разветвлении тропинок.

Но стоит одну секунду и, не думая, сворачивает налево, потому что ждать и стоять нельзя. Молчание гонит. Оно поднимается от зеленых могил; им дышат угрюмые серые кресты; тонкими, удушающими струями оно выходит из всех пор земли, насыщенной трупами. Все быстрее становятся шаги о. Игнатия. Оглушенный, он кружится по одним и тем же дорожкам, перескакивает могилы, натыкается на решетки, цепляется руками за колючие жестяные венки, рвется в клочья мягкая материя. Только одна мысль о выходе осталась в его голове. Из стороны в сторону мечется он и, наконец, бесшумно бежит, высокий и необыкновенный в развевающейся рясе и с плывущими по воздуху волосами. Сильнее, чем самого вставшего из гроба мертвеца, испугался бы всякий, встретив эту дикую фигуру бегущего, прыгающего и размахивающего руками человека, увидев его перекосившееся безумное лицо, услыхав глухой хрип, выходивший из его открытого рта.

Со всего разбегу о. Игнатий выскочил на площадку, в конце которой белела невысокая кладбищенская церковь. У притвора на низенькой лавке дремал старичок, по виду дальний богомолец, и возле него, наскакивая друг на друга, спорили и бранились две старухи нищенки.

Когда о. Игнатий подходил к дому, уже темнело и в комнате Ольги Степановны горел огонь. Не раздеваясь и не снимая шляпы, пыльный и оборванный, о. Игнатий быстро прошел к жене и упал на колени.

— Мать... Оля... Пожалей же меня! — рыдал он. — Я с ума схожу.

И он бился головой о край стола и рыдал бурно, мучительно, как человек, который никогда не плачет. И он поднял голову, уверенный, что сейчас свершится чудо и жена заговорит и пожалеет его.

— Родная!

Всем большим телом потянулся он к жене — и встретил взгляд серых глаз.

В них не было ни сожаления, ни гнева. Быть может, жена прощала и жалела его, но в глазах не было ни жалости, ни прощения. Они были немы и молчали.

И молчал весь темный опустевший дом.

На реке

Алексей Степанович, машинист при Буковской мельнице, среди ночи проснулся, не то уже выспавшись, так как накануне он завалился спать с восьми часов, не то от ровного шума дождя по железной крыше, от которого он отвык за семь зимних месяцев. Рамы в окнах уже были выставлены, и звук приносился густой и отчетливый, точно над железом крыши опрокинули мешок с горохом, и сквозь этот шум едва пробивалось мягкое и задумчивое бульканье. Алексей Степанович засветил огонь и, накинув пальто, выглянул наружу. Было так темно, что в первую минуту он не мог рассмотреть ракиты, которая стояла как раз у входа. Грохот дождя на крыше стал глуше, но бульканье усиливалось; и Алексей Степанович понял, что капли дождя попадают в воду, и удивился, откуда она взялась у его домика, стоявшего на бугорке. Постепенно тьма начала двигаться перед глазами и сбираться в черные пятна, похожие на провалы в темно-сером полотне. Вот темною полосою вытянулась ракита; за нею черным пятном встал барак, в котором находится потухший паровик; дальше, как туча с причудливыми краями, расплывался четырехэтажный корпус мельницы. Одно окно, под крышей, слабо светилось, и прямо под ним, в самом низу, смутно колебалось и двигалось на одном месте светлое пятно. «Ого, куда подошла!» — подумал про воду Алексей Степанович с тем приятно-жутким чувством, с каким люди встречают проявление грозной силы природы. Набросив пальто на голову, он обошел по ледяному, еще не стаявшему пласту вокруг своего домика и заглянул за угол, туда, где находилась река, а за нею, на противоположном берегу, раскидывались последние домишки Стрелецкой слободы. Но теперь не видно было ничего, точно мир кончался в двух шагах от Алексея Степановича, а дальше был бездонный провал, и там не слышалось ни звука, и не виднелось ни огонька, ни светлого пятна. Дождь шлепал где-то вблизи, а из черной пропасти подувало легким ветерком, несло свежестью и тиной, и неуловимым запахом льда, воды и навоза. Алексею Степановичу почудился крик; он долго вслушивался и даже снял пальто с головы, но только дождь нарушал зловещую тишину, обнявшую реку.

Очевидно, он ошибся.

И снова то неприятное, что не оставляло Алексея Степановича всю страстную неделю, завозилось в его душе и отняло у ночи ее жуткую прелесть. Он обругал дождь, скользкий ледяной пласт, свою маленькую одинокую комнатку, мельника Никиту, храпевшего в кухне, и повалился на кровать, опротивевшую за шесть дней непрерывного лежания, от которого кости ломило больше, чем от работы. Противно было все, что в нем и что вокруг него. Шесть дней он не умывался и не причесывал волос; Никита всегда вносил на сапогах грязь; в окна глядело серое, тусклое небо, и все это создавало ощущение чего-то нечистого, беспорядочного. И такими же нечистыми казались и мысли. Вначале поста стрельцы избили его за ильманинскую Дашу, и он две недели пролежал в больнице и поссорился из-за этого с управляющим, а когда выписался и с револьвером в кармане прошелся по слободе, Даша отвернулась, а проклятые ребята прыгали вокруг на одной ножке и пели: «Баринок, а баринок, зачем корявую утку съел?» Он грозно смотрел на встречных, ожидая косого взгляда, чтобы завязать драку, но все потупляли глаза, а за спиной чей-то угрюмый голос пробурчал:

— Попрыгай, попрыгай! Авось допрыгаешься!

Разбойники эти стрельцы: стоят за своих девок горой и никого со стороны не подпускают: в третьем году у одного телеграфиста гитару на куски разломали, а самого чуть струной не удавили. И всем Алексей Степанович чужой. Мельники за спиной смеются и дразнят баринком; настоящие господа сторонятся и никогда руки не подают. И Алексей Степанович то винил людей и жалел себя, то думал о своем характере, гордом и неуступчивом, и думал, что все горе его жизни проистекает от него самого. Но было одинаково тяжело и то и другое и вызывало одинаковое чувство тошноты и скуки, которую хотелось сбросить с себя, как тесное, неудобное и грязное платье. Крепкие мышцы и здоровое тело требовали труда и движения, а он лежал, как колода, и чем больше лежал, тем противнее становился самому себе. Приходили такие мысли, что если бы кто-нибудь взял его за шиворот и выбросил на двор, он сделал бы для него доброе дело. Долго ворочался и вздыхал Алексей Степанович и заснул только тогда, когда окно, до тех пор не отделявшееся от черных стен, стало определяться в виде синего четырехугольника.

— Степаныч! Алексей Степаныч! — будил его Никита, белый от мучной пыли, въевшейся в лицо и полушубок. — Буде спать-то! Невесту проспишь.

У Никиты было круглое, безусое лицо, и он всегда смеялся и со всеми держался наравне: с Алексеем Степановичем, с самим Буковым и девками, которых он соблазнял шутками, кумачною рубахою и подсолнухами.

Даже суровые стрельцы, и те любили его и дрались с ним как с равным, а не били его гуртом.

— Глянь-ка, что вода-те делает! — продолжал Никита. — Страсти!

Полный темными впечатлениями ночи, Алексей Степанович неохотно повернулся от стены — и был ослеплен ярким светом, наполнявшим комнату. В окно падал золотой столб солнечного света, и в нем весело поблескивал пыхтевший самовар, а снаружи неслись бодрые звуки голосов и отчаянно-звонкое щебетание воробьев. Никита, подававший самовар, открыл окно, и оттуда несло ароматным теплом, ласкавшим горло и щекотавшим в носу. Первый раз за неделю выглянуло солнышко, и все радовалось ему.

— Ловко! — крикнул Алексей Степанович и босиком подбежал к окну, выходившему на реку. То, что он мельком увидел, было так ново, интересно и весело, что он поспешно бросился натягивать брюки и высокие сапоги, у колен стягивавшиеся ремешками. Пока он одевался, Никита стал под солнечные лучи, поднял лицо кверху и сладко зажмурил глаза. Постепенно лицо его стало дергаться, и брови взлезли на лоб; еще раз со свистом он втянул носом воздух — и чихнул так громко и звучно, что на секунду не слышно стало воробьев.

— Вот, брат, история, — сказал он, приводя нос в порядок и моргая глазами, — с утра ныняе чкаю. Как поднимешь морду в упор солнца, так и чкнешь.

Алексей Степанович выскочил в дверь, чуть не стукнувшись головой о низкую притолоку — и остановился: перед самыми его ногами стояла вода, уже окружившая ракиту, и по ней тихо плыли и кружились грязные соломинки навоза, смытого со двора. В заводи было тихо, и ракита уходила вверх и вниз, и отражение ее со смягченными нежными красками было красиво и воздушно. Снаружи еще сильнее чувствовалось сладостное тепло, и свет лился не только от солнца, но и от всего синего яркого неба, а воробьи кричали как пьяные. И на фоне их немолчного крика остальные звуки выделялись веселые и мелодичные. По двору между тремя образовавшимися островами: мельницей, бараком и домиком Алексея Степановича, скользили две большие и неуклюжие лодки, и мельники, белые от муки, со смехом и шутками вылавливали поднятый водою тес. Желтые доски спокойно лежали на воде и, увлекаемые незаметным течением, поворачивались концами к реке. Ручеек, начинавшийся от стены домика, проточил себе ход в ледяном наросте и тихонько вливался в воду, журча мягко и скромно.

— Чисто в крепости, — весело сказал Никита. — Теперь, брат, шабаш; коли не приеду за тобой с лодкой, тут тебе и пропадать!

Лодка была тут же, привязанная к болту от ставни. Алексей Степанович и Никита переправились на мельницу и вышли на галерейку, висевшую над рекой на высоте третьего этажа. Там уже собрался- народ, рабочие и управительская семья, и женщины ахали и боялись подойти к перилам. Сухо поздоровавшись с управляющим, толстым и рыжим мужчиною, Алексей Степанович стал смотреть на реку.

— Тридцать годов, бают старики, такой воды не было, — говорит пожилой мельник. — Беда народу-то.

— К утру спадет, — авторитетно ответил управляющий. — Это вода не полая, дождевая. Снег-то уже весь потаял.

— Народу-то, я говорю, беда, — продолжал мельник, смотря из-под ладони на катившуюся реку. — Для-ради праздника-то.

Действительно, вода все так изменила, что Алексей Степанович долго не узнавал знакомой местности. Неделю тому назад виднелись еще столбы от рухнувшей плотины, а теперь на ее месте так ровно и гладко, словно тут человек никогда и не пытался поставить преграду вольной стихии. Противоположного берега не было совсем. Вода вливалась в улицы и переулки слободы, от которой оставались одни крыши, словно самые дома ушли под землю. Между ними ползало две-три лодки, и стоял такой крик, какой бывает на ночных пожарах. Направо от слободы, по течению, берег подымался горой, и на нем сверкали стеклами и белыми стенами городские постройки, и виднелась темная полоса столпившегося на берегу народа. Как второе маленькое солнце, горел соборный крест. Налево, в версте, висел высоко над водою железнодорожный мост, и по нему тихо полз белый клубочек дыма. Внизу, около самой насыпи, торчали из воды голые верхушки деревьев и одиноко чернела крыша.

Звонкие голоса мельников, ловивших доски, сияние неба и солнца, разноголосый крик на той стороне, казавшийся так же веселым под этим чистым небом, белый клубочек дыма — все это создавало живую и радостную картину и наполняло душу бодростью и желанием деятельности, такой же живой и веселой.

— Надоть бы лодку подать, — сказал пожилой мельник, протягивая руку к затонувшей слободе.

— Вот управимся, ужо дадим, — ответил управляющий.

Вошел рабочий с лицом радостным и испуганным, как у человека, который принес свежую и страшную новость, и еще издалека крикнул:

— Братцы, а воды-то прибывает!

И хотя это было действительно страшно для тех домишек, от которых уже оставались одни крыши, всем стало еще радостнее, и только пожилой мельник сердито оборвал:

— Буде врать-то!

— Ей-богу! Я на палке зарубку поставил. Покрыла!

Все посмотрели на воду так, точно они видели ее в первый раз и только теперь узнали, какой у нее коварный и грозный нрав, и все разом

241

заговорили. Пожилой мельник тыкал пальцем по направлению слободы, управляющий соображал и перебирал на животе цепочку часов, а женщины требовали, чтобы их успокоили и сказали, что вода не пойдет к управительскому дому и службам, стоявшим высоко на горке. Алексей Степанович еще раз окинул взглядом реку и отправился к себе. Самовар потух, и солнце уже отошло от окна, и только кусок белой скатерти резал глаза и бросал отсвет на стену. Но скоро потух и он, и сразу стало скучно и темно, как и вчера ночью. Алексей Степанович лег на кровать и попробовал читать самоучитель французского языка, но чтение не шло. Крики на дворе стихли. Раза два входил Никита и сообщал, что одну лодку уже послали к стрельцам и что вода, кажется, подымается. Потом он подал постный невкусный обед.

— Смотри, тебя тут не замочило бы, — сказал он, глядя, как машинист лениво полоскал ложку в холодных щах. — К порогу подошла.

Алексей Степанович молчал.

— Разговяться к управителю пойдешь? — спрашивал Никита.

— Пошел ты с ним к черту!

Никита рассмеялся.

— Ну вот, рассердился! Чудак! А я, брат, сейчас тоже поеду. Вторую лодку даем. У кузнеца Баранка хата развалилась, чуть не утопли все.

Баранок был один из тех, которые избили машиниста.

— Поедем, брат, что слюни пускаешь! — продолжал Никита. — Я тебе там такую покажу… у-ах!

Когда вторая лодка, с Никитой на руле, уже отчаливала, Алексей Степанович высунулся из окна и крикнул:

— Погоди! Я с вами!

Когда он входил в лодку, ему было неловко: все знали, что стрельцы избили его, и теперь должны были смеяться, что он едет к ним на помощь. Но мельники были ласковы и смотрели на его участие, как на дело самое простое и естественное, и никто даже и не вспомнил о драке, которая не имела и не могла иметь отношения к тому, что происходило сейчас. И когда они поплыли на середину реки и мельница стала казаться маленькой и низенькой, словно опустившейся в яму, Алексей Степанович забыл о неловкости и весь ушел в борьбу, от которой становилось легко и бодро. Лодку кружило и гнало вниз, и весла скрипели в уключинах; о борт стукнула маленькая льдинка и, перевернувшись вокруг себя, обошла лодку.

— Хорошо, что лед-то прошел, — сказал Никита, чувствовавший себя барином и склонный к беседе.

— Н-да, — ответил один из гребцов, — а то форменно бы считло.

— Степаныч! А отчего я теперь не чкаю? Морду подымаешь, а не чкаешь… Ну, веселее, веселее, ребята! Налягай! Раз!..

В залитых улицах слободы вода стояла спокойная и глубокая, и только местами лениво кружились щепки и доски поломанных заборов. Первые к реке чердаки были уже пусты и безмолвно глядели своими оконцами; но дальше, на Холодной улице, где никто не ожидал воды и не принял никаких мер, господствовала суматоха и слышались визгливые женские голоса и плач детей. Несколько лодок, подававших помощь, не успевали принимать и перевозить на сушу всех желающих, и спасатели не на живот, а на смерть ругались все с теми же бабами, совавшими в лодку всякую рухлядь. Дети вертелись под ногами, высовывались, рискуя свалиться в воду, из отверстий разломанных крыш, перекликались друг с другом, орали, когда их била нетерпеливая рука, и, как мешки с мукой, шлепались в поданную лодку. Там они сидели нс июш'-лись и таращили глаза, полные восторга: для них, привыкших с детства к реке, вся эта история казалась неожиданным развлечением. Из щели одного чердака торчала над водой улочка с подвязанной ниткой. Самого рыбака видно не было, но, судя по удивительному хладнокровию и настойчивости, он не мог принадлежать к старшему поколению стрельцов.

Алексей Степанович причалил к первому чердаку, откуда настойчиво звала лодку чья-то голая женская рука, и с этой минуты уже ни о чем не думал. Он погружался во тьму чердаков, где натыкался на балки и ударялся головой о стропила, и снова на миг выглядывал на свет, нагруженный всяким тряпьем, и эти тряпки казались ему такими же ценными, как и самим бабам. Вокруг него кричали, голосили, спорили и ругались; перед глазами мелькали бородатые и безбородые лица, все знакомые и приветливые: теперь он уже не мог бы разобрать, кто бил его когда-то и кто не бил. Шею его охватывали детские грязные ручки, и к плечу прижималось то испуганное личико девочки, то восторженное и замазанное лицо мальчугана. Раз в его руку попала кукла — картонная, с поломанным черепом, откуда лилась вода, когда куклу брали за ноги; какой-то сердитый и упрямый мальчуган сперва заставил его положить в лодку ящик с бабками, а потом уже согласился сесть и сам. И когда, с нагруженной по край лодкой, он пробирался по узким переулкам, а то и прямо через сады, поверх затопленных заборов, и гибкие ветви деревьев с разбухшими почками царапали его лицо, ему чудилось, что весь мир состоит из спокойной ласковой воды, яркого, горячего солнца, живых и бодрых криков и приветливых лиц. Он болтал с ребятами, успокаивал, утешал, распоряжался, и голос его самому ему представлялся полным и звонким, и временами думалось, что праздник, большой и светлый, уже наступил и никогда не кончится. Случилось, что его лодка проходила мимо большого каменного дома, в котором все окна второго этажа были открыты, и у них толпились женщины. Среди них машинист узнал Дашу и с улыбкой поклонился, и она так же с улыбкой ответила и что-то крикнула. Он не разобрал слов, но по голосу понял, что это были какие-нибудь хорошие и ласковые слова.

Чердак сменялся чердаком, и, так как все они были одинаково темны и убоги и похожи один на другой, Алексей Степанович перестал различать их и думал, что он возится все в одном. И только по тому, что путь до суши становился все короче, солнце стало светить не так ярко и они чаще попадали в холодную тень, он понимал, что время идет к вечеру, и работа, радостная и веселая, кончается. Промокший, голодный, он жалел об этом и боялся потерять то, что кружило теперь его голову, как вино, и озаряло душу смеющимся светом. До сих пор он не знал, что он любит людей и солнце, и не понимал, почему они так изменились в его глазах и почему хочется ему и смеяться и плакать, глядя в испуганное лицо девочки или подставляя зажмуренные глаза солнечному лучу, желтому и теплому. Точно он впервые открыл искусство и наслаждение дыхания, и то, что входило в его грудь, было и свет, и тепло, и завтрашний праздник; и хотелось не думать, а только дышать — дышать без конца.

Когда они возвращались на мельницу, солнце заходило за мостом, почти не видном теперь в этом пылающем костре, и только высокая насыпь бросала длинную синюю тень. Небо ушло ввысь, и между ним и водою было так много воздуха, простора и мягкого тепла, и так далеко был город и затопленные берега, точно весь мир раздвинулся вширь и ввысь, и не хотелось входить в низенькие комнаты, где давят потолки. Мельники говорили о том, что было, и смеялись над Никитой, который свалился в воду и теперь сидел мрачный и синий от холода и думал о бабе, которую он обнял в темноте чердака и которая дала ему по шее. Шутил и Алексей Степанович, и мельники не удивлялись, что мрачный и гордый баринок стал простым и обходительным.

— Дома! — сказал мельник, когда лодка шарахнулась боком о ракиту и стукнулась о порог домика.

Но и в комнатке Алексея Степановича, когда засветился в ней яркий огонек и запел начищенный к празднику самовар, стало весело и уютно. Алексей Степанович, возбужденный и разговорчивый, посадил с собою Никиту, но тот мрачно выдул пять стаканов чаю и, несмотря на уговоры, отправился вздремнуть до заутрени: его разморило свежим воздухом и работой.

— Ложись и ты, — посоветовал он машинисту. — Разбегался, чисто жеребенок. К управителю-то пойдешь?

— Пойду.

— То-то.

Алексей Степанович лег на постель, заложив руки за голову, но через несколько минут вскочил. Его снова тянуло на простор, и снова хотелось пережить весь этот дивный день с самого начала — с той минуты, когда блеснуло солнце в глаза, отуманенные видениями ночи и тоски.

Стояла уже ночь, теплая, тихая, торжественная, полная звучной тишины, когда Алексей Степанович вышел на галерейку. Хлюпала вода, покачивая лодки, и звезды дрожали на ее зыбкой поверхности. Еще шире, еще полнее стал мир, и не виделось конца воде, уходившей в прозрачную тьму. Слобода скрылась совсем, и только далекий город мерцал и повторялся в реке огоньками, такими живыми и теплыми, так не похожими на безжизненное сияние звезд. Еле слышный, донесся грохот экипажа по мостовой и сразу смолк, точно экипаж остановился или свернул за угол; но долго еще ухо ловило его отголоски. Налево, там, где находился невидимый теперь мост, горел зеленый огонек, похожий на низко опустившуюся звезду. Алексей Степанович оперся на перила и долго смотрел на город, где он чувствовал живых людей, предпраздничную веселую работу и сутолоку. Совсем ясно представлялись ему прибранные уютные комнаты, в которых пахнет сыростью от вымытых полов, белые кисейные занавески, красные и зеленые лампадки перед сияющими образами и сдержанный веселый говор людей, одевающихся в свое лучшее платье, — все то, что видел он в детстве.

И снова, как и вчера ночью, ему послышался крик о помощи.

Алексей Степанович впился глазами в темноту, глядел и слушал так внимательно и напряженно, что в ушах зашумела кровь, но крик не повторился.

«Опять почудилось», — подумал Алексей Степанович, как вдруг там, где зеленел железнодорожный фонарь, внизу, мелькнул слабый и робкий огонек и тотчас погас. И машинист вспомнил ту одинокую черную крышу, которую он заметил еще утром, и свою мысль о безвыходности заключенных иод этой крышей,-- мысль, мелькнувшую тогда же утром, но забытую днем.

Никита спросонок послал Алексея Степановича к черту, и он решил ехать один, в душегубке. Он был уверен, что людей уже нет в затонувшем домике; но в крике о помощи, почудившемся, или бывшем в действительности, звучала такая беспомощность и тоска, что он не в силах был ослушаться призыва. Грести пришлось против течения, и Алексей Степанович в несколько минут покрылся потом. На середине реки его понесло вниз, но он с усилием выправился и отдохнул в залитой слободской улице, куда загнало его течение. Теперь чердаки были сумрачно-молчаливы и черны и казались немного страшными, как крышки больших гробов, так же как и черная река, полная скрытой

245

жизнью, таинственным шепотом и силой. Она словно боролась с Алексеем Степановичем, вырывала весла и угрожающе весело журчала у носа лодки. Пробираясь вдоль берега через затопленные призрачные сады, вздрагивая от прикосновения холодных ветвей, скрюченных и цепких, как пальцы утопленника, и отталкиваясь от черных крыш, Алексей Степанович выплыл за окраину, где вода разливалась широким, тускло блистающим озером. Он греб наугад к насыпи, которая черным горбом стала отделяться от темного неба. Нагибаясь вперед, равномерно поднимая и опуская весла, Алексей Степанович закрывал глаза, и тогда казалось, что весь мир остался где-то далеко назади и он плывет давно, уже целые года, плывет в черную бесконечность, где все ново и непохоже на оставленное позади. Так шли минуты, и, когда он поднял голову, насыпь стояла перед ним, высокая и строгая, а ближе серела одинокая крыша, немая и танственная. Под нею чуялось присутствие живых людей, и то, что они молчали, когда кругом была вода и ночь, навеяло на Алексея Степановича неопределенный страх и тревогу, он подогнал лодку вплотную и остановился у маленького, без перил, балкона, совсем теперь лежавшего на воде. Низенькая кривая дверь вела внутрь, и весь дом казался старым, покосившимся и покрытым заплатами, как нищий, и было удивительно, как совсем не повалила его сильная и буйная вода.

— Есть тут кто? — крикнул Алексей Степанович, и звук его голоса отскочил от крыши и, замирая, понесся по реке. Внутри чердака послышались невнятные, хрипящие звуки, как будто кого-нибудь душили. Привязав поспешно лодку, Алексей Степанович вскочил на балкончик и в дверях чуть не столкнулся с женщиной, шедшей ему навстречу.

— Это вы кричали? — мягко спросил Алексей Степанович, обрадованный видом живого существа, и вошел на чердак без приглашения, привыкнув, чтобы везде его встречали, как спасителя.

— Да, я, — также мягко и виновато ответила женщина и пошла за ним в угол, где стоял стол и на нем маленькая иконка, перед которой теплилась тоненькая восковая свечка. Алексей Степанович мельком оглядел чердак, другой конец которого утопал в темноте, и остановил удивленный взгляд на столе. Он был покрыт чистою скатертью, и на нем лежали рядом два темно-бурых яйца и маленькая покупная и, видимо, черствая булка.

— Что это? — спросил он, вглядываясь в лицо женщины, молодое, но бледное лицо, улыбавшееся пугливой и искательной улыбкой, от которой еще печальнее становилось выражение больших и добрых глаз. Ему казалось непонятным и странным — эта одинокая женщина и приготовления к встрече праздника тут, среди воды и ночи.

— Р-разговляться, — ответил снизу грубый голос, точно раскатывающий букву р. Алексей Степанович испуганно опустил глаза и у стенки, где

246

крыша сходилась с потолком, увидел темную массу лежащего и чем-то прикрытого человека. Он нагнулся еще ниже, и то, что он увидел, поразило его страхом и отвращением. Действительно, это было страшное лицо. Крупное, опухшее н посиневшее, с седой колючей щетиной на подбородке и щеках, оно походило на лицо утопленника, пробывшего несколько дней в воде; полуприподнятые тяжелые веки, под которыми серел тусклый и неподвижный зрачок, и тяжелый запах делали этого живого мертвеца отвратительным. Грудь лежащего приподнялась, и из нее снова посыпались глухие, рыкающие звуки, а губы почти не шевелились, точно говорил не он, а кто-то другой внутри его.

— Титуляр-рный советник Данков... Приятно познакомиться.

Он набрал воздуху и прибавил:

— Только не надолго. Умир-р-аю!.. Очень глупо.

Алексей Степанович молчал и смотрел на женщину. Та, продолжая улыбаться, сказала:

— Присядьте, пожалуйста. Извините, что обеспокоила вас. Уж очень им худо стало, я и испугалась.

Говорила она голосом ровным и без выражения. И, кончив, она присела на полу, около старика, охватила колени руками и снизу вверх, не отрываясь, смотрела па машиниста. И то, чего не передал голос, досказали глаза. В них было и доверие, и страх, и радость, что она видит живого, здорового человека.

— А вы разве нас не знаете? — спросила она.

— Потому н пр-р-иехал, что не знает, — ответил Данков. — Он не дур-р-рак. Позвольте р-р-екомендоваться... Пансион содер-р-жал. Вр-роде отца был, а они меня кормили. И дом этот мой. А теперь все разбежались. Как кр-рысы.

В глухом голосе звучала странная ирония.

— А она дур-ра. Осталась.

— Куда же бы я пошла? — неопределенно ответила женщина.

— Молчи, когда умные говорят. Дурра... — бурчал старик. — А ты тоже прохвост? — внезапно перешел он на ты. — Что это я тебя не помню?

Алексей Степанович молчал. Он вспомнил теперь, что вскользь приходилось ему слышать в слободе о Данкове и его девушках, от которых сторонились самые небрезгливые, так были они грязны, оборваны и дешевы.

— Тоже пр-рохвост, — утвердительно ответил Данков, и на лице его выразилась страшное подобие улыбки. — Все пррохвосты. А она дурра. Оставили умирать, как собаку. Ступай вон! Слышишь?

Алексей Степанович неловко улыбнулся и посмотрел на женщину. Она не сводила с него глаз, словно боялась на миг потерять его.

— Как вас зовут? — спросил машинист, ласково глядя на «дурру».

— Оля. А вас?

— Алексей Степанович. Нужно вас перевезти. Разве тут можно?

— Вчера как трабабахнет льдина… — бурчал старик. — Шальная.

— Нет уже, ни к чему, — ответила девушка. — Им тронуться нельзя, скоро помрут.

— Корень моего бедствия в том, что хвост я опустил. Живи так, чтобы хвост кольцом. Понял? А она дурра. Я ее бил. Она врет, что я помрру.

Алексей Степанович несколько привык к рыкающему голосу, и теперь, когда лица старика не было видно, он казался только жалким и вовсе не страшным.

— И долго вы тут так? — спросил он Олю.

— Четыре дня. Со вторника. Уж очень они плохи. Вот перед вами совсем я испугалась. — Оля наклонилась к старику: — Иван Данилыч, спите?

Старик молчал. Оля улыбнулась и прошептала:

— Заснул. Он все время засыпает. Вы не верьте, что он меня бил. Это он перед чужими хвастает.

На минуту Оля умолкла и продолжала, видимо радуясь звуку своего голоса и возможности поговорить:

— Разве так когда ударят. Пьяные. С горя. А то они ничего, у них медаль есть.

— Какая медаль?

— За службу. Они служили раньше. А теперь тоскуют. Все плачут, умирать не хочется. А то разные страшные слова говорят. О черте.

— И ничего вы тут… одна-то? — с участием спрашивал Алексей Степанович.

— Днем ничего, а ночью стра-а-шно, — протянула девушка. — Особливо вчерась. Дождь, к нам протекло, и свечу затушило. А они кричат: умирр-раю. Потом песни пели и ругались. Не так, не по-нашему, а благородно ругались, как господа.

Внезапно домик затрясся от грохота и лязга взошедшего на мост поезда, и за гулом его Алексей Степанович не слыхал, что говорит Оля. Постепенно лязганье стихло, и далекий свисток пронесся над водой.

— Ольга! — заговорил Данков, не открывая глаз. — Ты не уходи! А он ушел? Пр-рохвост.

Оля шепнула Алексею Степановичу и ответила, что ушел.

— Р-руку… — Данков с трудом выговаривал слова. — Руку положи. Дур-ра, не туда. На губы.

Оля положила руку и тотчас же отдернула ее.

— Ну, что это вы, Иван Данилович! Опять за глупости.

— Не пр-ривыкла. А я, когда молодой был, всегда у барышень р-ручки целовал. Душистые. Молодец я был. Дур-рак был.

Оля молчала, наклонившись над опухшей, безобразной головой. Алексей Степанович видел, как она поднесла к глазам конец платка, и тихонько на носках вышел на балкончик. Там он прислонил голову к столбу, и, когда посмотрел на реку, все дрожало, и звезды дробились и сверкали, как большие бледно-синие круги. Ночь потемнела, и от безмолвной реки несло холодом.

Отсюда берегов не было видно, и если смотреть к городу, то казалось, что воде нет конца. Только по двум-трем точно висевшим в воздухе огонькам можно было догадаться, что в той стороне живет и волнуется многолюдный город.

Внезапно на верхушке горы, там, где должна была находиться соборная колокольня, блеснул яркий белый свет, и тьму прорезал столб электрического света, узкий в начале и широкий к концу, а куда он упал, там заблестели влажные крыши и засверкали штукатуренные стены. И в ту же, казалось, секунду и река, и темная ночь, и синее небо вздрогнули и загудели, и трудно было понять, откуда выходил этот густой, дрожащий от полноты, могучий и бодрый звук. И только когда присоединились к нему мягкие, идущие волной звуки с ближайшей колокольни, Алексей Степанович понял, что начался пасхальный благовест, и показалось ему похоже на то, словно пробудилась сотня великанов и заговорила, сдерживая в медной груди свой мощный голос. Он все расширялся и рос, и скоро все тихие звуки ночи утонули в его властном и радостном призыве. Со всех концов темного горизонта лились медные голоса, одни важные, старые и задумчиво-серьезные, другие молоденькие, звонкие, веселые, и сплетались между собою в разноцветную гирлянду, и, как ручьи, вливались в мощную глубину соборного колокола.

Алексей Степанович снял шапку и перекрестился. И когда он обернулся, то увидел, что рядом стоит Оля, и на бледном лице ее горит отблеск далекого белого света. Одной рукой она держалась за столб, другая придерживала на шее легкий платок.

Вот на колокольне Василия Великого вспыхнул пожаром красный бенгальский огонь и багровым заревом лег на черную реку; И во всех концах горизонта начали зажигаться красные и голубые огни, и еще темнее стала великая ночь. А звуки все лились. Они падали с неба и поднимались со дна реки, бились, как испуганные голуби, о высокую черную насыпь и летели ввысь свободные, легкие, торжествующие. И Алексею Степановичу чудилось, что душа его такой же звук, и было страшно, что не выдержит тело ее свободного полета.

Руки его коснулась другая горячая рука, и ухо различило тихий, боязливый и радостный шепот:

249

— Правда, что который человек на пасху умирает, тот прямо на небо идет?
— Не знаю… Да, правда, — так же тихо ответил он. Звуки все лились, и радость их становилась бурной, ликующей. Точно медные груди разрывались от радости и теплых слез.

На маленьком балкончике смутно темнели две человеческие фигуры, и ночь и вода окружали их. В досках пола ощущалось легкое, едва уловимое содрогание, и казалось. что весь старый и грешный домишко трясется от скрытых слез и заглушенных рыданий.

На станции

Была ранняя весна, когда я приехал на дачу, и на дорожках еще лежал прошлогодний темный лист. Со мною никого не было; я один бродил среди пустых дач, отражавших стеклами апрельское солнце, всходил на обширные светлые террасы и догадывался, кто будет здесь жить под зелеными шатрами берез и дубов. И когда закрывал глаза, мне чудились быстрые веселые шаги, молодая песня и звонкий женский смех.

И часто я ходил на станцию встречать пассажирские поезда. Я никого не ждал, и некому было приехать ко мне; но я люблю этих железных гигантов, когда они проносятся мимо, покачивая плечами и переваливаясь на рельсах от колоссальной тяжести и силы, и уносят куда-то незнакомых мне, но близких людей. Они кажутся мне живыми и необыкновенными; в их быстроте я чувствую огромность земли и силу человека, и, когда они кричат повелительно и свободно, я думаю: так кричат они и в Америке, и в Азии, и в огненной Африке.

Станция была маленькая, с двумя короткими запасными путями, и, когда уходил пассажирский поезд, становилось тихо и безлюдно; лес и лучистое солнце овладевали низенькой платформой и пустынными путями и заливали их тишиной и светом. На запасном пути, под пустым заснувшим вагоном, бродили куры, роясь около чугунных колес, и не верилось, глядя на их спокойную, кропотливую работу, что есть какая-то Америка, и Азия, и огненная Африка… В неделю я узнал всех обитателей уголка и кланялся, как знакомым, сторожам в синих блузах и молчаливым стрелочникам с тусклыми лицами и блестящими на солнце медными рожками.

И каждый день я видел на станции жандарма. Это был здоровый и крепкий малый, как все они, с широкою спиною, туго обтянутой синим мундиром, с огромными руками и молодым лицом, на котором сквозь

250

суровую начальственную важность еще проглядывала голубоглазая наивность деревни. Вначале он недоверчиво и мрачно обыскивал меня глазами, делал недоступно строгое, без послаблений, лицо, и, когда проходил мимо, шпоры его звучали особенно резко и красноречиво, — но скоро привык ко мне, как привык он к этим столбам, подпирающим крышу платформы, к пустынным путям и заброшенному вагону, под которым копошатся куры. В таких тихих уголках привычка создается быстро. И когда он перестал замечать меня, я увидел, что этому человеку скучно — скучно, как никому в мире. Скучно от надоевшей станции, скучно от отсутствия мыслей, скучно от пожирающего силы безделья, скучно от исключительности своего положения, где-то в пространстве между недоступным ему станционным начальством и недостойными его низшими служащими. Душа его жила нарушениями порядка, а на этой крохотной станции никто не нарушал порядка, и каждый раз, когда отходил без всяких приключений пассажирский поезд, на лице жандарма выражались расстройство и досада обманутого человека. Несколько минут в нерешимости он стоял на месте и потом вялою походкою шел на другой конец платформы — без определенной цели. Дорогою на секунду останавливался перед бабою, ожидавшей поезда; но баба была как баба, и, нахмурившись, жандарм следовал дальше. Потом он садился вяло и плотно, как разваренный, и чувствовалось, как мягки и вялы под сукном мундира его бездеятельные руки, как в мучительной истоме безделья томится все его крепкое, созданное для работы тело. Мы скучаем только головою, а он скучал весь насквозь, снизу доверху: скучала его фуражка, с бесцельным молодечеством сдвинутая набекрень, скучали шпоры и тренькали дисгармонично, враздробь, как глухие. Потом он начинал зевать. Как он зевал! Рот его кривился, раздираясь от одного уха до другого, ширился, рос, поглощал все лицо; казалось, еще секунда — и в это растущее отверстие можно будет рассмотреть самые внутренности его, набитые кашей и жирными щами. Как он зевал!

С поспешностью я уходил, но долго еще подлая зевота сводила мои скулы, и в слезящихся глазах ломались и прыгали деревья.

Однажды с почтового поезда сняли безбилетного пассажира, и это было праздником для скучающего жандарма. Он подтянулся, шпоры звякнули отчетливо и свирепо, лицо стало сосредоточенно и зло, — но счастье было непродолжительно. Пассажир заплатил деньги и торопливо, ругаясь, вернулся в вагон, а сзади растерянно и жалко тренькали металлические кружки, и над ними расслабленно колыхалось обессилевшее тело.

И порою, когда жандарм начинал зевать, мне становилось за кого-то страшно.

Уже несколько дней около станции возились рабочие, расчищая место, а, когда я вернулся из города, пробыв там два дня, каменщики клали третий ряд кирпича: для станции воздвигалось новое, каменное здание. Каменщиков было много, они работали быстро и ловко, и было радостно и странно смотреть, как вырастала из земли прямая и стройная стена. Залив цементом один ряд, они устилали следующий, подгоняя кирпичи по размеру, кладя их то широким, то узким боком, отсекая углы, примериваясь. Они размышляли, и ход их мыслей был ясен, ясна и их задача, — и это делало их работу интересною и приятною для глаза. Я с удовольствием смотрел на них, когда рядом прозвучал начальственный голос:

— Слушай, ты! Как тебя! Не тот кладешь!

Это говорил жандарм. Перегнувшись через металлическую решетку, которая отделяла асфальтовую платформу от работающих, он показывал пальцем на кирпич и настаивал:

— Тебе говорю! Борода! Вон тот положь. Видишь — половинка.

Каменщик с бородою, местами белевшей от извести, молча обернулся, — лицо жандарма было строго и внушительно, — молча последовал глазами за его пальцем, взял кирпич, примерил — и молча положил назад. Жандарм строго взглянул на меня и отошел прочь, но соблазн интересной работы был сильнее приличий: сделав два круга по платформе, он снова остановился против работающих в несколько небрежной и презрительной позе. Но на лице его не было скуки.

Я пошел в лес, а, когда возвращался назад через станцию, был час дня, — рабочие отдыхали, и было безлюдно, как всегда. Но у начатой стены кто-то копошился, и это был жандарм. Он брал кирпичи и докладывал пятый неоконченный ряд. Мне видна была только его широкая обтянутая спина, но в ней чувствовалось напряженное размышление и нерешительность. Очевидно, работа была сложнее, чем он думал; обманывал его и непривычный глаз, и он откидывался назад, качал головою и нагибался за новым кирпичом, стуча опустившейся шашкой. Раз он поднял палец вверх, — классический жест человека, нашедшего решение задачи, вероятно, употребленный еще Архимедом, — и спина его выпрямилась самоувереннее и тверже. Но сейчас же съежилась опять в сознании неприличности взятой работы. Было во всей его рослой фигуре что-то притаившееся, как у детей, когда они боятся, что их поймают.

Я неосторожно чиркнул спичкой, закуривая папиросу, и жандарм испуганно обернулся. Секунду он растерянно смотрел на меня, и внезапно молодое лицо его осветилось слегка просительной, доверчивой и ласковой улыбкой. Но уже в следующее мгновение оно стало недоступно и строго, и рука потянулась к жиденьким усам, но в ней, в этой самой руке, еще лежал злополучный кирпич. И я видел, как мучительно стыдно ему и кирпича этого и своей невольной предательской улыбки. Вероятно, он не умел краснеть — иначе он покраснел бы, как кирпич, который продолжал беспомощно лежать в его руке.

Стену возвели до половины, и уже не видно, что делают на своих подмостках ловкие каменщики. И опять мается по платформе и зевает жандарм, и, когда, отвернувшись, проходит мимо меня, я чувствую, что ему стыдно, — он меня ненавидит. А я гляжу на его сильные руки, вяло болтающиеся в рукавах, на его нестройно брякающие шпоры и повисшую шашку — и мне все кажется, что это не настоящее, что в ножнах совсем нет шашки, которой можно зарубить, а в кобуре нет револьвера, которым можно насмерть застрелить человека. И самый мундир его — тоже не настоящее, а так, нарочно, какой-то странный маскарад среди белого дня, пред апрельским правдивым солнцем, среди простых работающих людей и хлопотливых кур, собирающих зерна под заснувшим вагоном.

Но порою… порою мне становится за кого-то страшно. Уж очень он скучает…

Набат

I

В то жаркое и зловещее лето горело все. Горели целые города, села и деревни; лес и поля больше уже не были их охраной: покорно вспыхивал сам беззащитный лес, и красной скатертью расстилался огонь по высохшим лугам. Днем в едком дыму пряталось багровое, тусклое солнце, а по ночам в разных концах неба вспыхивало безмолвное зарево, колебалось в молчаливой фантастической пляске, и странные, смутные тени от людей и деревьев ползали по земле, как неведомые гады. Собаки перестали брехать приветным чаем, издалека зовущим путника и сулящим ему кров и ласку, а протяжно и жалобно выли, или угрюмо молчали, забившись в подполье. И люди, как собаки, смотрели друг на друга злыми и испуганными глазами и громко говорили о поджогах и таинственных поджигателях. В одной глухой деревне убили старика, который не мог сказать, куда он идет, а потом бабы плакали над убитым и жалели его седую бороду, слипшуюся от темной крови.

В то жаркое, зловещее лето я жил в одном помещичьем доме, где было много старых и молодых женщин. Днем мы работали, говорили и

253

мало думали о пожарах, но, когда наступала ночь, нас охватывал страх. Владелец имения часто уезжал в город; тогда мы не спали по целым ночам и пугливым дозором обходили усадьбу, ища поджигателя. Мы прижимались друг к другу и говорили шепотом, а ночь была безмолвна, и темными, чуждыми массами подымались строения. Они казались нам незнакомыми, как будто раньше мы никогда не видели их, и страшно непрочными, точно ожидающими огня и уже готовыми к нему. Раз, в трещине стены, перед нами блеснуло что-то светлое. Это было небо, а мы подумали, что огонь, и женщины с криком бросились ко мне, тогда почти еще мальчику, прося защиты.

…А я сам от испуга перестал дышать и не мог тронуться с места…

Иногда глубокой ночью я вставал с горячей, разметанной постели и через окно вылезал в сад. Это был старый, величественно-угрюмый сад, на самую сильную бурю отвечавший только сдержанным гулом; внизу его было темно и мертвенно-тихо, как на дне пропасти, а вверху стоял неясный шорох и шум, похожий на далекий степенный говор. Прячась от кого-то, кто по пятам крался за мной и заглядывал через плечо, я пробирался в конец сада, где на высоком валу стоял плетень, а за плетнем далеко вниз разбегались поля, леса и скрытые мраком поселки. Высокие, мрачно-молчаливые липы расступались передо мною, — и между их толстыми черными стволами, в расселины плетня, в просветы между листьями я видел нечто страшное и необыкновенное, от чего беспокойной жутью наполнялось мое сердце и мелкой дрожью подергивались ноги. Я видел небо, но не темное, спокойное небо ночей, а розовое, какого никогда не бывает ни днем ни ночью. Могучие липы стояли серьезно и молчаливо и, как люди, чего-то ждали, а небо неестественно розовело, и багряными судорогами пробегали по небу зловещие отсветы горящей внизу земли. Медленно всплывали и уходили вверх клубящиеся столбы, и в том, что они были так безмолвны, когда внизу все скрежетало, так неторопливы и величавы, когда внизу все металось, — была загадка и та же страшная неестественность, как и в розовой окраске неба.

Точно опомнившись, высокие липы все сразу начинали переговариваться вершинами и так же внезапно умолкали, надолго застывая в угрюмом ожидании. Становилось тихо, как на дне пропасти. Далеко за собой я чувствовал насторожившийся дом, полный испуганных людей, вокруг меня сторожко толпились липы, а впереди безмолвно колыхалось красно-розовое небо, какого не бывает ни днем, ни ночью.

И оттого, что я видел его не все целиком, а только в просветы между деревьями, становилось еще страшнее и непонятнее.

II

Была ночь, и я беспокойно дремал, когда в мое ухо вошел тупой и отрывистый звук, как будто шедший из-под пола, вошел и застыл в мозгу, как круглый камень. За ним ворвался другой, такой же короткий и тяжелый, и голове сделалось тяжело и больно, словно густыми каплями на нее падал расплавленный свинец. Капли буравили и прожигали мозг; их становилось все больше, и скоро частым дождем отрывистых, стремительных звуков они наполнили' мою голову.

— Бам! Бам! Бам! — издалека выбрасывал кто-то высокий, сильный и нетерпеливый.

Я открыл глаза и сразу понял, что это набат и что горит ближайшее село — Слободищи. В комнате было темно и окно закрыто, но от страшного зова она вся, с своей мебелью, картинами и цветами, как будто вышла на улицу, и не чувствовалось ни стен, ни потолка.

Не помню, как я оделся, и не знаю, почему я побежал один, а не с людьми. Или они меня забыли, или я не вспомнил об их существовании. Набат звал настойчиво и глухо, словно не из прозрачного воздуха падали звуки, а выбрасывала их неизмеримая толща земли, и я побежал.

В розовом сиянии неба померкли над головой звезды, и в саду было страшно светло, как не бывает ни днем, ни в царственные лунные ночи, а когда я подбежал к плетню, на меня сквозь просветы взглянуло что-то ярко-красное, бурливое, отчаянно мечущееся. Высокие липы, словно обрызганные кровью, трепетали круглыми листьями и боязливо заворачивали их назад, но голоса их не было слышно за короткими и сильными ударами раскачавшегося колокола. Теперь звуки были ясны и точны и летели с безумной быстротой, как рой раскаленных камней. Они не кружились в воздухе, как голуби тихого вечернего звона, они не расплывались в нем ласкающей волной торжественного благовеста — они летели прямо, как грозные глашатаи бедствия, у которых нет времени оглянуться назад и глаза расширены от ужаса.

— Бам! Бам! Бам! — летели они с неудержимой стремительностью, и сильные обгоняли слабых, и все вместе впивались в землю и пронизывали небо.

Так же прямо, как и они, бежал я по большому вспаханному полю, тускло мерцавшему кровавыми отблесками, как чешуя огромного черного зверя. Над моей головой, на страшной высоте, плавно проносились одинокие яркие искры, а впереди был страшный деревенский пожар, в котором в одном костре гибнут дома, животные и люди. Там, за прихотливой линией черных деревьев, то круглых, то острых, как пики, взвивалось ослепительное пламя, загибало горделиво шею, как взбесившийся конь, прыгало, отбрасывало от себя в черное небо огненные клочки и хищно нагибалось вниз за новой добычей. В ушах моих шумело от быстрого бега, сердце билось быстро и громко, и, обгоняя его удары, прямо в голову и грудь били меня беспорядочные звуки набата. И было в них так много отчаяния, словно это не медный колокол звучал, а в предсмертных судорогах колотилось сердце самой многострадальной земли.

— Бам! Бам! Бам! — выбрасывало из себя раскаленное пожарище, и трудно было поверить, что эти властные и отчаянные крики издает церковная колокольня, такая маленькая и тонкая, такая спокойная и тихая, как девочка в розовом платье.

Я падал, опираясь руками на комья сухой земли, и они рассыпались под моими руками; я подымался и снова бежал, а навстречу мне бежал огонь и призывные звуки набата. Уже слышно было, как трещит дерево, пожираемое огнем, и разноголосый людской крик с господствующими в нем нотами отчаяния и страха. И, когда стихало змеиное шипение огня, явственно выделялся продолжительный, стонущий звук; то выли бабы и ревела в паническом страхе скотина.

Болото остановило меня. Широкое заросшее болото, далеко бежавшее направо и налево. Я вошел в воду по колена, потом по грудь, но болото засасывало меня, и я вернулся на берег. Напротив, совсем близко, бушевал огонь и выбрасывал в небо тучи золотистых искр, похожих на огненные листья гигантского дерева; в черной рамке камыша и осоки огненными блестящими зеркалами вставала болотная вода, — и набат звал, — отчаянно, в смертельной муке:

— Иди! Иди же!

III

Я метался по берегу, и сзади меня металась моя черная тень, а когда я нагибался к воде, допытываясь у нее дна, на меня из черной бездны глядел призрак огненного человека, и в искаженных чертах его лица, в разметавшихся волосах, точно приподнятых на голове какой-то страшной силой, — я не мог узнать самого себя.

— Да что же это? Господи! — молил я, протягивая руки.

А набат звал. Колокол уже не молил — он кричал, как человек, стонал и задыхался. Звуки потеряли свою правильность и громоздились друг на друга, быстро, без отзвука, умирая, рождаясь и снова умирая. И опять я наклонился к воде и рядом со своим отражением увидел другой огненный призрак, высокий, прямой и, к ужасу моему, все же похожий на человека.

— Кто это? — воскликнул я, оглядываясь. Возле моего плеча стоял человек и молча смотрел на пожар. Лицо его было бледно, и мокрая, не засохшая еще кровь покрывала щеку и блестела, отражая огонь. Одет он был просто, по-крестьянски. Быть может, он уже находился здесь, когда я прибежал, задержанный, как и я, болотом; быть может, пришел потом, но я не слыхал его прихода и не знал, кто он.

— Горит, — сказал он, не отводя глаз от пожара. В них прыгал отраженный огонь, и они казались большими и стеклянными.

— Кто ты? Откуда? — спросил я. — У тебя кровь.

Длинными, худыми пальцами он коснулся щеки, посмотрел на них и снова уставился на огонь.

— Горит, — повторил он, не обращая на меня внимания. — Все горит.

— Ты не знаешь, как пройти туда? — спрашивал я, отодвигаясь: я догадывался, что это один из сумасшедших, которых много породило то зловещее лето.

— Горит, — ответил он. — Ого-го-го! Горит, — закричал он и засмеялся, ласково глядя на меня и раскачивая головой. Участившийся набат внезапно смолк, и громче затрещало пламя. Оно двигалось, как живое, и длинными руками, словно в истоме, тянулось к умолкнувшей колокольне. Теперь, вблизи, она казалась высокой, и вместо розового на ней было уже красное платье. Наверху темного отверстия, где находились колокола, показался робкий и спокойный огонек, похожий на пламя свечи, и бледным лучом отразился на их медных боках. И снова затрепетал колокол, посылая последние, безумно-отчаянные крики, и я снова заметался по берегу, а за мной металась моя черная тень.

— Я пойду! Пойду! — отвечал я кому-то, звавшему меня. А высокий человек спокойно сидел сзади меня, охватив руками колена, и громко пел, вторя колоколу:

— Бам!.. Бам!.. Бам!..

— Ты с ума сошел! — кричал я на него, а он пел все громче и веселее:

— Бам!.. Бам!.. Бам!..

— Замолчи! — умолял я.

А он улыбался и пел, раскачивая головой, и в стеклянных глазах его разгорался огонь. Он был страшнее пожара, этот безумный, и, повернувшись, я бросился бежать вдоль берега. Но не сделал я нескольких шагов, как рядом со мной бесшумно выросла его длинная фигура в развевающейся рубашке. Он бежал молча, как и я, длинными, не знающими устали шагами, и молча бежали по изрытому полю наши черные тени.

В предсмертных муках задыхался колокол и кричал, как человек, который не ждет уже помощи и для которого уже нет надежды. И молча бежали мы куда-то во тьму, и возле нас насмешливо прыгали наши черные тени.

Нет прощения

Курсистка. Молоденькая, такая молоденькая — совсем еще девочка. Нос тонкий, красивый, но по-детски еще незаконченный: не то он прямой, не то с горбинкой, не то просто вздернутый; и такие же незаконченные, пухлые губы, от которых как будто пахнет шоколадными конфетами и красной карамелью. И так щедры, так пышны тонкие волосы, густой и ласковой волной окутавшие голову, что при взгляде на них приходят мысли обо всем самом хорошем и светлом, что есть на земле: о золотом утре на голубом море, о весенних жаворонках, о ландышах и пахучей разросшейся сирени. Безоблачное небо и сирень, огромные, бесконечные кусты сирени и жаворонки над ними. Или вот еще вспоминается что. Когда в майский полдень проходишь под цветущими яблонями, то с них падают бело-розовые лепестки и нежно ложатся на плечо, на шляпу, на черный рукав — бело-розовые, нежные лепестки.

И глаза у нее были молодые, яркие, наивно-бесстрастные, — и, только приглядевшись, можно было заметить на лице легкие тени усталости, недоедания, бессонных поздних вечеров за разговорами в накуренных тесных комнатках, под иссушающим огнем ламп. Быть может, и слезы бывали на этих щеках — какие-то особенные, не детские, ядовитые слезы, и сдержанной тревожностью дышали движения: лицо было весело и чуть-чуть улыбалось, а нога в маленькой, забрызганной грязью калоше нетерпеливо притоптывала — как будто торопила медленную конку и гнала ее вперед, быстрее, быстрее.

Все это успел рассмотреть наблюдательный Митрофан Васильевич Крылов, пока прошла полстанции тягучая конка. Он также стоял на площадке, против девушки, и от нечего делать рассматривал ее, слегка брезгливо и враждебно, как очень простую и знакомую алгебраическую формулу, которая выведена мелом на черной доске и настойчиво лезет в глаза. Вначале ему стало весело, как и всякому, кто взглядывал на девушку, но ненадолго: были причины, убивавшие всякое веселье. Возвращался он из своей гимназии, после пятого урока, был утомлен и очень голоден, а вагон был набит битком, и негде было присесть и почитать газету. И погода была скверная, ноябрьская, и город был надоевший, скверный, и дешевая жизнь — как коночный билет с надорванным углом. От дома до гимназии и обратно: все дни можно сосчитать по билетам, а сама жизнь похожа на клубок, из которого грязные пальцы вытягивают бумажную ленту и отрывают по билету — по дню. И уже скоро девушка опротивела ему, и он с радостью перестал бы на нее смотреть, но некуда было девать глаза.

«Недавно из провинции, — сурово отмечал он. — И какого они черта лезут сюда, я бы вот с радостью удрал в Чухлому, к дьяволу на рога. И тоже, конечно, всякие разговоры, убеждения, а тесемки на юбке подшить не может. До того ли! Обидно, главное, что такая хорошенькая».

Девушка заметила косой взгляд и смутилась — смутилась больше, чем полагается, из глаз ее исчезла улыбка, на молоденьком лице явилось выражение детского страха и растерянности, и левая рука быстро потянулась к груди и остановилась там, что-то придерживая.

«Ишь ты! — удивился Митрофан Васильевич, отводя глаза и делая равнодушное учительское лицо. — Это она моих синих очков испугалась. Думает, сыщик: под кофточкой-то, должно быть, бумажонки какие-нибудь. Прежде любовные записки на груди носили, а теперь какие-то там бюллетени. И название-то нелепое: бюллетени».

Он снова бросил осторожный взгляд, чтобы проверить впечатление, и отвернулся: курсистка во все глаза, как очарованная, глядела на него и крепко прижимала руку к левому боку. Крылов рассердился:

«Вот дурища! Раз очки синие, так непременно шпион. А что у человека от занятий глаза могут болеть, этого она не понимает. И этакая наивность, вся на виду: пожалуйте. Тоже ведь дело берутся делать, отечество спасают. Соску ей надо, а не отечество. Нет, не дозрели мы. Лассаль [5], например, — вот это голова! А то тоже: всякая козявка. Уравнения с двумя неизвестными решить не умеет, а туда же: финансы, политика, бумажки. Попугать бы тебя как следует, — тогда узнала бы, как надо!»

И еще не успел он окончить своей мысли, как внезапно вдохновение осенило его. От ноябрьского темного неба, с мокрых и грязных камней мостовой, из пустоты голодного и злого желудка пришло оно — это

---

[5] Фердинанд Лассаль — немецкий философ, юрист, экономист и политический деятель (примечание редактора).

внезапное повелительное вдохновение. Каким-то чрезвычайно подлым жестом втянув голову в плечи, Митрофан Васильевич придал своей физиономии то особенное, хитро-пакостное выражение, какое, по его мнению, должно быть у настоящего шпиона, и бросил такой косой взгляд, что чуть не вывернул глаза. И доволен остался: девушка вздрогнула и затрепетала неуловимым трепетом страха, и глаза ее тревожно забегали.

«Да, вот именно: а бежать-то и некуда! — толковал ее движения Митрофан Васильевич. — Попрыгай, попрыгай, голубушка, а мы еще жарку поддадим».

И, вдохновляясь все более и более, забывая о голоде и скверной погоде от творческой горделивой радости, он так искусно начал изображать шпиона, как будто настоящим был актером или действительно служил в сыщиках. Тело неуловимо извивалось скользкими змеиными изгибами, глаза сияли предательством, и правая рука, опущенная в карман, сжимала надорванный билет так энергично и сурово, точно это был не кусок бумаги, а револьвер, заряженный шестью пулями, или агентская книжка. И уже не одна девушка, а и многие другие обратили на него внимание: толстый рыжий купец, один занимавший треть площадки, как-то незаметно сжался, точно сразу похудел, и отвернулся. Высокий малый в фартуке поверх драпового пальто поморгал на Митрофана Васильевича кроличьими глазами и внезапно, толкнув девушку, соскочил и завертелся среди экипажей.

«Отлично!» — похвалил себя Митрофан Васильевич, радуясь глубоко и сосредоточенно, скрытной и злой радостью желчного человека. В отрешении от своей личности, в том, что он притворился именно такой гадостью, как шпион, и люди боялись и ненавидели его, было что-то острое, приятно-тревожное и захватывающее. В серой пелене обыденщины открывались какие-то темные, жуткие провалы, полные намеков и бесшумно реющих теней. Он вспомнил свой класс, опротивевшие физиономии учеников, их синие тетради, закапанные, грязные, исчерканные, полные нелепых, идиотских ошибок, от которых скучно становится жить и перестаешь любить математику, — и подумал: «А в сущности, очень должно быть интересное это дело — шпионское. Шпион-то ведь тоже рискует, да еще как. Ой-ой как! Одного шпиона даже убили, рассказывал кто-то. Так и зарезали, как свинью».

На минуту ему стало страшно и захотелось перестать быть шпионом, но та учительская шкура, в которую подлежало вернуться, была так голодна, скучна, противна, что он внутренне махнул на нее рукой, даже плюнул, и дал лицу самое пакостное выражение, какое только мог. Курсистка уже не смотрела на него, но вся ее молодая фигурка, кончик красного уха, выглядывавший из-под вьющихся волос, слегка наклонившийся вперед корпус и медленно и глубоко работающая грудь выражали страшное напряжение и одну сверлящую мысль о побеге. О крыльях, вероятно, мечтала она — о крыльях. Раза два она нерешительно переступила ногами, положила руку на столбик и слегка повела рукой к Митрофану Васильевичу, — но сбоку покрасневшей щекою почувствовала его пронизывающий взгляд и замерла. И рука ее так и осталась лежать на перилах, и черная перчатка, прорвавшаяся на среднем пальце, слегка дрожала. И стыдно было, что все видят прорванную перчатку и высунувшийся палец, такой маленький, такой сиротливый и робкий, но снять руку не было силы.

«Ага! — думал Митрофан Васильевич. — То-то вот! Уйти-то некуда. Вперед наука: будешь знать, как дела делать. А то словно на бал собралась; нет, брат, шалишь, не все тебе одни удовольствия. Попрыгай-ка теперь, да!»

Он представил себе жизнь преследуемой девушки — и она была такая же интересная, такая же полная и разнообразная, как и у шпиона. И было в ней что-то, чего не хватало в жизни сыщика, какая-то обидная гордость, какая-то стройная гармония борьбы, тайны, быстрого ужаса и быстрой мужественной радости. За ней гонятся — а разве нет в этом особенной, огневой радости, когда кто-то злой, враждебный и опасный простирает к горлу хищные руки, нить за нитью вьет убийственную веревку? Как бьется сердце, как ярка жизнь, как хочется жить!

Брезгливо, боком, Митрофан Васильевич оглядел свое поношенное, потертое на рукавах пальто, вспомнил пуговицу, внизу вырванную с мясом, представил себе свое желтое, кислое лицо, которое он так не любит, что бреет только раз в месяц, синие очки — и с ядовитой радостью нашел, что он действительно похож на шпиона. Особенно пуговица: у шпионов некому пришивать пуговиц, и у каждого из них обязательно должна быть одна такая надорванная, уныло обвисшая пуговица, на которую нельзя застегивать. И шевельнулось глухое чувство какого-то особенного, жуткого, шпионского одиночества, и грустно стало, и все — и небо, и люди, и жизнь — расцветилось черными, суровыми красками, стало глубоко, загадочно и содержательно.

Теперь он смотрел на все одними глазами с девушкой, и ново было все. Ни разу в жизни он не задумывался над тем, что такое вечер и ночь — эта таинственная ночь, родящая мрак, прячущая людей, безмолвная, неотвратимая, — теперь он видел ее молчаливое шествие, удивлялся загорающимся фонарям, что-то прозревал в этой борьбе света с мраком и поражался спокойствием снующей по тротуарам толпы, — неужели они не видят ночи? Девушка жадно смотрела в пробегающие черные отверстия еще неосвещенных переулков — и он смотрел теми же глазами, и были красноречивы зовущие во тьму коридоры. Она с тоской глядела на высокие дома, камнем отгородившие себя от улицы и бесприютных людей, — и новыми казались эти тесные громады, эти злые крепости.

На остановке, где кончалась станция, Митрофану Васильевичу нужно было сходить, но девушка ехала дальше, и он громко сказал кондуктору:

— Позвольте мне билет и на эту станцию.

И очень был доволен, что удалось найти в кошельке пятачок: почему-то казалось ему, что у шпионов бывает только медь и старые, засаленные и даже склеенные бумажки — хорошими, красивыми деньгами нельзя платить шпионам, иначе они похожи будут на обыкновенных людей. И молчаливый кондуктор тоже понимал это: так гадливо-почтительно взял монету, что к удовольствию у Митрофана Васильевича прибавилось чувство обиды и возмущения.

«Брезгуешь, мерзавец! — подумал он, наводя синие очки, как пушки, на лицо кондуктора и медленно принимая билет. — А сам небось здорово поворовываешь. Знаю я вас! Жалованьишко-то маленькое, ну, а контролер тоже небось не дурак. Рука руку моет, да».

И он замечтался о том, как он выследит кондуктора и контролера, соберет точные данные, и в один прекрасный день — пожалуйте в управление. Вы воровать, а? Вот изумится-то! А он будет продолжать выслеживать других кондукторов, будет искоренять воровство…

«Где же эта, молоденькая? Слава Богу, еще тут… Хорош шпион! — добродушно упрекает себя Митрофан Васильевич. — Немножко бы — и выпустил птичку».

Пользуясь рассеянностью учителя, курсистка сняла с перил руку в разорванной перчатке — это сделало ее смелее, — и на углу большой улицы, где пересекались коночные пути, она соскочила. Тут слезало и садилось много публики, и какая-то худощавая женщина с огромным узлом загородила Митрофану Васильевичу выход. Он говорил: «Позвольте», — и пробовал пролезать, но застревал и бросался к другой стороне. Но там закрывали дорогу кондуктор и давешний рыжий купец. Последний даже взялся обеими руками за поручни и точно не слыхал, как учитель сперва двумя пальцами, потом всей рукой теребил его за рукав.

— Да пустите же! — крикнул Митрофан Васильевич. — Кондуктор, что за безобразие! Я жаловаться буду!

— Они не слыхали, — кротко заступился кондуктор. — Господин, позвольте им пройти.

Купец, не оглядываясь, нехотя разжал пухлую руку, но не подвинулся, и Митрофану Васильевичу, с трудом пробиравшемуся в узкое отверстие, почувствовалось даже, что купец нарочно стискивает его и душит. Задыхаясь, он высвободился, прыгнул так неловко, что чуть не свалился, и погрозил кулаком вслед удаляющемуся красному огню.

Девушку Митрофан Васильевич настиг в маленьком глухом переулке, куда он завернул по догадке. Она быстро шла и оглядывалась, и, когда увидела преследователя, почти побежала, наивно открывая полную свою беспомощность. Побежал за ней и Митрофан Васильевич, и теперь в темном незнакомом переулке, где были они только двое, бегущие, он почувствовал себя совсем необычно, как-то уже слишком по-шпионски, даже страшно немного стало. «Нужно поскорее кончить», — подумал он, быстро перебирая ногами и задыхаясь от этой неестественной рыси, но не решаясь почему-то на крупный шаг.

У подъезда многоэтажного дома курсистка остановилась, и пока дергала за ручку тяжелой двери, Митрофан Васильевич нагнал ее и с великодушной улыбкой заглянул в лицо, чтоб показать ей, что шутка кончилась и все благополучно. И, тяжело дыша, еле продираясь в полуотворенную дверь, она бросила в улыбающееся лицо: «Подлец!»— и скрылась. Сквозь стекло на площадке мелькнул еще ее силуэт — и все исчезло.

Все еще великодушно улыбаясь, Митрофан Васильевич с любопытством потрогал холодную ручку, попробовал приотворить, но в глубине подъезда, под лестницей, блеснул галун швейцара, и он медленно отошел. В нескольких шагах остановился и минуты две без мыслей пожимал плечами. С достоинством поправил очки, закинул голову назад и подумал:

«Как это глупо! Не дала слова сказать, и сейчас же ругаться. Девчонка, дрянь. Не могла понять, что это шутка. Для нее стараешься, и… Очень она мне нужна со своими бумажонками. Сделайте милость, ломайте шею сколько хотите. Теперь сидит небось и разным там студентам и лохматым рассказывает, как за ней шпион гнался. А они охают. Идиоты! Я сам университет окончил и тоже не хуже вас. Да. Не хуже».

После быстрой ходьбы ему стало жарко, и он распахнулся. Но вспомнил, что может простудиться, и застегнулся, с ненавистью дернув надорванную пуговицу.

«У, дьявол!.. Да, не хуже-с. А может быть, лучше. Поди-ка повози на шее восемь душ, да еще глухую бабку, черта-кочерыжку. Конечно, так оставить нельзя, нужно объяснить ей, что я окончил университет и тоже — против всего этого. Да где ее взять? Не до свету же тут шататься? Слуга покорный. Я еще не обедал».

263

Он потоптался на месте, безнадежно окинул глазами ряды освещенных и темных окон и продолжал:

«А лохматые небось и рады и верят. Дурачье. Я ведь тоже студентом лохматым был — вот какие волосища носил. Я и теперь стричься бы не стал, если бы не лезли волосы. Лезут, удивительно лезут, скоро лысый буду. Не могу же я, сами посудите, вытягивать волосы, когда их нет. Ex nihilo nihil fieri potest[6]. Не парик же мне носить, как… шпиону».

Он закурил папироску и чувствовал, что это уже лишняя папироска: так горек и неприятен был ее дым.

«Войти и сказать: господа, это была шутка, просто шутка. Да нет, не поверят. Господи! Еще побьют».

Митрофан Васильевич быстро отошел шагов на двадцать и остановился. Делалось холодно. Пожимаясь в негреющем пальто, он почувствовал в боковом кармане газету — и стало так горько, так обидно, что захотелось плакать. От чего он отказался? Пришел бы домой, пообедал бы, чайку бы выпил, потом лег бы на диван и почитал газетку — на душе так мирно, безоблачно; тетрадки поправлены, завтра, в субботу, у инспектора винт. А там в своей комнатке сидит глухая бабушка и чулки вяжет — милая старушка, добрая, внимательная, ему две пары носков связала. «И лампадка небось у нее горит — я еще за масло ругался. А тут? Какой-то переулок. Какой-то дом. Какие-то лохматые студенты… Господи, этого еще недоставало!»

Из освещенного подъезда, громко хлопнув дверью, вышли два студента и решительно направились в сторону Митрофана Васильевича. Дальше — туман, обрывки улиц, фонари, какие-то темные фигуры, настойчиво загораживающие путь, длинный обоз, морда лошади над самым ухом и одно повелительное, невыносимое чувство страха. Опамятовался он где-то на бульваре и долго не мог узнать местности. Было пустынно и тихо. Накрапывал дождь. Студентов не было.

Он выкурил две папиросы, одну за другой, и руки его, когда он зажигал спичку, дрожали.

«До чего добегался? Недостает только воспаление легких схватить, а потом чахотку. Слава Богу, что не догнали. А славно, кажется, гнались. Кто-то все время кричал: „Стой“. И как страшно было, господи!»

На бульвар, шлепая калошами, вошли три студента. Митрофан Васильевич выкатил на них помутившиеся от страха глаза и куда-то зашагал. И, только пройдя бульвар и зарывшись в темноту кривого и горбатого переулка, сообразил, что тех студентов было двое, что нельзя бегать от всех студентов, какие встречаются на улице. Покружил по

---

[6] Ex nihilo nihil fieri potest(лат.) — Из ничего ничего не получится.

264

незнакомым переулкам, снова вышел на бульвар и долго разыскивал скамью, на которой сидел. Нужно было почему-то сесть именно на эту скамью. Тут, он думал, что-то очень утешительное.

«Нужно успокоиться и смотреть на дело трезво, — думал он. — Дело вовсе не так плохо. Черт с ней, с девчонкой! Думает, что шпион, ну и пусть думает. Знать-то она меня не знает. Да и те двое меня не видели. Воротник-то я — не дурак — поднял!»

Он было засмеялся от радости и даже рот раскрыл — и замер от ужасной мысли.

«Господи! А она-то видела! Ведь я нарочно целый час свою рожу демонстрировал. Встретит теперь где-нибудь…»

И Митрофану Васильевичу представился целый ряд ужасных возможностей: он человек интеллигентный, любит науки и искусства, бывает в театре, на всяких собраниях и лекциях, три раза был в университете на защите магистерской диссертации, — и везде он может встретиться с девушкой! Она, наверное, никогда не бывает одна, такие девушки никогда не бывают одни, а всегда с целой компанией таких же курсисток и дерзких студентов, — и что может произойти, когда она покажет на него пальцем: вот шпион! — подумать страшно.

«Необходимо снять очки и обриться, — думает Митрофан Васильевич. — Черт с ними, с глазами, да, может быть, доктор еще врет. Но разве что-нибудь изменится, если снять такую бороду? Разве это борода?»

Он почесал пальцем реденькую бородку и везде прощупал тело.

«Даже борода как у людей не растет! — подумал он с отвращением и тоской. — Но все это вздор. И то, что она может узнать, тоже вздор. Нужно доказать. Нужно спокойно и логично доказать, как доказывают теоремы».

Ему представлялось собрание лохматых, и он перед ними твердо и спокойно доказывает. Буквы ясны и круглы, одно выражение идет за другим, везде спокойные, торжествующие знаки равенства. «Таким образом, вы видите… что…»

Митрофан Васильевич с достоинством, строгим жестом поправляет очки и презрительно усмехается. Потом начинает доказывать — и убеждается с холодным ужасом, что все эти буквы, и логика, и равенства — одно, а жизнь его — другое, и в этой жизни нет логики, нет равенства, нет никаких доказательств, что он, Митрофан Васильевич Крылов, — не шпион. Пусть кто-нибудь, та же девушка, обвинит его в шпионстве, — найдется в его жизни что-нибудь определенное, яркое, убедительное, что мог бы он противопоставить этому гнусному обвинению? Вот смотрит она наивно-бесстрашными глазами, — говорит: «Шпион», — и от этого прямого взгляда, от этого жестокого слова тают, как от огня, лживые призраки убеждений, порядочности. Пустота. Митрофан Васильевич молчит, но душа его полна криком отчаяния и ужаса. Что это значит? Куда ушло все? На что опереться, чтобы не упасть в эту черную и страшную пропасть?

— Мои убеждения, — бормочет он. — Мои убеждения. Все знают. Мои убеждения. Вот, например…

Он ищет. Он ловит в памяти обрывки разговоров, ищет чего-нибудь яркого, сильного, доказательного — и не находит ничего. Попадаются нелепые фразы: «Я убежден, Иванов, что вы списали задачу у Сироткина». Но разве это убеждения? Пробегают отрывки газетных статей, чьи-то речи, как будто и убедительные, — но где то, что говорил он сам, что думал он сам? Нету. Говорил, как все, думал, как все: и найти его собственные слова, его собственные мысли так же невозможно, как в куче зерен найти такое же ничем не отмеченное зерно. С другими счастливыми людьми случается, что они или нечаянно, не подумавши, или спьяна скажут что-нибудь такое резкое, что надолго останется в памяти у других; как-то несколько лет тому назад ихний учитель чистописания, скромный старичок, на обеде у директора после акта напился пьян и закричал: «Требую реформы средней школы!» И произвел скандал. И до сих пор все помнят этот случай и при встрече обязательно спрашивают у старичка: «Ну как насчет реформы?»— и искренно считают его скрытым радикалом. А он? — когда выпьет, тотчас же засыпает или плачет и лезет целоваться; раз даже со швейцаром поцеловался; заговариваться не заговаривается и никогда ничего не требует. Другой человек бывает религиозный или не религиозный, а он…

— Постой, а есть Бог или нет? Не знаю, ничего не знаю. А я кто — учитель? Да и существую ли я?

Руки и ноги у Митрофана Васильевича холодеют. И на этот счет, существует он или не существует, у него нет твердых убеждений. Сидит кто-то на бульваре и курит папиросу. Какие-то деревья, мокрые, скользкие. Какой-то дождь. Какой-то фонарь мигает, и по стеклу бегут капли. Пусто, непонятно, страшно.

Митрофан Васильевич вскакивает и идет.

— Вздор, вздор! Нервы просто развинтились. Да и что такое убеждение? Одно слово. Вычитал слово, вот тебе и убеждения. Катет, логарифм! Поступки, вот главное. Хорош шпион, который…

Но и поступков нету. Есть действия — служебные, семейные и безразличные, а поступков нету. Кто-то неутомимо и настойчиво требует: скажите, что вы сделали?.. И он ищет с отчаянием, с тоской. Как по клавишам, пробегает по всем прожитым годам, и каждый год издает один и тот же пустой и деревянный звук — б-я-а... Ни содержания, ни смысла. «Я убежден, Иванов, что вы списали задачу у Сироткина». Не то, не то.

— Послушайте, послушайте же, сударыня...— бормочет Митрофан Васильевич, опустив голову и умеренно и прилично жестикулируя. — Как глупо, извините, думать, что я шпион. Я — шпион! Какой вздор! Позвольте, я докажу. Итак, мы видим...

Пустота. Куда девалось все? Он знает, что он делал что-то, — но что? Все домашние и знакомые считают его умным, добрым и справедливым человеком — ведь есть же у них основания! Ах да, бабушке ситцу на платье купил, и жена еще сказала: «Слишком уж ты добр, Митрофан Васильевич». Но ведь и шпионам свойственна любовь к бабушкам, и они покупают бабушкам ситцу, — наверное, такого же черного с крапинками, дрянного ситцу. А еще что? В баню ходил, мозоли срезывал. Нет, не то. Капову вместо двойки тройку поставил. «Я убежден, Иванов, что вы списали задачу...» Вздор, вздор!

Бессознательно Митрофан Васильевич проделывает обратный путь от бульвара к дому, где скрылась курсистка, но не замечает этого. Чувствует только, что поздно, что он устал и ему хочется плакать, как Иванову, уличенному в списывании.

Митрофан Васильевич останавливается перед многоэтажным домом и с неприятным недоумением смотрит на него.

— Какой неприятный дом! Ах, да. Тот самый.

Он быстро отходит от дома, как от начиненной бомбы, останавливается и что-то соображает.

«Лучше всего написать. Спокойно обдумать и написать, Имени, конечно, называть не буду. Просто: „Некий человек, которого вы, сударыня, приняли за шпиона...“ По пунктам. Так и так, так и так. Дура будет, если не поверит, да».

Потоптавшись у подъезда, потрогав несколько раз холодную ручку, Митрофан Васильевич с усилием в два приема открыл тяжелую дверь и с решительным, суровым видом вошел. Под лестницей из дверей каморки показался швейцар, и лицо его выражало услужливость.

— Послушайте, дружище, тут недавно девушка-курсистка... в какой номер она прошла?

— А вам на что?

Митрофан Васильевич стрельнул очками, и швейцар понял: как-то особенно мотнул головою и протянул руку для пожатия.

«Хам!»— с ненавистью подумал Митрофан Васильевич и крепко пожал руку, прямую и твердую, как доска.

— Пойдем ко мне, — позвал швейцар.

— Зачем же?.. Мне только...

Но швейцар уже повернул к своей каморке, и Митрофан Васильевич, поскрипывая зубами, покорно последовал за ним. «Поверил! Сразу поверил! Мерзавец!»

В каморке было тесно, стоял один стул, и швейцар спокойно занял его.

«Хам! хам! Даже сесть не предлагает», — с тоской думал Митрофан Васильевич, хоть в обычном состоянии сидеть не только в чужой швейцарской, но и в собственной кухне считал ниже своего достоинства.

«Хам!»— повторил он и добродушно спросил:

— Холостой?

Но швейцар не счел нужным ответить. Окинув учителя с ног до головы равнодушно-нахальным взглядом, равнодушно помолчал и спросил:

— Тут тоже третьего дня один из ваших был. Блондинчик с усами. Знаете?

— Как же, знаю. Этакий... блондин.

— А много, должно быть, вашего брата шатается, — равнодушно заметил швейцар.

— Послушайте, — возмутился Митрофан Васильевич. — Я вовсе не желаю. Мне нужно...

Но швейцар не обратил внимания и продолжал:

— А жалованья вам много идет? Блондинчик сказывал, пятьдесят. Маловато.

— Двести, — соврал Митрофан Васильевич и с злорадством увидел на лице швейцара выражение восторга. «То-то, голубчик», — подумал он.

— Ну? Двести. Это я понимаю. Папироску не желаете? Митрофан Васильевич с благодарностью принял из пальцев швейцара папиросу и с тоской вспомнил о своем японском ящичке с папиросами, о кабинете, о синих милых тетрадках. Тошнило. Табак был едкий, вонючий, шпионский. Тошнило.

— А бьют вас часто?

— Послушайте...

— Блондинчик сказывал, что его ни разу не били. Да поди врет. Как можно, чтобы не били. Но ежели редко и с осторожностью, чтобы без членовредительства, так оно ничего. Деньги не малые. Верно, ваше благородие?

Швейцар дружески улыбнулся.

— Мне нужно...

— Способности только надо иметь и чтобы лицо подходящее. Без примет. А то видел я одного, вся рожа на стороне и глаза нету. Разве такой годится, сами посудите! Всю рожу так и свернуло, как от ветру, и глаза нет, одна дырка. Вот у вас...

268

— Да послушайте! — тихо закричал Митрофан Васильевич. — Мне некогда. Мне еще нужно!

Неохотно оставляя интересную тему, швейцар подробно расспросил, какова на вид девушка, и сказал:

— Знаю. Часто ходит. Номер семь, Иванова. Зачем папиросу на пол бросаешь? Вон печка. Мети тут за вами.

И последнее, что доносилось до слуха учителя, было:

— Шантрапа, понимаешь?

«Хам!» — мысленно ответил Митрофан Васильевич и быстро зашагал по переулку, отыскивая глазами извозчика. Домой, скорее домой! Господи, как он раньше об этом не вспомнил, — что значит растерянность. Ведь у него есть дневник, а в дневнике давно когда-то, еще студентом первого курса, он записал что-то очень либеральное, очень смелое, и свободное, и даже красивое. Он живо помнит и вечер тот, и свою комнатку, и рассыпанный табак на столе, и то чувство гордости, упоения, восторга, с каким набрасывал он энергичные, твердые строки. Вырвать странички и послать — и все тут. Она увидит, она поймет, она умная и благородная девушка. Как хорошо!.. Как хочется есть!

В передней Митрофана Васильевича встретила обеспокоенная жена:

— Где ты был? Что с тобой? Отчего ты такой?

И, поспешно сбрасывая пальто на ходу, он кричал:

— С вами не такой будешь! Полон дом народу, а пуговицу пришить некому. Черт вас знает, что вы тут делаете! Сто раз говорил: пришить. Безобразие, распущенность!

И зашагал в кабинет.

— А обедать?

— Потом. Не лезь! Не ходи за мной.

Было много книг, много тетрадей, но дневник не попадался. Попалась связка ученических тетрадей за первый год его учительства, сохраненная как воспоминание, — к черту! Сидя на полу, он выкидывал из нижнего отделения шкапа бумаги, книги, тетради, отчаивался и вздыхал, сердился на застывшие тугие пальцы — и наконец! Вот он, голубенький, немного засаленный переплет, еще не установившийся старательный почерк, засохшие цветы, старый кисловатый запах духов — как он был молод!

Митрофан Васильевич сел к столу и долго перелистывал дневник, но желаемое место не находилось. По середине между страницами был перерыв, и торчали коротенькие тщательные обрезки. И он вспомнил: пять лет тому назад, когда у Антона Антоныча был обыск, он очень испугался, вырезал из дневника все компрометирующие его страницы и сжег. Нечего искать, их нет — они сгорели.

Понурив голову, закрыв лицо руками, он долго, без движения, сидел над опустошенным дневником. Горела одна только свеча, — лампы он не успел зажечь, — в комнате было непривычно темно, и от черных бесформенных кресел веяло холодом, заброшенностью, скукой. Далеко, в тех комнатах, играли дети, кричали и смеялись; в столовой звенели чайной посудой, ходили, разговаривали — а тут было безмолвно, как на кладбище. Если бы заглянул сюда художник, почувствовал бы эту холодную, угрюмую темноту, увидел бы на полу груду разбросанных бумаг и книг, темную фигуру человека с закрытым лицом, в безнадежной тоске склонившегося над столом, — он написал бы картину и назвал бы ее «Самоубийца».

«Но ведь можно вспомнить, — с мольбой думает Митрофан Васильевич. — Можно вспомнить. Пусть сгорела бумага, но ведь то, что было, оно осталось где-то. Оно есть, оно существует, нужно только вспомнить».

И он вспоминает все ненужное: и формат страницы, и почерк, и даже запятые и точки, но то нужное и дорогое, то любимое, светлое, оправдывающее, — оно погибло навсегда. Оно жило и умерло, как умирают люди, как умирает все. Бесследно исчезло оно в огромной пустоте, и никто не знает о нем, никто о нем не помнит, и ни в чьей душе не осталось от него следа. Если бы он стал на колени, плакал, умолял вернуть его к жизни, грозил, скрежетал зубами, — огромная, безначальная пустота осталась бы безгласной, ибо никогда не отдаст она того, что раз попало в ее руки. Разве когда-нибудь слезы и рыдания могли вернуть к жизни умершего, убитого. Нет прощения, нет пощады, нет возврата — таков закон жестокой смерти.

Оно умерло, оно убито. Подлый убийца! Сам своими руками сжег лучшие цветы, что, быть может, раз в жизни в тихую святую ночь распустились в бесплодной, нищенской душе. К кому пойти, если сам себе не друг? Бедные погибшие цветы! Быть может, не ярки были они, и не было в них силы и красоты творческой мысли, но они были лучшим, что родила душа, и теперь их нет, и никогда не зацветут они снова. Нет прощения, нет пощады, нет возврата — таков закон жестокой смерти.

— Что же это? Позвольте, — шепчет бессмысленно Митрофан Васильевич. — Я убедился, что вы, Иванов, списали… Нет. Вздор. Нужно жену. Маша! Маша!

Пришла Марья Ивановна. Лицо у нее круглое, доброе; не завитые, по-домашнему, волосы кажутся жидкими и бесцветными. В руках у нее работа — детское платьице.

— Что, Митроша, обедать сказать? Перестоялось все.

— Нет, погоди. Мне нужно поговорить.

Марья Ивановна обеспокоенно откладывает работу и заглядывает мужу в лицо. Тот отворачивается и говорит:

— Сядь.

Марья Ивановна села, оправила платье, сложила руки на коленях и приготовилась слушать. И, как всегда бывало в этих случаях еще со школьной скамьи, лицо ее сразу приняло выражение бестолковости и готовности все перепутать.

— Я слушаю, — сказала она и еще раз оправила платье.

Но Митрофан Васильевич молчал и изумленно вглядывался в лицо жены. Чужое оно было и незнакомое, как лицо нового ученика, поступившего в класс; и странно было думать, что эта женщина — его жена, какая-то Марья Ивановна, Маша. И новая мысль ворвалась в его взбудораженный мозг, и шепотом, дрогнувшим голосом он сказал:

— Ты знаешь, Маша? Я шпион.

— Что?

— Шпион, понимаешь, да.

Марья Ивановна вся как-то оседает, как проколотое тесто, и, всплеснув тихо руками, произносит:

— Так я и знала, несчастная, господи ты Боже мой!

Подскочив к жене, Митрофан Васильевич машет кулаком у самого ее лица, с трудом удерживается от желания ударить и кричит так громко, что в столовой перестает звенеть посуда и во всем доме становится тихо…

— Дура! Дурища! Так и знала. Господи! Да как же ты могла знать? Двенадцать лет! Двенадцать лет! Господи! Жена — друг, все мысли, деньги, все…

Становится к печке и плачет. Марья Ивановна еще не сообразила, отчего он плачет: оттого ли, что он шпион, или оттого, что не шпион, но ей жалко мужа и обидно за ругань, она плачет сама и говорит:

— Ну вот. Сейчас же и ругаться. Всегда я виновата. Если дура, так зачем женился на дуре, брал бы умную.

Не оборачиваясь, прильнув лбом к холодной кафле, Митрофан Васильевич шепчет, захлебываясь:

— Так и знала! Господи! Двенадцать лет! Уже если и жена и та, так, значит, и вправду шпион. Так и знала! Дура, дурища!

— Да что ты в самом деле, я только и слышу: дура, дура, — рассердилась Марья Ивановна. — Сами выкидывают, а тут за них отвечай.

Митрофан Васильевич яростно обернулся:

— Что выкидывают? Что же, я шпион? Ну! Говори, шпион я или нет?

— А я почем знаю? Может, и шпион.

Горя ненавистью и гневом, оба обиженные, оба несчастные, они долго и бессмысленно бранились, в чем-то друг друга упрекали, плакали, призывали Бога, пока не охватила обоих глухая, тяжелая усталость и равнодушие. И тогда с полным спокойствием, совершенно забыв только что разыгравшуюся ссору, они сели рядом и заговорили, и снова зазвенела в столовой чайная посуда, и снова забегали и зашумели дети. Конфузясь и избегая некоторых подробностей, Митрофан Васильевич передал жене историю с курсисткой и свои опасения насчет случайной встречи.

— Эка! — беззаботно воскликнула Мария Ивановна. — А я думала, что. Стоит беспокоиться. Обрился, снял очки, вот тебе и все. А в гимназии на уроке можно и очки надевать.

— Ты думаешь? Да разве это борода?

— Ну уж это ты оставь. Говори что хочешь, а бороду оставь. Всегда говорила, что хорошая, и сейчас скажу.

Митрофан Васильевич вспомнил, что гимназисты зовут его «козлом», и совсем развеселился. Если бы не было хорошей бороды, не звали бы «козлом», это верно. И в радости крепко поцеловал жену и даже, шутя, пощекотал за ухом бородой.

Часов в двенадцать, когда весь дом угомонился и жена легла спать, Митрофан Васильевич принес в кабинет зеркало, теплой воды и мыльницу и сел бриться. Пришлось, кроме лампы, зажечь две свечи, и было немного стыдно и от яркого света беспокойно, но он смотрел только на ту часть лица, которой касалась бритва, и полбороды снял благополучно. Но потом нечаянно взглянул себе в глаза и остановился. И прежде было тихо, а теперь наступила такая глухая и мертвая тишина, как будто раньше вся комната полна была крику и разговоров. Когда ночью человек один остается перед зеркалом, ему всегда бывает немножко жутко и странно от мысли, что он видит себя. И Митрофану Васильевичу стало жутко, и с суровым любопытством, как посторонний, он подумал: «Так вот ты какой!»

Дряблое лицо уже пожилого человека с морщинами, следами сошедших угрей и белой сухой кожей. На переносье красная полоска от очков, бесцветные, моргающие глаза; одна щека обрита и блестит лоснящейся кожей, другая покрыта мыльной пеной — так, вероятно, и шпионы совершают свой туалет, когда идут на работу. Что-то безнадежно-плоское, серое, застывшее — не лицо живого человека, а маска, снятая с покойника. Ни шпион, ни тот, кого шпионы преследуют.

— Так вот ты какой! — бормочет Митрофан Васильевич, и то лицо, в зеркале, странно шевелит губами и принимает выражение кислоты, растерянности и трусливой злобы. Кто дал ему это лицо? Кто смел дать такое лицо?

По щеке, бороздя мыльную пену, скатывается слеза. Стиснув зубы, Митрофан Васильевич бреет щеку, потом задумывается, намыливает усы

— и снимает их. И снова глядит. Завтра над этим лицом будут смеяться. А когда-то, давно, другим оно было.

Решительно сжав бритву, Митрофан Васильевич запрокидывает голову — и осторожно тупой стороной бритвы два раза проводит по шее. Хорошо бы убить себя — да разве он может?

— Трус, подлец! — говорит он громко и равнодушно. Но лицо в зеркале шевелит губами и остается плоским и серым. Да, его можно ударить, можно наплевать в него, а оно останется все такое же, и только глаза заморгают чаще. Завтра над ним будут смеяться — товарищи, ученики. И жена — она тоже будет смеяться.

Ему хочется прийти в отчаяние, заплакать, ударить зеркало, что-нибудь сделать, — но на душе пусто и мертво, и хочется спать. «Должно быть, оттого, что долго на воздухе был», — думает он и зевает. И тот, в зеркале, тоже зевает.

Убирает бритвенный прибор, тушит лампу и свечи и, шаркая туфлями, идет в спальню. И скоро засыпает, уткнувшись в подушку бритым лицом, над которым завтра будут смеяться все: товарищи, жена и он сам.

Первый гонорар

I

Помощник присяжного поверенного Толпенников выслушал в заседании суда две речи, выпил в буфете стакан пустого чаю, поговорил с товарищем о будущей практике и направился к выходу, деловито хмурясь и прижимая к боку новенький портфель, в котором одиноко болталась книга: «Судебные речи». Он подходил уже к лестнице, когда чья-то большая холодная рука просунулась между его туловищем и локтем, отыскала правую руку и вяло пожала ее.

— Алексей Семенович! — воскликнул Толпенников с выражением радости и почтения, так как холодная рука принадлежала его патрону.

— Куда? — вяло спросил патрон, высокий, сутуловатый человек.

Спрашивая, он не смотрел на Толпенникова, и взгляд его, усталый и беспредметный, был устремлен куда-то в глубину длинного коридора, где мелькали у светлых дверей темные тени, шуршали по камню ногами, поднимая еле заметную пыль, и болтали.

— Да домой! — оживленно и громко ответил Толпенников. — Я тут с утра. Ах, если бы вы знали, как все это интересует меня!

С тем же оживлением он начал передавать свои впечатления от речи Пархоменко, которая очень понравилась ему, между тем как тяжелая, холодная рука незаметно увлекала его наверх, в комнату совета присяжных поверенных. Там Алексей Семенович молча раскрыл свой туго набитый портфель, покопался в нем и протянул помощнику бумаги в синей обложке с крупной надписью: «дело».

— Вот. Завтра в съезде. Тут и доверенность.

Толпенников покраснел и, протягивая обе руки, запинаясь, спросил:

— Как завтра? И я… А вы?

— Я сегодня еду в Петербург, — равнодушно и устало говорил патрон, медленно опускаясь в кресло. Тяжелые веки едва приподнимались над глазами, и все лицо его, желтое, стянутое глубокими морщинами к седой щетинистой бородке, похоже было на старый пергамент, на котором не всем понятную, но печальную повесть начертала жестокая жизнь.

— Но как же? — отталкивал Толпенников бумаги. — Ведь я… Это завтра?

Последнее слово он выговорил с особенным страхом и особенным почтением.

— Да. Тут все есть. Приговор мирового. Черновик моей апелляционной жалобы. Ну, да все. Постарайтесь не провалить. Фрак есть?

— Есть, то есть нет, но я достану. Но ведь я… боюсь. Как это вдруг?..

Алексей Семенович медленно поднял свои усталые глаза на помощника, все еще державшего в руках бумаги, и как будто знакомое что-то, старое и давно забытое увидел в этом молодом, испуганно-торжественном лице. Выражение усталости исчезло, и где-то в глубине глаз загорелись две маленькие звездочки, а кругом появились тоненькие лучеобразные морщинки. Такое выражение бывает у взрослых людей, когда они случайно увидят играющих котят, что-нибудь маленькое, забавное и молодое.

— Боитесь? — улыбался он. — Это пройдет.

Алексей Семенович поднялся, медленно расправил согнутую спину и, смотря поверх голов прежним беспредметным взглядом, повторил равнодушно и устало:

— Да, пройдет. Ну, мне пора.

Снова Толпенников ощутил прикосновение холодной, вялой руки и увидел согнутую, покачивающуюся спину патрона. Одним из адвокатов бросая отрывистые кивки, другим на ходу пожимая руки, Алексей Семенович большими ровными шагами прошел накуренную, грязную комнату и скрылся за дверью, мелькнув потертым локтем не нового фрака, — а помощник все еще смотрел ему вслед и не знал, нужно ли догонять патрона, чтобы отдать ему бумаги, или уже оставить их у себя.

И оставил их у себя.

Вечером Толпенников готовился к защите и думал, что он никогда не станет защитником. С внешней стороны дело было ясно и просто и всей своей ясностью и простотой говорило, что жена действительного статского советника Пелагея фон-Брезе виновна в продаже из своего магазина безбандерольных папирос. Мировой судья, осудивший ее, был совершенно прав, и непонятно было только одно, как мог ее защищать Алексей Семенович, а после обвинения как он мог написать жалобу, слабую по аргументам и больше, казалось, чем сам обвинительный приговор, уличавшую г-жу фон-Брезе. Таково было первое впечатление от прочитанных бумаг, и Толпенников, утром еще такой счастливый, представлялся себе стоящим перед глубокой и темной ямой и таким жалким, что не верилось в недавнее счастье. На, стуле в углу висел распяленный фрак, добытый у знакомого помощника, вызывающе лез в глаза своей матово-черной поверхностью и напоминал те мысли и мечты, которые носились в голове Толпенникова каких-нибудь два часа тому назад. Они были ярки, образны и наивно-благородны, эти мысли и мечты. Не кургузым, нелепо комичным одеянием представлялся фрак, а чем-то вроде рыцарских лат, равно как и сам Толпенников казался себе рыцарем какого-то нового ордена, призванного блюсти правду на земле, защищать невинных и угнетенных. Самое слово «защитник» до сих пор вызывало в нем сдержанно-горделивый трепет и представлялось большим, звучным, точно оно состоит не из букв, а отлито из благородного металла. Только в мыслях иногда осмеливался Толпенников применять его к себе и всякий раз испытывал при этом страх, и как влюбленный ожидает первого свидания, так и он ожидал первой защиты.

Толпенников не знал, что ему теперь делать, и в отчаянии снова уселся за бумаги. Они лежали все такие же, четко переписанные, ясные, но Толпенников не понимал их и невольным движением спустил еще ниже висевшую над столом электрическую лампочку. Номер, в котором он жил, был мал и грязен, но освещался электричеством, и это особенно ставилось на вид Толпенникову, когда два дня тому назад его пригласили в контору для объяснений и настоятельно потребовали денег за два прожитых месяца. Постепенно туман перед глазами рассеивался, и Толпенников стал вдумываться в смысл того, что беззвучно выговаривали его зубы. И тогда на левой странице, внизу, он заметил одну пропущенную подробность, которая была в пользу г-жи фон-Брезе и давала несколько иное освещение делу. И хотя это была подробность, благоприятное сочетание слов, а не факт, но он обрадовался и сразу почувствовал себя бодрым, сообразительным, как всегда, и виноватым перед патроном и г-жой фон-Брезе.

Толпенников улыбнулся, почесал себе нос и зачем-то слегка покачал его двумя пальцами, поддернул брюки, которые у него всегда сползали, и вышел прогуляться в длинный коридор. Вернувшись оттуда, он внимательно осмотрел фрак сверху и с подкладки, улыбнулся и подумал, что фрак велик для его роста и широк. Потом с некоторой боязнью сел за бумаги и стал внимательно читать их, делая на полях отметки, сверяясь с акцизным уставом и часто почесывая нос то пальцем, то карандашом. Он еще не приучил черт своего лица к серьезной неподвижности, и улыбался, и покачивал головой, и чмокал губами, маленький, худенький и наивно-великодушный.

К двенадцати часам Толпенников сложил бумаги в портфель, зная дело так, как не знал его никогда патрон, не понимая своих сомнений и колебаний. Невинность г-жи фои-Брезе была очевидна, и приговор мирового судьи был ошибкой, легко понятной, так как и сам Толпенников вначале ошибался. Довольный собой, довольный делом и патроном, он еще раз осмотрел фрак, сверху и с подкладки, и нервно потянулся при мысли, что завтра наденет его и будет защищать. Достав из стола почтовой бумаги, Толпенников начал писать отцу:

«Дорогой папаша! Ты можешь не высылать мне денег и лучше перешли их Алеше, который нуждается, вероятно, и в обмундировке и в учебниках. Я получил от патрона дело (последняя фраза была подчеркнута) очень интересное и буду завтра защищать...»

Над последним словом Толпенников остановился и, подумав, отложил начатый листок в сторону и взял другой. Улыбнувшись, энергично почесав нос, он ближе нагнулся к столу и начал писать, не разгонистым почерком, как отцу, а мелким и убористым:

«Любимая моя Зина! Можешь ты вообразить меня во фраке, стоящим перед судьями и защищающим? Одна рука на груди, другая вперед. Нет, не могу шутить, я слишком счастлив сейчас, и если бы только была здесь ты, моя родная, неизменная, терпеливая Зиночка. Сейчас 12 часов, и я только что кончил...»

Электрическая лампочка потухла. С секунду краснела ее тонкая проволочка, а потом стало темно, и только из коридора, через стеклянное окно над дверью, лился слабый свет. Было не двенадцать часов, а час, когда в номерах тушилось электричество.

— Черт бы вас побрал с вашим электричеством, — обругался Толпенников осторожно, чтобы не разлить чернил, нащупывая письмо и кидая его в стол.

Улегшись, Толпенников долго не засыпал и думал о генеральше фон-

276

Брезе, которая представлялась ему седой величественной дамой, об акцизном устава и серых далеких глазах. Между глазами и уставом была какая-то связь и становилась все крепче и загадочнее, и, стараясь понять ее, Толпенников уснул, маленький, худенький и наивно-счастливый.

II

Действительный статский советник в отставке, г. фон-Брезе, бритый как актер, величественно повел большим носом в сторону Толпенникова и сухо пояснил, что жена его быть на суде не может вследствие болезни.

— Эта гнусная история потрясла организм моей супруги, — сказал фон-Брезе, смотря на кончик носа Толпенникова. —Вы помощник Алексея Семеновича?

Толпенников подумал, что генерал не доверяет ему и считает слишком молодым для ответственного дела. Сконфуженно, но в то же время задорно он сказал:

— Хотите доверенность посмотреть?

— Ах, что вы! —отмахнулся рукой фон-Брезе. —Но мы говорили о генеральше. Она потрясена, молодой человек. По-тря-се-на. Вы понимаете…

Фон-Брезе отвел Толпенникова немного в сторону, хотя в этом не виделось надобности, наклонился к самому его лицу и поднял палец.

— Вы понимаете? Полиция…—утвердительно кивал он головой, поднимая кверху брови и губы, так что последние почти коснулись красноватого носа. — Насчет…. понимаете? —Он отвел назад руку с растопыренными пальцами и открытой ладонью, показывая, как берутся взятки. Затем откачнулся назад и еще раз кивнул головой. — Да-да. Представьте.

Толпенников сочувственно покачал головой, думая:

«Экая цаца!» Генерал пристально и задумчиво посмотрел на нос Толпенникова и с внезапным приливом дружеской приязни взял его под руку и еще на два шага отвел в сторону.

— Я уже не раз представлял ей: зачем нам магазин? Какая-то та-бач-ная торговля? А? —спрашивал генерал, отводя рукой в сторону воображаемую торговлю. —Но она: хочу. А?

— Да, уж это…— неопределенно сочувствовал Толпенников.

— Да? — откачнулся назад фон-Брезе. — Но не угодно ли?

К Толпенникову протянулась рука с раскрытым серебряным портсигаром.

— Спасибо, я не курю.

— Да? Но я закурю, если позволите.

Двумя пальцами, большим и указательным, генерал достал папиросу, постучал ею о крышку портсигара и закурил. Голубоватый дым тонкой струйкой поднимался вверх. Фон-Брезе плавным движением руки направляет дым к себе и, щурясь, нюхает его.

— Мои папиросы, — говорит он удовлетворенно. — Других не выношу. А он нашел там несколько...

— Четыре тысячи, однако, —вставляет Толпенников.

— Да? Я люблю запас. И говорит: без-бан-де-рольные. Смешно!

Толпенникову неприятен генерал и немного жаль, что приходится выступать по такому сухому делу о нарушении акцизного устава. Но несправедливость —всегда несправедливость, думает он, и горячо берется за допрос свидетелей. Он не замечает, что многие из публики улыбаются его фраку, фалды которого спускаются ниже подколенного сгиба; по привычке поддергивает сползающие брюки, не думая о неприличии этого жеста, и смотрит прямо в рот говорящему свидетелю. Как маленькая злая ищейка, он тормошит толстого околоточного надзирателя. Тот, не отрываясь, глядит на судей, бросая в сторону адвоката отрывистые и гулкие слова. Он весь полон скрытого негодования; шея его, сдавленная твердым воротником, краснеет и багровой полосой ложится на узкий серебряный галун, голова его неподвижно обращена к судьям, но коротенький круглый нос его, оттопыренные губы, усы, все это сдвигается в сторону ненавистного молокососа. Толпенников следит за глухой борьбой толстяка с гневом и дисциплиной и наслаждается; чисто по-студенчески он ненавидит полицию и не допускает мысли о человечности полицейских. Толстые, тонкие—они равны в его глазах. За свидетелями обвинения идет черед свидетелей защиты, и невинность г-жи фон-Брезе устанавливается с очевидностью. Слово предоставлено защитнику, Толпенников подробно и дельно анализирует свидетельские показания и очень много и горячо говорит о муках этой женщины, над седой головой которой нависло такое позорное обвинение. Искренность молодого защитника заражает судей, они благосклонно смотрят на него, и один, справа, даже кивает в такт речи головой.

Пока судьи совещаются, Толпенников выкуривает с генералом папиросу, о чем-то смеется, кому-то пожимает руку и уходит в глубину залы, к окну, чтобы еще раз пережить свою речь. Она звучит еще в его ушах, когда его настигает толстяк-околоточный.

— Позвольте вам доложить, — начинает он вежливо, дотрогиваясь до плеча Толпенникова. Тот оборачивается, ненавистный вид молодого, дерзкого лица выводит околоточного из себя. Округлив глаза, нос и рот, околоточный выбрасывает, как из мортиры:

— Стыдно-с!

Толпенников улыбается, и на выцветших глазах околоточного показывается какая-то муть.

— Стыдно-с, молодой человек. Я вам… в отцы гожусь.

Он еще хочет что-то сказать, но не может придумать ничего достаточно сильного и выразительного.

— Стыдно-с! — повторяет он, с ненавистью глядя на улыбающееся лицо, круто поворачивается, как на смотру, и отходит.

Как и ожидал Толпенников, съезд отменяет приговор судьи и признает г-жу фон-Брезе по суду оправданной. Генерал важно пожимает руку защитника.

— Благодарю вас, господин Толпенников.

В руке Толпенникова что-то остается. Подчиняясь странному, плохо сознаваемому чувству необходимости принять то, что передали в его руку, он некоторое время держит руку сжатой, потом в любопытством открывает ее И видит на ладони два золотых, не то десяти, не то пятнадцатирублевого достоинства. Толпенникова неприятно передергивает, он срывается с места и бежит по лестнице, крича:

— Эй, послушайте! Как вас!.. Генерал!

Но фон-Брезе нет в прихожей, не видно его и на улице. Толпенников еще раз рассматривает золотые, — они по пятнадцати рублей, — и, словно не чувствуя уважения к деньгам, которые достались ему таким неприятным путем, кладет их не в портмоне, а небрежно опускает в жилетный карман. На секунду задумавшись, он снова идет наверх, так как ему жаль расстаться с тем местом, где он испытал такие приятные и горделивые чувства. В зале он видит одного из свидетелей защиты, приказчика фон-Брезе. Это пестро одетый человек, с острым лицом, острой рыжеватой бородкой и толстым перстнем-печаткой на указательном пальце, покрытом, как и вся рука, частыми крупными веснушками. Острые глаза его косят, и весь он дышит фальшью, угодничеством и нестерпимой фамильярностью, но Толпенников чувствует к нему расположение и подходит.

— Ну, как? —спрашивает он, улыбаясь.

— Ловко обработали дельце, — одобряет приказчик и, подмаргивая в ту сторону, куда ушел генерал, добавляет:—удрал наш-то. Супругу поздравлять полетел.

— Еще бы, конечно, тяжело. Две недели отсидеть пришлось бы.

— Еще как! Ну, да и то сказать, беда-то не велика. Она уже раз отсиживала да раз штраф заплатила.

— Отсиживала? — не понимает Толпенников.

— Ну да, отсиживала. Ее тогда Иван Петрович защищал, ну, да

пришел пьяный и такого нагородил! Наш-то взбеленился, жаловаться на него хотел. Да что уж! — И приказчик махнул веснушчатой рукой.

Толпенников мучительно краснеет, не решаясь понять того, что так ясно, и вместе с тем понимая и ужасаясь.

— Отсиживала? —еще раз повторяет он пошлое, резкое слово. —Эта почтенная дама!

— Почтенная! Из кухарок дама-то эта. На кухарке наш женился, Палашкой звать. Вот и они об этом знают. Верно, Абрам Петрович?

Абрам Петрович одет прилично, но ботинки его запылены и там, где выпирает мизинец, — порваны, и все его пятнистое, хотя также приличное лицо имеет такой вид, точно он каждую минуту собирается подойти и благородно попросить на бедность. Он протягивает Толпенникову толстую, потную руку и потом уже отвечает на вопрос приказчика голосом, хриплым от водки и от простуды:

— Верно. Сына из-за этой швали, извините за выражение, на улицу выгнал.

— А ловко вы это насчет седой головы подпустили! —хвалит приказчик. —А у нее голова запросто рыжая, чистый шиньон.

— Верно, — хвалит Абрам Петрович.

— А папироску наш-то вам давал? —спрашивает приказчик, и глаза его сближаются в готовности к смеху.

Толпенников сердито кивает головой, и приказчик смеется. Смеется хриплым басом и Абрам Петрович.

— Дурак-дурак, а поди какие фокусы выкидывает! А сам и курить не умеет, только дым пущает. Ну и жох! — удивляется приказчик.

— Но как же вы, — говорит сурово Толпенников, хмуря брови и подтягивая сползающие брюки, — как же вы сами показывали, что он папиросы эти для себя держит?

Приказчик и Абрам Петрович переглядываются и смеются. Затем приказчик внезапно становится серьезным и протягивает руку:

— А за сим до свидания-с. Дозвольте и напредки быть знакомым. Ежели когда мимо случится, так уж не обойдите. Для вас всегда сотенка найдется. Пойдем, Абрам Петрович, Седая голова… Ах ты, боже мой! — еще раз напоминает он Толпенникову его удачное выражение и уходит.

Толпенников все еще стоит на месте, опустив голову и заложив руки в карманы. Когда перед его глазами появляется загадочная фигура Абрама Петровича, Толпенникову кажется, что он хочет чего-то попросить, и вопросительно смотрит на его грязное, оскабленное лицо.

—А я к вам, господин Толпенников, — говорит Абрам Петрович почти шепотом и наклоняясь к помощнику, —если когда понадобится, так уж будьте милостивы, не откажите воспользоваться услугами, спросите только у Ивана Сазонтыча приказчика; они знают, где меня найти.

— На что понадобится? —удивленно спрашивает Толпенников.

На лице Абрама Петровича мелькает удивление, потом сомнение, и сменяется понимающей примирительной улыбкой.

— Уж не оставьте, — повторяет он. — Они знают. Прямо так и спрашивайте Абрама Петровича.

— Вон! — вскрикивает Толпенников тонким фальцетом, и Абрам Петрович отходит, низко кланяясь, но не протягивая на этот раз руки. На лестнице он оборачивается и еще раз говорит:

— Так уж не оставьте.

Время еще раннее, и до разговора с приказчиком Толпенников намеревался пойти в совет, чтобы потолкаться между своими и поделиться впечатлениями первой защиты; но теперь ему совестно себя и совестно всего мира, и кажется, что всякий, только взглянув на его лицо, догадается о происшедшем. И по улице идти совестно и хотелось бы спрятать портфель, чтобы никто не догадался о его звании «защитника». Придя домой, Толпенников боязливо отложил в сторону этот портфель, в котором он чувствовал присутствие изученного им дела, осторожно повесил жилет, не решаясь достать из его кармана золотые и еще раз взглянуть на них, и отвернулся от стола, в котором лежали начатые письма к отцу и к Зине. И все в этой маленькой комнатке казалось чуждым ему, странно угловатым и грубым, и смотрело на него, как незнакомый, пошлый и враждебно настроенный человек. Толпенников попробовал читать книгу, но не мог сосредоточиться на ней и вздрагивал от неприятного чувства, как будто кто-то неприятный.стоит у него за плечами или сейчас войдет в дверь. И только улегшись в постель, повернувшись к стене и натянув на голову одеяло, он почувствовал себя спокойнее и перестал бояться мира, который вошел ему в душу, — такой грязный, отвратительный и жестокий.

Вечером, когда стемнело, Толпенников пошел к патрону, но тот не вернулся еще из Петербурга. Ни к кому другому идти он не хотел. Близких людей у него не было, и Толпенников до поздней ночи шатался по бульварам. Дома, куда Толпенников вернулся очень поздно, было все так же неуютно угловато и враждебно. Раньше он любил посидеть за самоваром, помечтать и попеть тонким приятным тенорком, разгуливая по номеру и с любовью посматривая на полку с книгами и на фотографии на стенах, но теперь было противно все это и ото всего хотелось уйти: и от самовара, и от книг, и от фотографий.

— Ду-рак! —искренно и серьезно пожалел себя Толпенников, ложась в постель и сжимаясь в маленький круглый комок, как продрогший ребенок. Но сон не приходил, не приходил вместе с ним и покой. Отчетливо, как галлюцинация, виделось пятнистое, приличное лицо Абрама Петровича и близко наклонялось, оскалбленное, фамильярное, и оно было не одно, а со всех сторон назойливо лезли другие такие же лица и так же оскалблялись, и подмигивали, и предлагали свои услуги. И, как маленькому, хотелось отбиваться от этих призраков руками, плакать и просить у кого-то защиты.

На следующий день Толпенников застал Алексея Семеновича дома. Прием клиентов еще не окончился, несмотря на поздний час, и из кабинета глухо доносился незнакомый голос, что-то рассказывавший и о чем-то спрашивавший. В большой приемной чувствовалось недавнее присутствие людей, пахло табачным дымом, альбомы на круглом столе были разбросаны и некоторые раскрыты, и кресла вокруг стола расставлены в беспорядке. Толпенников успел рассмотреть несколько альбомов с видами Швейцарии и Парижа, и эти дурно исполненные картинки, одинаковые во всех приемных, докторских и адвокатских, наполнили его чувством терпеливой скуки и какого-то безразличия к себе и к собственному делу, когда дверь из кабинета раскрылась и выпустила запоздавшего клиента—невысокого, толстого мужчину с широкой русой бородой и маленькими серыми глазами. Он еще раз повернулся к захлопнувшейся уже двери, точно желая сказать что-то забытое, но раздумал и быстро двинулся к передней, не глядя на Толпенникова и чуть не сбив его.

— Что хорошенького скажете? —спросил патрон. Он только что вышел из-за своего стола и, стоя возле, усталым и медленным движением подносил ко рту стакан крепкого чаю, Но, по-видимому, чай был совсем холодный, Потому что Алексей Семенович поморщился и так же медленно поставил стакан на место.

— Ничего хорошего, Алексей Семенович.

— Проиграли? —поднял брови патрон.

— Нет, не проиграл, но…

Словно не слыша помощника, Алексей Семенович обычным движением взял его под руку и сказал:

— Пойдемте в столовую. Нужно фортку открыть.

— Нет, позвольте мне здесь сказать, — уперся Тол-пенников.

— Здесь? Ну, выкладывайте, —согласился патрон и, оставив руку Толпенникова, опустился на диван. В своем коротком пиджачке, без значка, он казался помощнику проще и добрее и вызывал к откровенности. Не садясь, часто поддергивая сползающие брюки, Толпенников с волнением передал случившееся, не умолчав ни об Абраме Петровиче, ни даже о «седой голове» Пелагеи фон-Брезе. Патрон слушал

282

молча, не поднимая глаз и слегка покачивая ногой с высоким старомодным каблуком, и только при рассказе о седой голове улыбнулся и посмотрел на помощника добрыми, но немного насмешливыми глазами.

— Ну? —спросил он, когда тот кончил рассказ, и добавил: — вы все равно бегаете по комнате. Позвоните, голубчик.

Когда явилась горничная, Алексей Семенович спросил ее, давно ли уехала жена, и приказал открыть фортки в приемной.

— Ну? — еще раз спросил он помощника. — Дальше.

— Думаю выйти из сословия, — мрачно ответил Толпенников. По правде, он не думал выходить из сословия, но его обидело равнодушие патрона и хотелось чем-нибудь особенно резким оттенить свое состояние.

— Пустое, — ответил Алексей Семенович с проблеском обычной усталости. — Но какой гусь этот фон-Брезе, а с виду положительный дурак.

— Но ведь это…

— Что это? Ведь судьи оправдали?

— Оправдали, но…

— И никаких «но». Оправдали—значит, имели данные оправдать. Вы-то при чем? Ведь вы не искажали показаний? Не подкупали этого приказчика или кого там? А относительно того, что вам там что-то говорили, так кому до этого дело?

Патрон помолчал и продолжал устало и равнодушно:

— Не надо вот было денег в руки брать. Это нехорошо. И он нарочно в руку сунул, чтобы подешевле отделаться. Вы мне сейчас деньги эти возвратите, а денька через два я вам отдам, сколько стоит. У нас с ним свои счеты. И не надо было о «седой голове» говорить, ведь об этом в деле ничего нет.

Толпенников покраснел и мрачно ответил:

— Сам не знаю, как это меня дернуло. Но я был уверен, что голова седая.

— Ну, это не так важно, — улыбнулся патрон, — хотя другой раз будьте осторожнее. У вас есть бумаги, есть свидетели, над этим и орудуйте. А от себя—зачем же?

— Но ведь в действительности она виновна?

— В действительности! —нетерпеливо сказал Алексей Семенович. — Откуда мы можем знать, что происходит в действительности? Может быть, там черт знает что, в этой действительности. И нет никакой действительности, а есть очевидность. А другой раз вы только с приказчиками не разговаривайте. Вы свободны сегодня вечером?

— Да, свободен.

— Перепишите-ка мне одну копийку. А действительность оставьте, нет никакой действительности.

Толпенников переписал копию и не одну только, а целых три. И когда, согнув голову набок и поджав губы, он трудолюбиво выводил последнюю строку, патрон заглянул через плечо в бумагу и слегка потрепал по плечу.

— Действительность! Ах, чудак, чудак!

На секунду выражение усталости исчезло с его лица, и глаза стали мягкими, добрыми и немного печальными, как будто он снова увидел что-то давно забытое, хорошее и молодое.

Петька на даче

Осип Абрамович, парикмахер, поправил на груди посетителя грязную простынку, заткнул ее пальцами за ворот и крикнул отрывисто и резко:

— Мальчик, воды!

Посетитель, рассматривавший в зеркало свою физиономию с тою обостренною внимательностью и интересом, какие являются только в парикмахерской, замечал, что у него на подбородке прибавился еще один угорь, и с неудовольствием отводил глаза, попадавшие прямо на худую, маленькую ручонку, которая откуда-то со стороны протягивалась к подзеркальнику и ставила жестянку с горячей водой. Когда он поднимал глаза выше, то видел отражение парикмахера, странное и как будто косое, и подмечал быстрый и грозный взгляд, который тот бросал вниз на чью-то голову, и безмолвное движение его губ от неслышного, но выразительного шепота. Если его брил не сам хозяин Осип Абрамович, а кто-нибудь из подмастерьев, Прокопий или Михайла, то шепот становился громким и принимал форму неопределенной угрозы:

— Вот погоди!

Это значило, что мальчик недостаточно быстро подал воду и его ждет наказание. «Так их и следует», — думал посетитель, кривя голову набок и созерцая у самого своего носа большую потную руку, у которой три пальца были оттопырены, а два другие, липкие и пахучие, нежно прикасались к щеке и подбородку, пока туповатая бритва с неприятным скрипом снимала мыльную пену и жесткую щетину бороды.

В этой парикмахерской, пропитанной скучным запахом дешевых духов, полной надоедливых мух и грязи, посетитель был нетребовательный: швейцары, приказчики, иногда мелкие служащие или рабочие, часто аляповато-красивые, но подозрительные молодцы, с румяными щеками, тоненькими усиками и наглыми маслянистыми глазками. Невдалеке находился квартал, заполненный домами дешевого разврата. Они господствовали над этою местностью и придавали ей особый характер чего-то грязного, беспорядочного и тревожного.

Мальчик, на которого чаще всего кричали, назывался Петькой и был самым маленьким из всех служащих в заведении. Другой мальчик, Николка, насчитывал от роду тремя годами больше и скоро должен был перейти в подмастерья. Уже и теперь, когда в парикмахерскую заглядывал посетитель попроще, а подмастерья, в отсутствие хозяина, ленились работать, они посылали Николку стричь и смеялись, что ему приходится подниматься на цыпочки, чтобы видеть волосатый затылок дюжего дворника. Иногда посетитель обижался за испорченные волосы и поднимал крик, тогда и подмастерья кричали на Николку, но не всерьез, а только для удовольствия окорначенного простака. Но такие случаи бывали редко, и Николка важничал и держался, как большой: курил папиросы, сплевывал через зубы, ругался скверными словами и даже хвастался Петьке, что пил водку, но, вероятно, врал. Вместе с подмастерьями он бегал на соседнюю улицу посмотреть на крупную драку, и когда возвращался оттуда, счастливый и смеющийся, Осип Абрамович давал ему две пощечины: по одной на каждую щеку.

Петьке было десять лет; он не курил, не пил водки и не ругался, хотя знал очень много скверных слов, и во всех этих отношениях завидовал товарищу. Когда не было посетителей и Прокопий, проводивший где-то бессонные ночи и днем спотыкавшийся от желания спать, приваливался в темном углу за перегородкой, а Михаила читал «Московский листок» и среди описания краж и грабежей искал знакомого имени кого-нибудь из обычных посетителей, — Петька и Николка беседовали. Последний всегда становился добрее, оставаясь вдвоем, и объяснял «мальчику», что значит стричь под польку, бобриком или с пробором.

Иногда они садились на окно, рядом с восковым бюстом женщины, у которой были розовые щеки, стеклянные удивленные глаза и редкие прямые ресницы, — и смотрели на бульвар, где жизнь начиналась с раннего утра. Деревья бульвара, серые от пыли, неподвижно млели под горячим, безжалостным солнцем и давали такую же серую, неохлаждающую тень. На всех скамейках сидели мужчины и женщины, грязно и странно одетые, без платков и шапок, как будто они тут и жили и у них не было другого дома. Были лица равнодушные, злые или распущенные, но на всех на них лежала печать крайнего утомления и пренебрежения к окружающему. Часто чья-нибудь лохматая голова бессильно клонилась на плечо, и тело невольно искало простора для сна, как у третьеклассного пассажира, проехавшего тысячи верст без отдыха, но лечь было негде. По дорожкам расхаживал с палкой ярко-синий сторож и смотрел, чтобы кто-нибудь не развалился на скамейке или не бросился на траву, порыжевшую от солнца, но такую мягкую, такую прохладную. Женщины, всегда одетые более чисто, даже с намеком на моду, были все как будто на одно лицо и одного возраста, хотя иногда попадались совсем старые или молоденькие, почти дети. Все они говорили хриплыми, резкими голосами, бранились, обнимали мужчин так просто, как будто были на бульваре совсем одни, иногда тут же пили водку и закусывали. Случалось, пьяный мужчина бил такую же пьяную женщину; она падала, поднималась и снова падала; но никто не вступался за нее. Зубы весело скалились, лица становились осмысленнее и живее, около дерущихся собиралась толпа; но когда приближался ярко-синий сторож, все лениво разбредались по своим местам. И только побитая женщина плакала и бессмысленно ругалась; ее растрепанные волосы волочились по песку, а полуобнаженное тело, грязное и желтое при дневном свете, цинично и жалко выставлялось наружу. Ее усаживали на дно извозчичьей пролетки и везли, и свесившаяся голова ее болталась, как у мертвой.

Николка знал по именам многих женщин и мужчин, рассказывал о них Петьке грязные истории и смеялся, скаля острые зубы. А Петька изумлялся тому, какой он умный и бесстрашный, и думал, что когда-нибудь и он будет такой же. Но пока ему хотелось бы куда-нибудь в другое место… Очень хотелось бы.

Петькины дни тянулись удивительно однообразно и похоже один на другой, как два родные брата. И зимою и летом он видел все те же зеркала, из которых одно было с трещиной, а другое было кривое и потешное. На запятнанной стене висела одна и та же картина, изображавшая двух голых женщин на берегу моря, и только их розовые тела становились все пестрее от мушиных следов, да увеличивалась черная копоть над тем местом, где зимою чуть ли не весь день горела керосиновая лампа-молния. И утром, и вечером, и весь божий день над Петькой висел один и тот же отрывистый крик: «Мальчик, воды», — и он все подавал ее, все подавал. Праздников не было. По воскресеньям, когда улицу переставали освещать окна магазинов и лавок, парикмахерская до поздней ночи бросала на мостовую яркий сноп света, и прохожий видел маленькую, худую фигурку, сгорбившуюся в углу на своем стуле, и погруженную не то в думы, не то в тяжелую дремоту. Петька спал много, но ему почему-то все хотелось спать, и часто казалось, что все вокруг него не правда, а длинный неприятный сон. Он часто разливал воду или не слыхал резкого крика: «Мальчик, воды», — и все худел, а на стриженой голове у него пошли нехорошие струпья. Даже нетребовательные посетители с брезгливостью смотрели на этого худенького, веснушчатого мальчика, у которого глаза всегда сонные, рот полуоткрытый и грязные-прегрязные руки и шея. Около глаз и под носом у него прорезались тоненькие морщинки, точно проведенные острой иглой, и делали его похожим на состарившегося карлика.

Петька не знал, скучно ему или весело, но ему хотелось в другое место, о котором он ничего не мог сказать, где оно и какое оно. Когда его навещала мать, кухарка Надежда, он лениво ел принесенные сласти, не жаловался и только просил взять его отсюда. Но затем он забывал о своей просьбе, равнодушно прощался с матерью и не спрашивал, когда она придет опять. А Надежда с горем думала, что у нее один сын — и тот дурачок.

Много ли, мало ли жил Петька таким образом, он не знал. Но вот однажды в обед приехала мать, поговорила с Осипом Абрамовичем и сказала, что его, Петьку, отпускают на дачу, в Царицыно, где живут ее господа. Сперва Петька не понял, потом лицо его покрылось тонкими морщинками от тихого смеха, и он начал торопить Надежду. Той нужно было, ради пристойности, поговорить с Осипом Абрамовичем о здоровье его жены, а Петька тихонько толкал ее к двери и дергал за руку. Он не знал, что такое дача, но полагал, что она есть то самое место, куда он так стремился. И он эгоистично позабыл о Николке, который, заложив руки в карманы, стоял тут же и старался с обычною дерзостью смотреть на Надежду. Но в глазах его вместо дерзости светилась глубокая тоска: у него совсем не было матери, и он в этот момент был бы не прочь даже от такой, как эта толстая Надежда. Дело в том, что и он никогда не был на даче.

Вокзал с его разноголосою сутолокою, грохотом приходящих поездов, свистками паровозов, то густыми и сердитыми, как голос Осипа Абрамовича, то визгливыми и тоненькими, как голос его больной жены, торопливыми пассажирами, которые все идут и идут, точно им и конца нету, — впервые предстал перед оторопелыми глазами Петьки и наполнил его чувством возбужденности и нетерпения. Вместе с матерью он боялся опоздать, хотя до отхода дачного поезда оставалось добрых полчаса; а когда они сели в вагон и поехали, Петька прилип к окну, и только стриженая голова его вертелась на тонкой шее, как на металлическом стержне.

Он родился и вырос в городе, в поле был первый раз в своей жизни, и все здесь для него было поразительно ново и странно: и то, что можно видеть так далеко, что лес кажется травкой, и небо, бывшее в этом новом мире удивительно ясным и широким, точно с крыши смотришь. Петька видел его с своей стороны, а когда оборачивался к матери, это же небо голубело в противоположном окне, и по нем плыли, как ангелочки, беленькие радостные облачка. Петька то вертелся у своего окна, то перебегал на другую сторону вагона, с доверчивостью кладя плохо отмытую ручонку на плечи и колени незнакомых пассажиров, отвечавших ему улыбками. Но какой-то господин, читавший газету и все время зевавший, то ли от чрезмерной усталости, то ли от скуки, раза два неприязненно покосился на мальчика, и Надежда поспешила извиниться:

— Впервой по чугунке едет — интересуется…

— Угу! — пробурчал господин и уткнулся в газету.

Надежде очень хотелось рассказать ему, что Петька уже три года живет у парикмахера и тот обещал поставить его на ноги, и это будет очень хорошо, потому что женщина она одинокая и слабая и другой поддержки, на случай болезни или старости, у нее нет. Но лицо у господина было злое, и Надежда только подумала все это про себя.

Направо от пути раскинулась кочковатая равнина, темно-зеленая от постоянной сырости, и на краю ее были брошены серенькие домики, похожие на игрушечные, а на высокой зеленой горе, внизу которой блистала серебристая полоска, стояла такая же игрушечная белая церковь. Когда поезд со звонким металлическим лязгом, внезапно усилившимся, взлетел на мост и точно повис в воздухе над зеркальною гладью реки, Петька даже вздрогнул от испуга и неожиданности и отшатнулся от окна, но сейчас же вернулся к нему, боясь потерять малейшую подробность пути. Глаза Петькины давно уже перестали казаться сонными, и морщинки пропали. Как будто по этому лицу кто-нибудь провел горячим утюгом, разгладил морщинки и сделал его белым и блестящим.

В первые два дня Петькина пребывания на даче богатство и сила новых впечатлений, лившихся на него и сверху и снизу, смяли его маленькую и робкую душонку. В противоположность дикарям минувших веков, терявшимся при переходе из пустыни в город, этот современный дикарь, выхваченный из каменных объятий городских громад, чувствовал себя слабым и беспомощным перед лицом природы. Все здесь было для него живым, чувствующим и имеющим волю. Он боялся леса, который покойно шумел над его головой и был темный, задумчивый и такой страшный в своей бесконечности; полянки, светлые, зеленые, веселые, точно поющие всеми своими яркими цветами, он любил и хотел бы приласкать их, как сестер, а темно-синее небо звало его к себе и смеялось, как мать. Петька волновался, вздрагивал и бледнел, улыбался чему-то и степенно, как старик, гулял по опушке и лесистому берегу пруда. Тут он, утомленный, задыхающийся, разваливался на густой сыроватой траве и утопал в ней; только его маленький веснушчатый носик поднимался над зеленой поверхностью. В первые дни он часто возвращался к матери, терся возле нее, и, когда барин спрашивал его, хорошо ли на даче, — конфузливо улыбался и отвечал:

— Хорошо!..

И потом снова шел к грозному лесу и тихой воде и будто допрашивал их о чем-то.

Но прошло еще два дня, и Петька вступил в полное соглашение с природой. Это произошло при содействии гимназиста Мити из Старого Царицына. У гимназиста Мити лицо было смугло-желтым, как вагон второго класса, волосы на макушке стояли торчком и были совсем белые — так выжгло их солнце. Он ловил в пруде рыбу, когда Петька увидал его, бесцеремонно вступил с ним в беседу и удивительно скоро сошелся. Он дал Петьке подержать одну удочку и потом повел его куда-то далеко купаться. Петька очень боялся идти в воду, но когда вошел, то не хотел вылезать из нее и делал вид, что плавает: поднимал нос и брови кверху, захлебывался и бил по воде руками, поднимая брызги. В эти минуты он был очень похож на щенка, впервые попавшего в воду. Когда Петька оделся, то был синий от холода, как мертвец, и, разговаривая, ляскал зубами. По предложению того же Мити, неистощимого на выдумки, они исследовали развалины дворца; лазали на заросшую деревьями крышу и бродили среди разрушенных стен громадного здания. Там было очень хорошо: всюду навалены груды камней, на которые с трудом можно взобраться, и промеж них растет молодая рябина и березки, тишина стоит мертвая, и чудится, что вот-вот выскочит кто-нибудь из-за угла или в растрескавшейся амбразуре окна покажется страшная-престрашная рожа. Постепенно Петька почувствовал себя на даче как дома и совсем забыл, что на свете существует Осип Абрамович и парикмахерская. —

— Смотри-ка, растолстел как! Чистый купец! — радовалась Надежда, сама толстая и красная от кухонного жара, как медный самовар. Она приписывала это тому, что много его кормит. Но Петька ел совсем мало, не потому, чтобы ему не хотелось есть, а некогда было возиться: если бы можно было не жевать, глотать сразу, а то нужно жевать, а в промежутки болтать ногами, так как Надежда ест дьявольски медленно, обгладывает кости, утирается передником и разговаривает о пустяках. А у него дела было по горло: нужно пять раз выкупаться, вырезать в орешнике удочку, накопать червей, — на все это требуется время. Теперь Петька бегал босой, и это в тысячу раз приятнее, чем в сапогах с толстыми подошвами: шершавая земля так ласково то жжет, то холодит ногу. Свою подержанную гимназическую куртку, в которой он казался солидным мастером парикмахерского цеха, он также снял и изумительно помолодел. Надевал он ее только вечерами, когда ходил на плотину смотреть, как катаются на лодках господа: нарядные, веселые, они со смехом садятся в качающуюся лодку, и та медленно рассекает зеркальную воду, а отраженные деревья колеблются, точно по ним пробежал ветерок.

В исходе недели барин привез из города письмо, адресованное «куфарке Надежде», и, когда прочел его адресату, адресат заплакал и размазал по всему лицу сажу, которая была на переднике. По отрывочным словам, сопровождавшим эту операцию, можно было понять, что речь идет о Петьке. Это было уже ввечеру. Петька на заднем дворе играл сам с собою в «классики» и надувал щеки, потому что так прыгать было значительно легче. Гимназист Митя научил этому глупому, но интересному занятию, и теперь Петька, как истый спортсмен, совершенствовался в одиночку. Вышел барин и, положив руку на плечо, сказал:

— Что, брат, ехать надо!

Петька конфузливо улыбался и молчал.

«Вот чудак-то!»— подумал барин.

— Ехать, братец, надо.

Петька улыбался. Подошла Надежда и со слезами подтвердила:

— Надобно ехать, сынок!

— Куда? — удивился Петька.

Про город он забыл, а другое место, куда ему всегда хотелось уйти, — уже найдено.

— К хозяину Осипу Абрамовичу.

Петька продолжал не понимать, хотя дело было ясно как божий день. Но во рту у него пересохло, и язык двигался с трудом, когда он спросил:

— А как же завтра рыбу ловить? Удочка — вот она…

— Что же поделаешь!.. Требует. Прокопий, говорит, заболел, в больницу свезли. Народу, говорит, нету. Ты не плачь: гляди, опять отпустит, — он добрый, Осип Абрамович.

Но Петька и не думал плакать и все не понимал. С одной стороны был факт — удочка, с другой призрак — Осип Абрамович. Но постепенно мысли Петькины стали проясняться, и произошло странное перемещение: фактом стал Осип Абрамович, а удочка, еще не успевшая высохнуть, превратилась в призрак. И тогда Петька удивил мать, расстроил барыню и барина и удивился бы сам, если бы был способен к самоанализу: он не просто заплакал, как плачут городские дети, худые и истощенные, — он закричал громче самого горластого мужика и начал кататься по земле, как те пьяные женщины на бульваре. Худая ручонка его сжималась в кулак и била по руке матери, по земле, по чем попало, чувствуя боль от острых камешков и песчинок, но как будто стараясь еще усилить ее.

Своевременно Петька успокоился, и барин говорил барыне, которая стояла перед зеркалом и вкалывала в волосы белую розу:

— Вот видишь, перестал, — детское горе непродолжительно.

— Но мне все-таки очень жаль этого бедного мальчика.

— Правда, они живут в ужасных условиях, но есть люди, которым живется и хуже. Ты готова?

И они пошли в сад Дипмана, где в этот вечер были назначены танцы и уже играла военная музыка.

На другой день, с семичасовым утренним поездом, Петька уже ехал в Москву. Опять перед ним мелькали зеленые поля, седые от ночной росы, но только убегали не в ту сторону, что раньше, а в противоположную. Подержанная гимназическая курточка облекала его худенькое тело, из-за ворота ее выставлялся кончик белого бумажного воротничка. Петька не вертелся и почти не смотрел в окно, а сидел такой тихонький и скромный, и ручонки его были благонравно сложены на коленях. Глаза были сонливы и апатичны, тонкие морщинки, как у старого человека, ютились около глаз и под носом. Вот замелькали у окна столбы и стропила платформы, и поезд остановился.

Толкаясь среди торопившихся пассажиров, они вышли на грохочущую улицу, и большой жадный город равнодушно поглотил свою маленькую жертву.

— Ты удочку спрячь! — сказал Петька, когда мать довела его до порога парикмахерской.

— Спрячу, сынок, спрячу! Может, еще приедешь.

И снова в грязной и душной парикмахерской звучало отрывистое: «Мальчик, воды», и посетитель видел, как к подзеркальнику протягивалась маленькая грязная рука, и слышал неопределенно угрожающий шепот: «Вот погоди!» Это значило, что сонливый мальчик разлил воду или перепутал приказания. А по ночам, в том месте, где спали рядом Николка и Петька, звенел и волновался тихий голосок, и рассказывал о даче, и говорил о том, чего не бывает, чего никто не видел никогда и не слышал. В наступавшем молчании слышалось неровное дыхание детских грудей, и другой голос, не по-детски грубый и энергичный, произносил:

— Вот черти! Чтоб им повылазило!

— Кто черти?

— Да так... Все.

Мимо проезжал обоз и своим мощным громыханием заглушал голоса мальчиков и тот отдаленный жалобный крик, который уже давно доносился с бульвара: там пьяный мужчина бил такую же пьяную женщину.

Праздник

I

С половины Великого поста Качерин почувствовал, что в мир надвигается что-то крупное, светлое и немного страшное в своей торжественности. И хотя оно называлось старым словом «праздник» и для всех других было просто и понятно, Качерину оно казалось новым и загадочным, — таким новым, как сознание своего существования. Последний год Качерину казалось, что он только что появился на свет, и все удивляло и интересовало его, а то, что было раньше и называлось детством, представлялось смешным, веселым и к нему не относящимся. И он помнил момент, когда началась его жизнь. Он сидел в своем классе на уроке и скучал, когда внезапно с удивительной ясностью ему представилось, что вот этот, который сидит на третьей парте, подпер голову рукой и скучает, есть он, Николай Николаевич Качерин, а вот эти — тот, что бормочет с кафедры, и другие, рассевшиеся по партам, — совсем иные люди и иной мир. Представление это было ярко, сильно и мгновенно, и потом Качерин уже не мог вызвать его, хотя часто делал к тому попытки: садился в ту же позу и подпирал голову рукой. Но зато все стало новым и полным загадочности: товарищи, отец и мать, книги и он сам.

Качерин был учеником седьмого класса гимназии, и одни из знакомых, старые, называли его просто «Коля», а все новые звали Николаем Николаевичем. Он был невысокого роста, тоненький и хрупкий, с очень нежным цветом лица и вежливой тихой речью. Усики у него только что стали пробиваться и темной пушистой дорожкой проходили над свежими и красными губами. Родители Качерина были очень богатые люди и имели на одной из главных улиц города свой дом, при котором находился большой, в две десятины сад, громадные сараи и конюшни и даже колодец, из которого вся почти улица брала для себя воду.

У Качерина было много приятелей и один друг, Меркулов, которого он любил горячо и нежно и каждую неделю отсылал ему по большому, мелко исписанному письму. Меркулов был старше его двумя годами и с осени находился в юнкерском училище, откуда приезжал только на большие праздники. Имелись у Качерина и враги, по крайней мере, один враг — реалист, с которым он однажды подрался еще маленький, и с тех пор косился при встрече и одно время даже носил в кармане кастет. Была у него и возлюбленная — молодая, красивая и веселая горничная, однажды овладевшая им. В гимназии, дома и у знакомых все считали его очень счастливым юношей, но сам он находил себя глубоко несчастным. И причиной несчастья было то, что он сознавал себя порочным и лживым, а жизнь свою никому и ни на что не нужной. И много неразрешимых вопросов приходило ему в голову и выталкивало оттуда латынь и математику: нужно ли ему жить и зачем? Как сделать, чтобы быть довольным собой и чтобы все любили его? За последнюю учебную четверть он получил две двойки, и это грозило ему оставлением в классе на другой год. И то, что он так плохо учился и скрывал это от родителей, которые с своей стороны добродушно хвалили его, делало его окончательно негодным в его глазах. А если бы еще все, хвалившие его, знали, где он бывает с товарищами и что он делает там!

И надвигавшееся на мир что-то крупное, светлое и немного страшное, называвшееся старым именем «праздник», как будто несло с собой и ответ. И Качерин думал, что не может быть печальным этот ответ, и что обязательно явится некто и скажет, как нужно жить и для чего нужно жить. Будет ли это Меркулов, который приедет к Святой, или кто-нибудь другой, а может быть, даже и не кто-нибудь, а что-нибудь — Качерин не знал, но он ждал.

И праздник наступил.

II

Праздничное и новое началось с первых дней Страстной недели, но Качерин не сразу почувствовал его. Он ходил в гимназическую церковь, видел там товарищей и учителей, и все это было будничное и старое. Надзиратель, носивший странное название «Глиста», поймал его, когда он курил, и хотел жаловаться инспектору. Все было скучно и серо, и все лица казались тусклыми, и на них не было видно того, что замечалось раньше, — того же ожидания какой-то необычайной радости, как у него. Быть может, на всех влияла дурная погода: на Вербное воскресенье шел снег, а потом три дня стояли холод и слякоть, и нельзя было открыть ни одного окна. Но все же в воздухе носилось что-то раздражающее. На улицах экипажей и людей стало больше, чем всегда, и двигались они быстрее и говорили громче, и все обязательно толковали не о текущем дне, а о том, что они будут делать тогда, на праздниках. Настоящее точно провалилось куда-то, и люди думали об одном будущем.

И когда в пятницу появилось солнце и сразу нагрело и подсушило землю, надвигающийся праздник овладел всем живущим, и Качерин почувствовал его во всем. Но это все было только ожиданием, и

293

раздражало и мучило. Качерин пошел в конюшню, — там кучер и дворник мыли экипажи и чистили лошадей, и были злы и неразговорчивы. Он несколько раз заглядывал на кухню — там происходило что-то необыкновенное. И всегда в будни Качерины ели очень много и хорошо, но теперь все готовили и готовили, и ни до чего из приготовляемого нельзя было касаться, так как оно предназначалось для праздника. И мать и отец уезжали на старенькой пролетке и привозили все новые кульки, и опять уезжали, и по всему дому разносили раздражающий, необычайный запах ванили, свежего теста и яиц. Всюду перед иконами горели лампадки, и нянька ругалась с маленькими детьми и не пускала их в залу и гостиную, где полы были начищены и уже все убрано. Завтрака совсем не было, а обед подали такой плохой, как будто есть теперь совсем было не нужно. Горничная Даша столкнулась с Качериным в буфетной, когда там никого не было, и хотя поцеловала его, но быстро и небрежно. Волосы у нее были не причесаны, и от голых рук шел тот же раздражающий запах ванили.

— Выйди в сад, — сказал Кочерин.

— И ни-ни-ни! — замотала головой Даша. — Вот! — растопырила она руки, показывая, сколько у нее дела.

Качерин вышел в сад, и сад показался ему полным того же страстного ожидания. Около террасы дорожки были уже вычищены и посыпаны желтым песком, но дальше, в глубине сада, было сыро и запущено, как это бывает после зимы. На дорожках лежал, прилипая к земле, прошлогодний лист, темный и промоченный насквозь; в углах у заборов белел нездоровый снег, и из-под него сочились струйки воды, чистой и прозрачной, как слеза. Местами темно-зелеными пучками сидела молодая крапива, и недалеко от нее выглядывал на свет остренький стебелек травы, одинокий и пугливый. Нагретые солнцем скамейки жгли руку, а весь неподвижный воздух казался до густоты насыщенным солнечным теплом, ароматом земли и невидимой молодой зелени. Радостно и тихо было в саду, и отчетливо доносилось с улицы скрипение ворота, поднимающего из колодца бадью. Но Качерин не мог наслаждаться этим покоем, и ему казалось, что сейчас и нельзя делать этого, а нужно ждать того, что называется «праздником». И он переходил от одной скамейки к другой, присаживался ненадолго я снова шел. Так он обошел весь сад, чего-то ожидая и ища, опять побыл в конюшнях и несколько раз выглянул на улицу, точно праздник должен был прийти именно оттуда. И до поздней ночи он ходил по дому и по двору и всем мешал, и всех молча спрашивал: скоро ли, наконец, придет он, ваш праздник?

В субботу днем мать сказала ему:

— Приехал твой Меркулов, сейчас видели его на Московской. Обещал вечером прийти.

Качерин вспыхнул и улыбнулся.

— И я рада, — ответила на его улыбку мать. — Скучать и мешаться не будешь.

Все кругом стало теперь ясно и понятно для Качерина, и он терпеливо стал ожидать, зная, кого он теперь ждет: Меркулова. Он думал о том, что он будет рассказывать своему другу, и ему чудилось, что одного простого рассказа достаточно для того, чтобы распутать и разрешить узел, в который завязалась его жизнь и который минуту назад представлялся неразрешимым. И он сделал приготовления для приема Меркулова: добыл через Дашу бутылку красного вина и две рюмки и все это поставил на окне в своей комнате. В эту минуту он забыл, что одним из пороков, внушавших ему отвращение к себе, была приобретенная в этом году привычка к вину.

Наступал вечер, и большой дом начал успокаиваться. Реже хлопала дверь из кухни, и умолкли в детской ворчливые звуки нянькиных нотаций и звонкие голоса детей. Качерин прошелся по чистым и торжественно-молчаливым комнатам, сумеречно освещенным вздрагивающим огнем лампад. Белые кисейные занавеси у окон также, казалось, вздрагивали, и было все немного и страшно и весело, полно тихого и светлого ожидания, — так, как и, должно быть в такой большой и хороший праздник.

Сейчас придет Меркулов. Что-нибудь задержало его. Тихо было на дворе и в саду, куда прошелся Качерин. В конюшне громко стукнула копытом лошадь, и он вздрогнул от этого звука и подумал: сейчас придет Меркулов. У раскрытых дверей сарая горел фонарь, и кучер Евмен мазал чем-то свои сапоги.

— Скоро и к утрени, а? — ласково спросил он, узнав барчука в смутно темневшей тоненькой фигурке, и добродушно подмигнул:— А Дашку с куличами уже услали!

Он знал о любви Качерина к Даше, как знали это и все в доме, кроме родителей, и покровительствовал ей.

Почему же не идет Меркулов?

Еще раз Качерин прошелся по всем местам, где он уже был в этот вечер, и, стыдясь самого себя, отправился к калитке. Он был уверен, что, когда откроет ее и выглянет на улицу, увидит подходящего Меркулова и услышит его милый голос: «Здравствуй, Коля!» Осторожно, медленно Качерин открыл скрипнувшую калитку, выглянул, потом вышел на улицу и сел на холодные ступени каменного крыльца. Безлюдно и тихо было на улице. Издалека послышался звук экипажа, и Качерин приподнялся. Ближе. Всеми своими железными частями забренчала разбитая пролетка, и уже по одному звуку он догадался, что это возвращался один, без седока, запоздавший извозчик. Слышно стало, как ухают колеса в промытой водой колдобинах дороги и расплескивается под копытами жидкая грязь — и вновь настала глубокая тишина апрельской темной ночи. Долго еще сидел Качерин и много раз обманывался, думая, что вот наконец идет Меркулов.

Не пришел Меркулов.

Словами не мог определить Качерин того чувства, которое охватило его, когда он, находолавшийся, вернулся в свою чистую и светлую комнату. Он задыхался от гнева, тоски и слез, комком собравшихся в горле. Он мысленно произносил упреки, которые он сделал бы теперь, если бы пришел Меркулов, но они не складывались в фразы и переходили в дикий и неосмысленный крик:

— Подлец! Подлец!

Разве стоит после этого жить? Полгода не видались они; полгода днем и ночью думал он о той минуте, когда увидит своего друга и все расскажет ему: как тяжело и мучительно жить, когда нет смысла в жизни, когда нет души кругом, с которой можно было бы поделиться своим горем. Полгода не виделись — и он не мог прийти и остался с другими пошлыми людьми, которые интересны ему, дороги и милы! И Качерину кажется, что все страстное ожидание, которое так долго томило его, которое он видел начертанным на всех лицах и вещах, относилось к одному Меркулову. Один он, и только он, нес с собой ответ на все мучительные вопросы и обещал свет и радость и успокоение. О, если бы он пришел!

Подлец!

Качерин ставит на стол бутылку с красным вином и две рюмки и с искаженной усмешкой смотрит на них. Из той рюмки должен был пить он. Усмехаясь и качая головой, Качерин наливает обе рюмки, берет свою, чокается и пьет.

— За… твое здоровье! — говорит он вслух и не замечает этого.

Смотри же ты, оставшийся с пошлыми людьми, как гибнет твой друг, который так любит тебя. Смотри, как в одиночку, перед тенью бывшего, напивается он и падает все ниже и ниже. Стоит ли жить, когда так ничтожны и подлы люди? Стоит ли думать о себе, о своем достоинстве и жизни, когда ложь и обман царят над миром? Пусть гибнет все!

Уже целых две рюмки выпил Качерин и не почувствовал хмеля. Он ходил по комнате, садился и вновь ходил, и хватался руками за грудь и голову. Ему чудилось, что сейчас в них разорвется что-то и кровь потечет из глаз, вместо бесцветных слез. И то проклинал он, то молил, то о мести думал, то о смерти, и уверен был, что никто на свете не терпел таких мучений, как он, и ни к кому не была так безжалостна жизнь и люди. И когда он вспоминал о светлых минутах ожидания и о том, как долго и терпеливо он ждал, ему хотелось нанести себе самое тяжелое и позорное оскорбление.

В дверях комнаты послышался стук.

— Коля, а ты разве в церковь не пойдешь? — спросил голос матери.

Качерин поспешно схватил бутылку с вином и рюмки и на цыпочках отнес их к окну. Потом, усиленно стуча ногами, подошел к двери и открыл ее.

— А Меркулов-то твой не пришел, — сказала мать, оглядывая комнату. — Я думала, ты с ним сидишь.

— Вероятно, задержал кто-нибудь, — отвечал Качерин равнодушно и беззаботно.

— Должно быть. У него так много знакомых. А мы с отцом уезжаем.

Мать еще раз оглядела комнату, и Качерину показалось, что она особенно долго смотрела на занавеси окна, за которыми стояла бутылка, и вышла.

Качерин чувствовал, что в жизни для него все уже кончилось и теперь безразлично, останется ли он дома или пойдет в церковь. И ему захотелось пойти, чтобы увидеть, как веселы и счастливы все люди и как несчастлив только он один. Он нарочно будет смеяться и шутить, и никто не догадается, что этот юноша, такой молодой, такой хороший и веселый, думает о смерти и только одной ее жаждет. В зеркало взглянули на него большие глаза с темными кругами и бледное, страдальческое лицо. Качерин нахмурил брови, потом горько улыбнулся и подумал, что он сейчас рисуется.

— И пусть рисуюсь. Ведь я негодяй, — с усмешкой передернул он плечами.

Совсем близок был праздник, большой и загадочный, и Качерин снова ощутил замирающее чувство ожидания, когда вышел из дому. Отовсюду в церковь шли люди, и топот бесчисленных ног отдавался в тихой улице, и казалось, что умерли все остальные звуки. Медленно и грузно шмурыгали ногами старухи, и приостанавливались, и вздыхали; частым, мелким топотом отдавалась походка детей, и твердо и ровно стучали по камням ноги взрослых. И необыкновенная поспешность чувствовалась в стремительном движении толпы вперед, к чему-то неизвестному, но радостному. Даже разговоров слышно не было, точно люди боялись потерять хоть одну минуту и опоздать, и Качерин невольно ускорил шаги, и чем больше обгонял других, тем сильнее торопился.

Но вот и гимназия. В большой зале, в которой гимназисты гуляли во время перемен и свободных уроков, рядами стояли куличи, и около каждого была зажженная свеча. Отсюда не было слышно церковной службы, но прислуга, стоявшая у куличей, крестилась. По коридорам двигалась густая и пестрая толпа гимназистов в мундирах и барышень в белых и цветных платьях, и так странно было видеть этих чужих, веселых, болтливых людей в коридорах, где раньше было все так строго и чинно, и ходили учителя во фраках и с журналами. И все гулявшие смеялись и говорили, и на всех лицах сияла радость — по-видимому, праздник для них уже наступил. Как будто уже случилось что-то необыкновенно радостное, или оно происходит сейчас, и люди присматриваются. Высокая плотина, за которой люди копили для себя веселье, оставаясь в ожидании его в обмелевшем русле жизни, казалось, дала уже трещины и с минуты на минуту готовилась рухнуть. Качерин чувствовал, как все выше и выше поднимаются вокруг него волны светлой радости, и люди захлебываются в них. Он прислушивался к разговорам; он вглядывался в лица и допрашивал смеющиеся глаза — и было во всех них что-то новое, незнакомое и чуждое. Старые знакомые пошлости звучали странным весельем и даже как будто бы умом. Люди встречались, улыбались, говорили: «здравствуйте», и оно звучало как поцелуй. При теплом сиянии свечей, лившемся и сверху, и снизу, и с боков, разглаживались морщины на лицах, и они становились неузнаваемыми, и в глазах блестел новый огонек: то ли отблеск свечей, то ли внутреннего света. Все выше и выше поднимались волны бурного и громкого веселья и смыкались над головой Качерина, но ни одна капля его не входила в его грудь и не освежала пересохшие от жажды уста. И как тогда, в классе, на миг блеснуло сознание одиночества и как молнией осветило черную пропасть, отделявшую его, этого уныло блуждающего по коридорам человека, от всего мира и от людей.

— Праздник… Как страшно это — праздник, — шептал Качерин, сторонясь от толкавших его веселых, довольных людей, которые так ласково глядели на него и так далеко были от него своими душами. И с ужасом, который так легко сообщался его уму, Качерин с поразительной ясностью представился самому себе в виде какого-то отверженца, Каина, на котором лежит печать проклятия. Весь мир живых людей и неживых предметов говорил на одном веселом, звучном языке. Качерин один не понимал этого языка и мучился от дикого сознания одиночества.

И Качерин ушел из сверкающего огнями здания гимназии, ища покой в темных улицах. Но, куда ни шел он, везде встречали его сияющие церкви, и около них шумно толпился народ, а в стекла окон он видел молодые и старые лица без морщин, и головы, медленно склонявшиеся после крестного знамения. Ни звука не доносилось из-за толстых стекол, и эта немая вереница светлых лиц, трепетавших под наплывом одного и того же глубокого блаженного чувства единения между собой и Богом, наводила страх на молодого отверженца. Так переходил он от одной церкви к другой, и всюду заглядывал в окна и видел одни и те же мерно склонявшиеся головы и беззвучно шепчущие губы. И все страшнее и страшнее становилось Качерину. Ему чудилось, что это все одна и та же церковь с одними и теми же людьми вырастает у него перед глазами и загораживает дорогу, и гремит всеми своими горящими окнами, всеми своими колоколами, грозными, могучими:

— Проклятый! Проклятый!

И когда Качерин вспоминал свое недавнее горе от неприхода и измены Меркулова, он понимал, как оно ничтожно и слабо перед этим страхом одиночества и заброшенности, охватившим его душу. И еще более загадочным и страшным становился праздник, который он наконец видел всюду и которого не чувствовал и не понимал. Смолк грозно-веселый говор колоколов, с самых отдаленных концов темного города посылавших ему проклятие и насмешку, и Качерин совершенно машинально за толпой мещан полез на какую-то колокольню. Непроглядный мрак охватил его на переходах крутых и узеньких лестниц. Впереди скрипели ступени под тяжелыми шагами идущих, и Качерин, одной рукой держась за скользкие перила, другую протягивал вперед и думал, как глухо здесь и таинственно и непохоже на то, что недалеко внизу молится тысячная толпа и поют священники и певчие.

Но вот голову его охватило нежным холодком весенней ночи, и возле себя он увидел медные, молчаливо отдыхавшие чудовища, а внизу крыши домов, плоские, как будто лежащие на мостовой. На железных откосах горели плошки, и пламя от фитилей сгибалось от неслышного, только ими ощутимого ветерка. И куда ни хватал взор, всюду он видел такие же мирно молчащие колокольни и огоньки плошек, взобравшихся так высоко, как звезды. И здесь был праздник, но другой, чем внизу — кроткий, торжественный и нежный, как ласка весеннего воздуха. Он не мучил Качерина, не дразнил его своим ярким блеском и шумным весельем, а входил в его грудь, ласковый и тихий, и что-то теплое переливалось в сердце. И когда Качерин прикоснулся рукой к холодному краю колокола, голос которого таким страшным и жестоким казался снизу, он звенел тихо и немного грустно. Точно и его медную грудь утомили бурные звуки громкого ликования.

Задумчивый и смягченный, Качерин спустился с колокольни и вошел внутрь церкви, которая стала близкой ему и дорогой, так как одна она из всех церквей так дружески и хорошо встретила его. Вероятно, то был бедный приход, или все хорошо одетые, богатые люди стояли ближе к алтарю и к Богу, как думали они, только в тесной толпе молящихся не было раздражающей пестроты и яркости праздничных одежд, и лишь на лицах их светлый праздник, такой же кроткий и тихий, как и наверху. Пробираясь осторожно к стене, Качерин увидел девушку его лет, в коричневом форменном платье гимназистки, и остановился немного сзади нее. Она долго не замечала его пристального взгляда, но потом обернулась и кивнула головой, так как они были знакомы, и улыбнулась ласково и

299

приветливо. Ни смущения, ни любопытства не прочел он во взоре ее ясных глаз, и улыбка ее была так проста, доверчива и мила, как мило и просто было все ее молодое, красивое лицо. Доверчивость и простота читались в медленном поднятии густых ресниц, в прозрачной и чистой краске щек, а особенно говорили о них, казалось Качерину, простенькие и наивно-милые колечки темных волос, поднимавшихся от белой шеи. И как будто так и нужно было случиться, как оно случилось: чтобы он пришел сюда и стал здесь возле нее, и иначе не могло быть. Кто-то вздохнул сзади Качерина глубоко и продолжительно, чей-то молитвенный шепот проникал в его ухо, а он смотрел на золоченый иконостас, задернутый синими клубами дыма и тускло сверкавший, и на милые колечки волос, и на белую нежную руку, неподвижно державшую свечу, и не понимал, что такое жгучее поднимается в нем. Чья-то рука осторожно коснулась его плеча и протянулась вперед с беленькой свечкой, обвитой тоненькой полоской золота.

— Спасителю! — тихо шепнул незнакомый голос.

Качерин так же осторожно коснулся плеча девушки и шепнул, протягивая свечу:

— Спасителю!

Она не расслышала, так как голос его был глух и прерывался, вопросительно-ласково подняла густые ресницы и ближе наклонила ухо. И так много было трогательной доверчивости в этом простом движении, и с такой непостижимой, чудной силой оно разрушило стену, за которой, чуждая миру и людям, мучительно содрогалась одинокая душа. Волны дивного веселья, прозрачные, светлые, подхватили ее и понесли, счастливую в своей беспомощности. Передав свечу дрожащей рукой, Качерин упал на колени — и мир утратил для него свою реальность. Он не понимал, где он находится, кто стоит возле него, и что поют где-то там, и откуда льется на него так много света. Он не знал, о чем плачет он такими горькими и такими счастливыми слезами, и стыдливо скрывал их, по-детски закрывая лицо руками. Так хорошо и уютно было ему внизу, у людских ног, закрытому со всех сторон. В один могучий и стройный аккорд слилось все, что видели его глаза, ощущала душа: и она, эта девушка, такая милая и чистая, к которой страшно коснуться, как к святыне, и жгучая печаль о себе, порочном и гадком, и страстная, разрывающая сердце мольба о новой, чистой и светлой жизни. Не было радости в этой дивной песне пробудившейся души, но всю радость, какая существует в бесконечном мире, можно было отдать за один ее звук, чистый и печальный. И плакал Качерин, и каждая дрожащая слеза гранила чистую печаль, и сверкала она в душе, как драгоценный алмаз. С боязливой нежностью Качерин прижался губами к коричневому платью, и тоненькая полоска его, сжатая между его губами и осторожной рукой, не была грубым и пыльным куском дешевой материи, а была она тем чистым, тем светлым, ради которого только и стоит жить на свете.

Наступил праздник и для Качерина.

Прекрасна жизнь для воскресших

Не случалось ли вам гулять по кладбищам?

Есть своя, очень своеобразная и жуткая поэзия в этих огороженных, тихих и заросших сочной зеленью уголках, таких маленьких и таких жадных.

День изо дня несут в них новых мертвецов, и уже вот весь живой, огромный и шумный город перенесен туда, и уже народившийся новый ждет своей очереди,— а они стоят, все такие же маленькие, тихие и жадные. Особенный в них воздух, особенная тишина, и другой там и лепет деревьев — элегический, задумчивый, нежный. Словно не могут позабыть эти белые березки всех тех заплаканных глаз, которые отыскивали небо между их зеленеющими ветвями, и словно не ветер, а глубокие вздохи продолжают колебать воздух и свежую листву.

Тихо, задумчиво бредете по кладбищу и вы. Ухо ваше воспринимает тихие отголоски глубоких стонов и слез, а глаза останавливаются на богатых памятниках, скромных деревянных крестах и немых безвестных могилах, укрывших собой людей, которые немы были всю жизнь, безвестны и незаметны. И надписи на памятниках читаете вы, и встают в вашем воображении все эти исчезнувшие из мира люди. Видите вы их молодыми, смеющимися, любящими; видите вы их бодрыми, говорливыми, дерзко уверенными в бесконечности жизни.

И они умерли, эти люди.

Но разве нужно выходить из дому, чтобы побывать на кладбище? Разве не достаточно для этого, чтобы мрак ночи охватил вас и поглотил дневные звуки?

Сколько памятников, богатых и пышных! Сколько немых, безвестных могил!

Но разве нужна ночь, чтобы побыть на кладбище? Разве не достаточно для этого дня — беспокойного, шумного дня, которому довлеет злоба его?

Загляните в душу свою, и будет ли тогда день или ночь, вы найдете там кладбище. Маленькое, жадное, так много поглотившее. И тихий, грустный шепот услышите вы — отражение былых тяжелых стонов, когда дорог был мертвец, которого опускали в могилу, и вы не успели ни разлюбить его, ни позабыть; и памятники увидите вы, и надписи, которые наполовину смыты слезами, и тихие, глухие могилки — маленькие, зловещие бугорки, под которыми скрыто то, что было живо, хотя вы не знали его жизни и не заметили смерти. А может быть, это было самое лучшее в вашей душе…

Но зачем говорю я: загляните. Разве и так не заглядывали вы в ваше кладбище каждый день, сколько есть этих дней в длинном, тяжелом году? Быть может, еще только вчера вы вспоминали дорогих покойников и плакали над ними; быть может, еще только вчера вы похоронили кого-нибудь, долго и тяжело болевшего и забытого еще при жизни.

Вот под тяжелым мрамором, окруженная частой чугунной решеткой, покоится любовь к людям и сестра ее, вера в них. Как они были красивы и чудно хороши, эти сестры! Каким ярким огнем горели их глаза, какой дивной мощью владели их нежные белые руки!

С какой лаской подносили эти белые руки холодное питье к воспаленным от жажды устам и кормили алчущих; с какой милой осторожностью касались они язв болящего и врачевали их!

И они умерли, эти сестры, от простуды умерли они, как сказано на памятнике. Не выдержали леденящего ветра, которым охватила их жизнь.

А вот дальше покосившийся крест знаменует место, где зарыт в землю талант. Какой он был бодрый, шумный, веселый; за все брался, все хотел сделать и был уверен, что покорит мир.

И умер — как-то незаметно и тихо. Пошел однажды на люди, долго пропадал там и вернулся разбитый, печальный. Долго плакал, долго порывался что-то сказать — и так, не сказавши, и умер.

Вот длинный ряд маленьких бугорков. Кто там?

Ах да. Это дети. Маленькие, резвые: шаловливые надежды. Их было так много, и так весело и людно было от них на душе,— но одна за другой умирали они.

Как много было их, и как весело было с ними на душе! Тихо на кладбище, и печально шелестят листьями березки.

Пусть же воскреснут мертвецы! Раскройтесь, угрюмые могилы, разрушьтесь вы, тяжелые памятники, и расступитесь, о железные решетки!

Хоть на день один, хоть на миг один дайте свободу тем, кого вы душите своей тяжестью и тьмой!

Вы думаете, они умерли? О нет, они живы. Они молчали, но они живы.

Живы!

Дайте же им увидеть сияние голубого безоблачного неба, вздохнуть чистым воздухом весны, упиться теплом и любовью.

Приди ко мне, мой уснувший талант. Что так смешно протираешь ты глаза — тебя ослепило солнце? Не правда ли, как ярко светит оно? Ты смеешься? Ах, смейся, смейся — так мало смеху у людей. Буду с тобой смеяться и я. Вон летит ласточка — полетим за нею! Ты отяжелел в могиле? И что за странный ужас вижу я в твоих глазах — словно отражение могильной тьмы? Нет, нет, не надо. Не плачь. Не плачь, говорю я тебе!

Ведь так прекрасна жизнь для воскресших!

А вы, мои маленькие надежды! Какие милые и смешные личики у вас. Кто ты, потешный, толстый карапуз? Я не узнаю тебя. И чему ты смеешься? Или сама могила не устрашила тебя? Тише, мои дети, тише. Зачем ты обижаешь ее — ты видишь, какая она маленькая, бледненькая и слабая? Живите в мире — и не кружите меня. Разве не знаете вы, что я тоже был в могиле, и теперь кружится моя голова от солнца, от воздуха, от радости.

Пришли и вы, величавые, чудные сестры. Дайте поцеловать ваши белые, нежные руки. Что я вижу? Вы несете хлеб? Вас, нежных, женственных и слабых, не испугал могильный мрак, и там, под этой тяжелой громадой, вы думали о хлебе для голодных? Дайте поцеловать мне ваши ножки. Я знаю, куда пойдут они сейчас, ваши легкие быстрые ножки, и знаю, что там, где пройдут они, вырастут цветы — дивные, благоухающие цветы. Вы зовете с собой? Пойдемте.

Сюда, мой воскресший талант — что зазевался там на бегущие облачка? Сюда, мои маленькие, шаловливые надежды.

Стойте!..

Я слышу музыку. Да не кричи же ты так, карапуз! Откуда эти чудные звуки? Тихие, стройные, безумно-радостные и печальные. О вечной жизни говорят они…

…Нет, не пугайтесь. Это сейчас пройдет. Ведь от радости я плачу!

Ах, как прекрасна жизнь для воскресших!

Стена

I

Я и другой прокаженный, мы осторожно подползли к самой стене и посмотрели вверх. Отсюда гребня стены не было видно; она поднималась, прямая и гладкая, и точно разрезала небо на две половины. И наша половина неба была буро-черная, а к горизонту темно-синяя, так что нельзя было понять, где кончается черная земля и начинается небо. И, сдавленная землей и небом, задыхалась черная ночь, и глухо и тяжко стонала, и с каждым вздохом выплевывала из недр своих острый и жгучий песок, от которого мучительно горели наши язвы.

— Попробуем перелезть, — сказал мне прокаженный, и голос его был гнусавый и зловонный, такой же, как у меня. И он подставил спину, а я стал на нее, но стена была все так же высока. Как и небо, рассекала она землю, лежала на ней как толстая сытая змея, спадала в пропасть, поднималась на горы, а голову и хвост прятала за горизонтом.

— Ну, тогда сломаем ее! — предложил прокаженный.

— Сломаем! — согласился я.

Мы ударились грудями о стену, и она окрасилась кровью наших ран, но осталась глухой и неподвижной. И мы впали в отчаяние.

— Убейте нас! Убейте нас! — стонали мы и ползли, но все лица с гадливостью отворачивались от нас, и мы видели одни спины, содрогавшиеся от глубокого отвращения.

Так мы доползли до голодного. Он сидел, прислонившись к камню, и, казалось, самому граниту было больно от его острых, колючих лопаток. У него совсем не было мяса, и кости стучали при движении, и сухая кожа шуршала. Нижняя челюсть его отвисла, и из темного отверстия рта шел сухой шершавый голос:

— Я го-ло-ден.

И мы засмеялись и поползли быстрее, пока не наткнулись на четырех, которые танцевали. Они сходились и расходились, обнимали друг друга и кружились, и лица у них были бледные, измученные, без улыбки. Один заплакал, потому что устал от бесконечного танца, и просил перестать, но другой молча обнял его и закружил, и снова стал он сходиться и расходиться, и при каждом его шаге капала большая мутная слеза.

— Я хочу танцевать, — прогнусавил мой товарищ, но я увлек его дальше.

Опять перед нами была стена, а около нее двое сидели на корточках. Один через известные промежутки времени ударял об стену лбом и падал, потеряв сознание, а другой серьезно смотрел на него, щупал рукой его голову, а потом стену, и, когда тот приходил в сознание, говорил:

— Нужно еще; теперь немного осталось.

И прокаженный засмеялся.

— Это дураки, — сказал он, весело надувая щеки. — Это дураки. Они думают, что там светло. А там тоже темно, и тоже ползают прокаженные и просят: убейте нас.

— А старик? — спросил я.

— Ну, что старик? — возразил прокаженный. — Старик глупый, слепой и ничего не слышит. Кто видел дырочку, которую он проковыривал в стене? Ты видел? Я видел?

И я рассердился и больно ударил товарища по пузырям, вздувавшимся на его черепе, и закричал:

— А зачем ты сам лазил?

Он заплакал, и мы оба заплакали и поползли дальше, прося:

— Убейте нас! Убейте нас!

Но с содроганием отворачивались лица, и никто не хотел убивать нас. Красивых и сильных они убивали, а нас боялись тронуть. Такие подлые!

II

У нас не было времени, и не было ни вчера, ни сегодня, ни завтра. Ночь никогда не уходила от нас и не отдыхала за горами, чтобы прийти оттуда крепкой, ясно-черной и спокойной. Оттого она была всегда такая усталая, задыхающаяся и угрюмая. Злая она была. Случалось так, что невыносимо ей делалось слушать наши вопли и стоны, видеть наши язвы, горе и злобу, и тогда бурной яростью вскипала ее черная, глухо работающая грудь. Она рычала на нас, как плененный зверь, разум которого помутился, и гневно мигала огненными страшными глазами, озарявшими черные, бездонные пропасти, мрачную, гордо-спокойную стену и жалкую кучку дрожащих людей. Как к другу, прижимались они к стене и просили у нее защиты, а она всегда была наш враг, всегда. И ночь возмущалась нашим малодушием и трусостью, и начинала грозно хохотать, покачивая своим серым пятнистым брюхом, и старые лысые горы подхватывали этот сатанинский хохот. Гулко вторила ему мрачно развеселившаяся стена, шаловливо роняла на нас камни, а они дробили наши головы и расплющивали тела. Так веселились они, эти великаны, и перекликались, и ветер насвистывал им дикую мелодию, а мы лежали ниц и с ужасом прислушивались, как в недрах земли ворочается что-то громадное и глухо ворчит, стуча и просясь на свободу. Тогда все мы молили:

— Убей нас!

Но, умирая каждую секунду, мы были бессмертны, как боги. Проходил порыв безумного гнева и веселья, и ночь плакала слезами раскаяния и тяжело вздыхала, харкая на нас мокрым песком, как больная. Мы с радостью прощали ее, смеялись над ней, истощенной и слабой, и становились веселы, как дети. Сладким пением казался нам вопль голодного, и с веселой завистью смотрели мы на тех четырех, которые сходились, расходились и плавно кружились в бесконечном танце. И пара за парой начинали кружиться и мы, и я, прокаженный, находил себе временную подругу. И это было так весело, так приятно! Я обнимал ее, а она смеялась, и зубки у нее были беленькие, и щечки розовенькие-розовенькие. Это было так приятно. И нельзя понять, как это случилось, но радостно оскаленные зубы начинали щелкать, поцелуи становились укусом, и с визгом, в котором еще не исчезла радость, мы начинали грызть друг друга и убивать. И она, беленькие зубки, тоже била меня по моей больной слабой голове и острыми коготками впивалась в мою грудь, добираясь до самого сердца — била меня, прокаженного, бедного, такого бедного. И это было страшнее, чем гнев самой ночи и бездушный хохот стены. И я, прокаженный, плакал и дрожал от страха, и потихоньку, тайно от всех целовал гнусные ноги стены и просил ее меня, только меня одного пропустить в тот мир, где нет безумных, убивающих друг друга. Но, такая подлая, стена не пропускала меня, и тогда я плевал на нее, бил ее кулаками и кричал:

— Смотрите на эту убийцу! Она смеется над вами.

Но голос мой был гнусав и дыхание смрадно, и никто не хотел слушать меня, прокаженного.

III

И опять ползли мы, я и другой прокаженный, и опять кругом стало шумно, и опять безмолвно кружились те четверо, отряхая пыль со своих платьев и зализывая кровавые раны. Но мы устали, нам было больно, и жизнь тяготила нас. Мой спутник сел и, равномерно ударяя по земле опухшей рукой, гнусавил быстрой скороговоркой:

— Убейте нас. Убейте нас.

Резким движением мы вскочили на ноги и бросились в толпу, но она расступилась, и мы увидели одни спины. И мы кланялись спинам и просили:

— Убейте нас.

Но неподвижны и глухи были спины, как вторая стена. Это было так страшно, когда не видишь лица людей, а одни их спины, неподвижные и глухие. Но вот мой спутник покинул меня. Он увидел лицо, первое лицо, и оно было такое же, как у него, изъязвленное и ужасное. Но то было лицо женщины. И он стал улыбаться и ходил вокруг нее, выгибая шею и распространяя смрад, а она также улыбалась ему провалившимся ртом и потупляла глаза, лишенные ресниц. И они женились. И на миг все лица обернулись к ним, и широкий, раскатистый хохот потряс здоровые тела: так они были смешны, любезничая друг с другом. Смеялся и я, прокаженный; ведь глупо жениться, когда ты так некрасив и болен.

— Дурак, — сказал я насмешливо. — Что ты будешь с ней делать?

Прокаженный напыщенно улыбнулся и ответил:

— Мы будем торговать камнями, которые падают со стены.

— А дети?

— А детей мы будем убивать.

IV

Они кончили свою работу — тот, что ударялся лбом, и другой, помогавший ему, и, когда я подполз, один висел на крюке, вбитом в стену, и был еще теплый, а другой тихонько пел веселую песенку.

— Ступай, скажи голодному, — приказал я ему, и он послушно пошел, напевая.

И я видел, как голодный откачнулся от своего камня. Шатаясь, падая, задевая всех колючими локтями, то на четвереньках, то ползком он пробирался к стене, где качался повешенный, и щелкал зубами и смеялся, радостно, как ребенок. Только кусочек ноги! Но он опоздал, и другие, сильные, опередили его. Напирая один на другого, царапаясь и кусаясь, они облепили труп повешенного и грызли его ноги, и аппетитно чавкали и трещали разгрызаемыми костями. И его не пустили. Он сел на корточки, смотрел, как едят другие, и облизывался шершавым языком, и продолжительный вой несся из его большого пустого рта:

— Я го-ло-ден.

Вот было смешно: тот умер за голодного, а голодному даже куска от ноги не досталось. И я смеялся, и другой прокаженный смеялся, и жена его тут же смешливо открывала и закрывала свои лукавые глаза: щурить их она не могла, так как у нее не было ресниц.

А он выл все яростнее и громче:

— Я го-ло-ден.

И хрип исчез из его голоса, и чистым металлическим звуком, пронзительным и ясным, поднимался он вверх, ударялся о стену и, отскочив от нее, летел над темными пропастями и седыми вершинами гор.

И скоро завыли все, находившиеся у стены, а их было так много, как саранчи, и жадны и голодны они были, как саранча, и казалось, что в нестерпимых муках взвыла сама сожженная земля, широко раскрыв свой каменный зев. Словно лес сухих деревьев, склоненных в одну сторону бушующим ветром, поднимались и протягивались к стене судорожно выпрямленные руки, тощие, жалкие, молящие, и было столько в них отчаяния, что содрогались камни и трусливо убегали седые и синие тучи. Но неподвижна и высока была стена и равнодушно отражала она вой, пластами резавший и пронзавший густой зловонный воздух.

И все глаза обратились к стене, и огнистые лучи струили они из себя. Они верили и ждали, что сейчас падет она и откроет новый мир, и в ослеплении веры уже видели, как колеблются камни, как с основания до вершины дрожит каменная змея, упитанная кровью и человеческими мозгами. Быть может, то слезы дрожали в наших глазах, а мы думали, что сама стена, и еще пронзительнее стал наш вой.

Гнев и ликование близкой победы зазвучали в нем.

V

И вот что случилось тогда. Высоко на камень встала худая, старая женщина с провалившимися сухими щеками и длинными нечесанными волосами, похожими на седую гриву старого голодного волка. Одежда ее была разорвана, обнажая желтые, костлявые плечи и тощие, отвислые груди, давшие жизнь многим и истощенные материнством. Она протянула руки к стене — и все взоры последовали за ними; она заговорила, и в голосе ее было столько муки, что стыдливо замер отчаянный вой голодного.

— Отдай мне мое дитя! — сказала женщина.

И все мы молчали и яростно улыбались, и ждали, что ответит стена. Кроваво-серым пятном выступали на стене мозги того, кого эта женщина называла «мое дитя», и мы ждали нетерпеливо, грозно, что ответит подлая убийца. И так тихо было, что мы слышали шорох туч, двигавшихся над нашими головами, и сама черная ночь замкнула стоны в своей груди и лишь с легким свистом выплевывала жгучий мелкий песок, разъедавший наши раны. И снова зазвенело суровое и горькое требование:

— Жестокая, отдай мне мое дитя!

Все грознее и яростнее становилась наша улыбка, но подлая стена молчала. И тогда из безмолвной толпы вышел красивый и суровый старик и стал рядом с женщиной.

— Отдай мне моего сына! — сказал он.

Так страшно было и весело! Спина моя ежилась от холода, и мышцы сокращались от прилива неведомой и грозной силы, а мой спутник толкал меня в бок, ляскал зубами, и смрадное дыхание шипящей, широкой волной выходило из гниющего рта.

И вот вышел из толпы еще человек и сказал:

— Отдай мне моего брата!

И еще вышел человек и сказал:

— Отдай мне мою дочь!

И вот стали выходить мужчины и женщины, старые и молодые, и простирали руки, и неумолимо звучало их горькое требование:

— Отдай мне мое дитя!

Тогда и я, прокаженный, ощутил в себе силу и смелость, и вышел вперед, и крикнул громко и грозно:

— Убийца! Отдай мне самого меня!

А она, — она молчала. Такая лживая и подлая, она притворялась, что не слышит, и злобный смех сотряс мои изъязвленные щеки, и безумная ярость наполнила наши изболевшиеся сердца. А она все молчала, равнодушно и тупо, и тогда женщина гневно потрясла тощими, желтыми руками и бросила неумолимо:

— Так будь же проклята, ты, убившая мое дитя!

Красивый, суровый старик повторил:

— Будь проклята!

И звенящим тысячеголосым стоном повторила вся земля:

— Будь проклята! Проклята! Проклята!

VI

И глубоко вздохнула черная ночь, и, словно море, подхваченное ураганом и всей своей тяжкой ревущей громадой брошенное на скалы, всколыхнулся весь видимый мир и тысячью напряженных и яростных грудей ударил о стену. Высоко, до самых тяжело ворочавшихся туч, брызнула кровавая пена и окрасила их, и стали они огненные и страшные, и красный свет бросили вниз, туда, где гремело, рокотало и выло что-то мелкое, но чудовищно-многочисленное, черное и свирепое. С замирающим стоном, полным несказанной боли, отхлынуло оно — и непоколебимо стояла стена и молчала. Но не робко и не стыдливо молчала она,- сумрачен и грозно-покоен был взгляд ее бесформенных очей, и гордо, как царица, спускала она с плеч своих пурпуровую мантию быстро сбегающей крови, и концы ее терялись среди изуродованных трупов.

Но, умирая каждую секунду, мы были бессмертны, как боги. И снова взревел мощный поток человеческих тел и всей своей силой ударил о стену. И снова отхлынул, и так много, много раз, пока не наступила усталость, и мертвый сон, и тишина. А я, прокаженный, был у самой стены и видел, что начинает шататься она, гордая царица, и ужас падения судорогой пробегает по ее камням.

— Она падает! — закричал я. — Братья, она падает!

— Ты ошибаешься, прокаженный, — ответили мне братья. И тогда я стал просить их:

— Пусть стоит она, но разве каждый труп не есть ступень к вершине? Нас много, и жизнь наша тягостна. Устелем трупами землю; на трупы набросим новые трупы и так дойдем до вершины. И если останется только один, — он увидит новый мир.

И с веселой надеждой оглянулся я — и одни спины увидел, равнодушные, жирные, усталые. В бесконечном танце кружились те четверо, сходились и расходились, и черная ночь выплевывала мокрый песок, как больная, и несокрушимой громадой стояла стена.

— Братья! — просил я. — Братья!

Но голос мой был гнусав и дыхание смрадно, и никто не хотел слушать меня, прокаженного.

Горе!.. Горе!.. Горе!..

У окна

Андрей Николаевич снял с подоконника горшок с засохшей геранью и стал смотреть на улицу. Всю ночь и утро сеял частый осенний дождь, и деревянные домики, насквозь промокшие, стояли серыми и печальными. Одинокие деревья гнулись от ветра, и их почерневшие листья то льнули друг к другу, шепча и жалуясь, то, разметавшись в разные стороны, тоскливо трепетали и бились на тонких ветвях. Наискосок, в потемневшем кривом домике отвязалась ставня и с тупым упорством захлопывала половинку окна, таща за собой мокрую веревку, и снова со стуком ударялась о гнилые бревна. И остававшаяся открытой другая половинка, со стоявшей на ней бутылкой желтого масла и сапожной колодкой, смотрела на улицу хмуро и недовольно, как человек с больным и подвязанным глазом.

За дощатой перегородкой, отделявшей комнатку Андрея Николаевича от хозяйского помещения, послышался голос, глухо и неторопливо бурчавший:

— Дело вот в чем — две копейки потерял.

— Да брось ты их, Федор Иванович, — умолял женский голос.

— Не могу.

Под тяжелыми шагами заскрипели половицы, и стукнула упавшая табуретка. Хозяин Андрея Николаевича, пекарь, когда бывал пьян, постоянно терял что-нибудь и не успокаивался, пока не находил. Чаще всего он терял какие-то две копейки, и Андрей Николаевич сомневался, были ли они когда-нибудь в действительности. Жена давала ему свои две копейки, говоря, что это потерянные, но Федор Иванович не верил, и приходилось перерывать всю комнату.

Вздохнув при мысли о глупости человеческой, Андрей Николаевич снова обратился к улице. Прямо против окна, на противоположной стороне, высился красивый барский дом. Деревянная вычурная резьба покрывала будто кружевом весь фасад, начинаясь от высокого темно-красного фундамента и доходя до конька железной крыши со стоящим на ней таким же вычурным шпилем. Даже в эту погоду, когда кругом все стояло безжизненным и грустным, зеркальные стекла дома сияли, и тропические растения, отчетливо видные, казались молодыми, свежими и радостными, точно для них никогда не умирала весна и сами они обладали тайной вечнозеленой жизни. Андрей Николаевич любил смотреть на этот дом и воображал, как живут там. Смеющиеся красивые люди неслышно скользят по паркетным полам, тонут ногой в пушистых коврах и свободно раскидываются на мягкой мебели, принимающей форму тела. За зелеными цветами не видно улицы с ее грязью, и все там красиво, уютно и чисто.

В пять или шесть часов приезжает обыкновенно со службы сам владелец богатого дома, красивый, высокий брюнет, с энергичным выражением лица и белыми зубами, делающими его улыбку яркой и самоуверенно-веселой. С ним часто приезжает какой-нибудь гость. Быстрыми и твердыми шагами всходят они на каменные ступени крыльца и, смеясь, скрываются за дубовой дверью, а толстый и сердитый кучер делает крутой поворот и въезжает на мощеный двор, в отдаленном конце которого видны капитальные службы и за ними высокие деревья старого сада. И Андрей Николаевич представляет себе, как теперь встречает их молодая хозяйка, как они садятся за стол, украшенный зеленеющим хрусталем и всем, чего Андрей Николаевич никогда не видал, едят и смеются. Однажды он встретил обладателя белых зубов, когда тот ехал по улице, разбрасывая резиновыми шипами мелкий щебень. Андрей Николаевич поклонился, и он весело и любезно ответил, но лицо его не выразило ни малейшего удивления по поводу того, что ему кланяется какой-то желтоватый и худой господин в фуражке с бархатным околышем и кокардой, и он не задумался о причине этого. Но причины не знал и сам Андрей Николаевич.

— Вот в чем дело, — говорил за перегородкой хозяин, раздумчиво и вразумительно, — это не те две копейки. Те две копейки щербатые.

— Господи, да когда же ты приберешь меня?

Андрей Николаевич сидел у окна, смотрел и слушал. Он хотел бы, чтобы вечно был праздник и он мог смотреть, как живут другие, и не испытывать того страха, который идет вместе с жизнью. Время застывало для него в эти минуты, и его зияющая, прозрачная бездна оставалась недвижимой. Так могли пронестись года, и ни одного чувства, ни одной мысли не прибавилось бы в омертвевшей душе.

Вот распахнулись ворота богатого дома, выехал кучер и остановился у крыльца, расправляя па руках вожжи. «Это барыня сейчас поедет», — подумал Андрей Николаевич. В дверях показалась молодая, нарядно одетая женщина и с нею сын, семилетний пузырь, с лицом таким же смуглым, как у отца, и с выражением сурового спокойствия и достоинства. Заложив руки в карманы длинного драпового пальто, маленький человечек благосклонно смотрел на вороного жеребца, горячо и нетерпеливо перебиравшего тонкими ногами, и с тем же видом величавого покоя и всеобъемлющей снисходительности, не вынимая рук из карманов, позволил горничной поднять себя и посадить в пролетку. Этого мальчика Андрей Николаевич назвал про себя «вашим превосходительством» и искренно недоумевал, неужели такие дети, как он, с врожденными погонами на плечах, родятся тем же простым способом, как и другие дети? И, когда обе женщины рассмеялись на маленького генерала, с задумчивым удивлением посмотревшего на их непонятную веселость, худенький чиновник, притаившийся у своего окна, невольно и с почтением улыбнулся. Лошадь рванула с места и ровной, крупной рысью понесла подпрыгивающий экипаж. Спрятав под передник красные руки, горничная повертелась на крыльце, сделала гримасу и скрылась за дверью. Снова опустела и затихла мокрая улица, и только отвязавшаяся ставня хлопала с таким безнадежным видом, точно просила, чтобы кто-нибудь вышел и привязал ее. Но покривившийся домик точно вымер. Раз только за его окном мелькнуло бледное женское лицо, но и оно не было похоже на лицо живого человека.

Андрей Николаевич никогда не завидовал этим людям и не хотел бы иметь столько денег, как они. Давно уже, целых шесть лет, он следил за красивым домом и так сжился с ним, что сгори он — он не знал бы, что ему делать. Он изучил все привычки его обитателей, и, когда в прошлом году, весной, пришли плотники и маляры и стали работать, Андрей Николаевич все свое свободное время проводил у окна и сильно тревожился. Ему казалось, что неуклюжие маляры, тонкими голосками поющие какие-то глупые песенки, обязательно испортят дом. И хотя он вовсе не был испорчен и еще ярче засиял, обмытый и помолодевший,

Андрею Николаевичу было жаль старого дома, в котором он знал всякую трещину. Там, где откос крыши сходился со стенами, в треугольничке находилось место, которое он особенно любил за его уютность, и ему сделалось особенно тяжело, когда плотники оторвали старую резьбу, и уютный уголок, обнаженный, сверкающий белым тесом от свежих ран, выступил на свет, и вся улица могла смотреть на него. И только раз или два Андрею Николаевичу приходила мысль о том, что и он мог бы быть человеком, который умеет зарабатывать много денег, и у него тогда был бы дом с сияющими стеклами и красивая жена. И от этого предположения ему становилось страшно. Теперь он тихо сидел в своей комнате, и стены и потолок, до которого легко достать рукой, обнимали его и защищали от жизни и людей. Никто не придет к нему, и не заговорит с ним, и не будет требовать от него ответа. Никто не знает и не думает о нем, и он так спокоен, как будто он лежит на илистом дне глубокого моря, и тяжелая, темно-зеленая масса воды отделяет его от поверхности с ее бурями. И вдруг бы у него богатство и власть, и он точно стоит на широкой равнине, на виду у всех. Все смотрят на него, говорят о нем и трогают его. Он должен говорить с людьми, которые непрестанно приходят к нему, и сам он ходит в дома с высокими потолками и множеством окон, несущих яркий, белый свет. И, ничем не защищенный, стоит он посередине, словно на площади, по которой он так не любил ходить. Он обязан думать о деньгах, о том. чтобы они не пропали и их было больше, о жене, о фабрике и о множестве странных вещей. У него есть подчиненные, и необходимо давать приказания, а если они не послушаются и станут спорить, то кричать и топать ногами. Надо быть страшным для других и сильным, очень сильным, и при этой мысли Андрей Николаевич чувствует, что все тело его, руки, ноги становятся мягкими, точно из них вынуты все мускулы и кости. Это чувство является у него всякий раз, когда ему приходится делать что-нибудь свое, непривычное и неприказанное.

В своей канцелярии он чувствует себя хорошо. Стол его, все один и тот же за пятнадцать лет, — крытый клеенкой стол притиснут в самый угол, и, когда проходит советник, он не видит Андрея Николаевича за другими чиновниками. Все же в эти минуты ему жутко, и лишь после того, как советник пройдет и согнутые спины распрямятся, словно колосья ржи после промчавшегося ветра, Андрей Николаевич сознает себя в полной безопасности. И только помощник секретаря, который берет у него переписанные бумаги и дает новые, знает, что существует на свете очень исполнительный и скромный чиновник, пишущий «д» с большим росчерком и «р», похожее на скрипичный знак. и что зовут его Андреем Николаевичем, товарищи дразнят его «Сусли-Мысли», а фамилия известна одному казначею. В свою очередь, чиновник этот знает, что он будет делать завтра и всю жизнь, и ничто новое и страшное не встретится на пути. Пять лет тому назад его назначили старшим чиновником — и что это за страшные были дни!

Надвинулась туча, и в комнатке Андрея Николаевича потемнело. Он смотрел в окно, как ветер пригибает к крыше ракиту, бессильную в своем трепетном сопротивлении, и старался думать о том, переломится ли дерево, или нет, и чувствуются ли ветер этот и туча в богатом доме. Но размышления шли вяло, и картина жизни в богатом доме оставалась тусклой. В созданной Андреем Николаевичем крепости, где он отсиживался от жизни, есть слабое место, и только он один знает ту потаенную калиточку, откуда, откуда неожиданно появляются неприятели. Он безопасен от вторжения людей, но до сих пор он ничего не мог поделать с мыслями. И они приходят, раздвигают стены, снимают потолок и бросают Андрея Николаевича под хмурое небо, на середину той бесконечной, открытой отовсюду площади, где он является как бы центром мироздания и где ему так нехорошо и жутко. Вот сейчас, когда он только что обрадовался неслышному движению времени, незаметно подкрались враги, и он уже не в силах бороться с ними. Стен уже нет, и нет его комнаты. Он опять стоит перед советником, чувствует, как обмякли его ноги и руки, и, словно привороженный, смотрит на сияющий облик его лысины. Так медленно проползает секунда, две. Подошвы совсем прилипли к полу, и сдвинуть Андрея Николаевича не могла бы дюжина лошадей.

— Ну, что еще? — замечает советник, уже отдавший все необходимые приказания.

Голос его гремит, как труба на страшном суде, и ноги Андрея Николаевича сейчас же сдвигаются, но не идут к двери, где спасение, а танцуют на одном месте. Язык, однако, еще не отклеился, и оторвать его можно только щипцами.

— Н-ну? — протянула труба.

— А... если Агапов к двум часам не перепишет?

— Да... — задумался начальник. — Ну, дайте тогда на дом. Что еще? Ясно?

— Ясно, — отвечает Андрей Николаевич в тон вопросу, резко и отрывисто. Он плохо понимает, что ему говорят, потому что новый и страшный вопрос возникает в его мозгу.

— Так... чего вам еще? — рычит труба.

— А... если у него есть другая спешная работа?

Это была правда. У Агапова могла быть другая спешная работа, и советник об этом не подумал. Снова, с неудовольствием оторвавшись от бумаги, он обратил на Андрея Николаевича нетерпеливый взгляд и ничего не мог придумать.

— Ну, дайте кому-нибудь еще.

— А если…

— Что-с? — рванул советник. Глаза его стали огромные и круглые, как кегельные шары.

Андрей Николаевич обомлел от страха.

— Нет, нет, не то, — скороговоркой проговорил он и из невольного подражания закричал на начальника так же громко, как и тот на него, — похоже было на разговор людей, разделенных широким оврагом. — Я вам говорю, если мы на сегодняшнюю почту опоздаем, тогда что?

Остальное представляется Андрею Николаевичу в виде одного звука: ф-фа! Через неделю советник говорил секретарю:

—Откуда вы достали этого господина, который по горло заряжен всякими «если»? Все, что он предполагает, может случиться, хотя мне это и в голову не приходило. Но ведь и дом этот может провалиться! — вдруг рассердился он. — Ведь может?

— Казенной постройки, — пошутил секретарь и серьезно добавил:—Никак не полагал: он такой исполнительный…

— Дерзкий еще такой, кричит. Уберите его на старое место.

И Андрея Николаевича убрали, а у него целую еще неделю руки и ноги были мягкими, как у дешевой куклы, набитой отрубями.

На улице послышались гнусавые и резкие звуки гармоники. По противоположной стороне шли четверо пьяных, одетых в длиннополые сюртуки, высокие узкие сапоги и картузы, у которых поля были острые, как ножи. Все четверо были молоды и шли с совершенно серьезными и даже печальными лицами. Один, высоко держа гармонику, наигрывал однообразный трескучий мотив, от которого в глазах желтело. Когда уличные ребятишки, подражая взрослым, играли в пьяных и, вместо гармоник, держали в руках чурки, они изображали этот мотив так:

— Ган-на-нидар, ган-на-нидар — ган-на-нидар, най-на.

Против красивого дома на мостовой было единственное сравнительно сухое место на всей улице, и один из пьяных выделился вперед и стал плясать, пристукивая каблуками и изгибаясь всем телом. Лицо его, молодое, дерзкое, с небольшими светлыми усиками, осталось таким же серьезным и печальным, как будто давным-давно ему наскучило быть пьяным и плясать на грязной мостовой под этот трескучий, невеселый мотив. Остальные смотрели на него так же равнодушно и вяло, не выражая ни одобрения, ни порицания, и чем-то беспросветно-тоскливым веяло от этого странного веселья под хмурым осенним небом среди серых покосившихся домишек.

«Ванька Гусаренок! — подумал Андрей Николаевич. — Пляшет — значит, будет сегодня жену бить».

315

Когда пьяные прошли, уныло-задорные звуки гармоники стихли, из покосившегося домика с хлопающей ставней вышла женщина, жена Гусаренка, и остановилась на крылечке, глядя вслед за прошедшими. На ней была красная ситцевая блуза, запачканная сажей и лоснившаяся на том месте, где округло выступала молодая, почти девическая грудь. Ветер трепал грязное платье и обвивал его вокруг ног, обрисовывая их контуры, и вся она, с босых маленьких ножек до гордо повернутой головки, походила на античную статую, жестокой волей судьбы брошенную в грязь провинциального захолустья. Правильное, красивое лицо с крутым подбородком было бледно, и синие круги увеличивали и без того большие черные глаза. В них странно сочетались гнев и боязнь, тоска и презрение. Долго еще стояла на крылечке Наташа и так пристально смотрела вслед мужу, идущему из одного кабака в другой, точно всей своей силой воли хотела вернуть его обратно. Рука, которой она держалась за косяк двери, замерла; волосы от ветра шевелились на голове, а давно отвязавшаяся ставня упорно продолжала хлопать, с каждым разом повторяя: нет, нет, нет.

«Вот баба-то! — ужаснулся Андрей Николаевич. когда Наташа ушла, не бросив взгляда на окно, за которым он прятался. — И слава богу, что я на ней не женился».

Андрей Николаевич даже рассмеялся от удовольствия, но оно было непродолжительным. Еще не разгладились морщинки, образовавшиеся от смеха, как в потаенную калиточку ворвались враги. Образ Наташи, еще не сошедший с сетчатки его глаза, вырос перед ним яркий и живой, а рядом выступила другая картинка, без всякого предупреждения, внезапно. Стены раздвинулись и исчезли, на него пахнуло полем и запахом скошенного сена. Над черным краем земли неподвижно висел багрово-красный диск луны, и все кругом было так загадочно, тихо и странно.

«Господи, — сказал Андрей Николаевич с мольбой, — разве мало того, что это было когда-то, нужно еще, чтобы оно постоянно являлось. Мне совсем этого не нужно, я не хочу этого».

Желтыми от табаку пальцами он оторвал кусок толстой папиросной бумаги, похожей на оберточную, достал из жестянки щепотку мелкого табаку и свернул папироску, склеивая концы бумаги языком. За перегородкой, задыхаясь и сопя, храпел Федор Иванович. Обессиленный водкой и поисками двух копеек, он заснул и проснется только вечером, когда стемнеет. Воздух изнутри с силой поднимался к горлу спящего, бурлил, ища себе выхода, и с легким шипением выходил наружу, отравляя комнату запахом перегорелой водки. Проснувшись, Федор Иванович будет долго и мучительно кашлять выворачивающим все внутренности кашлем, выпьет квасу и потом водки, и снова начнутся мучения его жены. Так бывало каждый праздник. Андрею Николаевичу стало досадно на этого толстого, рыхлого человека, который всю неделю томится от жара у раскаленной печи, а в праздник задыхается от водки.

Он обратился к улице. Из-за разорванных туч выглянуло на миг солнце и скупым, желтым светом озарило мокрую печальную улицу. Только противоположный дом стоял все таким же гордым и веселым, и окна его сияли. Но Андрей Николаевич не видел его. Он видел то, что было когда-то и что так упорно продолжало являться назло всем стенам и запорам.

Наташа никогда не была веселой, даже и в то время, когда она была еще девушкой, красивой и свободной, и любви ее добивались многие. При первой встрече с ней Андрей Николаевич испытал неприятное чувство стеснения и робости. Он с тревогой следил за ее резкими, неожиданными движениями, и ему казалось, что сейчас Наташа скажет или сделает что-нибудь такое, отчего всем присутствующим на вечеринке станет совестно. Вместе с другими девушками она пела песни, но не старалась кричать вместе с ними как можно выше и громче, а шла в одиночку с своим низким и несколько грубоватым контральто и как будто пела для одной себя. Когда Гусаренок, также бывший на этой вечеринке и, по обыкновению, несколько пьяный, игриво обнял ее за талию, она грубо оттолкнула его и, покраснев, сказала что-то, отчего его светлые усики запрыгали и глаза стали жесткими и вызывающими. С дерзким смехом, не оборачиваясь, он показал пальцем на Андрея Николаевича, — Наташа молча повернула голову, и ее черные глаза устремились на него, не то спрашивая, не то приказывая сделать что-то, сейчас, немедленно. И он хотел отвести от них свои глаза и не мог, и испытывал то же состояние безволия, порабощения, как и в ту минуту, когда он глядел, не отрываясь, на блестящую лысину начальника. Лица Наташи видно не было, и только ее глаза, страшно большие и страшно черные, сверкали перед ним, как черные алмазы. И, все продолжая смотреть на него, Наташа поднялась с места, быстрой, уверенной походкой прошла комнату и села с ним рядом так просто и свободно, точно он звал ее, и заговорила, как старая знакомая.

— Мы вам попомним это, Наталья Антоновна, — сказал, проходя, Гусаренок.

На Андрея Николаевича он не взглянул, но в его вздрагивающих усиках чувствовалась угроза.

— Счастливо оставаться, век не расставаться, — проговорил Гусаренок, не получая от Наташи ответа, и вышел, залихватски заломив картуз.

Через секунду под окнами послышалась гармоника и высокий приятный тенор:

Она, моя милая,
Сердце мое вынула,
Сердце мое вынула,
 В окно с сором кинула...

— Он вас побьет, вы берегитесь, — сказала Наташа.

— Не смеет, я чиновник, — возразил Андрей Николаевич и действительно нисколько не боялся, на него точно просветление какое нашло. Он не только отвечал на вопросы Наташи, но говорил и сам и даже спрашивал ее, и не удивлялся, что говорит так складно и хорошо, как будто всю жизнь только этим делом и занимался. И, думая и говоря, он в то же время с особенной отчетливостью видел все окружающее, и грязный пол, усыпанный шелухой от подсолнухов, и хихикающих девушек, и небольшую прихотливую морщинку на низком лбу Наташи.

Но, как только Наташа отошла от него, им овладело чувство величайшего страха, что она снова подойдет и снова заговорит. И Гусаренка он стал бояться и долго находился в нерешительности, что ему делать: идти ли домой, чтобы спастись от Наташи, или остаться здесь, пока Гусаренка не заберут в участок, о чем известно будет по свисткам.

Весь следующий день Андрей Николаевич томился страхом, что придет Наташа, и ноги его несколько раз обмякали при воспоминании о том, как он, Андрей Николаевич, был отчаянно смел вчера. Но, когда за перегородкой у хозяйки он услыхал низкий голос Наташи, он, подхваченный неведомой силой, сорвался с места и развязно вошел в комнату. Так во время сражения впереди батальона бежит молоденький солдатик, размахивает руками и кричит «ура!»... Подумаешь, что это самый храбрый из всех, а у него холодный пот льет по бледному лицу и сердце разрывается от ужаса. Но, едва Андрею Николаевичу мотнулись в глаза два черных алмаза, страх тотчас пропал, и стало легко и спокойно.

Промчалось невидных два месяца, и вышло так, что Наташа и Андрей Николаевич любят друг друга. Это видно было из того, что он целовал Наташу и в щеки и в эти черные страшные глаза, щекотавшие губы своими ресницами. При этом Наташа подтверждала существование любви, говоря:

— Не нужно целовать в глаза — примета нехорошая.

— Какая же такая примета? — смеялся Андрей Николаевич и чувствовал, насколько он, человек образованный, прошедший два класса реального училища, выше этой темной девушки, верящей во всякие приметы.

— Такая. Разлюбите меня, вот что.

Раз есть возможность разлюбить — значит, любовь существует. Но откуда же она взялась? И куда она девалась на то время, когда Андрей Николаевич не видел Наташу? Тогда девушка эта казалась ему совершенно чуждой и далекой от него, и в поцелуи ее так же трудно верить, как если бы он стал думать о поцелуях той богатой барыни, что живет напротив. В самом слове «Наташа» звучало для него что-то странное, чужое, точно он до сих пор не слыхал этого имени и не встречал подобного сочетания звуков. Наташа... Он ничего не знал о Наташе и о ее прошлой жизни, о которой она не любила говорить.

— Жила, как и люди живут, — говорила она. — Вы лучше о себе расскажите.

Эта просьба всегда затрудняла Андрея Николаевича, потому что рассказывать было не о чем. Ему тридцать четыре года, а в памяти от этих лет нет ничего, так, серенький туман какой-то, да та особенная жуть, которая охватывает человека в тумане, когда перед самыми глазами стоит серая, непроницаемая стена. Был у него отец, маленький рыженький чиновник в больших калошах и с огромным свертком бумаг под мышкой; была мать, худая, длинная и рано умершая вместе со вторым ребенком. Потом, с шестнадцати лет, Андрей Николаевич стал также чиновником и ходил вместе с отцом на службу, и под мышкой у него был также большой сверток бумаг, а на ногах старые отцовские калоши. Отец умер от холеры, и он стал ходить на службу один. В молодости он очень любил играть на бильярде, играл на гитаре и ухаживал за барышнями. Пытался он тогда переменить свою участь, бросить казенную службу, но как-то все не удавалось. Раз уже ему обещали хорошее место, да пришел кто-то другой и сел на это место, так он ни при чем и остался. Да, может быть, это и к лучшему было, потому что тот, похититель, и года не просидел на своем месте, а он до сих пор — ничего, служит.

— И только? — спрашивала с недоверием Наташа.

— И только. Чего же еще?

— А я не так думала. Я думала, у нас другая жизнь, не так, как у нас. Книжки читаете и все говорите так тихо, благородно, и все о хорошем, чувствительном.

— Читал я и книжки, да что в них толку? Все выдумка одна.

— А божественное?

— Кто же теперь читает божественное? Купцы одни, как нахапают побольше, так божественное и читают. А у нас и без того грехов мало.

— И не скучно вам так-то, все одному да одному?

— Чего же скучать? Сыт, одет, обут, у начальства на хорошем счету. Секретарь прямо говорит: примерный вы, говорит, чиновник, Андрей Николаевич. Кто губернатору доклады переписывает — я небось!

— Да вам же скучно без людей?

— Да что в них, в людях? Свара одна да неприятности. Не так скажешь, не так сядешь. Один-то я сам себе господин, а с ними надо... А то пьянство, картеж, да еще начальству донесут, а я люблю, чтобы все было тихо, скромно. То же ведь не кто-нибудь я, а коллежский регистратор — вон какая птица, тебе и не выговорить. Другие вон и благодарность принимают, а я не могу. Еще попадешься грешным делом.

Но Наташа не удовлетворялась. Она хотела знать, как живут у них, у чиновников, жены, дочери и дети. Пьют ли мужья водку, а если пьют, то что делают пьяные и не бьют ли жен, и что делают последние, когда мужья бывают на службе. И по мере того, как Андрей Николаевич рассказывал, лицо Наташи застывало, и только прихотливая морщинка на низком лбу двигалась с выражением упорной мысли и тяжелого недоумения.

— Прощайте, — тихо говорила Наташа и уходила. А он, поцеловав ее холодную, неподвижную щеку, думал: «Чего ей надо? Только тоску на людей нагоняет».

Раз летом они долго сидели в хозяйственном саду и потом вышли на берег. Солнце зашло в облаках, и только узкая багрово-красная полоска горела на горизонте, обещая назавтра ветер. Вода была неподвижна, и им сверху казалось, что они смотрят не в реку, а в небо. На том берегу на много верст тянулись бакши, и соломенный шалаш сторожа чуть белел на земле, казавшейся черной от контраста с светлым небом. Недалеко от шалаша горел костер, и пламя его поднималось вверх прямым и тонким лезвием, как от восковой свечи. Со стороны садов пахло лежалыми яблоками и свежескошенным сеном. На улице ударил в колотушку сторож, вышедший на ночное дежурство, и галки, облепившие высокие ракиты, зашумели листьями и подняли долгий, несмолкающий крик. И снова настала тишина.

— В каком ухе звенит? — спросила Наташа и наклонила голову, боясь потерять этот тоненький, звенящий голосок.

— В левом, — невнимательно ответил Андрей Николаевич и не угадал. Но он и не старался об этом, — тихий вечер расположил его к такой же тихой грусти и размышлениям о жизни. Следя прищуренными глазами за костром, он ощупью достал портсигар и закурил, и дым легкими колечками поднимался и таял в воздухе, полном прозрачной мглы. Не торопясь, прерывая себя долгими минутами молчания, Андрей Николаевич стал говорить о том, какая это и странная и ужасная вещь жизнь, в которой так много всего неожиданного и непонятного. Живут люди и умирают и не знают нынче о том, что завтра умрут. Шел чиновник в погребок за пивом, а на него сзади карета наехала и задавила, и вместо пива к ожидавшим приятелям принесли еще не остывший труп. Получил чиновник награду, пошла его жена бога благодарить, а в церкви деньги у нее и вытащили. И куда ни сунься, все люди грубые, шумные, смелые, так и прут вперед и все побольше захватить хотят. Жестокосердные, неумолимые, они идут напролом со свистом и гоготом и топчут других, слабых людей. Писк один несется от растоптанных, да никто и слышать его не желает. Туда им и дорога!

В голосе Андрея Николаевича звучал ужас, и весь он казался таким маленьким и придавленным. Спина согнулась, выставив острые лопатки, тонкие, худые пальцы, не знающие грубого труда, бессильно лежали на коленях. Точно все груды бумаг, переписанных на своем веку и им и его отцом, легли на него и давили своей многопудовой тяжестью.

— Так вот всю жизнь и проживешь, — сказал он после долгой паузы, продолжая какую-то свою мысль.

— Вы бы… ушли куда-нибудь.

— Куда идти-то?

Наташа помолчала и вдруг обхватила руками шею Андрея Николаевича и прижала его голову к своей груди.

— Голубчик ты мой!

Первый раз говорила она Андрею Николаевичу «ты». При порывистом движении Наташи фуражка с бархатным околышем свалилась с головы и теперь катилась вниз, подскакивая на неровностях обрыва. Твердая рука Наташи крепко прижимала голову Андрея Николаевича к упругой груди, и ему было тепло и ничего не страшно, только до боли жаль себя. Он хотел сказать что-нибудь сильное, хорошее и такое жалостливое, чтобы Наташа заплакала, но таких слов не находилось на его языке, и он молчал. Согнутой шее становилось больно от неудобного положения, и Андрей Николаевич попытался высвободить свою голову, но твердая рука только сильнее прижала ее к горячей груди. Вдыхая запах молодого, здорового тела, он скосил глаза и из-под руки Наташи увидел очистившееся и потемневшее небо со слабо мерцавшими звездами. Немного ниже, там, где черный край земли сливался со смутно-черным небом, неподвижно висел красный диск луны, казавшийся близким и страшным. Безмолвный, угрюмый, он не издавал лучей и висел над землей, как исполинская угроза каким-то близким, но неведомым бедствием. В немом ужасе застыли река, и болтливый тростник, и черная даль. Костер на том берегу давно уже потух, и ни один звук не нарушал грозной тишины.

Наташа вздрогнула и выпустила голову Андрея Николаевича.

— Ну, пойдем.

Охваченный свежим воздухом, он поднялся и, сделав шаг к Наташе, приготовился сказать ей то важное и значительное, для чего у него не находилось слов.

— Наташа…— начал он нерешительно, приподняв брови и выпятив губы.

Гладко прилизанная голова его была на этот раз всклокочена, и редкие желтые волосики стояли, как у дикобраза.

— Ну?

— Наташа... — повторил он, забыв, что хотел сказать. — Наташа, дело вот в чем...

— Две копейки потеряли? Какой вы смешной! — И Наташа рассмеялась. Смеялась она неприятно, каким-то чужим и неестественным голосом.

Андрей Николаевич обиделся и молча достал фуражку, а дорогой домой выговаривал Наташе за ее смех и упрекал за неуменье держаться в приличном обществе.

Андрей Николаевич сидел у окна и настойчиво смотрел на улицу, но она была так же безлюдна и хмура, и в покосившемся домике продолжала ударять о стену отвязавшаяся ставня, точно загоняя гвозди в чей-то свежий гроб. «Привязать не может!»—подумал Андрей Николаевич с гневом на Наташу и, взглянув на часы, убедился, что ему время обедать и даже прошло уже лишних пять минут. После обеда он лег отдохнуть, но сон долго не приходил, и вообще праздник был испорчен. А за перегородкой, точно назло, храпел Федор Иванович, и воздух бурлил в его горле и с шипением выходил наружу.

После вечера на берегу, на другой же день, начался разлад и был так же мало понятен, как и начало любви. У Андрея Николаевича давно уже явилась неприятная догадка и к этому времени перешла в уверенность: Наташа хочет выйти замуж и именно за чиновника. Она женщина неграмотная, говорит: «теперича», «поемши»; она по ремеслу папиросница, и часто, когда она делает папиросы на дому, ей приходится терпеть наглые любезности и заигрывания. И вот она ищет мужа с положением, образованного, который мог бы быть ей покровителем и защитником, а таких на сей улице только один и есть — он, Андрей Николаевич Николаев. Как женщина умная и хитрая, она скрывает свои планы и делает вид, что любит бескорыстно. А так как до сих пор эта тактика ни к чему не привела и Андрей Николаевич оставался тверд, как гранит, Наташа начала прибегать к другому средству, которым опытного человека, в молодости ухаживавшего за барышнями, никак не проведешь: делает вид, что ни на грош не любит Андрея Николаевича, и нарочно расхваливает Гусаренка за его силу и молодечество. А этого Гусаренка на днях вели в участок; рубашка его была разорвана сверху донизу, и по белому, как мел, лицу текла красная струйка крови. Сзади бежали и улюлюкали мальчишки, а один из городовых, такой же бледный, как и Гусаренок, методически ударял его кулаком, и белая голова откачивалась. И такого-то она может полюбить!

Для Андрея Николаевича начались страшные терзания и появились вопросы, от которых он обмякал по нескольку раз в день. Когда он смотрел на Наташу и прикасался к ней, ему хотелось жениться, и эта женитьба казалась легкой, но в остальное время мысль о браке нагоняла страх. Он был человеком, который заболевает от перемены квартиры, а тут являлось столько нового, что он мог умереть. Идти к священнику, искать шаферов, которые могут не явиться, и тогда за ними надо ехать, а с извозчиком торговаться; потом идти или ехать в церковь, которая может быть заперта, а сторож потерял ключ, и народ смеется. А там нужно искать новую квартиру и переходить в нее, и все пойдет по-новому. И обо всем необходимо думать, заботиться, говорить. А если дети пойдут? И притом, не дай бог, двоешки, и все девочки, которым нужно приданое. А если новая квартира будет сырая и угарная? И Андрей Николаевич отчаянным жестом ворошил волосы и готов был завтра же сказать Наташе все, если бы не боязнь, что она убьет себя или пожалуется дикарю Гусаренку, и тот изувечит Андрея Николаевича или просто посмотрит на него так, что хуже всякого увечья. Люди, которые женятся, начали казаться Андрею Николаевичу героями, и он с уважением смотрел на Федора Ивановича и хозяйку, которые сумели жениться и остались живы. Раз даже он написал Наташе:

«Милостивая государыня,

Наталья Антониевна!

Сим письмом от 22 августа текущего года имею честь поставить вас, милостивая государыня, в известность о том, что по слабости здоровья, изможденного трудами и бдением на пользу престола и отечества, будучи чиновником тринадцатого класса и похоронив родителей, папеньку Николая Андреевича и маменьку Дарью Прохоровну, во блаженном успении вечный покой...»

Но так как Наташа была неграмотна, то он письма не послал, но несколько раз перебелял его для себя и прибавлял новые пункты. По счастью, никаких объяснений не понадобилось: Наташа перехитрила самое себя. Сперва не позволила себя целовать — Андрей Николаевич ни гу-гу. Потом раза два не пришла на свидание. Андрею Николаевичу было обидно, но он даже и виду не показал, а держался развязно, с достоинством, и только слегка дал ей понять о неприличии ее поведения. Потом совсем перестала ходить, и однажды хозяйка принесла радостную весть, что Наташа выходит замуж за Гусаренка.

— Однако гуся выбрала! — негодовала хозяйка и сочувственно смотрела на Андрея Николаевича, думая:

«Вишь, гордец какой: нарочно веселость из себя изображает». А чиновники, глупые люди, смотрели на него в этот день с изумлением; думали, что он женится, поздравляли его и говорили:

— Ай да «Сусли-Мысли»: какую штуку выкинул!

А он именно не женился!

На Красной горке была Наташина свадьба. Это был второй радостный день, когда Андрей Николаевич сидел, до обыкновению, у окна и видел, как трясется от топота пляшущих покосившийся домик, и слушал доносившийся оттуда веселый гомон и визг гармоники. Подумать только, что он мог быть центром этого буйного сборища! И с особенной радостью он услыхал, уже поздно ночью, как в покосившемся домике зазвенели разбиваемые стекла, понеслись дикие крики и визгливые женские вопли. Мимо его окна, громко топоча ногами, пробежал кто-то, и вслед за этим послышались звуки борьбы, тяжелое дыхание и падение тела.

— Стой, не уйдешь! — хрипел с натугой голос, чередуясь со шлепкими ударами по чему-то мягкому и мокрому. И чуть ли голос этот не принадлежал герою торжества — Гусаренку.

— Караул!

Точно проснувшись, испуганно затрещала колотушка сторожа, и ей завторил журчащий свисток городового Баргамота. Словно эхом ответили ему вдали другие свистки.

«Вот так первая ночь новобрачного — в участке», — со злорадством усмехнулся Андрей Николаевич, не торопясь, с ленивым комфортом повернулся в своей одинокой и свободной кровати на другой бок и заключил так:

«Вы там себе деритесь, а я — засну!»

И это «засну», ехидное, шипящее, вырвалось из его груди, как крик победного торжества, и было последним гвоздем, который вбил он в крышку своего гроба. Улица продолжала шуметь, и Андрей Николаевич накрыл голову подушкой. Стало тихо, как в могиле.

На следующий день Андрей Николаевич узнал причину ссоры на свадьбе Наташи: Сергей Козюля, когда напился пьян, сказал, что Наташа имела любовника — Андрея Николаевича, который получил с нее, что нужно, и потом бросил ее. За эти слова Гусаренок побил Козюлю и других вступившихся за него, потом был побит сам и действительно ночевал в участке. Узнав все это, Андрей Николаевич обрадовался, что его, в какой бы то ни было форме, но вспомнили и что Наташа будет теперь знать, как отказываться от любящего человека ради одного женского вероломства; к этому времени совсем как-то забылось, что не Наташа, а он главным образом хотел разрыва.

Андрей Николаевич ворочался на кровати и думал:

«Как нехорошо это устроено, что не может человек думать о том, о чем он хочет, а приходят к нему мысли ненужные, глупые и весьма досадные. Прошло четыре года с того вечера, как я сидел с Наташей на берегу, а я об этом вечере думаю, и мне неприятно, и особенно неприятно оттого, что я вполне явственно вижу красную луну. При чем здесь эта луна? А если бы я стал думать о том, сколько „барин“ получает денег в год, потом в час и минуту, мне стало бы хорошо, и я бы заснул, но я не могу».

Но вскоре веки начали тяжелеть, и красная луна внезапно превратилась в красную рожу швейцара Егора. «В каком ухе звенит?»— спрашивает он, наклоняясь и нагло тараща выпуклые глаза. Андрей Николаевич хотел дать ему гривенник, но деньги не находились, и это доставляло особенное удовольствие Гусаренку, который сидел тут же, заложив ногу за ногу, и играл на гармонике. «Ты, Егор, подожди, мы лучше зарежем его, как поросенка», — сказал он и вытащил из кармана большой, блестящий и острый, как бритва, нож. Андрей Николаевич бросился бежать. Ему нужно было пробежать все комнаты правления, и этих комнат было ужасно много, и все они были пусты, так как чиновники ушли и все столы вынесли. Хотя Андрею Николаевичу бежать было легко и ноги его скользили по полу, но он задыхался. А сзади, за несколько комнат, гнался, не отставая, Гусаренок, и шаги его, ровные, тяжелые, гулко отдавались под сводами. Внезапно пол под Андреем Николаевичем провалился, и он летел, все приближаясь к своей постели, и наконец проснулся на ней. Сердце билось сильно и неровно.

В комнатке было темно, и только неясно желтел четвероугольник окна, в которое падал свет от фонаря, стоявшего у богатого дома. На хозяйской половине также горел огонь, так как от узенькой щели в перегородке на пол ложилась светлая полоса, опоясывая кончик стоптанной туфли. Успокоившись от страшного сна, Андрей Николаевич услыхал за стеной тихий шепот и узнал голос хозяйки. В нем сквозили сострадание и боязнь, что ее услышит тот, о ком она говорила, хотя он был отделен от нее расстоянием улицы и толстыми стенами.

— Ах, кровопивец, ах, аспид! — шептала хозяйка. — Ушла бы ты от него совсем, ну его к ляду!

Наташа ответила, и ее низкий голос, громкий и размеренный, и слабое трепетание в нем не были замечены ни хозяйкой, ни притихшим за перегородкой жильцом.

— Куда уйти-то?

«Ага, нашла коса на камень! — подумал Андрей Николаевич, вспоминая свой сон. — Он тебе спуску не даст, не то, что я».

— И вправду, куда идти? — с готовностью согласилась хозяйка. — Вот и мой тоже. Пропасти нет на эту водку.

Хозяйка оборвала речь, и в жутко молчащую комнату с двумя бледными женщинами как будто вползло что-то бесформенное, чудовищное и страшное и повеяло безумием и смертью. И это страшное была водка, господствующая над бедными людьми, и не видно было границ ее ужасной власти.

— Отравлю его, — сказала Наташа так же громко и размеренно.

— Что ты, что ты! — забормотала хозяйка. — Не для себя терпишь, а для ребенка, — его-то куда денешь? Ты оставайся ночевать у нас, я тебе в кухне постелю, а то мой опять будет колобродить. А к глазу, на вот, ты пятак приложи — ишь ведь как изуродовал, разбойник… Постой, кажись, жилец проснулся…

— Это кикимора-то? — спросила Наташа громко, точно желая, чтоб ее слышали за перегородкой.

— И впрямь кикимора, — шепотом согласилась хозяйка. — Пойду самовар ставить и тебе в чайнике заварю. Ах, разбойник, что наделал-то!

«То Сусли-Мысли, то кикимора — вот дурачье-то, — рассердился Андрей Николаевич. — Вот как пожалуюсь Федору Ивановичу, он тебе покажет кикимору. Дура полосатая!»

Он подошел к окну и открыл половинку. В комнату ворвался теплый ветер, пахнущий сыростью и гниющими листьями, и зашелестел бумагой на столе. Слышно стало, как скрипит дерево о железную крышу и шуршит мокрая зелень. К богатому дому подъезжали один за другим экипажи, и из них выходили мужчины в цилиндрах и дамы в широких ротондах и с белыми платками на головах. Подбирая шумящее платье, они входили на крыльцо. Массивная дверь широко распахивалась и выпускала на улицу столб белого света, зажигавшего блестки на металлических частях экипажа и упряжи. Дом стоял безмолвный и темный, но чудилось, как сквозь тяжелые ставни, закрывающие высокие окна, сияют зеркальные стекла и вечно живые цветы радуются свету, движению и жизни. Несколько экипажей остались ждать господ, и кучера, раскормленные, важные, с презрением смотрели с высоты своих козел на темные покосившиеся домишки.

Напившись чаю и четким красивым почерком переписав казенную бумагу, Андрей Николаевич начал готовиться к новому сну, для чего перестлал постель и взбил подушки. За перегородкой Федор Иванович бурчал сокрушенно и раздумчиво:

— Дело вот в чем: двух копеек я так-таки и не разыскал.

— О, господи!..

Нужно было закрыть ставню, и Андрей Николаевич прошел на улицу. Экипажи еще стояли, и кучера грузными и сонными массами темнели на козлах. В большом доме глухо рокотали ритмические звуки рояля и минутами стихали, относимые порывом ветра. И этот же ветер приносил на крыльях свои новые звуки, явственно слышные, когда переставало скрипеть дерево. То были печальные и странные мелодические звуки, и не руками живых людей вызывались они в эту черную ночь. Легкие, как само дуновение ветра, они то нежно молили, то плакали, и умолкали с жалобным стоном, то, гневно ропчущие, поднимались к небу с угрозой и гневом. Словно чья-то страдающая душа молила о спасении и жизни и гневно роптала.

«Противная штука!»—рассердился Андрей Николаевич. В одном этом отношении он не разделял вкусов владельца большого дома, и, когда тот поставил на крышу арфу и ветер начал играть свои печальные песни, он никак не мог понять, — зачем нужны эти песни человеку с белыми зубами и яркой улыбкой?

«Ужасно противная штука! — повторил Андрей Николаевич и, понизив голос, добавил: — Чего только полиция смотрит».

С чувством человека, спасающегося от погони, он с силой захлопнул за собой дверь кухни и увидел Наташу, неподвижно сидевшую на широкой лавке, в ногах у своего сынишки, который по самое горло был укутан рваной шубкой, и только его большие и черные, как и у матери, глаза с беспокойством таращились на нее. Голова ее была опущена, и сквозь располосованную красную кофту белела высокая грудь, но Наташа точно не чувствовала стыда и не закрывала ее, хотя глаза ее были обращены прямо на вошедшего.

— Сколько лет, сколько зим! — проговорил Андрей Николаевич, бегая глазами по комнате и совершенно размякнув, точно из него вынули все мускулы и кости. — Как поживаете?

Наташа молчала и смотрела на него.

— Я ничего, слава богу.

Наташа молчала. Андрей Николаевич хотел передать поклон супругу, к чему его обязывало чувство вежливости, но сейчас это было неудобно. Наташа, очевидно, нуждалась в утешении, и потому он сказал:

— Какой у вас хорошенький мальчик. Ваня, кажется? Иван Иванович, значит. У нас тоже есть чиновник, которого зовут Иван Иванович. И вообще, знаете ли, милые ссорятся, только тешатся, а перемелется, все мука будет.

Наташа молчала, а мальчик, смотря с недоверием на неловкую фигуру чиновника, затянул ноющим голосом:

— Мамка-а, боюсь.

— Убирайтесь вон! — сказала Андрею Николаевичу Наташа и, когда он быстро прошмыгнул, подбирая полы халата, добавила вслед: — Тоже лезет, кикимора!

«Почему именно кикимора? — размышлял Андрей Николаевич, располагаясь спать и опуская огонь в лампе. — Этакое глупое слово, — ничего не обозначает. И как непостоянны женщины: то милый, неоцененный, а то — кикимора! Да, с норовом баба, недаром учит ее Гусаренок. Спокойной ночи, маркиза Прю-Фрю».

Так развеселял он себя и иронически кривил бескровные губы. Но, лишь только мигнула в последний раз лампа и комната окунулась в густой мрак, невидимой силой раздвинуло стены, сорвало потолок и бросило Андрея Николаевича в чистое поле. Огненные, искрящиеся круги прорезывали темноту; светлые, веселые огоньки вспыхивали и плясали, и всюду, то далеко, то совсем надвигаясь на него, показывались и бледное лицо Гусаренка с красной полоской крови, и страшный диск месяца, и лицо Наташи, прежнее милое лицо. Жалость к себе и обида охватили Андрея Николаевича.

«Как нехорошо все это устроено, — стонал он. — Не нужно мне Наташи, ну ее к черту, эту Наташу! Так и знайте — к черту!»

Энергичным жестом Андрей Николаевич надвинул на голову толстую подушку и почти сразу успокоился. И образы и звуки исчезли, и стало тихо, как в могиле.

С улицы проникал слабый свет фонаря. Экипажи еще стояли, и сонные кучера с презрением смотрели с высоты своих козел на низкие покосившиеся домишки и лениво зевали, двигая бородами. Непривязанная ставня продолжала хлопать, и в минуту, когда переставало скрипеть дерево, неслись жалобные звуки и роптали, и плакали и молили о жизни.

Утёнок

Неоднократно от многих лиц я слышал историю о Курице, высидевшей утенка, и пришел к выводу, что сведения об этом печальном случае получены или из не совсем надежного источника, или же авторы рассказов, увлекаемые художественным чувством, а может быть и какими-нибудь предосудительными соображениями личного свойства, заведомо допустили весьма значительные уклонения от истины.

Я не хочу употреблять слово «искажение истины», как свидетельствующее о несомненной наличности злого умысла, но, во всяком случае, протестую против той роли, которая навязывалась рассказчиками несчастной Курице, и против той смехотворной окраски, которая придавалась всему этому глубоко трагическому факту.

По обстоятельствам, говорить о которых здесь не место, я очень близко стоял к Курице и ее семейству в момент описываемого случая, а с супругом ее Петром Петровичем Петухом и до сих пор нахожусь в очень хороших, даже дружеских отношениях.

Утенок Вася, тот, что впоследствии так неожиданно поплыл, вырос почти на моих глазах; я же один из всех знакомых провожал его к поварскому столу, — таким образом, право мое на восстановление рассказа в его единственно истинной редакции едва ли может быть оспариваемо.

Газеты, когда-либо писавшие о Курице и утенке, покорнейше прошу не отказать в перепечатке нижеследующих строк, за правдивость которых я ручаюсь.

Жила Курица со своим супругом г. Петухом на заднем дворе одного помещичьего дома.

То, что моего уважаемого друга, Петра Петровича, я поставил на втором месте после его супруги, объясняется характером их семейной обстановки, далекой от идеала. При всех своих симпатичных свойствах: добродушии, молодечестве и галантности, заставлявшей Петра Петровича делиться с ближним каждым найденным зерном, он был далек от идеала истинного семьянина, отца и супруга. Не придавая значения излишеству в спиртных напитках, которому предавался Петр Петрович, как весьма распространенному до введения винной монополии пороку, я не могу вместе с тем отнестись с одобрением к его азартной картежной игре. Под предлогом создания литературно-художественного кружка, в котором литераторы, а равно мыслящие интеллигенты могли бы предаваться удовольствию литературных бесед и пению (сам Петр Петрович обладал порядочным тенором), он устроил нечто подобное картежному дому, где и играл по целым ночам в железную дорогу.

Предоставляю читателю самому судить о тех муках, которые претерпевала в одиночестве его супруга, терзаемая мыслью как о возможной утрате их состояния, так и о целости прекрасных бакенбард Петра Петровича.

Наиболее, однако, крупным недостатком моего уважаемого друга была полная неспособность отличить чужую жену от своей: всех жен он считал своими. Не раз в горьких слезах жена его жаловалась мне на его постоянные неверности и с грустной улыбкой указывала, что совершались они Петром Петровичем с самым бравым и независимым видом, словно он был не Петухом в почтенных годах, а опереточным артистом.

В результате такого поведения главы семьи хозяйство, а также воспитание детей всей своей тяжестью легло на Курицу.

Женщина малообразованная, имевшая обо всем мире, а также о звездах, превратные понятия, она была в то же время очень энергична и, воодушевляемая любовью, нескольких из детей закормила насмерть, а из-за других дралась с учителями. Каждая, даже пустая болезнь ребенка волновала ее и заставляла проводить бессонные ночи, и к тому времени, когда Петр Петрович только еще распустился пышным цветом для новых побед и в отношении чужих жен проявлял особую предприимчивость, она представляла собой измученное, нервное существо, дрожащее от каждого шороха.

Утенок Вася с самого начала привлекал к себе ее внимание, как некоторой особенностью в цвете пушка и развалистой, молодецкой походкой, так и чем-то загадочным в его поведении. Материнское сердце, обладающее дивной способностью провидения, предчувствовало какое-то неминучее горе, которое грозит Васе, и оттого с особенной любовью привязалось к нему.

Когда на дворе случался по какому-нибудь поводу шум: дрались ли собаки из-за кости или молоденькая, вероломно обманутая курочка билась в жестокой истерике, — Курица бежала на шум и тревожно всех расспрашивала:

— Не с Васей ли моим что случилось?

Когда Вася впервые поплыл, то, вопреки ходячему мнению, случилось это с ним не на реке, а в небольшой луже за ракитой; присутствовавшая тут же мать его вовсе не испугалась, а только безмерно удивилась.

— Что это ты делаешь? — спросила она, когда утенок высунул из воды свою маленькую блестящую головку.

— Плаваю, мамаша.

Курица покачала головой, но ничего не сказала, а ночью, когда все дети спали, сообщила Петру Петровичу о Васиных странных наклонностях и поступках.

— Ну, что там такое! — недовольно сказал Петр Петрович.

Он был в небольшом выигрыше, с удачным результатом читал одной знакомой курочке стихи Верлена, и теперь хотел только одного — спать.

— Да, нехорошо с нашим Васей, Петр Петрович. Плавает.

— Что такое?

— Плавает, говорю. Сядет на воду — и плавает.

— Ну так что же, что плавает? Тебе-то что! Спи! — И Петр Петрович затянул пленками свои бесстыжие глаза.

— А это ничего: плавать-то? — допрашивала значительно успокоенная Курица, она все еще верила в авторитет мужа в вопросах высшего порядка.

— Отвяжись!

— Боюсь, не простудился бы, — нерешительно настаивала Курица.

Петр Петрович рассердился:

— Эти бабы, черт возьми! Дать им волю, так они всякого в мокрую курицу превратят. Ну, плавает, и пусть плавает. Я и сам когда-то плавала — прихвастнул Петр Петрович: а видишь, какой молодец вышел!

Курица вздохнула, но Вася с той поры приобрел полную свободу плавать сколько угодно.

Я и сам не раз присутствовал при его упражнениях и с удовольствием любовался его резвостью и грацией. Он нырял, взбрызгивая воду, копался носом в тине и только на одно жаловался: лужа слишком мала, разойтись негде. Но вскоре устроилось и это: как-то в клубе я встретил Петра Петровича, и он с гордостью мне сообщил:

— Мой-то, мой-то, — каков молодец!

— А что такое?

— На реке уже плавает. Ей-богу! Эх, кабы не года мои, сам бы поплыл: укатали сивку крутые горки.

Если и укатало что-нибудь Петра Петровича, так вовсе не горка, а «железная дорога», но я, конечно, ничего не сказал об этом и только порадовался за Васю.

Юношей он был хорошим, и я многого ожидал от него.

Как видит читатель, здесь не было ничего похожего на распространенные об этом случае рассказы. Ни неожиданности, ни страха, ни суетливого метания Курицы по берегу в виду беззаботно плавающего утенка, — всего, что придает такой несправедливо-комический характер этой истории.

Вася плавал, а родители любовались им, и только разве мать немного беспокоилась в отношении простуды. Да и то, когда ей удалось сделать для Васи небольшой набрюшник, она успокоилась и на этот счет.

Несчастье началось только с того момента, когда вмешался Индюк, о котором почему-то все рассказы тщательно умалчивают.

Не спорю, что важный вид этой птицы, ее сварливый характер и дурацкая самоуверенность отбивают охоту каким бы то ни было путем касаться ее; но когда речь идет о таком важном вопросе, как репутация Курицы, — все подобные соображения и страхи должны быть откинуты. Несправедливо и жестоко взводить обвинения в рутине и косности на Курицу, когда вся вина ее только в слабости ее материнского естества, а истинным погубителем как Васи, так и ее самой является самодовольно-ограниченный Индюк.

Не думайте, что у меня с Индюком есть какие-нибудь свои личные счеты, — правда, я не выношу этой птицы, ее грубый и глупый крик приводит меня в негодование, но чтобы у нас были какие-нибудь личности — о, нет!

Однажды, в прекрасное летнее утро, когда Вася плавал, Петр Петрович неутомимо упражнялся в адюльтере, а Курица спокойно и весело штопала его старые носки, — в квартиру явился господин Индюк.

Впоследствии Курица рассказывала, что сердце ее в этот момент дрогнуло от предчувствия, но как бы то ни было, ома радушно встретила неприятного гостя и предложила ему папирос.

— Не курю, — сухо ответил г. Индюк. — Не курю, не пью водки, ничего не читаю, даже скаковых афиш; никого не люблю, ничего не отрицаю и со-вер-шен-но, — он повысил голос и басом буркнул: — не мыслю!

— Да вы что! — умилилась Курица. — Но, может быть, чаю…

— Не пью! Я даже… — и г. Индюк, наклонившись к уху Курицы, что-то шепнул ей и самодовольно расхохотался. — Но к делу, сударыня, к делу. Я пришел поговорить о вашем сыне.

— Что с ним? — ужаснулась Курица и всплеснула руками. — Умер?

— К сожалению, нет. Он жив, но он — плавает.

— Только-то? — облегченно вздохнула Курица. — Ну, и пусть плавает.

— Что я слышу, сударыня! — в свою очередь, ужаснулся Индюк. — Да понимаете ли вы значение этого слова: пла-ва-ет? Садится на воду и — пла-ва-ет!

— Пускай! — беззаботно махнула рукой Курица.

— То есть как «пускай»? Н-не понимаю. Скажите, вы сами когда-нибудь — плавали? Ваш муж — плавал? Да что ваш муж — я-то, я, — он ткнул себе в грудь и покраснел, — вы видели когда-нибудь, чтобы я плавал?

Курицу начал охватывать страх, и она молчала. Молчала и тряслась, как может трястись только Курица — всем телом.

— Вы — безумная женщина, — продолжал Индюк, довольный произведенным эффектом, как залогом будущего успеха. — Вы не знаете всех опасностей, грозящих птице, когда она пла-ва-ет. Она становится мокрой. Часто она поднимает лапки вверх и голову опускает вниз. А внизу-то — щука!

— Батюшки! — простонала Курица.

— Сударыня, не стану врать, что мне жаль вас, или вашего Ваську. Черт его подери, вашего Ваську! Но пользы я вам хочу и поэтому прошу вас — угомоните! Плачьте, секите, бейте себя руками в грудь, рвите свой седой хохол — но угомоните! Сил моих нет смотреть на него, с души воротит, когда я только подумаю — плава-ет! И не забывайте — щука!

Тут явился веселый-развеселый Петр Петрович, но, когда Индюк и ему повторил свои безрассудные рассуждения, впал в дрожь и малодушие. Одна приподнятая лапа так и осталась в воздухе, а голову ему точно свернули.

Наконец, оправившись и сложив крылья по швам, он отрапортовал:

— Незаконный-с. Селезень часто в мое отсутствие заходил, так вот-с, полагаю…

— Лопни твои бесстыжие глаза! — заголосила Курица: обида вернула ей голос. — Да не верьте ему, адюльтернику, шерамыжнику — он и сам в молодости пла-ва-л. Сам говорил.

— Что такое? — покраснел Индюк.

— Врал-с! — воскликнул Петр Петрович. — Чистосердечно каюсь, врал-с, похвастать хотел. Вы не беспокойтесь, ваше превосходительство, подбородочек-то ваш не тревожьте — я ему, Ваське, покажу.

— Хорошо, — величаво согласился г. Индюк. — Я вам его пришлю, а уж вы...

— Уж я-с, хе-хе-хе... Не беспокойтесь, ваше превосходительство.

— Хе-хе-хе! так уж вы...

— Хе-хе-хе. Ножку, ножку о порог не ушибите.

Так вот как в действительности произошла история, давшая повод к стольким искажениям и клеветническим нападкам на Курицу.

Дальнейшие события передаются в общих чертах правильно, но и здесь нужно внести некоторые поправки.

Так, умерла Курица не на десятый день, а на третий; Васька при ее последних минутах не присутствовал, так как был заперт в чулан.

Совершенная, далее, неправда, будто Петр Петрович покаялся в своем малодушии и демонстративно, перед глазами самого Индюка, плавал в луже имеете с Васькой.

В действительности он немедленно поступил в общество любителей национального адюльтера и недавно был избран в его председатели.

Последний раз я видел его на масленице в Художественно-Общедоступном театре, на представлении «Трех сестер». Он был крайне потрясен пьесой и, по его словам, даже плакал, чему можно поверить, приняв во внимание его недостаточно трезвое состояние, а также достоинства самой пьесы.

Христиане

За окнами падал мокрый ноябрьский снег, а в здании суда было тепло, оживленно и весело для тех, кто привык ежедневно, по службе, посещать этот большой дом, встречать знакомые лица, раскрывать все ту же чернильницу и макать в нее все то же перо. Перед глазами, как в театре, разыгрывались драмы,- они так и назывались «судебные драмы»,- и приятно видеть было и публику, и слушать живой шум в коридорах, и играть самому. Весело было в буфете; там уже зажгли электричество, и много вкусных закусок стояло на стойке. Пили, разговаривали, ели. Если встречались пасмурные лица, то и это было хорошо: так нужно в жизни и особенно там, где изо дня в день разыгрываются «судебные драмы». Вон в той комнате застрелился как-то подсудимый; вот солдат с ружьем; где-то бренчат кандалы. Весело, тепло, уютно.

Во втором уголовном отделении много публики,- слушается большое дело. Все уже на своих местах, присяжные заседатели, защитники, судьи; репортер, пока один, приготовил бумагу, узенькие листки, и всем любуется. Председатель, обрюзгший, толстый человек с седыми усами, быстро, привычным голосом перекликивает свидетелей:

— Ефимов! Как ваше имя, отчество?

— Ефим Петрович Ефимов.

— Согласны принять присягу?

— Согласен.

— Отойдите к стороне. Карасев!

— Андрей Егорыч… Согласен.

— Отойдите к… Блюменталь!..

Довольно большая кучка свидетелей, человек в двадцать, быстро перемещается слева направо. На вопрос председателя одни отвечают громко и скоро, с готовностью, и сами догадливо отходят к стороне; других вопрос застает врасплох, они недоумело молчат и оглядываются, не зная, к ним относится названная фамилия или тут есть другой человек с такой же фамилией. Свидетели положительные ожидали вопроса полностью и отвечали полно, не торопясь, обдуманно; к стороне они отходили лишь после приказания председателя и с другими не смешивались.

Подсудимый, молодой человек в высоком воротничке, обвинявшийся в растрате и мошенничестве, торопливо крутил усики и глядел вниз, что-то соображая; при некоторых фамилиях он оборачивался, брезгливо оглядывал вызванного и снова с удвоенной торопливостью крутил усы и соображал. Защитник, тоже еще молодой человек, зевал в руку и гибко потягивался, с удовольствием глядя в окно, за которым вяло опускались большие мокрые хлопья. Он хорошо выспался сегодня и только что позавтракал в буфете горячей ветчиной с горошком.

Оставалось только человек шесть не вызванных, когда председатель с разбега наткнулся на неожиданность:

— Согласны принять присягу? Отойдите…

— Нет.

Как человек, в темноте набежавший на дерево и сильно ударившийся лбом, председатель на миг потерял нить своих вопросов и остановился. В кучке свидетелей он попытался найти ответившую так определенно и

334

резко — голос был женский,- но все женщины казались одинаковы и одинаково почтительно и готовно глядели на него. Посмотрел в список.

— Пелагея Васильевна Караулова! Вы согласны принять присягу? — повторил он вопрос и выжидательно уставился на женщин.

— Нет.

Теперь он видит ее. Женщина средних лет, довольно красивая, черноволосая, стоит сзади других. Несмотря на шляпку и модное платье с грушеобразными рукавами и большим, нелепым напуском на груди, она не кажется ни богатой, ни образованной. В ушах у нее цыганские серьги большими дутыми кольцами; в руках, сложенных на животе, она держит небольшую сумочку. Отвечая, она двигает только ртом; все лицо, и кольца в ушах, и руки с сумочкой остаются неподвижны.

— Да вы православная?

— Православная.

— Отчего же вы не хотите присягать?

Свидетельница смотрит ему в глаза и молчит. Стоявшие впереди ее расступились, и теперь вся она на виду со своей сумочкой и тонкими желтоватыми руками.

— Быть может, вы принадлежите к какой-нибудь секте, не признающей присяги? Да вы не бойтесь, говорите,- вам ничего за это не будет. Суд примет во внимание ваши объяснения.

— Нет.

— Не сектантка?

— Нет.

— Так вот что, свидетельница: вы, может, опасаетесь, что в показаниях ваших может встретиться что-либо неприятное... неудобное для вас лично,- понимаете? Так на такие вопросы, по закону, вы имеете право не отвечать,- понимаете? Теперь согласны?

— Нет.

Голос молодой, моложе лица, и звучит определенно и ясно; вероятно, он хорош в пении. Пожав плечами, председатель взглядом призывает ближе к себе члена суда с левой стороны и шепчется с ним. Тот отвечает также шепотом:

— Тут есть что-то ненормальное. Не беременна ли она?

— Ну, уж скажете... При чем тут беременность? Да и незаметно совсем... Свидетельница Караулова! Суд желает знать, на каком основании вы отказываетесь принять присягу. Ведь не можем же мы так, ни с того ни с сего, освободить вас от присяги. Отвечайте! Вы слышите или нет?

Сохраняя неподвижность, свидетельница что-то коротко отвечает, но так тихо, что ничего нельзя разобрать.

— Суду ничего не слышно. Пожалуйста, громче!..

Свидетельница откашливается и очень громко говорит:

— Я проститутка…

Защитник, тихонько постукивавший ногой в такт каким-то своим мыслям, останавливается и пристально глядит на свидетельницу. «Нужно бы зажечь электричество…» — думает он, и, точно догадавшись о его желании, судебный пристав нажимает одну кнопку, другую. Публика, присяжные заседатели и свидетели поднимают головы и смотрят на вспыхнувшие лампочки; только судьи, привыкшие к эффекту внезапного освещения, остаются равнодушны. Теперь совсем приятно: светло, и снег за окнами потемнел. Уютно. Один из присяжных заседателей, старик, оглядывает Караулову и говорит соседу:

— С сумочкой…

Тот молча кивает головой.

— Ну так что же, что проститутка? — говорит председатель и слово «проститутка» произносит так же привычно, как произносит он другие не совсем обыкновенные слова: «убийца», «грабитель», «жертва».- Ведь вы же христианка?

— Нет, я не христианка. Когда бы была христианка, таким бы делом не занималась.

Положение получается довольно нелепое. Нахмурившись, председатель совещается с членом суда налево и хочет говорить; но вспоминает про существование члена суда направо, который все время улыбался, и спрашивает его согласия. Та же улыбка и кивок головы.

— Свидетельница Караулова! Суд постановил разъяснить вам вашу ошибку. На том основании, что вы занимаетесь проституцией, вы не считаете себя христианкой и отказываетесь от принятия присяги, к которой обязует нас закон. Но это ошибка,- вы понимаете? Каковы бы ни были ваши занятия, это дело вашей совести, и мы в это дело мешаться не можем; а на принадлежность вашу к известному религиозному культу они влиять не могут. Вы понимаете? Можно даже быть разбойником или грабителем и в то же время считаться христианином, или евреем, или магометанином. Вот все мы здесь, товарищ прокурора, господа присяжные заседатели, занимаемся разным делом: кто служит, кто торгует, и это не мешает нам быть христианами.

Член суда с левой стороны шепчет:

— Теперь вы хватили… Разбойник — а потом товарищ прокурора!.. И потом, торгует,- кто торгует? Точно тут лавочка, а не суд. Нельзя, неловко!..

— Так вот,- говорит протяжно председатель, отворачиваясь от члена,- свидетельница Караулова, занятия тут ни при чем. Вы исполняете известные религиозные обряды: ходите в церковь… Вы ходите в церковь?

— Нет.

— Нет? Почему же?

— Как же я такая пойду в церковь?

— Но у исповеди и у святого причастия бываете?

— Нет.

Свидетельница отвечает не громко, но внятно. Руки ее с сумочкой застыли на животе, и в ушах еле заметно колышутся золотые кольца. От света ли электричества или от волнения она слегка порозовела и кажется моложе. При каждом новом «нет» в публике с улыбкой переглядываются; один в задних рядах, по виду ремесленник, худой, с общипанной бородкой и кадыком на вытянутой тонкой шее радостно шепчет для всеобщего сведения:

— Вот так загвоздила!

— Ну, а богу-то вы молитесь, конечно?

— Нет. Прежде молилась, а теперь бросила. Член суда настойчиво шепчет:

— Да вы свидетельниц спросите! Они ведь тоже из таких... Спросите, согласны они?

Председатель неохотно берет список и говорит:

— Свидетельница Пустошкина! Ваши занятия, если не ошибаюсь...

— Проститутка!..- быстро, почти весело отвечает свидетельница, молоденькая девушка, также в шляпке и модном платье.

Ей тоже нравится в суде, и раза два она уже переглянулась с защитником; тот подумал: «Хорошенькая была бы горничная, много бы на чай получала...»

— Вы согласны принять присягу?

— Согласна.

— Ну вот видите, Караулова! Ваша подруга согласна принять присягу. А вы, свидетельница Кравченко, вы тоже... вы согласны?

— Согласна! — густым контральто, почти басом отвечает толстая, с двумя подбородками, Кравченко.

— Ну вот видите, и еще!.. Все согласны. Ну так как же?

Караулова молчит.

— Не согласны?

— Нет.

Пустошкина дружески улыбается ей. Караулова отвечает легкой улыбкой и снова становится серьезна. Суд совещается, и председатель, сделав любезное, несколько религиозное лицо, обращается к священнику, который наготове, в ожидании присяги, стоит у аналоя и молча слушает.

— Батюшка! Ввиду упрямства свидетельницы, не возьмете ли на себя труд убедить ее, что она христианка? Свидетельница, подойдите ближе!

Караулова, не снимая рук с живота, делает два шага вперед. Священнику неловко: покраснев, он шепчет что-то председателю.

— Нет уж, батюшка, нельзя ли тут?.. А то я боюсь, как бы и те не заартачились.

Поправив наперсный крест и покраснев еще больше, священник очень тихо говорит:

— Сударыня, ваши чувства делают вам честь, но едва ли христианские чувства…

— Я и говорю: какая я христианка?

Священник беспомощно взглядывает на председателя; тот говорит:

— Свидетельница, вы слушайте батюшку: он вам объяснит.

— Все мы, сударыня, грешны перед господом, кто мыслью, кто словом, а кто и делом, и ему, многомилостивому, принадлежит суд над совестью нашей. Смиренно, с кротостью, подобно богоизбраннику Иову, должны мы принимать все испытания, какие возлагает на нас господь, памятуя, что без воли его ни один волос не упадет с головы нашей. Как бы ни велик был ваш грех, сударыня, самоосуждение, самовольное отлучение себя от церкви составляет грех еще более тяжкий, как покусительство на применение воли божией. Быть может, грех ваш послан вам во испытание, как посылает господь болезни и потерю имущества; вы же, в гордыне вашей…

— Ну уж какая, батюшка, гордыня при нашем-то деле!

— …предрешаете суд Христов и дерзновенно отрекаетесь от общения со святой православной церковью. Вы знаете символ веры?

— Нет.

— Но вы веруете в господа нашего Иисуса Христа?

— Как же, верую.

— Всякий истинно верующий во Христа тем самым приемлет имя христианина…

— Свидетельница! Вы понимаете: нужно только верить во Христа…- подтверждает председатель.

— Нет! — решительно отвечает Караулова.- Так что же из того, что я верю, когда я такая? Когда б я была христианкой, я не была бы такая. Я и богу-то не молюсь.

— Это правда…- подтвердила свидетельница Пустошкина.- Она никогда не молится. К нам в дом — дом у нас хороший, пятнадцатирублевый — икону привозили, так она на другую половину ушла. Уж мы как ее уговаривали, так нет. Уж такая она, извините! Ей самой, господин судья, от характера своего не легко.

— Господь наш Иисус Христос,- продолжал священник, взглянув на председателя,- простил блудницу, когда она покаялась…

— Так она покаялась; а я разве каялась?

— Но наступит час душевного просветления, и вы покаетесь.

— Нет. Разве когда старая буду или помирать начну, тогда покаюсь,- да уж это какое покаяние? Грешила-грешила, а потом взяла да в одну минуту и покаялась. Нет уж, дело конченное.

— Какое уже тогда покаяние! — басом подтвердила внимательно слушавшая Кравченко.- Пела-пела песни, да пиво пила, да мужчин принимала, а там, хвать, и покаялась. Кому такое покаяние нужно? Нет уж, дело конченное.

Она подвинулась и жирными, короткими пальцами сняла с плеча Карауловой ниточку; та не пошевельнулась.

«Хорошо они, должно быть, поют вместе дуэтом,- подумал защитник,- у этой грудь, как кузнечные мехи. С тоскою поют. Где этот дом, что-то я не помню».

Председатель развел руками и, снова сделав любезное и религиозное лицо, отпустил священника:

— Извините, батюшка!.. Такое упрямство! Извините, что побеспокоили.

Священник поклонился и стал на свое место, у аналоя, и руки, поправлявшие наперсный крест, слегка дрожали. В публике шептались, и ремесленник, у которого бородка за это время как будто еще более поредела, тянул шею всюду, где шепчутся, и счастливо улыбался.

— Вот так загвоздила! — громко шептал он, встретив чей-нибудь взгляд.

Подсудимый, недовольный задержкой, брезгливо смотрел на Караулову, поспешно крутил усики и что-то соображал.

Суд совещался.

— Ну что же делать? Ведь это же идиотка! — гневно говорил председатель.- Ее люди в царство небесное тащат, а она…

— По моему мнению,- сказал член суда,- нужно бы освидетельствовать ее умственные способности. В средние века суд приговаривал к сожжению женщин, которые, в сущности, были истеричками, а не ведьмами.

— Ну, вы опять за свое! Тогда нужно раньше освидетельствовать прокурора: вы посмотрите, что он выделывает!

Товарищ прокурора, молодой человек в высоком воротничке и с усиками, вообще странно похожий на обвиняемого, уже давно старался привлечь на себя внимание суда. Он ерзал на стуле, привставал, почти ложился грудью на пюпитр, качал головою, улыбался и всем телом подавался вперед, к председателю, когда тот случайно взглядывал на него. Очевидно было, что он что-то знает и нетерпеливо хочет сказать.

— Вам что угодно, господин прокурор? Только, пожалуйста, покороче!

— Позвольте мне…

И, не ожидая ответа, товарищ прокурора выпрямился и стремительно спросил Караулову:

— Обвиняемая,- виноват, свидетельница,- как вас зовут?

— Груша.

— Это будет… это будет Аграфена, Агриппина. Имя христианское. Следовательно, вас крестили. И когда крестили, назвали Аграфеной. Следовательно…

— Нет. Когда крестили, так назвали Пелагеей.

— Но вы же сейчас при свидетелях сказали, что вас зовут Грушей?

— Ну да, Грушей. А крестили Пелагеей.

— Но вы же…

Председатель перебил:

— Господин прокурор! Она и в списке значится Пелагеей. Вы поглядите!

— Тогда я ничего не имею…

Он стремительно раздвинул фалды сюртука и сел, бросив строгий взгляд на обвиняемого и защитника.

Караулова ждала. Получалось что-то нелепое. В публике говор становился громче, и судебный пристав уже несколько раз строго оглядывался на зал и поднимал палец. Не то падал престиж суда, не то просто становилось весело.

— Тише там! — крикнул председатель.- Господин пристав! Если кто будет разговаривать, то удалите его из зала.

Поднялся присяжный заседатель, высокий костлявый старик, в долгополом сюртуке, по виду старообрядец, и обратился к председателю:

— Можно мне ее спросить?.. Караулова, вы давно занимаетесь блудом?

— Восемь лет.

— А до того чем занимались?

— В горничных служила.

— А кто обольстил? Сынок или хозяин?

— Хозяин.

— А много дал?

— Деньгами десять рублей, да серебряную брошку, да отрез кашемиру на платье. У них свой магазин в рядах.

— Стоило из-за этого идти!

— Молода была, глупа. Сама знаю, что мало.

— Дети были?

340

— Один был.

— Куда девала?

— В воспитательном помер.

— А больна была?

— Была.

Старик сухо отвернулся и сел и, уже сидя, сказал:

— И впрямь, какая ты христианка! За десять рублей душу дьяволу продала, тело опоганила.

— Бывают старички и больше дают! — вступилась за подругу Пустошкина.- Намедни у нас тоже старичок один был, степенный, вроде как вы...

В публике засмеялись.

— Свидетельница, молчите,- вас не спрашивают! — строго остановил председатель.- Вы кончили? А вам что угодно, господин присяжный заседатель? Тоже спросить?

— Да уж позвольте и мне слово вставить, когда на то дело пошло...- тонким, почти детским голоском сказал необыкновенно большой и толстый купец, весь состоящий из шаров и полушарий: круглый живот, женская округлая грудь, надутые, как у купидона, щеки и стянутые к центру кружочком розовые губы.- Вот что, Караулова, или как тебя там, ты с богом считайся как хочешь, а на земле свои обязанности исполняй. Вот ты нынче присягу отказываешься принимать: «Не христианка я»; а завтра воровать по этой же причине пойдешь, либо кого из гостей сонным зельем опоишь,- вас на это станет. Согрешила, ну и кайся, на то церкви поставлены; а от веры не отступайся, потому что ежели ваш брат да еще от веры отступится, тогда хуть на свете не живи.

— Что ж, может, и красть буду... Сказано, что не христианка.

Купец качнул головой, сел и, подавшись туловищем к соседу, громко сказал:

— Вот попадется такая баба, так все руки об нее обломаешь, а с места не сдвинешь.

— Они и толстые которые, господин судья, не все честные бывают...— вступилась Пустошкина. — Намедни к нам один толстый пришел, вроде их, напил, набезобразил, нагулял, а потом в заднюю дверку хотел уйти,- спасибо, застрял. «Я, говорит, воском и свечами торгую и не желаю, чтобы святые деньги на такое поганое дело ишли», а сам-то пьян-распьянехонек. А по-моему...

— Молчите, свидетельница!

— Просто они жулик, больше ничего. Вот тебе и толстые!

— Молчите, свидетельница, а то я прикажу вас вывести. Вам что еще угодно, господин прокурор?

— Позвольте мне… Свидетельница Караулова, я понял, Что это у вас кличка Груша, а зовут вас все-таки Пелагеей. Следовательно, вас крестили; а если вас крестили по установленному обряду, то вы христианка, как это и значится, наверное, в вашем метрическом свидетельстве. Таинство крещения, как известно, составляет сущность христианского учения…

Прокурор, овладевая темой, становился все строже.

— Сейчас заговорит о паспорте…- шепнул председатель и перебил прокурора: — Свидетельница, вы понимаете: раз вас крестили, вы, значит, христианка. Вы согласны?

— Нет.

— Ну вот видите, прокурор, она не согласна. Становилось досадно. Пустяки, бабье вздорное упрямство тормозило все дело, и вместо плавного, отчетливого, стройного постукивания судебного аппарата получалась нелепая бестолковщина. И к обычному тайному мужскому презрению к женщине примешивалось чувство обиды: как она ни скромничает, а выходит, как будто она лучше всех, лучше судей, лучше присяжных заседателей и публики. Электричество горит, и все так хорошо, а она упрямится. И никто уже не смеется, а ремесленник с выщипанной бородкой внезапно впал в тоску и говорит: «Вот я тебя гвозданул бы разок, так сразу бы поняла!» Сосед, не глядя, отвечает: «А тебе бы, братец, все кулаком; ты ей докажи!» — «Молчите, господин, вы этого не понимаете, а кулак тоже от господа дан».- «А бороду где выщипали?» — «Где бы ни выщипали, а выщипали…» Судебный пристав шипит, разговоры смолкают, и все с любопытством смотрят на совещающихся судей.

— Послушайте, Лев Аркадьич, ведь это бог знает что такое! — возмущается член суда.- Это не суд, а сумасшедший дом какой-то. Что мы судим ее, что ли, или она нас судит? Благодарю покорно за такое удовольствие!

— Да вы-то что? Что ж, я нарочно, по-вашему? — покраснел председатель.- Вы поглядите на эту, на толстую, на Кравченко,- ведь она глазами ее ест. Ведь они тут новую ересь объявят, а я отписывайся! Благодарю вас покорнейше! И не могу же я отказывать, раз уж позволили… Вам угодно что-нибудь сказать, господин присяжный заседатель? Только, пожалуйста, покороче,- мы и так потеряли уже полчаса.

Молодой человек необыкновенно интеллигентного, даже одухотворенного вида; волосы у него были большие, пушистые, как у поэта или молодого попа; кисть руки тонкая, сухая, и говорил он с легким усилием, точно его словам трудно было преодолеть сопротивление воздуха. Во время переговоров с Карауловой он страдальчески морщился, и теперь в тихом голосе его слышится страдание:

342

— Это очень печально, то, что вы говорите, свидетельница, и я глубоко сочувствую вам; но поймите же, что нельзя так умалять сущность христианства, сводя его к понятию греха и добродетели, хождению в церковь и обрядам. Сущность христианства в мистической близости с богом…

— Виноват…- перебил председатель.- Караулова, вы понимаете, что значит мистический?

— Нет.

— Господин присяжный заседатель! Она не понимает слова «мистический». Выражайтесь, пожалуйста, проще: вы видите, на какой она, к сожалению, низкой ступени развития.

— Лик Христов — вот основание и точка. Небо раскрылось после обрезания, и нет ни греха, ни добродетели, ни богатства. Прерывистый, задыхающийся шепот — вот эмбрион всех сфинксов…

— Господин присяжный заседатель! Я тоже ничего не понимаю. Нельзя ли проще?

— Проще я не могу…- грустно сказал заседатель.- Мистическое требует особого языка… Одним словом,- нужна близость к богу.

— Караулова, вы понимаете? Нужна только близость к богу — и больше ничего.

— Нет. Какая уж тут близость при таком деле! Я и лампадки в комнате не держу. Другие держат, а я не держу.

— Намедни,- басом сказала Кравченко,- гость пива мне в лампадку вылил. Я ему говорю: «Сукин ты сын, а еще лысый». А он говорит: «Молчи, говорит, мурзик,- свет Христов и во тьме сияет». Так и сказал.

— Свидетельница Кравченко! Прошу без анекдотов! Вам еще что нужно, свидетель?

Свидетель, частный пристав в парадном мундире, щелкает шпорами.

— Ваше превосходительство! Разрешите мне уединиться со свидетельницей.

— Это зачем еще?

— Относительно присяги, ваше превосходительство. Я в ихнем участке, где ихний дом… Я живо, ваше превосходительство… Она присягу сейчас примет.

— Нет,- сказала Караулова, немного побледнев и не глядя на пристава.

Тот повернул голову, грудь с орденами оставляя суду:

— Нет, примете!

— Нет.

— Посмотрим…

— Посмотрите…

— Довольно, довольно!..- сердито крикнул председатель.- А вы, господин пристав, идите на свое место: мы пока в ваших услугах не нуждаемся.

Щелкнув шпорами, пристав с достоинством отходит. В публике угрюмый шепот и разговоры. Ремесленник, расположение которого снова перешло на сторону Карауловой, говорит: «Ну, теперь держись, баба! Зубки-то начистят,- как самовар, заблестят».- «Ну, это вы слишком!» — «Слишком? Молчите, господин: вы этого дела не понимаете, а я вот как понимаю!» — «Бороду-то где выщипали?» — «Где ни выщипали, а выщипали; а вы вот скажите, есть тут буфет для третьего класса? Надо чирикнуть за упокой души рабы божьей Палагеи».

— Тише там! — крикнул председатель.- Господин судебный пристав! Примите меры!

Судебный пристав на цыпочках идет в места для публики, но при его приближении все смолкают, и так же на цыпочках он возвращается обратно. Репортер с жадностью исписывает узенькие листки, но на лице его отчаяние: он предвидит, что цензура ни в каком случае не пропустит написанного.

— Как хотите, а нужно кончить! — говорит член суда.- Получается скандал.

— Пожалуй, что… Ну что еще вам нужно, господин защитник? Все уже выяснено. Садитесь!

Изящно выгнув шею и талию, обтянутую черным фраком, защитник говорит:

— Но раз было предоставлено слово господину товарищу прокурора…

— Так и вам нужно? — с безнадежной иронией покачал головой председатель.- Ну хорошо, говорите, если так уж хочется, только, пожалуйста, покороче!

Защитник поворачивается к присяжным заседателям.

— Остроумные упражнения господина товарища прокурора и частного пристава в богословии…- начинает он медленно.

— Господин защитник! — строго перебивает председатель.- Прошу без личностей!

Защитник поворачивается к суду и кланяется:

— Слушаю-с.

Затем снова поворачивается к присяжным, окидывает их светлым и открытым взором и внезапно глубоко задумывается, опустив голову. Обе руки его подняты на высоту груди, глаза крепко закрыты, брови сморщены, и весь он имеет вид не то смертельно влюбленного, не то собирающегося чихнуть. И присяжные и публика смотрят на него с большим интересом, ожидая, что из этого может выйти, и только судьи, привыкшие к его ораторским приемам, остаются равнодушны. Из состояния задумчивости защитник выходит очень медленно, по частям: сперва упали бессильно руки, потом слегка приоткрылись глаза, потом медленно приподнялась голова, и только тогда, словно против его воли, из уст выпали проникновенные слова:

— Господа судьи и господа присяжные заседатели! И дальше он говорит совсем необыкновенно: то шепчет, но так, что все слышат, то громко кричит, то снова задумывается и остолбенело, как в каталепсии, смотрит на кого-нибудь из присяжных заседателей, пока тот не замигает и не отведет глаз.

— Господа судьи и господа присяжные заседатели! Вы слышали только сейчас многозначительный диалог между свидетельницей Карауловой и господином частным приставом, и значение его для вас не представляет загадки. Приняв во внимание те обширные средства воздействия, какими располагает наша администрация, и с другой стороны,- ее неуклонное стремление к возвращению заблудших в лоно православия...

— Господин защитник, что же это такое! — возмущается председатель.- Я не могу позволить, чтобы вы осуждали здесь установленные законом власти. Я лишу вас слова.

Товарищ прокурора говорит скромно, но стремительно:

— Я просил бы занести слова господина защитника в протокол.

Не обращая внимания на прокурора, защитник снова кланяется суду:

— Слушаю-с. Я хотел только сказать, господа присяжные заседатели, что госпожа Караулова, насколько я ее понимаю, не отступится от своих взглядов даже в том, невозможном, впрочем, у нас случае, если бы ей угрожали костром или инквизиционными пытками. В лице госпожи Карауловой мы видим, господа присяжные заседатели, перевернутый, так сказать, тип христианской мученицы, которая во имя Христа как бы отрекается от Христа, говоря «нет», в сущности говорит «да»!

Какой-то большой и красивый образ смутно и притягательно блеснул в голове адвоката; пальцы его похолодели, и взволнованным голосом, в котором ораторского искусства было только наполовину, он продолжает:

— Она христианка. Она христианка, и я докажу вам это, господа присяжные заседатели! Показания свидетельниц госпож Пустошкиной и Кравченко и признания самой Карауловой нарисовали нам полную картину того, каким путем пришла она к этому мучительному положению. Неопытная, наивная девушка, быть может только что оторванная от деревни, от ее невинных радостей, она попадает в руки грязного сластолюбца и, к ужасу своему, убеждается, что она беременна. Родив где-нибудь в сарае, она...

— Нельзя ли покороче, господин защитник! Нам известно с самого начала, что госпожа Караулова занимается проституцией. Господа присяжные заседатели не дети и сами прекрасно знают, как это делается. Вернитесь к христианству. И потом она не крестьянка, а мещанка города Воронежа.

— Слушаю-с, господин председатель, хотя я думаю, что и у мещан есть свои невинные радости. Так вот-с. В душе своей госпожа Караулова носит идеал человека, каким он должен быть по Христу, действительность же с ее благообразными старичками, наливающими пиво в лампадку, с ее пьяным угаром, оскорблениями, быть может, побоями разрушает и оскверняет этот чистый образ. И в этой трагической коллизии разрывается на части душа госпожи Карауловой. Господа присяжные заседатели! Вы видели ее здесь спокойною, чуть ли не улыбающейся, но знаете ли вы, сколько горьких слез пролили эти глаза в ночной тишине, сколько острых игл жгучего раскаяния и скорби вонзилось в это исстрадавшееся сердце! Разве ей не хочется, как другим порядочным женщинам, пойти в церковь, к исповеди, к причастию — в белом, прекрасном платье причастницы, а не в этой позорной форме греха и преступления? Быть может, в ночных грезах своих она уже не раз на коленях ползала к этим каменным ступеням, лобызала их жарким лобзанием, чувствуя себя недостойной войти в святилище… И это не христианка! Кто же тогда достоин имени христианина? Разве в этих слезах не заключается тот высокий акт покаяния, который блудницу превратил в Магдалину, эту святую, столь высоко чтимую…

— Нет! — перебила Караулова.- Неправда это. И не плакала я вовсе и не каялась. Какое же это покаяние, когда то же самое делаешь? Вот вы посмотрите…

Она открыла сумочку, вынула носовой платок и за ним портмоне. Положив на ладонь два серебряных рубля и мелочь, она протянула ее к защитнику и потом к суду. Одна монетка соскользнула с руки, покружилась по бетонному, натертому полу и легла возле пюпитра защитника. Но никто не нагнулся ее поднять.

— За что вот я эти деньги получила? За это за самое. А платье вот это, а шляпка, а серьги — все за это, за самое. Раздень меня до самого голого тела, так ничего моего не найдешь. Да и тело-то не мое — на три года вперед продано, а то, может, и на всю жизнь,- жизнь-то наша короткая. А в животе у меня что? Портвейн, да пиво, да шоколад, гость вчера угощал,- выходит, что и живот не мой. Нет у меня ни стыда, ни совести: прикажете голой раздеться — разденусь; прикажете на крест наплевать — наплюю.

Кравченко заплакала. Слезы у нее не точились, а бежали быстрыми, нарастающими капельками и, как на поднос, падали на неестественно выдвинутую грудь. Она их вытирала, но не у глаз, а вокруг рта и на подбородке, где было щекотно.

А то вот третьего дня меня с одним гостем венчали, так, для шутки, конечно: вместо венцов над головой ночные вазы держали, вместо свечек пивные бутылки донышками кверху, а за попа другой гость был, надел мою юбку наизнанку, так и ходил. А она,- Караулова показала на плачущую Кравченко,- за мать мне была, плакала, разливалась, как будто всерьез. Она поплакать-то любит. А я смеялась,- ведь и правда, очень смешно было. И к церкви я равнодушна, и даже мимо стараюсь не ходить, не люблю. Вот тоже говорили тут: «Молиться»,- а у меня и слов таких нет, чтобы молиться. Всякие слова знаю, даже такие, каких, глядишь, и вы не знаете, несмотря на то что мужчины; а настоящих не знаю. Да о чем и молиться-то? Того света я не боюсь,- хуже не будет; а на этом свете молитвою много не сделаешь. Молилась я, чтобы не рожать,- родила. Молилась, чтобы ребенок при мне жил,- а пришлось в воспитательный отдать. Молилась, чтобы хоть там пожил,- а он взял да и помер. Мало ли о чем молилась, когда поглупее была, да спасибо добрым людям — отучили. Студент отучил. Вот тоже, как вы, начал говорить и о моем детстве и о прочем, и до того меня довел, что заплакала я и взмолилась: господи, да унеси ты меня отсюда! А студент говорит: «Вот теперь ты человеком стала, и могу я теперь с тобою любовное занятие иметь». Отучил. Конечно, я на него не сержусь: каждому приятнее с честною целоваться, чем с такой, как я или вот она; но только мне-то от молитвы да от слез прибыли никакой. Нет уж, какая я христианка, господа судьи, зачем пустое говорить? Есть я Груша-цыганка, такою меня и берите.

Караулова вздохнула слегка, качнула головой, блеснув золотыми обручами серег, и просто добавила:

— Двугривенный я тут уронила, поднять можно?

Все молчали и глядели, пока Караулова, перегнувшись, поднимала монету со скользкого пола.

— Ну, а вы-то,- с горечью обратился председатель к Пустошкиной и Кравченко,- вы-то согласны принять присягу?

— Мы-то согласны…- ответила Кравченко, плача.- А она нет!

— Господин председатель! — поднялся прокурор, строгий и величественный.- Ввиду того что многие случаи, сообщенные здесь свидетельницей Карауловой, вполне подходят под понятие кощунства, я как представитель прокурорского надзора желал бы знать, не помнит ли она имен?..

— Ну, какое там кощунство! — ответила Караулова.- Просто пьяны были. Да и не помню я,- разве всех упомнишь?

Судьи долго и бесплодно совещаются, подзывают даже к себе прокурора и убедительно, в два голоса, шепчут ему. Наконец постановляют: «Допросить свидетельницу Караулову, ввиду ее нехристианских убеждений, без присяги».

Остальные свидетели тесной кучкой двинулись к аналою, где ждет их облачившийся священник с крестом.

Пристав громко говорит:

— Прошу встать!

Все встают и оборачиваются к аналою. Теперь Карауловой видны одни только спины и затылки: плешивые, волосатые, круглые, плоские, остроконечные.

Священник говорит:

— Поднимите руки!

Все подняли руки.

— Повторяйте за мною,- говорит он одним голосом и другим продолжает: — Обещаюсь и клянусь…

Толпа разрозненно гудит, выделяя густое, еще полное слез, контральто Кравченко.

— Обещаюсь и клянусь…

— Перед всемогущим богом и святым его Евангелием…

— Перед всемогущим богом… и святым… его… Евангелием…

Все наладилось и идет как следует: стройно, легко, приятно. Во все время присяги и целования креста Караулова стоит неподвижно и смотрит в одну точку: в спину председателя.

Свидетелей удалили, кроме Карауловой.

— Свидетельница! Суд освободил вас от присяги, но помните, что вы должны показывать одну только правду, по чистой совести. Обещаете?

— Нет… Какая у меня совесть? Я ж говорила, что нет у меня никакой совести.

— Ну что же нам с вами делать? — разводит руками председатель.- Ну, правду-то, понимаете, правду говорить будете?

— Скажу, что знаю.

Через полчаса, в образцовом порядке и тишине, совершается суд. Правильно чередуются вопросы и ответы; прокурор что-то записывает; репортер с деловым и бесстрастным лицом рисует на бумажке какие-то замысловатые орнаменты. Обвиняемый дает продолжительные и очень подробные объяснения. Руки он заложил за спину, слегка покачивается взад и вперед и часто взглядывает на потолок.

— …Что же касается квитанции из городского ломбарда на заложенный велосипед, то происхождение ее таково. Тринадцатого марта прошедшего года я зашел в велосипедный магазин Мархлевского…

…Что же касается якобы моих кутежей в означенном доме терпимости и того, будто я разменивал там сторублевую бумажку, то был я там всего четыре раза: двадцать первого декабря, седьмого января, двадцать пятого того же января и первого февраля, и три раза деньги платил за меня мой товарищ Протасов. Относительно же четвертого раза, когда я платил лично, я прошу разрешения представить суду потребованный мною тогда же счет, из коего видно, что общая сумма издержек, включая сюда...

Горит электричество. За окнами тьма. Весело, тепло, уютно.

СПИСОК

Ангелочек	1
Алёша-дурачок	11
Бездна	20
Бен –Товит	30
Большой шлем	33
В подвале	41
В Сабурове	50
В тумане	59
Валя	90
Великан	101
Весенние обещания	102
Весной	116
Возврат	125
Вор	130
Город	144
Гостинец	149
Друг	155
Елезар	161
Жили-были	176
Защита	192
Кусака	203
Ложь	209
Молодёжь	217
Молчание	227
На реке	237
На станции	249
Набат	252
Нет прощения	256
Первый гонорар	272
Петька на даче	283
Праздник	291
Прекрасна жизнь для воскресших	300
Стена	302
У окна	309
Христиане	332

Printed in the USA
CPSIA information can be obtained
at www.ICGtesting.com
LVHW091245051023
760079LV00006B/859